Das deutsche Seeversicherungsrecht.

Kommentar

zum

zehnten Abschnitt des vierten Buches des Handelsgesetzbuchs

bearbeitet von

Dr. Gustav Sieveking,

Rechtsanwalt in Hamburg.

Berlin 1912.

J. Guttentag, Verlagsbuchhandlung,

G. m. b. H.

Vorwort.

Das vorliegende Werk soll eine Darstellung des deutschen Seeversicherungsrechts geben.

Es hat bedauerlicherweise nicht in der ursprünglich beabsichtigten Vollständigkeit erscheinen können. Ich habe darauf verzichten müssen, die allgemeinen Seeversicherungsbedingungen zu erläutern. Die allgemeinen Seeversicherungsbedingungen von 1867 sollen durch neue Bedingungen ersetzt werden und es erschien nicht tunlich, mit der Veröffentlichung dieses Buches bis zur Herausgabe der neuen Bedingungen zu warten. Ich habe mich daher darauf beschränken müssen, die Vorschriften des Handelsgesetzbuches über die Seeversicherung zu bearbeiten.

Das Buch soll eine Fortsetzung des Kommentars von Schaps sein. Dieses Vorbild zu erreichen, insbesondere auf dem von der Wissenschaft wenig berührten, schwierigen Gebiet des Seeversicherungsrechts, könnte nur einem erfahrenen Praktiker mit umfassender juristischer Bildung gelingen. Daß ich trotz der hieraus sich ergebenden Unzulänglichkeit des Werkes mich zur Veröffentlichung entschlossen habe, verdanke ich Herrn Rechtsanwalt Dr. M. Leo, welcher sich in liebenswürdigster Weise der Mühe unterzogen hat, das Manuskript durchzusehen.

Hamburg, 31. Dezember 1911.

Dr. G. Sieveking.

Inhalt.

Handelsgesetzbuch. Viertes Buch.

Zehnter Abschnitt.

Versicherung gegen die Gefahren der Seeschiffahrt.

Elfter Abschnitt.

Verjährung.

Verzeichnis der Abkürzungen.

Arnould,	on marine insurance 8 ed.
BGB.,	Bürgerliches Gesetzbuch.
Boyens,	das Deutsche Seerecht.
Brodmann,	die Seegesetzgebung des Deutschen Reichs. 2. Aufl.
Ehrenberg,	Versicherungsrecht.
Gerhard,	Kommentar zum Deutschen Reichsgesetz über den Versicherungsvertrag.
Goldschmidt,	Zeitschrift für das gesamte Handelsrecht und Konkursrecht.
GVV.,	Gesetz über den Versicherungsvertrag.
HGB.,	Handelsgesetzbuch vom 10. Mai 1897.
HGZ.,*)	1868—1879 Hamburgische Handelsgerichtszeitung. 1880—1911 Hanseatische Gerichtszeitung.
HH.,	Hermann und Hirsch, Sammlung seerechtlicher Erkenntnisse.
JW.,	Juristische Wochenschrift.
Kierulff,	Erkenntnisse des Lübecker Oberappellationsgerichts.
KO.,	Konkursordnung.
L.,	Sammlung der Entscheidungen des Oberappellationsgerichts zu Lübeck in Hamburger Sachen.
MJA.,	Marine Insurance Act 1906.
N.,	Hamburgische Gerichtszeitung 1861—68 redigiert von Dr. Julius Nathan.
Perels,	das allgemeine öffentliche Seerecht im Deutschen Reiche.
Prot.,	Protokolle der Kommission zur Beratung eines allgemeinen Deutschen Handelsgesetzbuches.
RG.,	Entscheidungen des Reichsgerichts in Zivilsachen.
Ritter,	das Handelsgesetzbuch.
ROHG.,	Entscheidungen des Reichsoberhandelsgerichts.
Sb.,	Seebohm, Sammlung seerechtlicher Erkenntnisse.
Schaps,	Kommentar zum vierten Buche des Handelsgesetzbuches.
U.,	Ullrich, Sammlung von seerechtlichen Erkenntnissen.
Voigt,	das Deutsche Seeversicherungsrecht.

*) Die zitierten Erkenntnisse der Handelsgerichtszeitung und der Hanseatischen Gerichtszeitung sind ohne Ausnahme im Hauptblatt der betreffenden Zeitungen abgedruckt.

Zehnter Abschnitt.

Versicherung gegen die Gefahren der Seeschiffahrt.

Vorbemerkung: Rechtsquellen.

I. Für die Rechtsverhältnisse der Seeversicherung sind maßgebend:

1. die Bestimmungen des Seeversicherungsvertrages, soweit sie nicht mit zwingenden Bestimmungen des Gesetzes in Widerspruch stehen;
2. der zehnte Abschnitt des Handelsgesetzbuches vom 10. Mai 1897;
3. das Gesetz betreffend Änderung der Vorschriften des Handelsgesetzbuches über die Seeversicherung vom 30. Mai 1908.

II. Die Vorschriften des Gesetzes über den Versicherungsvertrag vom 30. Mai 1908 finden keine Anwendung auf die Seeversicherung (§ 186 dieses Gesetzes). Vgl. jedoch § 147 l. c., worüber näheres in Anm. 5 Nr. 2 zu § 778.

Erster Titel.

Allgemeine Vorschriften.

§ 778.

Jedes in Geld schätzbare Interesse, welches jemand daran hat, daß Schiff oder Ladung die Gefahren der Seeschiffahrt besteht, kann Gegenstand der Seeversicherung sein.

Voigt § 1. Prot. S. 2975—2980; 3001—3008; 3131; 4230—4232.

Es muß ein Interesse vorhanden sein. Anm. 1.

1. § 778 enthält die grundlegende Bestimmung darüber, was Gegenstand der Seeversicherung sein kann.

Danach ist Gegenstand der Seeversicherung ein Interesse bestimmter Art. Ohne ein solches Interesse kann ein gültiger Seeversicherungsvertrag nicht geschlossen werden. Nur wer ein in Geld schätzbares Interesse daran hat, daß Schiff oder Ladung die Gefahren der Seeschiffahrt besteht, kann einen gültigen Seeversicherungsvertrag schließen. Unwirksam ist daher ein Vertrag, durch welchen der Versicherte sich ausbedingt, daß ihm gegen Zahlung einer Prämie eine Summe in dem Fall ausbezahlt wird, daß Schiff oder Ladung die Gefahren der Seeschiffahrt nicht besteht, ohne daß er daran, daß Schiff oder Ladung diese Gefahren besteht, ein in Geld schätzbares Interesse hat. Ein nur durch den Versicherungsvertrag begründetes

§ 778. Interesse genügt nicht; liegt der Versicherung nur ein solches Interesse zu Grunde, so ist der Vertrag eine Wettassekuranz und nichtig. Wer also z. B. auf ein überfälliges Schiff, an dessen wohlbehaltener Ankunft er kein Interesse hat, Versicherung nimmt, hat aus solchem Vertrage keinen Anspruch. Der Satz, daß eine gültige Seeversicherung das Vorhandensein eines Interesses daran, daß Schiff oder Ladung die Gefahren der Seeschiffahrt besteht, voraussetzt, ist zwingender Natur; er entspricht dem Satze des bürgerlichen Rechts, daß durch Wette eine Verbindlichkeit nicht begründet wird (BGB. § 762). Deshalb gilt auch im Seeversicherungsrecht für den in Rede stehenden Fall der Satz, daß das auf Grund einer solchen unwirksamen Versicherung Geleistete nicht deshalb zurückgefordert werden kann, weil eine Verbindlichkeit nicht bestanden hat (BGB. § 762).

2. Weil der Satz zwingender Natur ist, kann er durch Parteiwillen nicht beseitigt werden. Die in Policen sich findende Klausel:

„im Schadensfalle ohne weiteren Beweis des Interesses als nur diese Police mit 100 % zu bezahlen"

hat keine Wirkung dahin, daß der Nachweis des Schadensfalles genügt, um dem Versicherten einen Anspruch auf Zahlung der Versicherungssumme zu gewähren. Über ihre Wirkung mit Bezug auf die Beweislast vgl. Anm. 8 zu § 885.

3. Versicherung auf Mehrwert des Casco.

In neuerer Zeit kommen häufig vom Reeder genommene Versicherungen vor, deren Gegenstand in der Police mit „auf Mehrwert des Casco" bezeichnet wird und welche mit der Klausel: „nur gegen Totalverlust" oder „auf behaltene Ankunft" geschlossen werden. Veranlaßt sind diese Versicherungen dadurch, daß der Versicherte eine Prämienersparung bezweckt und gleichwohl gegen niedrige Prämie in demselben Umfang gedeckt zu sein wünscht, als wenn er höhere Prämie bezahlt hätte. Zu diesem Ende versichert er das Casco zu einer niedrigen, den Wert derselben nicht erreichenden Taxe. Die Versicherung deckt ihn gegen alle Gefahren, sowohl gegen Partial- wie gegen Havariegrosseschäden und gegen Totalverlust. Sie gewährt ihm vollen Ersatz von Partial- und Havariegrosseschäden, soweit diese die Versicherungssumme nicht übersteigen, weil die Vergütung dieser Schäden von der Höhe der Taxe unabhängig ist (HGB. §§ 872, 835). Die niedrige Taxe bedingt eine niedrige Prämie. Der Versicherte spart also an der Prämie und erhält gleichwohl, soweit die Versicherungssumme nicht überstiegen wird, vollen Ersatz für Partial- und Havariegrosseschäden. Er erhält aber nicht vollen Ersatz im Falle eines Totalverlustes; diesen vollen Ersatz kann er nur durch Versicherung des Cascos zum vollen Wert erlangen. Um dennoch ohne solche Versicherung den vollen Wert des Casco im Falle eines Totalverlustes zu erhalten, versichert er den durch die Versicherung zu niedriger Taxe nicht gedeckten Wert des Casco durch eine Versicherung auf Mehrwert nur gegen Totalverlust. Solche Versicherungen, durch welche der Zwischenwert der Taxe gegen denjenigen Wert, den der Reeder selbst seinem Schiffe beimißt, als „Mehrwert" oder „Interesse" versichert werden, werden im Verkehr in großer Zahl geschlossen. Es ist eine umstrittene Frage, ob solche Versicherungen gültig sind. Die Auffassung des Verkehrs geht dahin, daß durch solchen Vertrag der Schiffskörper nur gegen Totalverlust ohne Ersatzpflicht von Rettungskosten versichert wird und zwar unter Verzicht des Versicherers auf einen etwaigen Erlös aus dem Wrack oder auf Rechte gegen Dritte gemäß HGB. § 804 oder auf den Übergang der Rechte gemäß § 859 Abs. 2. In einem Falle: Rodenacker gegen Norddeutsche Versicherungsgesellschaft (Bf. II 119/05 hat das Hanseat. OLG. am 26. März 1908 entschieden, daß der Mehrwert nicht in rechtswirksamer Weise anderweit versichert werden kann; eine solche Versicherung sei als Überversicherung gemäß HGB. § 786 ungültig. Demgegenüber mag folgendes bemerkt werden:

a) Nach HGB. § 786 kann die Versicherungssumme den Versicherungswert nicht übersteigen; der Versicherungswert ist aber der volle Wert des versicherten Gegenstandes (Abs. 1). Der Versicherungswert des Schiffes bestimmt sich nach HGB. § 795. In dem besprochenen Beispiel ist der Versicherungswert des Schiffes durch die erste Versicherung nicht voll gedeckt. Der Reeder hat vielmehr darüber hinaus noch ein Interesse, dessen Versicherung § 786 nicht

entgegensteht, weil das Verbot der Überversicherung aus dem Verbot der Wettassekuranz folgt; § 778.
denn ein versicherbares Interesse besteht nicht mehr, wenn der volle Wert bereits gedeckt ist. Man kann auch nicht einwenden, daß durch die Taxe der ersten Police der Versicherungswert in maßgebender Weise bestimmt ist und daß daher nach Vollzeichnung der Taxe eine weitere Versicherung als Überversicherung anzusehen ist. Denn die Taxe ist nur unter den Parteien, d. h. im Verhältnis des Reeders zum ersten Versicherer maßgebend; den Mehrwertversicherer geht sie nichts an. Werden beide Versicherungen bei demselben Versicherer genommen, so ist die Mehrwertversicherung als Überversicherung ungültig, es sei denn, daß die Parteien eine Erhöhung der Taxe der ersten Versicherung beabsichtigen, was jedoch in der Regel nicht der Fall sein wird.

b) Auch wenn vereinbart ist oder auf Grund einer Usance als vereinbart zu gelten hat, daß der Mehrversicherer im Falle der Bezahlung eines Totalverlustes keinen Anspruch auf das Gerettete oder auf einen Entschädigungsanspruch gegen Dritte hat, kann daraus nicht das Fehlen eines Interesses gefolgert werden. Der Anspruch auf das Gerettete steht bereits zur vollen Höhe dem ersten Versicherer zu; die Vereinbarung soll daher den Versicherten dagegen schützen, daß nicht beide Versicherer das Gerettete beanspruchen. Ist aber diese Vereinbarung nicht ausdrücklich oder stillschweigend geschlossen, so hat der erste Versicherer, welcher die volle Taxe versichert hat, Anspruch auf die ganzen geretteten Werte, und der Mehrwertversicherer Anspruch auf einen verhältnismäßigen Teil derselben. Daraus folgt, daß die Rechte des einen oder des anderen Versicherers durch den Versicherten beeinträchtigt sind. Jeder Versicherer kann von dem zu bezahlenden Schaden den Betrag in Abzug bringen resp. nach Bezahlung des Schadens den Betrag zurückfordern, den er kraft seines ihm gesetzlich zustehenden Rechtes ohne Konkurrenz des anderen Versicherers aus den geretteten Werten erzielt hätte.

c) Nach englischem Seeversicherungsrecht ist ein Vertrag mit der Klausel „without benefit of salvage to the insurer" als Wettassekuranz anzusehen und daher ungültig (MJA. § 4 Nr. 2, b und Arnould s. 311 ff.)

Das Interesse muß in Geld schätzbar sein. Anm. 2.

Das Interesse muß einen objektiven Geldwert haben und kann nur bis zur Höhe dieses objektiv schätzbaren Geldwertes versichert werden. Daraus folgt, daß eine Seeversicherung ungültig ist, wenn ein in Geld schätzbares Interesse entweder überhaupt nicht vorhanden ist oder erst durch die Versicherung geschaffen wird (Wettassekuranz), ferner, daß eine Versicherung, insoweit sie den objektiven Geldwert des versicherten Interesses übersteigt, als Überversicherung (HGB. § 786) ungültig ist. Nicht versicherbar ist ein rein subjektives (Affektions) Interesse, insoweit es den objektiven realisierbaren Geldwert übersteigt.

Der Versicherte muß ein Interesse daran haben, daß Schiff oder Ladung die Gefahren der Seeschiffahrt besteht. Das Interesse muß sich an Schiff oder Ladung knüpfen. Unter Schiffen im Sinne des vierten Buches des HGB. sind zwar nur zum Erwerb durch Seefahrt bestimmte Schiffe zu verstehen (vgl. Schaps Anm. 8 zu § 740). Diese Begrenzung ist jedoch für das Seeversicherungsrecht nicht von Bedeutung. Denn die Anwendung der Vorschriften des HGB. über die Seeversicherung ist bei der Versicherung anderer Schiffe (Lustjachten, Zollkutter usw.) mangels entgegenstehender Vereinbarungen als von den Parteien gewollt anzunehmen. Jedes Schiff, d. h. jedes dem Transport von Personen oder Gütern zu Wasser dienende Fahrzeug kann gegen die Gefahren der Seeschiffahrt versichert werden. Unter Ladung fällt jedes Gut, welches mit dem Schiffe befördert wird. Interessen, welche sich nicht an Schiff oder Ladung knüpfen, können nicht Gegenstand der Seeversicherung sein; in Betracht kommt z. B. das Interesse, welches jemand an der glücklichen Ankunft einer nach einem überseeischen Bestimmungsort gesandten Person hat; ferner die Versicherung von Bojen. Anm. 3.

Es muß ein Interesse vorliegen daran, daß Schiff oder Ladung die Gefahren der Seeschiffahrt besteht. Anm. 4.

Das heißt, die Versicherung deckt den Versicherten gegen möglicherweise eintretenden Schaden. Schäden oder Nachteile von denen bereits feststeht, daß der Versicherte sie erlitten hat, können durch Versicherung nicht gedeckt werden; ebensowenig Schäden, welche erfahrungs-

§ 778. gemäß stets mit der Seeschiffahrt verbunden sind, wie Abnutzung des Schiffes im gewöhnlichen Gebrauch. Die Ungewißheit des schädigenden Ereignisses ist wesentliches Merkmal der Gefahr. Vgl. Anm. 1 u. 2 zu § 820.

Anm. 5. **Gefahren der Seeschiffahrt.**

1. Es ist in den Beratungen zum HGB. zum Ausdruck gebracht (Prot. S. 4231), daß die Seeversicherung nicht ausschließlich eine Transportversicherung sei. Schiff und Ladung sind auch während des Aufenthalts im Hafen versicherbar. Um dies zum Ausdruck zu bringen, ist die ursprünglich beantragte Fassung: „Gefahren einer Seereise" geändert in „Gefahren der Seeschiffahrt". Die Seeversicherung deckt gegen alle Gefahren, welche mit der Seeschiffahrt verbunden sind, ohne Unterschied, ob Schiff oder Ladung sich auf der Reise befinden oder nicht. Ist z. B. ein Schiff auf Zeit versichert, so ist der Versicherte gegen alle Gefahren gedeckt, auch wenn das Schiff während des versicherten Zeitraumes im Hafen liegen bleibt.
2. **Gefahren der Seeschiffahrt sind nicht gleichbedeutend mit Gefahren der See;** Seeschiffahrt ist ein allgemeiner Begriff und umschließt auch die in vielen Fällen der eigentlichen Seereise vorausgehende oder nachfolgende Fahrt auf Flüssen und Binnengewässern. Güter werden sehr häufig auch während der Zureise auf dem Lande zum Abladehafen (Vorreise) und vom Bestimmungshafen zum endgültigen inländischen Bestimmungsplatz (Nachreise) versichert. Dieser ganze kombinierte Land- und Seetransport kann durch Seeversicherung gedeckt werden. § 147 des Gesetzes über den Versicherungsvertrag bestimmt:

   „Ist die Versicherung für eine Reise genommen, die teils zur See, teils auf Binnengewässern oder zu Lande ausgeführt wird, so finden auf die Versicherung, auch soweit sie die Reise auf Binnengewässern oder zu Lande betrifft, die Vorschriften des Handelsgesetzbuches über die Seeversicherung entsprechende Anwendung. Unberührt bleiben die Vorschriften des § 133 Abs. 2 Satz 2, des § 134 Abs. 2 und des § 135 über die Dispache des Schiffes, über den Beginn und das Ende der Versicherung sowie über die Haftung des Versicherers für die Beförderung zu und von der Eisenbahn."
3. Es könnte fraglich scheinen, ob ein Schiff auch während des Baues oder des Stapellaufs durch Seeversicherung gedeckt werden kann. Tatsächlich wird vielfach Seeversicherung für Rechnung der Werft von der Kiellegung oder vom Stapellauf bis zur Abnahme des Schiffes genommen. Es dürfte die Ansicht gerechtfertigt scheinen, daß dieses Risiko ebenso durch Seeversicherung gedeckt werden kann, wie ein Schiff während des Liegens im Hafen oder während der Reparatur im Dock. Es kommt hinzu, daß nichts im Wege steht, die Vorschriften des Handelsgesetzbuches über Seeversicherung durch Vertrag für anwendbar zu erklären bei der Versicherung des Schiffsbaus und des Stapellaufs. (Vgl. MJA. § 2 Nr. 2.)

Anm. 6. Der Versicherte muß ein Interesse daran haben, daß Schiff oder Ladung die Gefahren der Seeschiffahrt besteht.

Der Ausdruck „daran" ist unbestimmt. Er soll bedeuten, daß das gegen die Gefahren der Seeschiffahrt versicherte Interesse sich an Schiff oder Ladung knüpfen muß. In welcher Weise es sich an Schiff oder Ladung knüpfen muß, um versicherbar zu sein, wird vom Gesetze nicht näher gesagt. Damit ist der Praxis ein gewisser Spielraum gegeben.

Beispiele:

1. Es steht fest, daß jemand, welcher Gläubiger eines Reeders ist, nicht deshalb ein versicherbares Interesse daran hat, daß ein oder mehrere Schiffe dieses Reeders die Gefahren der Seeschiffahrt bestehen, weil mit dem Verlust des Schiffes oder der Schiffe das Vermögen seines Schuldners Einbuße erleidet, und infolge davon der Schuldner weniger solvent wird (RO. XV Nr. 40). Andrerseits steht fest, daß jemand, welchem der Reeder gegen Darlehn ein Pfandrecht an einem ihm gehörigen Schiffe bestellt hat, ein versicherbares Interesse daran hat, daß das Schiff die Gefahren der Seeschiffahrt bestehe.
2. Ausdrücklich ist ferner im Gesetz bestimmt (HGB. § 500), daß durch den Vorschuß, welchen Mitreeder einem Mitreeder leisten, ein versicherbares Interesse hinsichtlich der Schiffspart des Vorschußempfängers für die Mitreeder begründet wird. Der Vorschußgeber kann sein Interesse

durch Cascoversicherung decken, und zwar schon bevor der Vorschußempfänger in Verzug gerät; § 778.
ist der Vorschußempfänger im Verzuge, so hat er die Kosten der Versicherung zu ersetzen (HGZ. 1897 Nr. 28). Das Reichsoberhandelsgericht hat an diese gesetzliche Bestimmung anknüpfend ausgesprochen, daß ein Korrespondentreeder, auch wenn er nicht Mitreeder ist, durch Vorschüsse, welche er der Reederei zum Zweck des Reedereibetriebes leistet, ein versicherbares Interesse hinsichtlich des Schiffes erlangt. In demselben Urteil (RO. XV S. 118) wird ausgeführt, daß die Reeder, welchen der Korrespondentreeder Vorschüsse für den Reedereibetrieb geleistet hat, für deren Erstattung sie persönlich haften, ein versicherbares Interesse daran haben, daß das Schiff die Gefahren der Reise bestehe, damit sie nicht in die Lage kommen, den Korrespondentreeder aus ihrem übrigen Vermögen zu befriedigen (a. M. HGZ. 1889 Nr. 107). Eine solche Schuld der Reederei ist übrigens, wie in RG. 25 Nr. 19 hervorgehoben nur dann versicherbar, wenn die Vorschüsse in Beziehung auf die versicherte Reise und zur Deckung von im regelmäßigen Geschäftsgange erforderlichen Ausgaben gewährt sind.

3. In demselben Sinne hat sich das Reichsgericht (HGZ. 1889 Nr. 94) ausgesprochen. Es billigt die herrschende Meinung, welche dahin geht, daß auch mit einem Pfandrecht an Schiff oder Fracht oder dem sonst den Gefahren der Seeschiffahrt ausgesetzten Gegenstand nicht versehene Forderungen ein gegen Seeunfälle versicherbares Interesse bilden können, wenn zu ihrer Deckung nach den Anschauungen des Verkehrs der Gegenstand ausschließlich oder doch zunächst bestimmt ist, so daß eine sonstige Haftung des Schuldners erst in zweiter Linie in Betracht kommt, weil der Gläubiger seine Befriedigung zunächst aus der fortune de mer erwarten darf und nicht sowohl in Rücksicht auf die Zahlungsfähigkeit des Schuldners im allgemeinen, als vielmehr auf die ihm durch den der Seegefahr ausgesetzten speziellen Vermögensgegenstand gewährte Sicherheit kreditiert hat.

4. **Interesse des Reeders daran, daß ihm sein Schiff zum künftigen Frachtverdienst verbleibt.**

Das Reichsgericht hat in einem Urteil aus dem Jahre 1893 (HGZ. 1893 Nr. 20) ausgesprochen, daß das Interesse des Reeders daran, daß ihm das Schiff zum Frachtverdienst d. h. zum Erwerb durch künftige noch nicht gesicherte Frachtreisen verbleibt, ein versicherbares Interesse darstellt. Begründet wird dies damit, daß der Reeder, der sein Schiff auf eine oder mehrere sich aneinander schließende Reisen behufs Frachterwerbes ausschickt und dazu ausrüstet, durch Versicherung des Cascos und der Ausrüstung nur sein unmittelbares Interesse am Bestehen der Seegefahr in dem Schiff und dessen Ausrüstung versichern könne, daß er aber in mittelbarer Folge vom Verlust des Schiffes beim Beginn oder im Laufe der Reise auch den durch die Ankunft des Schiffes am ersten oder einem der folgenden Bestimmungsorte der versicherten Reise oder Reisen bedingten Gewinn, sei es daß das Schiff erst Fracht nach einem andern Bestimmungsort sucht oder daß es regelmäßige Fahrt zwischen im voraus bestimmten Häfen unterhält, verliere. Regelmäßig werde und müsse der Reeder auf einen solchen Gewinn rechnen können. Ohne solchen Gewinn sei der Reedereibetrieb überhaupt oder doch ein lebens- und konkurrenzfähiger Betrieb so wenig möglich wie irgend ein anderer Gewerbebetrieb. Gegen diesen Verlust könne sich der Reeder durch die Versicherung von Casco und Ausrüstung nicht sichern. Durch die Versicherungssumme für Casco und Ausrüstung erhalte der Reeder weder den erwarteten Gewinn noch die parate Möglichkeit weiteren Betriebes, möglicherweise nicht einmal den wahren Wert des Schiffes, wenn dieser am Abgangsort geringer sei als dort, wo es durch die Möglichkeit des Betriebs, zu dem es bestimmt sei, erst seinen wahren Wert erhalte. Das Interesse des Reeders daran, daß das Schiff die Seegefahr bestehe, um Frachten zu suchen und erlangen zu können, sei demnach ein gegenwärtiges, zur Zeit der Aussendung bestehendes, durchaus legales, bedeutsames wirtschaftliches Interesse, das nicht erst durch die Versicherung geschaffen werde, dessen Versicherung daher als Wettassekuranz nicht bezeichnet werden könne. Das Interesse des Reeders am Behalten des Schiffs zum weiteren Betriebe am Bestimmungsorte sei auch nicht mehr oder minder als das in dem von der Ankunft von Gütern (imaginären Gewinn) bestehende Interesse in Geld schätzbar. Ein lebens- und konkurrenzfähiger Reedereibetrieb hänge von der Aussicht auf einen von der Ankunft des Schiffes am Bestimmungsort erwarteten Gewinn ebenso wesentlich

§ 778. ab, wie ein lebens- und konkurrenzfähiger Exporthandel von der Aussicht auf einen den Wert der Güter am Abladeplatz übersteigenden Gewinn. Allerdings lasse das Gesetz die Versicherung von Fracht nur zu, wenn diese Fracht kontraktlich gesichert sei. Das in Frage stehende Interesse bestehe aber auch nicht notwendig in dem erwarteten Frachtverdienst, sondern könne auch in dem durch die Versicherung des Casco nach seinem Wert am Abgangsorte nicht mit versicherten und mitversicherbaren höheren Wert des Schiffes am Bestimmungsorte bestehen.

Diese Begründung dürfte zu erheblichen Bedenken Anlaß geben. Wenn HGB. § 825 Abs. 3 vorschreibt, daß der Versicherer von Frachtgeldern für einen Unfall, von dem das Schiff betroffen wird, nur insoweit haftet, als Frachtverträge bereits abgeschlossen sind, so liegt der Grund dieser Vorschrift darin, daß ein versicherbares Interesse an dem Verdienst noch nicht durch Vertrag gesicherter Frachten verneint wird. Der Reeder hat zwar ein Interesse daran, daß ihm die Möglichkeit späteren Frachtverdienstes dadurch nicht entzogen wird, daß das Schiff die Gefahren der versicherten Reise nicht besteht. Aber dieses Interesse ist nach der Vorschrift des Gesetzes nicht dermaßen mit dem Bestehen der Gefahr auf der versicherten Reise verknüpft, daß es versicherbar ist. Das deutsche Recht stimmt mit dem englischen überein, welches dem Reeder nur dann ein versicherbares Interesse an Frachtverdienst gewährt, wenn „there is at the time of loss an inchoate right to the freight; in other words, the position of things must be this, that but for the intervention of the loss freight would have been realized by the party insuring (Arnould, Marine Insurance ed. 8 sec 266; Voigt S. 492). Ist hiernach der von einer späteren Reise erwartete Frachtverdienst nicht versicherbar, weil es an einem versicherbaren Interesse fehlt, so folgt daraus mit Notwendigkeit, daß es weder durch eine Frachtversicherung noch durch eine andere Seeversicherung gedeckt werden kann. Wenn ferner die Analogie der Versicherung auf imaginären Gewinn von Waren herbeigezogen wird, so ist eine solche schon deshalb ausgeschlossen, weil Waren zum Verkauf bestimmt sind und es deshalb ganz natürlich ist, den mutmaßlich erzielbaren Gewinn zu versichern, wogegen der aus einem ungestörten Betrieb erwartete Verdienst eines Schiffes nicht ein durch Verkauf des Schiffes erzielter Gewinn ist. Die Analogie ist aber auch dadurch ausgeschlossen, daß bei Waren der Gewinn versichert wird, welcher durch die versicherte Reise erzielt wird, während es sich in dem vom Reichsgericht beurteilten Fall um den Gewinn handelt, welcher durch spätere Reisen erzielt werden soll. Wenn darauf hingewiesen wird, daß das Schiff am Bestimmungsort einen höheren Wert haben könne als am Abgangsort, so kann dies nur dahin führen, daß, wenn das Schiff nachweislich am Bestimmungsort zu einem höheren Preise verkauft sein würde, als es am Abgangsort wert war, dieser Preisunterschied versichert werden kann, nicht aber dahin, eine Versicherung für gültig zu erklären, welche dem Reeder den Verdienst einer späteren Frachtreise sichern soll, obgleich ein solcher noch nicht kontraktlich gesichert ist. Es wird daher nur soviel als richtig anerkannt werden können, daß unter gewissen besonderen Umständen, z. B. bei einer Dampfschiffahrtslinie, welche regelmäßige Fahrten unterhält, gegen die Schäden Versicherung genommen werden kann, welche unmittelbar aus der durch den Verlust eines Schiffes verursachten Betriebsstörung entstehen, wie z. B. Vermögensverluste durch verhinderte oder verzögerte Expedition von Waren oder Passagieren. Aber ein solches Interesse müßte jedenfalls im Einzelfalle als durch die Umstände begründet nachgewiesen werden, um als versicherbar gelten zu können. Im allgemeinen wird als Richtschnur für die Entscheidung der Frage, ob der Versicherte ein versicherbares Interesse daran habe, daß Schiff oder Ladung die Gefahren der Seeschiffahrt bestehe, dienen können, daß ein versicherbares Interesse vorliegt, wenn der Versicherte einen Vorteil davon hat, daß Schiff oder Ladung die Gefahren der Seeschiffahrt bestehen, dagegen einen Nachteil, wenn sie die Gefahren nicht bestehen.

Anm. 7. **Für wen** muß das Interesse bestehen?

Aus dem Wortlaut des Gesetzes, daß jedes in Geld schätzbare Interesse, welches jemand daran hat, daß Schiff oder Ladung die Gefahren der Seeschiffahrt besteht, Gegenstand der Seeversicherung sein könne, folgt, daß das versicherbare Interesse nicht bloß objektiv vorhanden sein, sondern der physischen oder juristischen Person, für welche es versichert wird, zustehen muß (HGZ. 1885 Nr. 9, RG. 13 Nr. 26). Das versicherbare Interesse kann sein;

a) **ein aktuelles**, d. h. zur Zeit der Versicherungsnahme bestehendes, z. B. wenn der Reeder sein Schiff versichert; § 778.

b) **ein zukünftiges**, also ein zur Zeit der Versicherungsnahme noch nicht bestehendes Interesse, dessen zukünftiges Entstehen aber erwartet wird, z. B. ein Kaufmann läßt in laufender Police alle Abladungen versichern, welche er im Laufe der Versicherungszeit von der Westküste Afrikas nach Europa machen wird. Bei Beratung des Handelsgesetzbuches war man sich darüber einig, daß die Frage, ob auch ein zukünftiges Interesse versichert werden könne, im Gesetz offen gelassen sei (Prot. S. 3101, 3552, 3553). Die tägliche Praxis zeigt, daß solche Versicherungen zulässig sind;

c) **ein bedingtes oder eventuelles**, d. h. ein zur Zeit der Versicherungsnahme bestehendes Interesse, dessen Vorhandensein für den Versicherten aber erst durch ein zukünftiges Ereignis festgestellt wird. So z. B. hat ein Verkäufer einer einem überseeischen Käufer verkauften und für diesen abgeladenen Ware, auch wenn er die Gefahr der Reise nicht zu tragen hat (BGB. § 447) ein versicherbares Interesse daran, daß die Ware keinen Seeschaden erleidet, für den Fall, daß er gemäß KO. § 44 von dem Verfolgungsrecht Gebrauch macht; ferner wenn der Vertrag wegen Vertragswidrigkeit der Ware gewandelt wird, ohne Unterschied, ob die Wandelung auf Grund eines Urteils oder einer Vereinbarung erfolgt; nur im Falle einer Kollusion zwischen Käufer und Verkäufer, um die Sachlage nachträglich so zu gestalten, als wäre das Eigentumsinteresse beim Verkäufer geblieben, kann der letztere keine Ansprüche gegen seinen Versicherer geltend machen (RG. 23 S. 88). In diesen Fällen stellt es sich nachträglich heraus, daß der Verkäufer die Gefahr der Reise getragen hat. Käufer und Verkäufer können demnach beide ihr eventuelles Eigentumsinteresse unter Versicherung bringen. Da aber eine der beiden Versicherungen wegen Fehlens eines versicherbaren Interesses sich als ungültig herausstellen muß, und um zu vermeiden, wegen desselben Risikos zwei Versicherungen abzuschließen, ist es zulässig, das eventuelle Interesse sowohl des Käufers wie des Verkäufers durch eine Versicherung „für Rechnung wen es angeht" zu decken (RG. 13 S. 103). Andrerseits ist zu beachten, daß mit der Veräußerung der versicherten Sache die Rechte und Pflichten aus der Versicherung auf den Käufer übergehen (HGB. § 899). Da alsdann für den Käufer eine Doppelversicherung entsteht, ist er gemäß § 788 berechtigt, Herabsetzung der Versicherungssummen zu verlangen.

Wann muß das versicherbare Interesse vorhanden sein? Anm. 8.

Wenn es im HGB. § 778 heißt: „Jedes in Geld schätzbare Interesse, welches jemand daran hat, daß Schiff oder Ladung die Gefahren der Seeschiffahrt bestehe, kann Gegenstand der Seeversicherung sein", so ergibt sich hieraus zunächst, daß das Interesse zur Zeit des Vertragsabschlusses bestehen muß. Dies ist jedoch gemäß dem in Anm. 7 Ausgeführten mit der Maßgabe zu verstehen, daß das Interesse zur Zeit des Vertragsabschlusses nur als zukünftiges oder eventuelles zu bestehen braucht. Wenn es in ROHG. 14 S. 129 heißt, es müsse immer schon bei Abschluß des Vertrages ein individuell bestimmter, wenngleich nicht notwendig gekannter Versicherter vorhanden sein, so erscheint diese Auffassung zu eng. Bei der Versicherung eines eventuellen Interesses ergibt sich erst auf Grund später eintretender Tatsachen, wer der Versicherte ist; allerdings muß sich dann auch nachträglich ergeben, daß diesem Versicherten das Interesse schon zur Zeit des Vertragsabschlusses zugestanden hat (Voigt S. 31, RG. 13 S. 103). Das versicherte Interesse muß während des Laufes der Gefahr bis zu der Zeit des schadenbringenden Ereignisses und zur Zeit der Geltendmachung des Schadens vorhanden sein. Über die Folgen der Veräußerung des versicherten Gegenstandes vgl. HGB. § 899.

Wesen des Versicherungsvertrages. Anm. 9.

Durch den Seeversicherungsvertrag verpflichtet sich der Versicherer, gegen Entgelt (Prämie) einen auf den Gefahren der Seeschiffahrt beruhenden Schaden, welchen der Versicherte an dem versicherten Interesse erleidet, zu bezahlen. Der Vertrag gewährt dem Versicherten keinen Anspruch auf Schadensersatz im eigentlichen Sinne, sondern enthält ein bedingtes Zahlungsversprechen des Versicherers, bedingt dem Grunde und der Höhe nach durch den Eintritt eines unter den Vertrag fallenden Schadens (HGZ. 1900 Nr. 114 a. E.). Daß der Seeversicherungsvertrag nicht einen Anspruch auf Schadensersatz im eigentlichen Sinne gewährt, erhellt schon

§ 779. daraus, daß der Versicherte durch den vom Versicherer zu leistenden Geldbetrag in den meisten Fällen mehr oder weniger als den wirklich erlittenen Schaden erhält; mehr z. B. wenn bei taxierter Police die Taxe den Wert des versicherten Interesses übersteigt, was zulässig ist, solange die Übersetzung nicht wesentlich ist (HGB. § 793), ferner bei Versicherung von Bruttofracht; weniger z. B. wenn Güter versichert sind, deren Wert zur Zeit des Unfalls gegen den Versicherungswert (Wert der Güter am Ort und zur Zeit der Abladung unter Hinzurechnung aller Kosten bis an Bord einschließlich der Versicherungskosten (HGB. § 799) gestiegen ist. Ebensogut wie der Versicherte trotz der Versicherung daher für den erlittenen Schaden nicht voll gedeckt sein kann, ist es auf der anderen Seite möglich, daß der Versicherte unter Berücksichtigung der Versicherung sich besser steht, wenn sich ein Unfall ereignet als wenn die Reise ohne Unfall beendet wird. In GVV. § 1 heißt es entsprechend:

> „Bei der Schadensversicherung ist der Versicherer verpflichtet, nach dem Eintritt des Versicherungsfalls dem Versicherungsnehmer den dadurch verursachten Vermögensschaden nach Maßgabe des Vertrags zu ersetzen."

Grundlage des vom Versicherer zu bezahlenden Betrages ist der erlittene Schaden, dessen Ersatz aber nicht nach seiner wirklichen Höhe, sondern nach Maßgabe des Vertrages erfolgt. Die Leistungspflicht des Versicherers soll aber nicht von dem erlittenen Schaden losgelöst sein; denn dann würde es sich nicht um einen Versicherungsvertrag, sondern um Spiel oder Wette handeln (Gerhard, Kommentar zum GVV. S. 6). (MJA. § 1.) Andererseits sind Ersparungen, welche der Versicherte infolge des Unfalles gemacht hat, von seiner Schadensforderung in Abzug zu bringen. Nicht in Abzug zu bringen ist jedoch ein Gewinn, welchen der Versicherte in Veranlassung des Unfalls durch eine neue Unternehmung erzielt hat (HGZ. 1893 Nr. 64).

§ 779.

Es können insbesondere versichert werden:

- das Schiff;
- die Fracht;
- die Überfahrtsgelder;
- die Güter;
- die Bodmereigelder;
- die Havereigelder;
- andere Forderungen, zu deren Deckung Schiff, Fracht, Überfahrtsgelder oder Güter dienen;
- der von der Ankunft der Güter am Bestimmungsort erwartete Gewinn (imaginäre Gewinn);
- die zu verdienende Provision;
- die von dem Versicherer übernommene Gefahr (Rückversicherung).

In der einen dieser Versicherungen ist die andere nicht enthalten.

Voigt § 2. Prot. S. 3121—3132; 3617, 3618; 4232—4236.

Anm. 1. **Bezeichnung des Interesses.**

Der Schwerpunkt des § 779 liegt in dessen zweiten Absatz. Ist in der einen der aufgezählten Versicherungen die andere nicht enthalten, so folgt daraus, daß das Interesse richtig bezeichnet werden muß. Dies folgt auch aus der Natur des Vertrages. Denn wenn ein anderes Interesse dem Versicherer angegeben wird als dasjenige, welches unter Versicherung gebracht werden soll, so sind sich die Parteien über ein Essentiale des Vertrages nicht einig, z. B. wenn das Eigentumsrecht am Schiffe versichert wird, während der

Versicherte nur ein Pfandrecht am Schiffe hat, oder wenn Frachtvorschuß statt Frachtüberschuß versichert wird (vgl. unten Anm. 11). Der Versicherte kann sich nicht darauf berufen, daß der Versicherer auch das wirkliche Interesse zu den gleichen oder zu günstigeren Bedingungen versichert hätte (RO. 20 S. 131). Der Vertrag ist aber in einem solchen Falle nicht ganz ungültig, sondern der Versicherer hat, obwohl er aus dem Vertrage nicht verpflichtet ist, Anspruch auf die Prämie und zwar (HGB. § 895): § 779.

a) auf die volle Prämie, wenn der Versicherte bei der falschen Bezeichnung sich nicht im guten Glauben befunden hat;

b) auf einen Teil der Prämie (Ristornogebühr), wenn der Versicherte sich im guten Glauben befunden hat.

Bei Prüfung der Frage, ob das Interesse richtig bezeichnet ist, ist die Überschrift des Policenformulars nicht von ausschlaggebender Bedeutung; wesentlich ist vielmehr der Inhalt der Police; z. B. Versicherung von Provision auf einem Policenformular für Güter (HGZ. 1895 Nr. 31).

Wenn oben gesagt ist, das Interesse müsse bei Abschluß des Vertrages richtig bezeichnet werden, so ist dies insofern nicht ganz korrekt, als es zulässig ist, das Interesse bei Abschluß des Vertrages überhaupt nicht zu bezeichnen, ein Fall, welcher vor allem bei der Versicherung auf behaltene Ankunft zutage tritt (vgl. HGB. § 850). Richtiger ist es daher zu sagen, daß das Interesse bei Abschluß des Vertrages nicht unrichtig bezeichnet werden darf. Anm. 2.

Der erste Absatz des § 779 enthält eine beispielsweise Aufzählung versicherbarer Interessen; dies ergibt sich aus dem Wort „insbesondere" (RO. 20 S. 132); auch andere hier nicht genannte Interessen können versichert werden, wenn die Voraussetzungen des HGB. § 778 vorliegen. Anm. 3.

Die versicherbaren Interessen im einzelnen.

Das Schiff.

1. Wenn das Gesetz von einer Versicherung des Schiffs (Cascoversicherung) oder der Güter spricht, so bedient es sich der im gewöhnlichen Sprachgebrauch üblichen, aber nicht ganz korrekten Ausdrucksweise. Denn die Seeversicherung ist eine Interessenversicherung; es wird daher nicht das Schiff, sondern es wird ein Interesse am Schiff versichert und dieses Interesse kann verschiedener Art sein (HGZ. 1887 Nr. 50). Wird schlechthin das Schiff versichert, so heißt das, daß das Eigentumsrecht am Schiff oder ein solches anderes Interesse am Schiff als versichert anzusehen ist, bei welchem der Versicherte die Gefahr der versicherten Sache ebenso trägt wie der Eigentümer (Prot. S. 4232) oder wie es in einem Urteil des RG. (23 Nr. 26) heißt, ein Interesse, das im Werte des Schiffs im unbeschädigten Zustand besteht, bezw. das diesem Wert gleich ist; also ein Interesse, welches darin besteht, daß dem Versicherten, wenn das Schiff untergeht, ein Schaden in Höhe dieses Wertes, und wenn es beschädigt wird, ein Schaden in Höhe der Beschädigung erwächst. Im Gegensatz hierzu steht das Interesse, welches der Versicherte am Bestehen der Seegefahr deswegen hat, weil er, wenn das Schiff die Seegefahr nicht oder nicht unbeschädigt besteht, einen sonstigen Schaden erleidet. Das Gleiche gilt für die Güterversicherung (RG. 13 Nr. 26). Anm. 4.

Auf das Schiff können daher Versicherung nehmen der Reeder, der Eigentümer eines nicht zum Erwerb durch die Seefahrt dienenden Schiffes, der Mitreeder für seine Schiffsparte, der Ausrüster, der Mieter des Schiffes, wenn diese dem Reeder gegenüber verpflichtet sind, für zufällige Beschädigungen des Schiffes aufzukommen. Das Eigentumsinteresse ist nicht versicherbar, wenn es nur als juristische Form sich darstellt, welche jedes wirtschaftlichen Gehaltes ermangelt, z. B. wenn der ausländische Eigentümer eines Schiffes dasselbe, um es unter deutscher Flagge fahren zu lassen, zum Schein an einen Deutschen verkauft und auf dessen Namen schreiben läßt, und dieser dann als Eigentümer Versicherung nimmt. Ein derartig formelles Eigentum begründet kein versicherbares Interesse (RG. 7 Nr. 4).

Soll nicht das Eigentumsinteresse am Schiff, sondern z. B. ein Pfandrecht versichert werden, so darf nicht „das Schiff" versichert werden, sondern das Interesse muß entweder als Pfandrecht oder überhaupt nicht bezeichnet werden; im letzteren Falle könnte z. B. eine Ver-

§ 779. sicherung auf behaltene Ankunft genommen werden, was aber für den Pfandgläubiger den Nachteil hat, daß er nicht dagegen versichert ist, daß das Schiff infolge von Beschädigungen zur Deckung seiner Forderung nicht ausreicht (vgl. HGB. § 850).

Über das Interesse des Reeders, sein Schiff nach Beendigung einer Reise für ferneren Frachterwerb zu haben, und über die Versicherbarkeit dieses Interesses vgl. Anm. 6 Nr. 4 zu § 778.

Anm. 5. Bei einer Schiffsversicherung ist das Schiff nebst Zubehör versichert. Die Ausrüstungskosten (Proviant, Kohlen) gelten nicht als zugleich mit dem Schiff versichert, wenn es nicht besonders vereinbart ist (HGB. § 796). Als Zubehör eines Dampfschiffs kommt vor allem die Maschine in Betracht. Häufig kommt es vor, daß die Maschine besonders taxiert und versichert wird (HGB. § 794), auch daß das Schiff zu anderen Bedingungen versichert wird als die Maschine und Zubehör z. B. durch die Klausel:

„Maschine und Zubehör valedieren frei von Beschädigung außer im Falle von Stranden, Stoßen, Kollision $\frac{\text{und}}{\text{oder}}$ Explosion mit oder ohne Brand."

Anm. 6. **Die Fracht.**

1. Fracht ist die Vergütung für Beförderung von Gütern zur See. Gegenstand der Frachtversicherung ist das Interesse des Versicherten daran, daß ihm nicht die Fracht durch Seeunfälle, welche Schiff oder Ladung oder beide betreffen, ganz oder teilweise verloren geht.

Die Fracht ist entweder Konnossementsfracht (wenn sich der Frachtvertrag auf einzelne Güter bezieht) oder Charterfracht (wenn das Schiff im ganzen oder zu einem verhältnismäßigen Teile oder ein bestimmt bezeichneter Raum des Schiffes verfrachtet ist). Im letzteren Falle ist es gleichgültig, ob das Schiff für eine Reise oder auf Zeit verchartert wird (Schaps S. 293, 294 Anm. 14, 15). Dagegen ist als Fracht nicht versicherbar die Vergütung, welche der Reeder dafür erhält, daß er das Schiff vermietet (Sachmiete). Dieser Fall liegt vor, wenn der Mieter die alleinige Disposition über das Schiff hat, insbesondere, wenn er für die Besatzung des Schiffes zu sorgen hat. Schiffsmiete muß als solche, nicht als Fracht im Versicherungsvertrage bezeichnet werden (HGZ. 1908 Nr. 134, RG. 69 Nr. 28). Daß die Bezeichnung des Interesses an Schiffsmiete als Fracht unrichtig ist, ergibt sich auch daraus, daß die Gefahr in beiden Fällen eine verschiedene ist; Fracht geht verloren, wenn die Güter durch einen Unfall verloren gehen, während die Bezahlung der Miete hiervon unabhängig ist. Dagegen ist der Mieter in der Regel zur Bezahlung der Miete für die Zeit nicht verpflichtet, während welcher das Schiff infolge einer Havarie seine Reise nicht fortsetzen kann, während bei dem eigentlichen Frachtvertrage ein Aufenthalt, den die Reise vor oder nach ihrem Antritte durch Naturereignisse oder andere Zufälle erleidet, abgesehen von den Fällen der §§ 629—636 HGB. auf die Rechte und Pflichten der Parteien keinen Einfluß hat, es sei denn, daß der erkennbare Zweck des Vertrages durch einen solchen Aufenthalt vereitelt wird (HGB. § 637). Nach englischem Recht ist es nicht erforderlich, im Versicherungsvertrage einen Unterschied zwischen Fracht und Miete zu machen; Schiffsmiete wird als freight oder hire versichert (Arnould S. 276).

Anm. 7. 2. Bei der Frachtversicherung können als Versicherte verschiedene Personen in Frage kommen:

a) **der Reeder,** welcher sein Schiff auf Stückgüter anlegt (Konnossementsfracht) oder im ganzen oder einen verhältnismäßigen Teil oder einen bestimmt bezeichneten Raum des Schiffes verfrachtet (Charterfracht) oder seine eigenen Güter verschifft;

b) **der Charterer,** welcher seinerseits das Schiff auf Stückgüter anlegt (als Unterverfrachter).

Ein versicherbares Interesse für den Verfrachter und Unterverfrachter ist vorhanden, wenn Frachtverträge abgeschlossen sind;

c) **der Charterer oder Befrachter,** welcher die Fracht ganz oder teilweise definitiv vorausbezahlt hat.

Anm. 8. **Versicherung von vorausbezahlter Fracht.**

Wenn ein Reeder sein Schiff verfrachtet, so hat er ein versicherbares Interesse daran, daß die Fracht nicht durch Seeunfälle verloren geht. Daran ändert der Umstand, daß der Reeder auf die Fracht ein Darlehn oder einen Vorschuß erhalten hat, den er zurückzuzahlen hat, wenn die Fracht nicht verdient werden sollte, nichts. Der Vorschußgeber kann den Vorschuß nur als Forderung versichern, insoweit anzunehmen ist, daß er den Vorschuß aus der eingehenden Fracht zurückerhalten soll. Ist aber die Fracht ganz oder teilweise derart vorausbezahlt, daß der Reeder sie behält, auch wenn sie nicht verdient ist, so trägt der Befrachter die Gefahr, die Fracht eventuell umsonst bezahlt zu haben; er hat daher ein versicherbares Interesse an der vorausbezahlten Fracht. Definitive Vorauszahlung der Fracht liegt nach feststehender Rechtsprechung (vgl. ROHG. 15 S. 58, HGZ. 1891 Nr. 22, RG. 40 Nr. 14) immer dann vor, wenn vereinbart ist, der Befrachter habe den Vorschuß auf Kosten des Verfrachters versichern zu lassen. § 779.

Dieselbe Bedeutung hat in englischen Policen die Klausel: „subject to interest at . . . % and insurance“ oder „less insurance“ oder „subject to . . . % for all charges (HGZ. 1880 Nr. 103), und in französischen Policen: „l'affrêteur fera assurer les avances, la prime demeurant à la charge du frêteur. Ist der Frachtvorschuß abzüglich Zinsen und Versicherungskosten gegeben, so wird der Charakter als definitiver Frachtvorschuß dadurch nicht geändert, daß der Kapitän die Rückzahlung einer gleich hohen Summe bei Ankunft im Bestimmungshafen verspricht, wenn aus den Umständen des Falles ersichtlich ist, daß die Rückzahlung aus der eingehenden Konnossementsfracht zu erfolgen habe. Da der Unterverfrachter für seinen Frachtvorschuß Deckung in der Konnossementsfracht erwartet und diese vom Kapitän eingezogen wird, ist es selbstverständlich, daß der Kapitän den Vorschuß aus der einkassierten Konnossementsfracht zurückzuzahlen verpflichtet ist, da er sonst die Fracht zur Höhe des Vorschusses doppelt erhalten würde (HGZ. 1891 Nr. 22).

Ist vereinbart, daß der Befrachter den Vorschuß auf Kosten des Verfrachters versichern soll, so übernimmt damit der Befrachter, auch wenn er sich nicht versichert, zur Höhe des Vorschusses die gesamte Gefahr (ROHG. 15 S. 63), welcher die Fracht ausgesetzt ist, insbesondere auch die Gefahr des mittelbaren Kollisionsschadens. Zur Höhe des Vorschusses hat daher nur der Befrachter, nicht der Verfrachter ein versicherbares Interesse (RG. 40 Nr. 14, HGZ. 1897 Nr. 59, 1898 Nr. 35). In der Praxis wird dieser Satz auf alle Fälle ausgedehnt, in welchem Charterfracht definitiv vorausbezahlt wird, auch wenn nicht vereinbart ist, daß der Befrachter den Frachtvorschuß auf Kosten des Verfrachters versichern soll. Dieser Ansicht kann nicht beigestimmt werden. Der Befrachter, welcher die Fracht definitiv vorausbezahlt hat, trägt an sich nur die Gefahr, daß er die Fracht umsonst bezahlt hat, nicht aber die Gefahr, daß die bezahlte Fracht den Schiffsgläubigern haftet, wenn nicht eine diesbezügliche Absicht der Parteien festgestellt werden kann. Liegt eine solche Absicht der Parteien nicht vor, so hat der Verfrachter, auch wenn die Fracht definitiv vorausbezahlt ist, ein versicherbares Interesse daran, daß die Fracht ihm nicht wieder durch Schiffsgläubiger entzogen wird.

Voigt S. 140 führt aus, die Versicherung von Frachtvorschuß sei stets reine Frachtversicherung, ohne Unterschied, ob der Reeder oder ein anderer der Interessierte sei. Gegen diese auch in der Judikatur herrschende Ansicht (ROHG. 15 Nr. 23, RG. 38 Nr. 17, 40 Nr. 14) hat bereits Seebohm in einer Anmerkung zu Voigt S. 751 Einwendungen erhoben, und zwar, wie es scheint, mit Recht. Die Frage läuft im praktischen Ergebnis darauf hinaus, ob jeder, welcher auf Frachtvorschuß Versicherung nimmt, dem Versicherer gegenüber für Handlungen des Schiffers, für Deviation und Seeuntüchtigkeit des Schiffes aufzukommen habe. Nach § 799 Abs. 2 kann die Fracht zum Versicherungswert der Güter hinzugerechnet werden. In einem solchen Falle würde es sich aber mit Bezug auf den ganzen Güter und Fracht umfassenden Versicherungsbetrag um eine Güterversicherung handeln (HGZ. 1880 Nr. 103). Dementsprechend wird in der laufenden Güterpolice des Vereins Hamburger Assekuradeure Frachtvorschuß bezw. vorausbezahlte Fracht zum Güterwert hinzugerechnet. Für den Befrachter, welcher Konnossementsfracht definitiv vorausbezahlt, ist die Fracht als erhöhter Güterwert anzusehen; dasselbe gilt für den Charterer, welcher das Schiff mit eigenen Gütern beladet. Dagegen dürfte eine reine Frachtversicherung vorliegen, wenn der Charterer, welcher das Schiff auf Stückgüter anlegt, also Unterverfrachter ist, einen von ihm gezahlten Frachtvorschuß versichert. Anm. 9.

§ 779. **Reeder, Unterverfrachter und Befrachter.**

Anm.10. Wenn der Reeder sein Schiff verchartert und der Charterer das Schiff auf Stückgüter anlegt, so wird zwar eine Mehrheit von Rechtsverhältnissen mit Bezug auf die Zahlung der Frachtgelder, aber keine Vermehrfachung der mit dem Schiff zu verdienenden Fracht und der sich an dieselben knüpfenden Interessen erzeugt. Die von einem Schiffe durch eine Reise zu verdienende Fracht (d. h. bei einer Unterverfrachtung die Konnossementsfracht, wenn sie die Charterfracht übersteigt) kann in ihrem gesamten Betrage nur einmal Gegenstand der Versicherung sein (RG. 38, Nr. 17, HGZ. 1897 Nr. 52). Folgende Fälle sind zu unterscheiden:

1. **Fracht ist nicht definitiv vorausbezahlt.** Dann hat der Reeder ein versicherbares Interesse zur Höhe der Charterfracht, der Charterer zur Höhe des Überschusses der Konnossementsfracht über die Charterfracht (Versicherung von Frachtüberschuß).

2. **Fracht ist definitiv vorausbezahlt:**

a) **nur vom Charterer;** Beispiel: Charterfracht 1000, Vorschuß darauf 500, Konnossementsfracht 1200. Dann kann versichern der Reeder die Fracht zur Höhe von 500, der Charterer den Vorschuß von 500 und den Frachtüberschuß von 200. Ist die Konnossementsfracht geringer als die Charterfracht, dann kann der Charterer den Vorschuß nur abzüglich der Differenz zwischen Charter- und Konnossementsfracht versichern (RG. 38 Nr. 17).

b) **vom Charterer und Unterbefrachter:** Der Unterbefrachter kann den von ihm geleisteten Vorschuß, der Charterer den Frachtüberschuß und den von ihm bezahlten Vorschuß versichern, insoweit er für beides zusammen nicht durch den ihm bezahlten Vorschuß gedeckt ist; ob er bei der Versicherung von Frachtvorschuß und Frachtüberschuß den ihm bezahlten Vorschuß von diesem oder jenem in Abzug bringt, ist gleichgültig (RG. 38 Nr. 17). Der Reeder kann die Charterfracht versichern, soweit er keinen Vorschuß erhalten hat.

Beispiel: Charterfracht 1000, Vorschuß darauf 500, Konnossementsfracht 1200, Vorschuß darauf 600; dann können versichern: der Unterbefrachter 600, der Charterer 100 und der Reeder 500 (RG. 38 Nr. 17). Es ist jedoch zu beachten, daß Reeder und Charterer je nach den zwischen ihnen getroffenen Vereinbarungen noch darüber hinaus ein versicherbares Interesse daran haben, daß ihnen die verdiente Fracht nicht wieder durch Schiffsgläubiger entzogen wird. Dieses Interesse würde im obigen Beispiel, wenn der Reeder den Vorschuß „less insurance" (vgl. Anm. 8) erhalten hätte, für ihn 500 und für den Charterer 700 betragen. Der vom RG. aufgestellte Satz, daß die gesamte Fracht nur einmal Gegenstand der Versicherung sein könne, ist daher insofern zu modifizieren, daß, soweit rechtlich verschiedene Interessen sich an die Fracht knüpfen, der Gesamtbetrag der Fracht für den Gesamtbetrag der möglichen versicherbaren Interessen nicht maßgebend ist.

Anm.11. **Richtige Bezeichnung des Frachtinteresses.**

Eine Versicherung von Frachtvorschuß deckt nicht das Interesse am Frachtüberschuß. Der Reeder kann nur Fracht versichern, der Charterer, welcher einen definitiven Frachtvorschuß bezahlt hat, kann Versicherung auf Frachtvorschuß und Frachtüberschuß nehmen (HGZ. 1891 Nr. 22).

Anm.12. **Überfahrtsgelder.**

Bei der Versicherung von Überfahrtsgeldern, welche von dem Reeder oder einem Expeditionsunternehmer genommen wird, besteht das versicherbare Interesse darin, daß die Überfahrtsgelder nicht durch Gefahren der Seeschiffahrt dem Versicherten ganz oder teilweise verloren gehen. Die Versicherung von Überfahrtsgeldern ist ebenso zu behandeln wie eine Frachtversicherung (Voigt S. 135).

Anm.13. Von der Versicherung der Überfahrtsgelder ist wohl zu unterscheiden die Versicherung von Passage- und Verwendungsgeldern zu Gunsten von Auswanderern, welche auf dem Reichsgesetz über das Auswanderungswesen vom 9. Juni 1897 (RGBl. S. 463) und der Bekanntmachung des Bundesrats vom 14. März 1898 (RGBl. S. 39) betreffend Bestimmungen über den Geschäftsbetrieb der Auswanderungsunternehmer usw. beruht.

§ 779.

Gesetz über das Auswanderungswesen vom 9. Juni 1897 §§ 1, 27—32.

§ 1.

Wer die Beförderung von Auswanderern nach außerdeutschen Ländern betreiben will (Unternehmer), bedarf hierzu der Erlaubnis.

§ 27.

Der Unternehmer ist verpflichtet, den Auswanderern an dem zu ihrer Einschiffung oder Weiterbeförderung bestimmten Orte bei jeder nicht von ihnen selbst verschuldeten Verzögerung der Beförderung von dem vertragsmäßig bestimmten Abfahrtstage an ohne besondere Vergütung Unterkunft und Verpflegung zu gewähren.

§ 28.

Falls die Verzögerung länger als eine Woche dauert, hat der Auswanderer, unbeschadet der ihm nach dem bürgerlichen Rechte etwa zustehenden Ansprüche auf Schadensersatz, das Recht, von dem Vertrage zurückzutreten und die Rückerstattung des gezahlten Überfahrtsgeldes zu verlangen.

§ 29.

Die Rückerstattung des Überfahrtsgeldes kann auch dann verlangt werden, wenn der Auswanderer oder einer der ihn begleitenden Familienangehörigen vor Antritt der Seereise stirbt oder nachweislich durch Krankheit oder durch sonstige außer seiner Macht liegende Zwischenfälle am Antritte der Seereise verhindert wird.

Das Gleiche gilt, wenn in Fällen des § 26 Abs. 2 (wenn der Unternehmer sich zugleich zur Weiterbeförderung vom überseeischen Ausschiffungshafen aus verpflichtet) die Verhinderung im überseeischen Ausschiffungshafen eintritt, rücksichtlich des den Weiterbeförderungskosten entsprechenden Teiles des Überfahrtsgeldes.

Die Hälfte des Überfahrtsgeldes kann zurückverlangt werden, wenn der Auswanderer vor Antritt der Reise vom Vertrag aus anderen Gründen zurücktritt.

§ 30.

Wird das Schiff durch einen Seeunfall oder einen anderen Umstand an der Fortsetzung der Reise verhindert oder zu einer längeren Unterbrechung derselben genötigt, so ist der Unternehmer (§ 1) verpflichtet, ohne besondere Vergütung den Auswanderern angemessene Unterkunft und Verpflegung zu gewähren und die Beförderung derselben und ihres Gepäcks nach dem Bestimmungsorte sobald als möglich herbeizuführen.

Diese Vorschrift findet sinngemäße Anwendung auf die Weiterbeförderung vom überseeischen Ausschiffungshafen aus (§ 26 Abs. 2).

§ 31.

Vereinbarungen, welche den Bestimmungen der §§ 27—30 zuwiderlaufen, haben keine rechtliche Wirkung.

§ 32.

Der Unternehmer kann verpflichtet werden, zur Sicherstellung der ihm aus den §§ 27—30 entstehenden Verpflichtungen eine das Überfahrtsgeld um den halben Betrag übersteigende Summe zu versichern oder einen der Versicherungssumme entsprechenden Betrag zu hinterlegen.

Bekanntmachung des Bundesrats vom 14. März 1898.

§ 14.

Die Auswanderungsbehörde kann verlangen, daß der Unternehmer zur Sicherstellung der ihm aus den §§ 27—30 des Gesetzes über das Auswanderungswesen entstehenden Verpflichtungen eine das Überfahrtsgeld um den halben Betrag übersteigende Summe versichert oder einen der Versicherungssumme entsprechenden Betrag hinterlegt.

Im Falle der Versicherung bedürfen sowohl die Wahl des Versicherers wie der Inhalt der Versicherungspolice der Genehmigung durch die Auswanderungsbehörde. Die Police über die

§ 779. geschlossene Versicherung ist spätestens sechsunddreißig Stunden nach Abgang des Schiffes der Auswanderungsbehörde einzuliefern.

Die etwaige Hinterlegung ist bei der im § 26 dieser Bestimmungen bezeichneten Stelle (von der Landes-Zentralbehörde bezeichnete Stelle) zu bewirken und der Auswanderungsbehörde vor Abgang des Schiffes nachzuweisen.

Wird die Verwendung des sichergestellten Betrags oder eines Teiles desselben nötig, so ist der Unternehmer zur sofortigen Ergänzung verbunden.

Falls der Unternehmer durch Säumnis in der Erfüllung seiner im Absatz 1 bezeichneten Verbindlichkeiten ein Einschreiten der Behörden veranlaßt, ist die Auswanderungsbehörde befugt, die durch die Säumnis erwachsenen Kosten aus der Versicherungs- oder der Hinterlegungssumme zu decken. Sie ist berechtigt, zu diesem Zwecke die Versicherungssumme zu erheben. Ein entsprechender Vermerk ist in die Police beziehungsweise die Hinterlegungsurkunde aufzunehmen.

Anm. 14. Vorstehende gesetzlichen Bestimmungen entsprechen im wesentlichen den schon früher in den deutschen Seestädten erlassenen Verordnungen. In der Judikatur (vgl. insbesondere ROHG. 7 S. 400; 17 S. 341) ist stets zum Ausdruck gebracht, daß bei dieser Art Passagegeld-Versicherung die Auswanderer als diejenigen anzusehen sind, zu deren Sicherstellung und in deren Interesse die Versicherung genommen wird, daß ferner dieselbe die Bestimmung hat, der Behörde des Verschiffungsortes Sicherheit zu gewähren, daß sie Ersatz dafür erhält, wenn sie in die Lage kommen sollte, entweder selbst die erforderlich werdenden Aufwendungen zu machen, oder Auslagen, welche in überseeischen Plätzen von dortigen Konsulaten gemacht werden, vergüten zu müssen. Wird die Reise infolge mangelnder Seetüchtigkeit oder Verproviantierung des Schiffes unterbrochen, so kann der Unternehmer, welcher für die Verpflegung und Weiterbeförderung der Auswanderer selbst Sorge getragen hat, Ersatz der Zahlungen von dem Versicherer nicht verlangen. Denn der Unternehmer hat dafür Sorge zu tragen, daß das Schiff, mit welchem die Auswanderer befördert werden sollen, für die beabsichtigte Reise völlig seetüchtig, vorschriftsmäßig eingerichtet, ausgerüstet und verproviantiert ist. Handelt der Unternehmer der Vorschrift zuwider, so kann der Versicherer ihm die Einrede des eigenen Verschuldens zwar nicht gemäß § 821 Nr. 4, aber gemäß § 804 (Lewis S. 376) entgegensetzen. Anders liegt der Fall, wenn der Anspruch von der Behörde entweder direkt für den Zweck der Unterhaltung und Weiterbeförderung der Auswanderer oder zur Deckung von Auslagen, welche für dieselben gemacht sind, geltend gemacht wird. Dann kann die obige Einrede nicht erhoben werden; jedoch kann der Versicherer sich an dem Unternehmer schadlos halten. Aus den §§ 27 fg. des Ges. vom 7. Juni 1897 ergibt sich, daß die im Interesse der Auswanderer genommene Versicherung keine reine Seeversicherung ist. Denn der Versicherer haftet auch für andere als Gefahren der Seeschiffahrt, z. B. für jede Verzögerung der Beförderung, welche von den Auswanderern nicht verschuldet ist.

Die Güter.

Anm. 15. Eine Versicherung der Güter schlechthin bedeutet eine Versicherung des Eigentumsinteresses an den Gütern. „Das Eigentumsinteresse besteht in demjenigen Interesse, welches an sich, d. h. abgesehen von sonstigen auf das Gut sich beziehenden Rechtsverhältnissen, der Eigentümer daran hat, daß das Gut die Gefahren der Seeschiffahrt besteht, mithin in dem Werte der Güter in unbeschädigtem Zustande, so daß also, wenn die Güter untergehen, dem Versicherten ein Schaden in Höhe dieses Wertes erwächst, und daß, wenn sie beschädigt werden, sein Schaden in der Differenz zwischen den Werten der unbeschädigten und der beschädigten Güter besteht, mag der Versicherte Eigentümer im rechtlichen Sinne sein oder nicht“ (RG. 23 Nr. 15). Solange der Versicherte das Eigentumsinteresse an den Gütern hat, kann er es versichern. Daran wird durch den Verkauf der Güter nichts geändert, sondern erst durch den Übergang des Eigentums auf den Käufer. „Der Verkäufer hat solange ein versicherbares Eigentumsinteresse, als er rechtlich in der Lage ist, die Ware dem Käufer vorzuenthalten und solange er zugleich tatsächlich im stande bleibt, über dieselbe zu verfügen“ (RG. 23 Nr. 15).

Einfluß des Gefahrüberganges. § 779.

Dadurch, daß die Gefahr gemäß BGB. § 447 auf den Käufer übergeht, verliert der Anm. 16. Verkäufer nicht sein versicherbares Eigentumsinteresse, jedenfalls nicht sein eventuelles Eigentumsinteresse; er kann für den Fall Versicherung nehmen, daß der Kauf durch Rechtsgeschäft mit dem Käufer rückgängig gemacht wird, oder daß er vergleichsweise die Beanstandung der Ware wegen nicht vertragsmäßiger Lieferung anerkennt; selbstverständlich darf keine Kollusion zwischen dem Käufer und dem Verkäufer zum Nachteil des Versicherers vorliegen. Ein eventuelles Eigentumsinteresse des Verkäufers besteht ferner für den Fall, daß er das Verfolgungsrecht gemäß KO. § 44 ausübt (RG. 13 Nr. 26). Ein aktuelles Eigentumsinteresse trotz Übergang der Gefahr hat der Verkäufer, wenn der Käufer nach den Bedingungen des Kaufvertrages erst dann über die Ware zu disponieren berechtigt sein soll, wenn er Zahlung geleistet oder einen bestätigten Bankkredit eröffnet hat (RG. 23 Nr. 15, HGZ. 1888 Nr. 105, 1889 Nr. 17). Weitergehend ist in HGZ. 1893 Nr. 84, 1898 Nr. 49 ausgeführt, daß der Übergang der Gefahr ohne jede Bedeutung für das versicherbare aktuelle Eigentumsinteresse des Verkäufers sei. Denn solange das Eigentumsrecht nicht auf den Käufer übergegangen sei, habe der Verkäufer ein zweifaches Recht, das Eigentum an der Sache und daneben den obligatorischen Anspruch gegen den Käufer. Der Versicherer könne dem Versicherten nicht vorschreiben, welches von diesen Rechten er geltend machen solle. Die Möglichkeit der Realisation des obligatorischen Anspruchs sei ungewiß, da der Käufer die Erfüllung des Geschäfts mit Erfolg ablehnen könne. Ferner werde der Verkäufer durch die Versicherung seines Eigentumsinteresses gegen den Mangel der Solvenz des Käufers geschützt. Da dem Verkäufer nicht zugemutet werden könne, mit den äußersten Zwangsmaßregeln gegen den Käufer vorzugehen, so könne nicht die Rede davon sein, daß die Haftung des Versicherers auf den Fall der Insolvenz des Käufers beschränkt werde. Wenn sich aber das Interesse des Verkäufers an seinem Eigentum dadurch erschöpfen würde, daß es ihm als Sicherheit für die Kaufgeldforderung diene, so hätte der Versicherer vielleicht das Recht, gegen Zahlung der Versicherungssumme Abtretung der Kaufgeldforderung zu beanspruchen. Aus dieser Argumentation ergibt sich, daß es sich in derartigen Fällen nicht um eine Versicherung der Kaufgeldforderung oder der Solvenz des Käufers handelt, sondern um eine Versicherung des Eigentumsinteresses des Verkäufers; in welcher Weise dieser sein Eigentumsinteresse ausnutzt, ist für den Versicherungsvertrag gleichgültig (a. M. ROHG. 14 Nr. 43). Allerdings heißt es in einem Urteile des RG. (7 Nr. 4), die Versicherung des Eigentumsinteresses könne selbst dann ungültig sein, wenn dem Versicherten das Eigentum auch materiell seinem vollen Umfange nach zustehe, falls nämlich die betreffende Gefahr infolge irgend eines Grundes nicht ihn, sondern einen anderen treffe. Als Beispiel führt das RG. den Fall an, daß ein Reeder sein Schiff versichere, welches bis zu dessen ganzen Werte verbodmet oder mit Schiffsschulden belastet sei, für welche er persönlich nicht hafte. In einem solchen Falle hat der Versicherte kein Interesse daran, daß der versicherte Gegenstand die Gefahren der Seeschiffahrt besteht, während der versicherte Verkäufer ein solches Interesse hat. Der Versicherte darf sich dadurch, daß zu seinem Eigentumsinteresse ein obligatorischer Anspruch gegen den Käufer hinzutritt, nicht bereichern. Er kann daher, wenn der Käufer das Kaufgeld bezahlt, den Anspruch gegen den Versicherer nicht geltend machen und muß, falls der Versicherer bezahlt hat, das was er vom Käufer erhält, an den Versicherer auskehren. Der Käufer erlangt durch Bezahlung des Kaufpreises einen Anspruch auf Abtretung der Rechte aus dem Versicherungsvertrage (HGZ. 1893 Nr. 84). Dagegen kann umgekehrt dem RG. (23 Nr. 15) nicht darin beigestimmt werden, daß der Versicherer nach Vergütung des Schadens in die Rechte des Versicherten gegen den Käufer gemäß § 804 eintritt; denn der Anspruch des Versicherten gegen den Käufer ist nicht ein Anspruch auf Schadensersatz, sondern auf Bezahlung des Kaufgeldes.

Die Bodmereigelder. Anm. 17.

Bodmerei ist ein Darlehnsgeschäft, welches von dem Schiffer als solchen kraft seiner gesetzlichen Befugnisse unter Zusicherung einer Prämie und unter Verpfändung von Schiff, Fracht und Ladung oder von einem oder mehreren dieser Gegenstände in der Art unter

§ 779. Ausstellung eines Bodmereibriefes eingegangen wird, daß der Gläubiger wegen seiner Ansprüche nur an die verbodmeten Gegenstände nach der Ankunft des Schiffes an dem Orte sich halten kann, wo die Reise enden soll, für welche das Geschäft eingegangen ist (HGB. §§ 679, 682). Da der Bodmereigläubiger sich wegen seiner Forderung nur an die verbodmeten Gegenstände halten kann, so hat er ein versicherbares Interesse daran, daß sie die Gefahr der Bodmereireise bestehen. Gehen sie verloren, so erhält er von den Bodmereigeldern nichts zurück; werden sie beschädigt, so erleidet er insoweit eine Einbuße, als die beschädigten Gegenstände die Bodmereiforderung nicht decken.

Anm. 18. Der Bodmereigläubiger hat ein versicherbares Interesse an den verbodmeten Gegenständen nur zur Höhe der Bodmereiforderung, wenn diese den Wert der verbodmeten Gegenstände nicht erreicht. Ist z. B. ein Bodmereidarlehn von M. 60000 auf ein Schiff gegeben, dessen Wert M. 100000 beträgt, so hat der Bodmereigläubiger ein versicherbares Interesse am Schiff in Höhe von M. 60000. — Dagegen kann der Reeder das verbodmete Schiff nur zur Höhe von M. 40000 — versichern, weil er, wenn das Schiff verloren geht, von der Bodmereischuld frei wird. Ist das Schiff zum vollen Werte verbodmet, so hat ihr Reeder kein versicherbares Interesse (HGZ. 1891 S. 254).

Anm. 19. Bestritten ist, ob der Bodmereigläubiger, wenn die Bodmereiforderung den Wert der verbodmeten Gegenstände übersteigt, ein versicherbares Interesse in Höhe der Forderung oder des Wertes der verbodmeten Gegenstände hat. Letzteres ist die Ansicht von Voigt (S. 14). Dagegen führt das Hanseat. OLG. in HGZ. 1890 Nr. 106 S. 303 aus, bei der Beratung des HGB. sei geltend gemacht (Prot. S. 3404), daß ein Beweis, daß das verbodmete Objekt von Anfang an weniger wert gewesen sei als die Bodmereiforderung, nicht zugelassen werden dürfe, da sonst Handel und Verkehr nicht würden bestehen können, daß man solche Beweisführungen auch für unstatthaft anzusehen gewohnt sei, und namentlich die Versicherer gerade deshalb für die Versicherung von Bodmereigeldern größere Prämien zu berechnen pflegten, weil sie sich bewußt seien, daß sie auch die Gefahr mitzutragen hätten, daß die Bodmereiforderung größer als der ursprüngliche Wert des verbodmeten Gegenstandes sei und der Eintritt eines Seeunfalls den Versicherten in eine bessere Lage bringe. Unter Ablehnung eines in entgegengesetzter Richtung gestellten Antrages sei dann das Gesetz so beschlossen, wie es in §§ 857, 880 vorliege und den fraglichen Beweis ausschließe. Das RG. hat in demselben Falle gegenüber der Argumentation des OLG. Bedenken geäußert, die Frage jedoch unentschieden gelassen (HGZ. 1891 Nr. 97). Die nicht ausgesprochenen Bedenken des RG. erscheinen allerdings begründet. Aus HGB. § 880 ist zu entnehmen, daß bei einem teilweisen Verluste der Bodmereigelder der Schaden darin besteht, daß der verbodmete Gegenstand zur Deckung der Bodmereigelder infolge späterer Unfälle nicht mehr genügt, d. h. also daß abgesehen von Unfällen, und zwar solchen, für welche der Versicherer haftet, der verbodmete Gegenstand zur Deckung genügt hätte. Dasselbe ist aus HGB. § 857 zu entnehmen. Soweit die verbodmeten Gegenstände an sich, d. h. auch wenn sie die Seegefahr bestehen, zur Deckung nicht genügen, hat der Bodmereigläubiger kein versicherbares Interesse. Unrichtig scheint es jedoch zu sein, wenn Voigt die Höhe des versicherbaren Interesses auf den Wert der verbodmeten Gegenstände zur Zeit des Bodmereischlusses abstellt. Denn das Risiko des Gläubigers besteht darin, daß die verbodmeten Gegenstände zur Zeit der Beendigung der Bodmereireise die Forderung nicht decken. Dies kann z. B. von Bedeutung sein, wenn Ladung verbodmet ist, deren Wert die Forderung zwar nicht zur Zeit des Bodmereischlusses, aber infolge steigender Konjunktur zur Zeit der Beendigung der Bodmereireise deckt und umgekehrt. Für den versicherbaren Wert der Bodmereiforderung kommt es daher auf den Wert an, den die verbodmeten Gegenstände bei glücklich bestandener Seegefahr am Ende der Bodmereireise gehabt hätten.

Anm. 20. Sind Bodmereigelder versichert, so ist für die Wirksamkeit der Versicherung erforderlich, daß ein gültiges Bodmereidarlehn zu stande gekommen ist. Ist daher von dem Schiffer Bodmereigeld in Überschreitung seiner gesetzlichen Befugnisse aufgenommen, war z. B. das Geld für die Ausführung der Reise nicht notwendig, so ist eine Bodmereiforderung nicht entstanden und nicht versicherbar; d. h. auch der Versicherer kann gegenüber dem Bodmereigläubiger die sogen. exceptio deficientis causae bodmeriae geltend machen (Voigt S. 14). Wenn auch bei Unwirksamkeit des Bodmereidarlehns der Gläubiger in gewissen Fällen diejenigen Rechte haben kann, welche ihm zustehen würden, wenn der Schiffer zur Befriedigung des Bedürfnisses ein einfaches Kreditgeschäft abgeschlossen hätte, so wäre doch, wenn die Forderung als Bodmereiforderung versichert wäre, die Versicherung wegen unrichtiger Bezeichnung des Interesses ungültig. § 779.

Die Havereigelder. Anm. 21.

Havereigelder sind alle Gelder, welche nach Einleitung eines Unternehmens zur See vor dessen Beendigung infolge eines Seeunfalles aufgewendet werden (Prot. S. 3271), insbesondere also Gelder, welche unterwegs zwecks Reparatur des Schiffes oder Erhaltung der Ladung ausgegeben werden. Wer die Havereigelder hergibt, ob ein Dritter oder der Reeder selbst, ist begrifflich gleichgültig. Die Ansicht Voigts (S. 14), daß unter Havereigeldern nur die vom Schiffer im Rahmen seiner gesetzlichen Befugnisse in Notfällen aufgenommenen Gelder zu verstehen seien, ist zu eng (HGZ. 1891 Nr. 97).

Von Dritten gegebene Havereigelder. Anm. 22.

Geht der Schiffer im Rahmen seiner gesetzlichen Befugnisse ein Kreditgeschäft ein, so daß der Reeder nur mit Schiff und Fracht verpflichtet wird, so hat der Geldgeber ein versicherbares Interesse daran, daß Schiff und Fracht die Gefahren der Seeschiffahrt bestehen. Wird das Geld auf den persönlichen Kredit des Reeders gegeben, so hat der Gläubiger ein versicherbares Interesse an Schiff und Fracht entweder, wenn diese ihm verpfändet sind oder wenn nach den Anschauungen des Verkehrs oder den Absichten der Parteien zur Deckung der Forderung Schiff und Fracht ausschließlich oder doch zunächst bestimmt sind, sodaß eine persönliche Haftung des Reeders erst in zweiter Linie in betracht kommt. (Vgl. Anm. 6 Nr. 3 zu § 778.)

Übersteigen die Havereigelder den Wert der dem Gläubiger als Pfand haftenden Gegenstände, so gilt das in Anm. 18 für Bodmereigelder Ausgeführte.

Werden die Havereigelder vom Reeder selbst hergegeben, so ist in jedem Falle zu prüfen, Anm. 23.
ob und inwieweit ein versicherbares Interesse vorliegt. Die Havereigelder können daher für Rechnung des Reeders insoweit versichert werden, als dasjenige, wozu sie verwendet sind, den Gefahren der See ausgesetzt wird (HGZ. 1891 Nr. 97).

Andere Forderungen, zu deren Deckung Schiff, Fracht, Überfahrtsgelder oder Güter dienen. Anm. 24.
Vgl. Anm. 6 zu § 778.

Der von der Ankunft der Güter am Bestimmungsort erwartete Gewinn (imaginäre Gewinn). Anm. 25.

Imaginärer Gewinn ist der Gewinn, welcher von der Ankunft der Güter am Bestimmungsort erwartet wird. Dieser Gewinn ist entweder durch die mit Bezug auf die Güter geschlossenen Verträge bei Absendung der Güter bekannt, oder der Versicherte rechnet mit der Möglichkeit eines Gewinnes auch ohne die Güter vor der Absendung bereits verkauft zu haben; er wird dann in der Regel damit rechnen, daß der Wert der Güter am Bestimmungsort den Wert am Abgangsort zuzüglich der Versendungskosten übersteigt, d. h. er rechnet mit einer ihm günstigen Konjunktur. Wie die Konjunktur sich tatsächlich nachher gestaltet, ob also der Versicherte die Güter mit Gewinn oder Verlust verkauft resp. verkauft haben würde, ist für den Versicherungsvertrag gleichgültig. Der Versicherer garantiert dem Versicherten nicht, daß dieser mit seinen Gütern einen bestimmten Gewinn erzielt, sondern er verspricht nur ein Äquivalent für die Möglichkeit eines Gewinnes, falls diese durch die Gefahren der Seeschiffahrt vereitelt oder beeinträchtigt wird (RG. 15 Nr. 20). Es ist daher gleichgültig, welchen Gewinn der Versicherte bei glücklicher Ankunft der Güter am Bestimmungsort tatsächlich erzielt haben würde, wenn nur der versicherte Gewinn bei Abschluß des Versicherungsvertrages nach kaufmännischer Berechnung möglicherweise zu erwarten war; andrerseits ist unter „erwartetem Gewinn" nicht ein auf unbestimmten und unbegründeten Möglichkeiten basierter Gewinn, sondern nur ein solcher zu verstehen, welcher zur Zeit des Abschlusses des Versicherungs-

§ 779. vertrages nach kaufmännischer Berechnung objektiv möglicherweise zu erwarten war (HGB. § 793 Abs. 2). Es ist nicht erforderlich, daß der Versicherte Anstalten zur tatsächlichen Sicherung des Gewinns getroffen hat (HGZ. 1898 Nr. 15); soweit sie jedoch getroffen sind, müssen sie bei der Berechnung mit berücksichtigt werden. Der vom Versicherer bezahlte imaginäre Gewinn ist grundsätzlich verschieden und kein Teil von dem Schadensersatz, welchen der Befrachter vom Verfrachter auf Grund HGB. § 611 verlangen kann, so daß sich der Befrachter auf den vom Verfrachter zu leistenden Ersatz nicht den vom Versicherer bezahlten imaginären Gewinn anrechnen zu lassen braucht (RG. 15 Nr. 20; a. M. Hanseat. OLG. in HGZ. 1885 Nr. 52). Dagegen kann der Versicherer von dem imaginären Gewinn in Abzug bringen den Überschuß des vom Verfrachter gemäß HGB. § 611 geleisteten Ersatzes über den Versicherungswert der Güter (HGB. §§ 860, 879).

Anm. 26. Von der Ankunft der Güter am Bestimmungsort wird der imaginäre Gewinn erwartet. Entscheidend ist nur, ob und wie die Güter ankommen. Erreichen die Güter den Bestimmungsort überhaupt nicht, so ist der imaginäre Gewinn total verloren (HGB. § 856); erreichen sie ihn im beschädigten Zustande, so ist der imaginäre Gewinn teilweise verloren (HGB. § 879). Der Versicherer haftet aber nicht, wenn die Güter den Bestimmungsort später als erwartet erreichen und wegen der Konjunkturveränderung ein Gewinn nicht oder nicht in der erwarteten Höhe erzielt wird. Dagegen ist dieses sogenannte Zeitinteresse selbständig versicherbar (HGZ. 1893 Nr. 59); durch eine Versicherung des imaginären Gewinnes auf behaltene Ankunft der Güter mit einem bestimmten Schiffe wird das Zeitinteresse nicht gedeckt (vgl. Anm. 10 zu HGB. § 850).

Anm. 27. Imaginärer Gewinn ist im Regelfalle der Gewinn, den der Versicherte von dem Verkauf der Güter am Bestimmungsorte erwartet. Es ist jedoch nicht erforderlich, daß die Güter verkauft werden oder überhaupt zum Verkauf bestimmt sind. Vielmehr ist unter Gewinn allgemein die von dem Transport der Güter erwartete Wertsteigerung zu verstehen, welche auch dann eintreten kann, wenn der Versicherte die Güter nicht zu veräußern, sondern in seiner Privatwirtschaft zu benutzen beabsichtigt (HGZ. 1898 Nr. 15).

Anm. 28. Imaginärer Gewinn ist nur der von der Ankunft der Güter erwartete Gewinn. Möglicherweise kann auch von der Ankunft eines Schiffes Gewinn erwartet werden, z. B. wenn jemand ein Schiff mit Gewinn verkauft hat unter der Bedingung, daß es einen bestimmten Hafen erreicht. Dieser Gewinn ist selbstverständlich versicherbar; jedoch ist das Interesse nicht als „imaginärer Gewinn" zu bezeichnen (HGZ. 1891 Nr. 9).

Anm. 29. Ein versicherbares Interesse an imaginären Gewinn hat jeder, welcher einen Gewinn von der Ankunft der Güter am Bestimmungsorte erwartet; zunächst also der Eigentümer welcher seine Güter versendet, um sie zu verkaufen oder anderweit zu verwerten; der Verkäufer von Gütern, auch wenn er nicht mehr deren Eigentümer ist, vorausgesetzt, daß er den Gewinn nicht erzielt, falls die Güter den Bestimmungsort überhaupt nicht, oder nicht mit einem bestimmten Schiff oder beschädigt erreichen; ferner der Käufer, welcher die Güter weiterzuveräußern beabsichtigt (HGZ. 1884 Nr. 66).

Anm. 30. **Imaginärer Verlust.**

Nicht selten wird als imaginärer Gewinn auch der Verlust versichert, den der Kaufmann erleidet, wenn die von ihm verkaufte Ware den Bestimmungsort nicht erreicht und er sich zur Erfüllung seines Kaufvertrages eindecken muß; der Verlust besteht in dem Unterschiede zwischen dem Preis der Ersatzware und dem Einstandspreis der verkauften Ware. Ob die Bezeichnung des Interesses als „imaginärer Gewinn" richtig ist, erscheint sehr zweifelhaft. Die Judikatur hat sich mit dieser Frage noch nicht beschäftigt.

Anm. 31. **Die zu verdienende Provision.**

Unter Provision ist die Vergütung zu verstehen, welche jemand durch seine Tätigkeit als Makler, Kommissionär u. dgl. mit Bezug auf Schiff oder Ladung verdient. Insoweit er diese Tätigkeit nur ausüben kann, wenn Schiff oder Ladung einen bestimmten Hafen erreichen, hat er ein versicherbares Interesse daran, daß Schiff oder Ladung die Gefahren der Seeschiffahrt

besteht. So ist z. B. versicherbar die durch Besorgung der Geschäfte eines Schiffes seitens § 779.
des Schiffsmaklers zu verdienende Provision, die Gebühr für Ausklarieren, die Provision für Vermittlung einer neuen Charter; ferner zu verdienender Arbeits- und Ewerführerlohn, Maklerkourtage für den Verkauf von Gütern, deren Ankunft mit einem Schiffe erwartet wird usw.

Die zu verdienende Provision ist versicherbar. Es ist nicht erforderlich, daß der Ver- Anm. 32.
sicherte ein vertraglich gesichertes Recht auf Provision hat. Es genügt, daß er eine vernünftige und auf die Erfahrung des geschäftlichen Lebens begründete Aussicht hat (HGZ. 1896 Nr. 110), die Provision zu verdienen und daß diese Aussicht durch einen Seeunfall vereitelt ist. Der Versicherte hat das Vorhandensein der Aussicht zu beweisen. In einem Falle, wo Arbeits- und Ewerführerlohn auf behaltene Ankunft eines Schiffes versichert war und das Schiff vor Anlaufen eines Orderhafens unterging, wurde erkannt, daß der Versicherte nachzuweisen habe, daß das Schiff im Orderhafen nach dem Platz dirigiert wäre, an welchem der Arbeits- und Ewerführerlohn verdient werden sollte (N. 1866 S. 185).

Die von dem Versicherer übernommene Gefahr (Rückversicherung). Anm. 33.

Literatur: Voigt § 58,
Ehrenberg, Die Rückversicherung (1885),
Ehrenberg, Das künftige Rückversicherungsrecht, in den Veröffentlichungen des deutschen Vereins für Versicherungswissenschaft (1908 Heft 15).

Gegenstand der Rückversicherung ist die vom Versicherer übernommene Gefahr. Dadurch, daß das Gesetz dieses Interesse als ein besonderes aufführt, gibt es zu erkennen, daß es ein von den übrigen vorher genannten Interessen verschiedenes ist. Der Grund liegt darin, daß bei Rückversicherung die Person des Erstversicherers von besonderer Bedeutung ist. Nur dieser, nicht der Rückversicherer steht mit dem Erstversicherten in vertraglicher Beziehung. Der Abschluß und in der Regel die Abwickelung des ursprünglichen Vertrages liegen in der Hand des Erstversicherers, sodaß der Rückversicherer in besonders hohem Maße auf die Geschäftskenntnis und Sorgfalt des Erstversicherers zu vertrauen genötigt ist. Es ist daher ein Unterschied, ob z. B. eine Cascoversicherung oder eine Rückversicherung auf Casco geschlossen wird und weil die Interessen nicht gleich sind, ist es für die Gültigkeit des Vertrages erforderlich, daß das Interesse als Rückversicherung richtig bezeichnet wird. Der Rückversicherer kann die von ihm übernommene Gefahr wiederum versichern usw. (Retrozession). Die Retrozession ist Rückversicherung und wird von denselben Grundsätzen wie diese beherrscht. Nur insofern besteht ein Unterschied zwischen der rechtlichen Stellung des Rückversicherers und eines Retrozessionars, als der erstere die Geschäftsführung des Erstversicherers in gewissem Maße zu kontrollieren in der Lage ist, während dem Retrozessionar hierzu jede Handhabe fehlt. Der Retrozedent muß daher, um das Interesse richtig zu bezeichnen, angeben, daß es sich um eine Retrozession handelt (ROHG. 20 S. 128, HGZ. 1875 Nr. 212, Ehrenberg, Die Rückversicherung S. 71).

Dem Rückversicherer muß die vom Erstversicherer übernommene Gefahr, insbesondere also Anm. 34.
die versicherte Reise richtig bezeichnet werden. Der Rückversicherer haftet nicht, wenn sich ein Unfall auf einer Reise ereignet, welche zwar im ursprünglichen Versicherungsvertrage, nicht aber im Rückversicherungsvertrage angegeben ist. Enthält z. B. die Originalpolice die Klausel, daß etwaige Abänderungen der Reise gegen nach Billigkeit zu regulierende Prämie gedeckt sein sollen, so ist diese Klausel für den Rückversicherer nicht maßgebend. Vielfach enthält die Rückversicherungspolice eine allgemeine Bezugnahme auf die Bedingungen der Originalpolice, z. B. die Klausel:

„Diese Rückversicherung valediert zu den Bedingungen der Originalpolice."

Durch solche Klausel wird auch die Gefahr einer nach der Originalpolice zulässigen Abänderung der Reise gedeckt (HGZ. 1909 Nr. 128). **Zu bemerken ist jedoch, daß die erwähnte Klausel nur solche Bedingungen der Originalpolice betrifft, welche den Umfang des Risiko im einzelnen bestimmen, sowie Anordnungen über den Nachweis und die Regulierung von**

§ 779. Schäden, nicht aber Bestimmungen über die Höhe oder die Rückzahlung der Prämie (HGZ. 1892 Nr. 84).

Die Klausel:

„im Schadensfalle richtet sich diese Reassekuranz ganz nach der Originalpolice, so daß hier pro rata ersetzt wird, was auf jene bezahlt ist"

bezieht sich nur auf die eigentlichen Bedingungen der Hauptpolice, d. h. die allgemeinen Regeln, die für das Verhältnis zwischen dem Versicherten und Rückversicherten maßgebend sein sollen, nicht aber auf den Gegenstand der Versicherung und den Umfang des Risikos (HGZ. 1868 Nr. 140, L. 3 S. 527).

Anm. 35. **Zweck der Rückversicherung.**

Zweck der Rückversicherung ist eine Teilung des Risikos; in der Regel wird daher nur ein Teil der übernommenen Gefahr rückversichert. Ehrenberg (Rückversicherung S. 72 und Veröffentlichungen des Deutschen Vereins für Versicherungswissenschaft 1908 Heft 15 S. 20) erklärt die Verpflichtung des Rückversicherten, einen Teil des Risikos selbst zu laufen (Pflicht des Selbstbehalts) für einen auf Gewohnheitsrecht beruhenden Fundamentalsatz des Rückversicherungsrechts, für eine gesetzliche Voraussetzung der Leistungspflicht des Versicherers (vgl. RG. 53 Nr. 35, entgegengesetzt ROHG. 24 Nr. 103 Voigt S. 292, dahingestellt RG. 74 S. 415). Durch die Rückversicherung kann auch qualitativ nur ein Teil der vom Hauptversicherer übernommenen Gefahr gedeckt werden, z. B. wenn der Erstversicherer nur für einen Teil der versicherten Reise oder nur für die Gefahr in örtlich begrenzten Gebieten Rückversicherung nimmt, oder wenn er alle Gefahren übernommen, aber nur die Kriegsgefahr rückversichert (vgl. Ehrenberg, Die Rückversicherung § 4).

Anm. 36. **Arten der Rückversicherung.**

Die Rückversicherung ist eine spezielle, wenn der Versicherer ein einzelnes von ihm übernommenes Risiko unter Rückversicherung bringt, oder eine allgemeine oder laufende, wenn auf Grund eines allgemeinen Vertrages vom Versicherer künftig zu übernehmende Risiken durch Rückversicherung gedeckt werden. Die laufende Rückversicherung kann fakultativ oder obligatorisch sein, je nachdem der Erstversicherer berechtigt oder auch verpflichtet ist, an den von ihm übernommenen Gefahren den Rückversicherer teilnehmen zu lassen.

Anm. 37. **Insbesondere der Exzedentenvertrag.**

Durch den Exzedentenvertrag verpflichtet sich der Exzedentenversicherer, an allen oder bestimmten vom Erstversicherer übernommenen Risiken teilzunehmen, insoweit diese eine gewisse Summe überschreiten, und der Erstversicherer verpflichtet sich, diese Risiken dem Exzedentenversicherer zu der im Vertrage bestimmten Höhe zu überweisen. Der Exzedentenvertrag ist kein Versicherungsvertrag, sondern ein Gesellschaftsvertrag; daran wird auch nichts dadurch geändert, daß Exzedentenverträge vielfach von den Parteien als Rückversicherungsverträge bezeichnet werden. Während anfänglich der Exzedentenvertrag in der Judikatur noch als Rückversicherungsvertrag bezeichnet wurde (ROHG. 5 Nr. 36, RG. 4 S. 13 fg.), hat Voigt S. 295 fg. in überzeugender Weise dargelegt, daß der Vertrag als ein Gesellschaftsvertrag angesehen werden müsse. Die Rechtsprechung hat sich dieser Auffassung angeschlossen (RG. 20 Nr. 11, HGZ. 1888 Nr. 112 u. 121, 1896 Nr. 101, 1897 Nr. 17, 1903 Nr. 26).

Mit Rücksicht auf einen gesunden Geschäftsbetrieb muß der Versicherer die Übernahme von Risiken auf ein bestimmtes Maximum beschränken. Durch den Exzedentenvertrag wird ihm die Möglichkeit gegeben, das Maximum zu überschreiten, während andererseits der Exzedentenversicherer dadurch an dem ihm sonst verschlossenen Geschäftskreis des Erstversicherers teilnehmen kann. Das gemeinsame Interesse der Kontrahenten liegt daher in der Möglichkeit der Erweiterung des beiderseitigen Geschäftskreises. Das Rechtsverhältnis der Parteien wird in erster Linie durch den Gesellschaftsvertrag bestimmt, zu dessen Ergänzung BGB. §§ 705 fg. in Anwendung zu bringen sind (HGZ. 1903 Nr. 26). Die Abwicklung des Versicherungsgeschäfts wird durch den Exzedentenvertrag in der Regel dem Erstversicherer überlassen. Der

Exzedentenversicherer ist berechtigt, die auf die fraglichen Geschäfte bezüglichen Bücher und Geschäftsaufzeichnungen des anderen Teiles einzusehen und dadurch die Geschäftsführung des letzteren zu kontrollieren (RG. 20 Nr. 11, HGZ. 1888 Nr. 121). Aus der Natur des Exzedentenvertrages als Gesellschaftsvertrag folgt, daß, wenn der Erstversicherer durch Insolvenz eines Versicherten einen Prämienverlust erleidet, der Exzendentenversicherer verhältnismäßig an dem Verlust teilnehmen muß (HGZ. 1897 Nr. 17). Der Exzedentenversicherer kann auf seine Quote Rückversicherung nehmen; er braucht dabei nicht anzuzeigen, daß es sich um die Quote eines Exzedenten handelt; es genügt, das Interesse als Rückversicherung zu bezeichnen. Seine allgemeine Anzeigepflicht erstreckt sich nur auf die ihm, nicht auch auf die nur seinem Sozius, dem Erstversicherer bekannten Umstände. Denn der Exzedentenvertrag ist nur im Verhältnis der Parteien zu einander, nach innen Gesellschaftsvertrag; zu dem Erstversicherer tritt der Rückversicherer des Exzedentenversicherers in keine vertragliche Beziehung (HGZ. 1896 Nr. 101). Nicht übereinstimmend mit Voigt und der Rechtsprechung ist Ehrenberg in den Anm. 33 angeführten Schriften. Nach seiner Ansicht enthält zwar der Exzedentenvertrag sowie überhaupt jeder Rückversicherungsvertrag, solange der Rückversicherte einen Teil des Risikos selbst laufe, viele gesellschaftliche Momente. Es sei aber nicht richtig, in Ergänzung des Vertrages die Bestimmungen des BGB. über die Gesellschaft ohne weiteres und in jeder Beziehung zu verwerten. Vielmehr sei, insoweit der Exzedentenvertrag Lücken enthalte, je nach der Natur der zu entscheidenden Frage bald auf die Grundsätze des Versicherungsrechts, bald auf die des Gesellschaftsrechts zurückzugreifen. § 780.

§ 780.

Die Heuerforderung des Schiffers und der Schiffsmannschaft kann nicht versichert werden.

Voigt § 3; Prot. S. 3005—3008, 3621.

Die Vorschrift des Gesetzes ist zwingend; eine Versicherung der Heuerforderung ist nichtig; Anm. 1. die etwa schon bezahlte Prämie müßte der Versicherer zurückbezahlen, ohne einen Anspruch auf Ristorno zu haben.

Unter Heuer ist der Lohn zu verstehen, welchen der Schiffer oder Schiffsmann für seine Anm. 2. Dienste auf Grund des Heuervertrages erhält. Es gehören nicht dazu die Anteile, welche der Schiffsmann an der Fracht oder am Gewinn der Unternehmung (z. B. bei Fischdampfern) erhält. Dies ist bei Beratung des Handelsgesetzbuches ausdrücklich hervorgehoben; ein Antrag, die Anwendung des § 780 auf solche Gewinnbeteiligung ausdrücklich auszuschließen, ist nicht angenommen, weil er sich von selbst verstände (Prot. S. 3005—3008). Entsprechend ist in § 81 der Seemannsordnung bestimmt, daß der dem Schiffsmann als Lohn zugestandene Anteil an der Fracht oder am Gewinn als Heuer im Sinne dieses Gesetzes nicht anzusehen ist. Der Gewinnanteil ist versicherbar, auch wenn er an die Stelle der Heuer tritt. Beispiel: ein Kapitän hatte sich einer Reederei gegenüber verpflichtet für eine Pauschalsumme von M. 8500 ein Dampfschiff von Bremerhaven nach Odessa in der Weise zu überführen, daß die Reederei für die erforderlichen Kohlen zu sorgen hatte, wogegen der Kapitän für seine Rechnung Besoldung und Beköstigung der Mannschaft und alle sonstigen Unkosten der Überfahrt übernahm. Die M. 8500 waren für den Kapitän versicherbar (HGZ. 1891 Nr. 56).

Der Reeder kann sowohl seine Heuerschuld, für welche er persönlich haftet, wie voraus Anm. 3. bezahlte Heuer versichern (Voigt S. 22).

§ 781.

§ 781.

Der Versicherungsnehmer kann entweder sein eigenes Interesse (Versicherung für eigene Rechnung) oder das Interesse eines Dritten (Versicherung für fremde Rechnung) und im letzteren Falle mit oder ohne Bezeichnung der Person des Versicherten unter Versicherung bringen.

Es kann im Vertrag auch unbestimmt gelassen werden, ob die Versicherung für eigene oder für fremde Rechnung genommen wird (für Rechnung „wen es angeht"). Ergibt sich bei einer Versicherung für Rechnung „wen es angeht", daß sie für fremde Rechnung genommen ist, so kommen die Vorschriften über die Versicherung für fremde Rechnung zur Anwendung.

Die Versicherung gilt als für eigene Rechnung des Versicherungsnehmers geschlossen, wenn der Vertrag nicht ergibt, daß sie für fremde Rechnung oder für Rechnung, „wen es angeht" genommen ist.

Voigt § 4; Prot. S. 2980—2988, 2995, 3662, 4236, 4373, 4427—4433.

Anm. 1. **Begriff des Versicherungsnehmers.**

Versicherungsnehmer ist jeder, welcher die Versicherung nimmt, d. h. mit dem Versicherer einen Versicherungsvertrag abschließt. Dies kann in verschiedener Weise erfolgen:

a) der Versicherungsnehmer kann sein eigenes Interesse unter Versicherung bringen; dann ist er gleichzeitig der Versicherte und die Versicherung eine solche für eigene Rechnung.

b) Der Versicherungsnehmer kann ein fremdes Interesse unter Versicherung bringen (Versicherung für fremde Rechnung). Hierher gehört jedoch nicht der Fall, daß jemand im Namen eines Dritten einen Versicherungsvertrag schließt; dann ist der Abschließende lediglich Vertreter des Dritten, dieser der allein berechtigte und verpflichtete Versicherte und die Versicherung eine solche für eigene Rechnung; derjenige, der die Versicherung abschließt, ist nicht Versicherungsnehmer im Sinne des Gesetzes (§ 783).

c) Der Versicherungsnehmer läßt bei Abschluß der Versicherung unbestimmt, ob die Versicherung für eigene oder für fremde Rechnung genommen wird; dann liegt eine Versicherung „für Rechnung wen es angeht" vor.

Anm. 2. **Versicherung für fremde Rechnung.**

Sie ist eine dem Seeversicherungsrecht eigentümliche besondere Vertragsgestaltung. Der Vertrag wird von dem Versicherungsnehmer im eigenen Namen geschlossen. Er ist der Prämienschuldner (§ 812 Abs. 2). Die Rechte aus dem Versicherungsvertrage stehen aber nicht ihm, sondern dem Versicherten zu, für dessen Rechnung der Vertrag geschlossen ist. Diese Bestimmung ist zwingend, um Wettassekuranzen vorzubeugen und um zu verhindern, daß der Versicherte durch Vorschiebung des Versicherungsnehmers die Anzeigepflicht verletzt oder den Schaden selbst herbeiführt (Ehrenberg in Iherings Jahrbüchern für Dogmatik Bd. 30, S. 424 fg.). Andrerseits kann aber der Versicherungsnehmer über die dem Versicherten zustehenden Rechte im eigenen Namen verfügen (§§ 886, 887). Für das Verhältnis des Versicherungsnehmers zum Versicherten sind die zwischen ihnen bestehenden Rechtsbeziehungen (Auftrag oder Geschäftsführung ohne Auftrag) maßgebend. In der Literatur finden sich Erörterungen über die Frage, zu welcher Vertragsart die Versicherung für fremde Rechnung gehöre (Kommission, Vertrag zu Gunsten Dritter; vgl. Voigt S. 28, Ehrenberg aaO.). Richtiger scheint es zu sein, die Versicherung für fremde Rechnung als ein contractus sui generis anzusehen, welcher durch die Bestimmungen des HGB. §§ 781, 783, 812, 886—890 erschöpfend geregelt wird. Vgl. die Anmerkungen zu diesen Paragraphen.

Versicherung für Rechnung wen es angeht. **§ 782.**

Der Versicherungsnehmer kann bei Abschluß der Versicherung unbestimmt lassen, für Anm. 3. wessen Rechnung er die Versicherung nehmen will, sei es, daß er zur Zeit nicht angeben kann oder will, ob die Versicherung für eigene oder für fremde Rechnung geschlossen wird. So kann z. B. bei der Versicherung „auf Rechnung wen es angeht" auf verkaufte Güter einstweilen unbestimmt sein, ob die Versicherung für Rechnung des Käufers oder des Verkäufers abgeschlossen wird, bis sich herausstellt, wer von beiden ein versicherbares Interesse an den Gütern hat (vgl. Anm. 7 zu § 778). Dasselbe gilt, wenn zur Zeit des Vertragsabschlusses noch nicht feststeht, ob die Güter verkauft oder unverkauft verladen werden (Voigt S. 31); ferner wenn Versicherung genommen wird auf Güter, welche, ohne daß der Versicherungsnehmer es wußte, bereits verkauft sind (Ehrenberg aaO. S. 447). Durch eine Versicherung „für Rechnung wen es angeht" kann der Versicherungsnehmer auch die Interessen mehrerer Personen kumulativ unter Versicherung bringen (vgl. HGZ. 1889 Nr. 107, wo durch eine Versicherung für Rechnung wen es angeht auf Fracht mit der Klausel: „Was der Frachtbetrag eventuell weniger ausmachen wird, valediert auf behaltene Ankunft des Schiffes" einerseits die Fracht für den Reeder, andrerseits vom Versicherungsnehmer hergegebene Vorschußgelder versichert waren). Für die Gültigkeit der Versicherung ist es ohne Bedeutung, daß der Versicherungsnehmer über die Person des Versicherten sich in einem Irrtum befindet (HGZ. 1891 Nr. 86).

Erst bei der Geltendmachung eines Schadens muß dargelegt werden, wem das versicherte Anm. 4. Interesse zusteht (§ 882). Ergibt sich, daß die Versicherung für Rechnung wen es angeht eine Versicherung für fremde Rechnung ist, so finden die für letztere geltenden Vorschriften Anwendung.

Durch Absatz 3 wird eine *gesetzliche Vermutung* aufgestellt, daß die Versicherung Anm. 5. für eigene Rechnung des Versicherungsnehmers geschlossen ist, wenn sich nicht aus dem Vertrage ergibt, daß sie für fremde Rechnung oder für Rechnung wen es angeht genommen ist. Diese Vermutung rechtfertigt sich aus dem Grunde, weil in vielen Fällen, insbesondere bei Versicherung gegen Kriegsgefahr das Risiko je nach der Person des Versicherten ein verschiedenes sein kann (vgl. Prot. S. 2981). Wenn die gesetzliche Vermutung Platz greift und sich herausstellt, daß nicht ein Interesse des Versicherungsnehmers, sondern das eines Dritten versichert werden sollte, so ist die Versicherung für den Versicherer unverbindlich. Es ist jedoch nicht erforderlich, daß das fremde Interesse sich aus dem Wortlaut des Vertrages ergibt; es genügt, wenn aus dem Inhalt des Vertrages unter Berücksichtigung aller dem Versicherer bekannten Umstände erhellt, daß die Versicherung für fremde Rechnung oder für Rechnung wen es angeht, geschlossen ist (HGZ. 1891 Nr. 97).

§ 782.

Die Versicherung für fremde Rechnung ist für den Versicherer nur verbindlich, wenn entweder der Versicherungsnehmer zur Eingehung der Versicherung von dem Versicherten beauftragt war oder wenn der Mangel eines solchen Auftrags von dem Versicherungsnehmer bei dem Abschlusse des Vertrags dem Versicherer angezeigt wird.

Ist die Anzeige unterlassen, so kann der Mangel des Auftrags dadurch nicht ersetzt werden, daß der Versicherte der Versicherung nachträglich zustimmt.

Ist die Anzeige erfolgt, so ist die Verbindlichkeit der Versicherung für den Versicherer von der nachträglichen Zustimmung des Versicherten nicht abhängig.

Der Versicherer, für welchen nach diesen Vorschriften der Versicherungsvertrag unverbindlich ist, kann, auch wenn er die Unverbindlichkeit des Vertrags geltend macht, die volle Prämie beanspruchen.

§ 782. Artikel 1 des Gesetzes betreffend Änderung der Vorschriften des Handelsgesetzbuchs über die Seeversicherung vom 30. Mai 1908 bestimmt:

Der zehnte Abschnitt des vierten Buches des Handelsgesetzbuchs wird dahin geändert:

I. der § 782 fällt weg.

Anm. 1. **Die Änderung des bisherigen Rechts.**

Die Versicherung für fremde Rechnung ist für den Versicherer verbindlich d. h. er ist demjenigen, welcher den Schaden unter Nachweis seines Interesses geltend macht, zur Zahlung verpflichtet ohne Unterschied, ob der Versicherungsunternehmer zum Abschluß der Versicherung beauftragt war oder nicht. § 782 machte jedoch die Gültigkeit der auftraglosen Versicherung davon abhängig, daß der Mangel des Auftrages bei Abschluß des Vertrages angezeigt wurde. Durch Aufhebung des § 782 ist die Rechtslage dahin geändert, daß die Versicherung für fremde Rechnung für den Versicherer nicht nur dann verbindlich ist, wenn der Versicherungsnehmer zur Eingehung derselben von dem Versicherten sei es ausdrücklich, sei es den Umständen nach stillschweigend beauftragt war, sondern auch, wenn der Versicherungsnehmer die Versicherung ohne Auftrag geschlossen hat. Selbstverständlich ist der Versicherte, ohne dessen Auftrag die Versicherung genommen ist, nicht verpflichtet, den Vertrag zu genehmigen. Es steht ihm frei, je nach Ausgang des Unternehmens seine Genehmigung zu geben oder zu versagen. In jedem Falle haftet jedoch der Versicherungsnehmer für die Prämie. Ist demnach die Anzeige von dem Mangel des Auftrags für die Gültigkeit des Vertrages ohne Bedeutung, so hat doch die Unterlassung der Anzeige zur Folge, daß die Kenntnis des Versicherten von anzeigepflichtigen Umständen sowie davon, daß zur Zeit des Vertragsabschlusses ein zu ersetzender Schaden bereits eingetreten ist, in betracht kommt (vgl. §§ 785, 807 Abs. 3).

Anm. 2. **Der Auftrag zur Versicherung.**

Das Verhältnis des Versicherungsnehmers zum Versicherten bestimmt sich, wenn die Versicherung auf Grund eines Auftrags genommen wird, nach BGB. §§ 675 fg. Außerdem finden, wenn der Versicherungsnehmer Handelsmakler ist, die Vorschriften des HGB. §§ 93 bis 104 Anwendung. Im einzelnen gilt folgendes.

Anm. 3. Der Versicherungsmakler ist verpflichtet, wenn er einen Versicherungsauftrag nicht annimmt, die Ablehnung dem Auftraggeber unverzüglich anzuzeigen (BGB. § 663).

Anm. 4. Der Versicherungsnehmer hat den Auftrag mit der im Verkehr erforderlichen Sorgfalt auszuführen. Er muß insbesondere

a) **den Auftrag unverzüglich ausführen.** Er ist zum Schadensersatz verpflichtet, wenn er die Ausführung schuldhaft verzögert und die Versicherung z. B. infolge Bekanntwerdens eines Schadens nicht mehr möglich oder infolge des Eintritts eines die Gefahr erhöhenden Umstandes nur gegen höhere Prämie zu schließen ist (HGZ. 1869 Nr. 275).

b) Der Auftrag muß in der üblichen Weise, also wenn vom Auftraggeber keine besonderen Vorschriften gegeben sind, den gewöhnlichen Bedingungen entsprechend ausgeführt werden (RG. 6 Nr. 31). Denn der Versicherungsnehmer ist nicht berechtigt anzunehmen, daß der Auftraggeber beabsichtigt, eine Prämie von außergewöhnlicher Höhe zu bezahlen, um eine Sicherheit von außergewöhnlichem Umfange zu erlangen; z. B. braucht der Versicherungsnehmer Güter in Einzeltaxen nur zu versichern, wenn es üblich ist; der mit der Versicherung von Gütern Beauftragte ist nicht verpflichtet, auch imaginären Gewinn zu versichern (ROHG. 21 S. 172). Der Versicherungsnehmer muß die Versicherung so schließen, daß das Interesse des Auftraggebers tunlichst umfassend nach allen Richtungen geschützt wird. Der Versicherungsnehmer darf von den Weisungen des Auftraggebers abweichen, wenn er den Umständen nach annehmen darf, daß der Auftraggeber bei Kenntnis der Sachlage die Abweichung billigen würde. Er hat vor der Abweichung dem Auftraggeber Anzeige zu machen und dessen Entschließung abzuwarten, wenn nicht mit dem Aufschube Gefahr verbunden ist.

c) Der Versicherungsnehmer muß alle ihm vom Auftraggeber mitgeteilten oder ihm sonst bekannten Umstände, welche für die Beurteilung der Gefahr erheblich sind, dem Versicherer anzeigen.

Der Versicherungsnehmer muß auch in der Wahl des Versicherers die im Verkehr § 783.
erforderliche Sorgfalt anwenden. Es genügt nicht, daß er einen zuverlässigen Assekuranz- Anm. 5.
makler beauftragt; er muß dafür aufkommen, daß ein Versicherer gewählt wird, welchen auch andere sorgfältige Kaufleute für zuverlässig halten (ROHG. 25 Nr. 19). Der Versicherungsnehmer ist an sich nicht berechtigt, selbst als Versicherer das Risiko zu übernehmen, es sei denn, daß er ein notorisch zuverlässiger Versicherer ist (Voigt S. 56, Ehrenberg in Jahrbüchern für Dogmatik Bd. 30 S. 476).

Der Versicherungsnehmer ist verpflichtet, dem Versicherten die erforderlichen Nachrichten Anm. 6.
zu geben, über den Stand des Geschäfts auf Verlangen Auskunft zu erteilen und Rechenschaft abzulegen (BGB. § 666). Er hat ferner die Police herauszugeben (vgl. jedoch HGB. § 888) und in der Regel auch während des Laufs der Versicherung die Interessen des Versicherten wahrzunehmen (Ehrenberg aaO. S. 478). Er hat schließlich das vom Versicherer einkassierte Geld an den Versicherten abzuführen.

Der Versicherte hat dem Versicherungsnehmer die Prämie sowie die sonstigen Auslagen Anm. 7.
mit Zinsen zu erstatten. Ob der Versicherungsnehmer einen Anspruch auf Provision hat, hängt von den Umständen des Falles ab. Der Versicherungsmakler hat Anspruch auf Provision, sobald der Versicherungsvertrag geschlossen ist (BGB. § 652). Dagegen hat z. B. ein Lagerhalter, welcher sich verpflichtet, die eingelagerten Sachen unter Versicherung zu bringen, in der Regel keinen Anspruch auf besondere Provision, weil meist anzunehmen ist, daß diese in dem Lagergeld mit berechnet ist (Ehrenberg aaO. S. 480).

Stillschweigender Auftrag. Anm. 8.

Der Versicherungsauftrag kann ausdrücklich oder stillschweigend gegeben werden. Ob ein stillschweigender Auftrag vorliegt, ist den Umständen des einzelnen Falles zu entnehmen. Beispiele: Spediteure und Kommissionäre sind an sich nicht zur Versicherung der in ihrer Verwahrung befindlichen Güter verpflichtet (HGB. §§ 390, 407). Es kann sich aber aus der zwischen ihnen und dem Kommittenten bezw. Versender gehandhabten Geschäftsweise ergeben, daß die Versicherung ein für alle Male durch den Kommissionär oder Spediteur erfolgen soll (Voigt S. 50). Der Korrespondentreeder ist nicht berechtigt, für das Schiff oder Schiffsparten Versicherung zu nehmen (HGB. § 493 Abs. 5). Ferner gelten Schiffsmakler nicht als beauftragt, die Schiffe, deren Geschäfte sie besorgen, zu versichern (HGZ. 1872 Nr. 6). Ein Gesellschafter einer Gesellschaft des bürgerlichen Rechts ist nicht berechtigt, ein den Gesellschaftern gemeinschaftlich gehörendes Gut zu versichern (BGB. § 709). Dagegen ist jeder Gesellschafter einer offenen Handelsgesellschaft berechtigt, für Rechnung der Gesellschaft eine Versicherung zu schließen (HGB. § 125).

Hat der Versicherungsnehmer die Versicherung als Geschäftsführer ohne Auftrag geschlossen, Anm. 9.
so finden die Vorschriften des BGB. §§ 677—687 Anwendung.

§ 783.

Wird die Versicherung von einem Bevollmächtigten, einem Geschäftsführer ohne Auftrag oder einem sonstigen Vertreter des Versicherten in dessen Namen geschlossen, so ist im Sinne dieses Gesetzbuchs weder der Vertreter Versicherungsnehmer noch die Versicherung selbst eine Versicherung für fremde Rechnung.

Im Zweifel wird angenommen, daß selbst die auf das Interesse eines benannten Dritten sich beziehende Versicherung eine Versicherung für fremde Rechnung sei.

Voigt § 6, Prot. S. 4373—4375, 4378, 4379.

Wird der Vertrag von einem Beauftragten des Versicherten im Namen des letzteren Anm. 1.
geschlossen, so entsteht ein Rechtsverhältnis nur zwischen Versicherer und Versicherten (BGB. § 164). Wird die Versicherung im Namen des Versicherten durch einen Geschäftsführer ohne

§ 784. Auftrag geschlossen, so hängt die Wirksamkeit des Vertrages für und gegen den Vertretenen von dessen Genehmigung ab (BGB. § 177). Da der Vertreter des Versicherten nicht Versicherungsnehmer im Sinne des Gesetzes ist, so finden die für den Versicherungsnehmer geltenden Vorschriften des HGB. (§§ 812 Abs. 2, 886 fg.) keine Anwendung.

Anm. 2. Der Umstand, daß der Versicherungsnehmer den Versicherten dem Versicherer namhaft macht, genügt nicht, um den Versicherungsnehmer lediglich als Stellvertreter erscheinen zu lassen. Es muß vielmehr aus den Umständen zweifellos hervorgehen, daß der Versicherungsnehmer nicht als solcher, sondern als Stellvertreter des Versicherten den Vertrag abschließt. Solange dies nicht zweifellos ist, spricht die Vermutung dafür, daß eine Versicherung für fremde Rechnung im Sinne des § 781 geschlossen werden soll (Abs. 2).

§ 784.

Der Versicherer ist verpflichtet, eine von ihm unterzeichnete Urkunde (Police) über den Versicherungsvertrag dem Versicherungsnehmer auf dessen Verlangen auszuhändigen.

Voigt § 7. Prot. S. 3009, 4249.

Anm. 1. Die Gültigkeit des Versicherungsvertrages ist von der Beobachtung einer Form nicht abhängig. Daran wird auch nichts durch die Verpflichtung des Versicherers eine Police zu zeichnen geändert. Denn die Urkunde ist über den Versicherungsvertrag auszuhändigen; sie setzt daher den Abschluß eines Versicherungsvertrages voraus. Die Vermutung des BGB. § 154 Abs. 2 findet auf Versicherungsverträge keine Anwendung. Der Versicherungsvertrag ist in dem Zeitpunkt geschlossen, wo die Parteien über die wesentlichen Punkte des Vertrages — Interesse, Gefahr, Prämie — einig sind (HGZ. 1889 Nr. 17). Der Zeitpunkt des Vertragsschlusses ist insbesondere für die Anzeigepflicht von Bedeutung. Der Versicherte hat für die Beurteilung der Gefahr erhebliche Umstände dem Versicherer mitzuteilen, soweit sie ihm bei Abschluß des Vertrages bekannt sind. Er braucht daher solche erheblichen Umstände nicht mitzuteilen, welche ihm nach Abschluß des Vertrages, aber vor Ausfertigung der Police bekannt werden. Der Vertrag ist bindend, auch wenn der eine oder andere Punkt noch offengelassen ist, vorausgesetzt, daß seine Feststellung von der Willkür der Parteien unabhängig ist; ist z. B. ein Schiff für eine Reise mit der Maßgabe versichert, daß es für die folgende Reise im Anschluß an den aufhörenden Risiko gegen nach Billigkeit zu regulierende Prämie versichert bleiben solle, so ist auch für die folgende Reise eine bindende Versicherung geschlossen (RG. 4, 10).

Anm. 2. Da der Versicherungsvertrag auch ohne Ausfertigung einer Police bindend ist, hat letztere nur die Bedeutung eines Beweisdokuments (HGZ. 1875 Nr. 112, 1876 Nr. 55); sie ist kein Wertpapier. Es wird von Voigt (S. 72 fg.) als ein Fehlgriff bezeichnet, daß HGB. § 363 die Transportversicherungspolicen unter den Papieren aufgezählt, welche durch Indossament übertragen werden können. Denn die durch qualifizierte Indossierung (HGB. § 364) beabsichtigte Erleichterung der Negotiabilität eines Papieres widerspreche dem Wesen des Versicherungsvertrages, welcher für das Recht aus dem Vertrage das Vorhandensein eines versicherbaren Interesses bei demjenigen, welcher das Recht geltend macht, voraussetzt. Dem Sinn des Versicherungsvertrages würde es auch widersprechen, wenn der Versicherer dem durch Indossament legitimierten Inhaber der Police nur solche Einwendungen entgegensetzen dürfte, welche die Gültigkeit seiner Erklärung in der Urkunde betreffen oder sich aus dem Inhalte der Urkunde ergeben oder ihm unmittelbar gegen den Besitzer zustehen; denn dann wäre z. B. dem Versicherer die Einrede der verletzten Anzeigepflicht abgeschnitten. Tatsächlich werden vielfach an Order lautende Policen ausgestellt; der Versicherer kann sich in solchen Fällen den durch HGB. § 364 festgesetzten Wirkungen des Indossaments nicht entziehen. Insbesondere wäre es verfehlt, zu den aus dem Inhalte der Urkunde sich ergebenden Einreden alle diejenigen zu zählen, welche sich aus dem Versicherungsvertrage ergeben, z. B. die Einrede der verletzten Anzeigepflicht (Voigt S. 75, Lewis, Anm. zu Art. 896; aM. Prot. S. 3579, v. Oertzen, in Zeitschrift für Versicherungswissenschaft Bd. XI, S. 839, 1011, Brodmann Anm. 4 zu § 891, Ehrenberg S. 475). Es ist für die Schnelligkeit und Sicherheit des Warenumsatzes von erheblicher Bedeutung, wenn sich der Erwerber einer indossierten Orderpolice auf den Bestand des Versicherungsvertrages verlassen kann. Auch Inhaberpolicen werden ausgestellt. Auf Grund einer solchen Police ist der Versicherer berechtigt, aber nicht verpflichtet an den Inhaber als solchen zu bezahlen; dieser muß vielmehr zuvor sein Interesse nachweisen (vgl. N. 1865 S. 348). Auf solche Policen findet BGB. § 808 Anwendung. § 785.

Auslegung der Police. Anm. 3.

Policen sind so auszulegen wie Treue und Glauben mit Rücksicht auf die Verkehrssitte es erfordern. Treue und Glauben sind in Versicherungsverträgen noch mehr als in anderen Verträgen zu berücksichtigen; von jeher gilt der Satz, daß der Versicherungsvertrag ein contractus uberimmae fidei ist. Widersprechen sich gedruckte und geschriebene Policenbedingungen, so wird in der Regel die geschriebene Bedingung vorgehen; aber als allgemeiner Grundsatz läßt sich dies nicht aufstellen (HGZ. 1898 Nr. 69). Die Bestimmungen der Police gelten als Vertragsinhalt, wenn nicht der Versicherungsnehmer nach Aushändigung der Police unverzüglich widerspricht (JW. 1904 S. 74). Überhaupt ist die in der Police zum Ausdruck gekommene Willenserklärung für die Parteien maßgebend. Der Police gegenüber können sie sich auf entgegenstehende andere Vereinbarungen nicht stützen, es sei denn, daß beide Parteien die Maßgeblichkeit solcher Vereinbarungen bei Unterzeichnung der Police gewollt oder daß die Partei, welche die in der Police beurkundete Willenserklärung als ihrem Willen nicht entsprechend ansieht, die Police gemäß BGB. § 119 mit Erfolg anficht (HGZ. 1903 Nr. 89).

Versicherungszertifikate Anm. 4.

haben im allgemeinen nur die Bedeutung einer Bescheinigung, daß eine bestimmte Deklaration auf eine laufende Police erfolgt sei. Es kann aber auch eine andere Bedeutung vereinbart werden, z. B. durch die Bestimmung:

„Werden über einzelne Deklarationen Versicherungszertifikate ausgestellt, so ist solches im Beibuch zu vermerken. Mit Zeichnung derselben seitens der Versicherer gehen alle Rechte auf Schadensersatz ausschließlich auf die Inhaber solcher Zertifikate über. Der Versicherer ist berechtigt, aber nicht verpflichtet, die Rechtmäßigkeit der Inhaberschaft zu prüfen."

(HGZ. 1909 Nr. 123.)

§ 785.

Auf die Gültigkeit des Versicherungsvertrags hat es keinen Einfluß, daß zur Zeit des Abschlusses die Möglichkeit des Eintritts eines zu ersetzenden Schadens schon ausgeschlossen oder der zu ersetzende Schaden bereits eingetreten ist.

Waren jedoch beide Teile von dem Sachverhältnis unterrichtet, so ist der Vertrag als Versicherungsvertrag ungültig.

Wußte nur der Versicherer, daß die Möglichkeit des Eintritts eines zu ersetzenden Schadens schon ausgeschlossen war, oder wußte nur der Versicherungsnehmer, daß der zu ersetzende Schaden schon eingetreten war, so ist der Vertrag für den anderen, von dem Sachverhältnisse nicht unterrichteten Teil unverbindlich. Im zweiten Falle kann der Versicherer, auch wenn er die Unverbindlichkeit des Vertrags geltend macht, die volle Prämie beanspruchen.

Im Falle, daß der Vertrag für den Versicherungsnehmer durch einen Vertreter abgeschlossen wird, kommt die Vorschrift des § 806 Abs. 2, im Falle der Versicherung für fremde Rechnung die Vorschrift des § 807 und im Falle

§ 785. der Versicherung mehrerer Gegenstände oder einer Gesamtheit von Gegenständen die Vorschrift des § 810 zur Anwendung.

Voigt § 8, Prot. S. 3009—3016, 3157—3162, 4375—4377.

Anm. 1 Der Versicherungsvertrag ist aleatorischer Natur; der Versicherer übernimmt das subjektive, nicht das objektive Risiko, d. h. es kommt nicht darauf an, ob zur Zeit des Abschlusses des Vertrages ein Schaden schon entstanden oder der Lauf der Gefahr schon beendet war, wenn nur die Parteien hierüber in Unkenntnis waren.

Anm. 2. Unkenntnis bei Abschluß des Vertrages wird erfordert, also Unkenntnis in dem Zeitpunkt, wo die Parteien über die wesentlichen Punkte des Vertrages einig geworden sind. Modifikationen eines Vertrages sind als neuer Vertrag aufzufassen; z. B. wenn eine Holzladung versichert und nachträglich bezüglich des auf Deck verladenen Teils vereinbart wird, daß gegen Erhöhung der Prämie die Decklladung auch gegen Seewurf, Überbordspülen und Beschädigung versichert sein soll; ist bei der Änderung des Vertrages dem Versicherten bekannt gewesen, daß Decklladung geworfen ist, so ist die Versicherung bezüglich dieses Schadens ungültig (HGZ. 1884 Nr. 98). Bei laufenden Versicherungen kommt es für die Kenntnis der Parteien auf den Abschluß der generellen Versicherung an, nicht auf die Deklaration der einzelnen Abladung. Diese kann auch gleichzeitig mit der Mitteilung eines eingetretenen Schadens erfolgen. (Vgl. HGB. § 817.)

Anm. 3. **Kenntnis beider Teile.**

Sind beide Teile bei Abschluß des Vertrages von dem Sachverhältnis unterrichtet, so ist der Vertrag als Versicherungsvertrag ungültig. „Von dem Sachverhältnis unterrichtet" heißt darüber unterrichtet, daß die Möglichkeit des Eintritts eines zu ersetzenden Schadens schon ausgeschlossen oder der zu ersetzende Schaden bereits eingetreten ist. Der Beginn der Versicherung kann vor dem Abschluß des Vertrages liegen, z. B. wenn ein auf der Reise befindliches Schiff oder eine schwimmende Ladung für die ganze Reise versichert wird. Es kann daher ein Versicherungsvertrag geschlossen werden, wenn beide Teile wissen, daß der Lauf der Gefahr bereits beendet ist, aber unbekannt ist, ob sich ein Schaden ereignet hat. Dagegen liegt kein Versicherungsvertrag vor, wenn beide Teile wissen, daß sich ein Schaden ereignet hat, aber die Größe des Schadens unbekannt ist. Solche Verträge werden unter Umständen geschlossen, z. B. Versicherung eines gestrandeten Schiffes. Anders liegt der Fall der Versicherung eines im Kriege aufgebrachten Schiffes gegen die Gefahr der Kondemnation; denn letztere ist ein vom Seeversicherer zu tragender Unfall, welcher erst mit dem rechtskräftigen Urteil des Prisengerichts eintritt (HGZ. 1908 Nr. 103). Sind beide Teile von dem Sachverhältnis unterrichtet, so ist der Vertrag nur als Versicherungsvertrag ungültig; damit ist nicht gesagt, daß er überhaupt ungültig ist; dies entscheidet sich vielmehr nach den Grundsätzen des bürgerlichen Rechts. Es ist sehr wohl möglich und im Handelsverkehr nichts Ungewöhnliches, daß der Versicherer aus Geschäftsrücksichten einen Schaden zu ersetzen bereit ist, welcher ihm auf Grund des Versicherungsvertrages nicht zur Last fällt.

Anm. 4. **Kenntnis des Versicherers:**

Wußte nur der Versicherer, daß die Möglichkeit des Eintritts eines zu ersetzenden Schadens schon ausgeschlossen war, so ist der Vertrag für den Versicherten unverbindlich; er ist zur Prämienzahlung nicht verpflichtet und kann die gezahlte Prämie zurückverlangen. Der Versicherte kann die Unverbindlichkeit des Vertrages nicht geltend machen, wenn der Versicherer zwar wußte, daß der Lauf der Gefahr beendet war, aber unbekannt ist, ob sich bereits ein zu ersetzender Schaden ereignet hat. Der Versicherte resp. der Versicherer ist berechtigt, die Unverbindlichkeit geltend zu machen; sie tritt nicht kraft Gesetzes ein.

Anm. 5. **Kenntnis des Versicherungsnehmers.**

Wußte nur der Versicherungsnehmer, daß der zu ersetzende Schaden schon eingetreten war, so kann der Versicherer die Unverbindlichkeit des Vertrages geltend machen, aber trotzdem die volle Prämie beanspruchen (§ 807).

Kenntnis von Mittelspersonen. §786.

a) Wird der Vertrag für den Versicherungsnehmer durch einen Vertreter abgeschlossen, so kann der Versicherer die Unverbindlichkeit des Vertrags geltend machen, wenn der Versicherte oder sein Vertreter wußte, daß der zu ersetzende Schaden bereits eingetreten war (§ 806 Abs. 2). Anm. 6.

b) Kommt es auch auf die Kenntnis solcher Personen an, welche dazu angestellt sind, um dem Versicherungsnehmer die für die Versicherung erforderlichen Mitteilungen zu machen? Beispiel: Der Versicherte, welcher aus Kleinasien Tabak importierte, hatte von seinem dortigen Expedienten, von welchem er regelmäßig die erforderlichen Versicherungsinstruktionen erhielt, ein Telegramm erhalten, wonach er eine Partie Tabak versichern sollte, die tags vorher abgeladen sei. Der Tabak war zum größten Teil auf dem Leichter verloren gegangen. Das RG. (43 Nr. 35) erkannte, daß, wenn dem Expedienten bei Absendung des Telegrammes der Verlust bekannt war, die Versicherung für den Versicherer unverbindlich sei, weil der Versicherte sich einen für den Abschluß des Vertrags kausal gewordenen Dolus einer solchen Hilfsperson entgegenhalten lassen müsse. Dieses auf dem gemeinen Rechte gegründete Urteil dürfte nach dem BGB. nicht mehr maßgebend sein, da der Versicherte sich des Expedienten nicht zur Erfüllung (BGB. § 278), sondern zum Abschlusse des Vertrages bediente.

c) Bei der Versicherung für fremde Rechnung kommt es auch auf die Kenntnis des Versicherten oder eines Zwischenbeauftragten an. Die Kenntnis dieser Personen kommt jedoch nicht in Betracht, wenn sie die Kenntnis so spät erhalten, daß sie den Versicherungsnehmer ohne Anwendung außergewöhnlicher Maßregeln vor dem Abschluß des Vertrages nicht mehr davon benachrichtigen können. Die Kenntnis des Versicherten kommt auch dann nicht in Betracht, wenn die Versicherung ohne seinen Auftrag und ohne sein Wissen genommen ist und der Mangel des Auftrags vom Versicherungsnehmer bei dem Abschluß des Vertrages dem Versicherer angezeigt ist (HGB. § 807).

Versicherung einer Gesamtheit von Gegenständen. Anm. 7.

Sind mehrere Gegenstände oder eine Gesamtheit von Gegenständen versichert, und bezieht sich die Kenntnis des Versicherers davon, daß die Möglichkeit des Eintritts eines zu ersetzenden Schadens schon ausgeschlossen war, oder die Kenntnis des Versicherten davon, daß der zu ersetzende Schaden schon eingetreten war, nur auf einen Teil der versicherten Gegenstände, so betrifft die Unverbindlichkeit nur diesen Teil, es sei denn, daß anzunehmen ist, daß die übrigen Gegenstände nicht unter denselben Bedingungen versichert worden wären (§ 810). § 810 handelt zwar nur von dem Fall, daß der Versicherungsnehmer mit Bezug auf einen Teil der versicherten Gegenstände die Anzeigepflicht verletzt hat; es könnte daraus gefolgert werden, daß die Bezugnahme auf § 810 in § 785 nicht für den Fall gilt, daß der Versicherer von dem Sachverhältnis unterrichtet war (Prot. S. 4377). Dies kann jedoch nicht die Absicht des Gesetzes sein. § 810 spricht nur von dem Versicherungsnehmer, weil das Gesetz eine Anzeigepflicht des Versicherers nicht statutiert. Eine analoge Anwendung des § 819 auf den Fall des § 785 muß sich billigerweise auf die Kenntnis des Versicherers wie des Versicherten erstrecken.

Dem Wissen steht das Wissenmüssen nicht gleich. Auch besteht keine Vermutung (wie z. B. im französischen Recht, Code de commerce Art. 365) dafür, daß der Versicherer oder der Versicherte von dem Sachverhältnis unterrichtet war. Anm. 8.

§ 786.

Der volle Wert des versicherten Gegenstandes ist der Versicherungswert.

Die Versicherungssumme kann den Versicherungswert nicht übersteigen.

Soweit die Versicherungssumme den Versicherungswert übersteigt (Überversicherung), hat die Versicherung keine rechtliche Geltung.

Voigt § 9, Prot. S. 3017, 4253.

§ 787. **Versicherungswert** ist der volle Wert des versicherten Gegenstandes d. h. des versicherten
Anm. 1. Interesses. Der Wert des Interesses kann verschieden sein von dem Wert des Gegenstandes, an welchem sich das Interesse knüpft, z. B. wenn ein Schiffsmakler Provision auf behaltene Ankunft eines Schiffes versichert oder wenn ein Bodmereigläubiger sein Pfandrecht am Schiff versichert.

Anm. 2. Versicherungswert ist der ziffermäßig ausgedrückte Betrag des zu versichernden Interesses. Von dem Versicherungswert ist die **Versicherungssumme** wohl zu unterscheiden; sie ist der Betrag, den der Versicherer zu zahlen verspricht, wenn das versicherte Interesse verloren geht. Die Versicherungssumme kann höchstens den Versicherungswert erreichen, darf ihn aber nicht übersteigen. Dieser Satz ist zwingenden Rechts und folgt daraus, daß eine Versicherung nur insoweit genommen werden kann, als ein versicherbares Interesse vorhanden ist, d. h. nur bis zur Höhe des Versicherungswerts. Übersteigt die Versicherungssumme den Versicherungswert, so liegt Überversicherung vor. Zu dem Betrage, um welchen die Versicherungssumme den Versicherungswert übersteigt, ist die Versicherung ungültig. Der Versicherungsnehmer kann, wenn er bei Abschluß des Vertrages im guten Glauben gewesen ist (im Fall der Versicherung für fremde Rechnung muß auch der Versicherte bei Erteilung des Auftrags im guten Glauben gewesen sein), die Prämie abzüglich einer Ristornogebühr insoweit zurückfordern resp. einbehalten, als die Versicherung ungültig ist (HGB. § 895). Erreicht die Versicherungssumme den Versicherungswert nicht, so haftet der Versicherer im Fall eines Schadens verhältnismäßig (vgl. § 792). Ist eine Versicherungssumme im Vertrage nicht angegeben, so haftet der Versicherer, wenn nicht ein anderes vereinbart ist, bis zur Höhe des Versicherungswerts. Über die Taxierung des Versicherungswerts vgl. HGB. § 793.

§§ 787—791

sind durch die folgenden §§ 787—789 ersetzt (Gesetz vom 30. Mai 1908).

§ 787.

Ist ein Gegenstand gegen dieselbe Gefahr bei mehreren Versicherern versichert, und übersteigen die Versicherungssummen zusammen den Versicherungswert (Doppelversicherung), so sind die Versicherer in der Weise als Gesamtschuldner verpflichtet, daß dem Versicherten jeder Versicherer für den Betrag haftet, dessen Zahlung ihm nach seinem Vertrag obliegt, der Versicherte aber im ganzen nicht mehr als den Betrag des Schadens verlangen kann.

Die Versicherer sind im Verhältnisse zu einander zu Anteilen nach Maßgabe der Beträge verpflichtet, deren Zahlung ihnen dem Versicherten gegenüber vertragsmäßig obliegt. Findet auf eine der Versicherungen ausländisches Recht Anwendung, so kann der Versicherer, für den das ausländische Recht gilt, gegen den anderen Versicherer einen Anspruch auf Ausgleichung nur geltend machen, wenn er selbst nach dem für ihn maßgebenden Rechte zur Ausgleichung verpflichtet ist.

Hat der Versicherte eine Doppelversicherung in der Absicht genommen, sich dadurch einen rechtswidrigen Vermögensvorteil zu verschaffen, so ist jeder in dieser Absicht geschlossene Vertrag nichtig; der Versicherer kann die ganze Prämie verlangen, sofern er nicht bei der Schließung des Vertrags von der Nichtigkeit Kenntnis hatte.

Vorbemerkungen. §787.

Das bisherige Recht unterschied die Fälle der gleichzeitigen und der zeitig aufeinander- Anm. 1. folgenden Abschließung mehrerer Versicherungsverträge über dasselbe Interesse. Überstieg im Falle gleichzeitiger Abschließung verschiedener Versicherungsverträge der Gesamtbetrag der Versicherungssummen den Versicherungswert, so hafteten alle Versicherer zusammen nur in Höhe des Versicherungswerts und zwar jeder einzelne für soviele Prozente des Versicherungswerts als seine Versicherungssumme Prozente des Gesamtbetrags der Versicherungssummen bildete. Die Prämie wurde verhältnismäßig ristorniert. Doppelversicherung dagegen lag vor, wenn ein Gegenstand, der bereits zum vollen Wert versichert war, nochmals auf dieselbe Zeit und gegen dieselbe Gefahr versichert wurde. In diesem Falle galt das sogenannte Prioritätsprinzip, d. h. die spätere Versicherung war ungültig, wenn durch die frühere Versicherung das Interesse voll gedeckt war; war durch die frühere Versicherung der volle Wert nicht versichert, so hatte die spätere Versicherung Gültigkeit für den noch nicht versicherten Teil.

Durch das Gesetz vom 30. Mai 1908 ist das Prioritätsprinzip ersetzt durch das Gesamtschuld- und Ausgleichungsprinzip, und zwar ohne Unterschied ob die mehreren Versicherungen gleichzeitig oder nacheinander geschlossen werden.

Die Vorschriften des Gesetzes vom 30. Mai 1908. Anm. 2.

I. **Voraussetzung der Doppelversicherung.**

Doppelversicherung liegt vor, wenn folgende Voraussetzungen gegeben sind:

1. Identität des Interesses;
2. Identität der Gefahr;
3. eine Mehrheit von Versicherern;
4. Übersteigen des Versicherungswertes durch den Gesamtbelauf der Versicherungssummen.

Identität des Interesses. Anm. 3.

Das Gesetz spricht von mehrfacher Versicherung desselben Gegenstandes. Dieser Ausdruck ist nicht genau; die Seeversicherung ist eine Interessenversicherung; an einem Gegenstande können mehrere versicherbare Interessen bestehen. So können z. B. der Eigentümer und der Pfandgläubiger ihre Interessen am Schiff versichern. Gemeint ist mehrfache Versicherung desselben Interesses. Ob Identität des Interesses vorliegt, wird in der Regel nicht zweifelhaft sein. Dabei kommt es nicht auf den von den Parteien gewählten Ausdruck an. Ein versichertes Interesse kann mehrere Unterinteressen enthalten, so daß Doppelversicherung auch bei nochmaliger Versicherung eines dieser letzteren vorliegt. Ist z. B. Bruttofracht versichert, so ist darin die Versicherung von Ausrüstungskosten, Heuer und Versicherungskosten enthalten (§ 796). Wird neben einer Cascoversicherung eine Haftpflichtversicherung genommen, so liegt mit Bezug auf die Gefahr des indirekten Kollisionsschadens Doppelversicherung vor (HGB. § 820 Nr. 7). Es kann auch sein, daß ein Versicherter mehrere Interessen mit Bezug auf denselben Gegenstand hat. Wer z. B. über See zu sendende Güter verkauft mit der Klausel: should vessel be lost, contract to be void, kann Versicherung nehmen auf die behaltene Ankunft der Ladung mit dem Schiff X und daneben auf die Ladung inkl. imaginären Gewinn. Denn das Interesse daran, daß die Ladung mit dem Schiff X ankommt, ist durch die Versicherung des imaginären Gewinnes nicht gedeckt (HGZ. 1893 Nr. 6, vgl. Anm. 9 u. 23 zu HGB. § 850). Identität des Interesses liegt nur vor, wenn ein und derselbe Versicherte Subjekt der verschiedenen Versicherungsverträge ist. Daher liegt keine Doppelversicherung vor, wenn bei einem Lagerhalter eingelagerte Waren von diesem und von dem Einlagerer versichert werden (RG. 35 S. 60, Gerhard S. 278).

Identität der Gefahr. Anm. 4.

Ist dasselbe Interesse mehrfach, aber gegen verschiedene Gefahren versichert, so liegt keine Doppelversicherung vor, also z. B. wenn eine Versicherung „nur für Seegefahr", eine andere nur gegen Kriegsgefahr genommen ist. Identität der Gefahr liegt nicht vor, wenn die Versicherungen für verschiedene sich nicht deckende Zeitabschnitte geschlossen sind. Decken sich die

§ 787. Zeitabschnitte zum Teil, so liegt Doppelversicherung mit Bezug auf diesen Teil vor; z. B. wenn ein Reeder eine Haftpflichtversicherung vom 1. Januar bis 31. Dezember nimmt und außerdem das Schiff für eine Reise versichert wird, welche am 1. Dezember beginnt, so liegt Doppelversicherung für mittelbare Kollisionsschäden vor, welche sich in der Zeit vom 1.—31. Dezember ereignen. Teilweise Identität der Gefahr kann vorliegen, wenn der Umfang der Gefahr in den Policen verschieden beschränkt ist. Ist z. B. eine Versicherung frei von 3% Beschädigung, die andere frei von Beschädigung außer im Strandungsfall geschlossen, so liegt Doppelversicherung vor mit Bezug auf alle Schäden, welche nicht aus einer Beschädigung entstanden sind (HGB. § 851), sowie mit Bezug auf die letzteren Schäden, wenn sie 3% übersteigen und eine Strandung oder ein derselben gleichzuachtender Unfall sich ereignet hat.

Anm. 5. **Mehrheit von Versicherern und Übersteigung des Versicherungswerts.**

Es müssen mehrere V e r s i c h e r u n g s verträge vorliegen, es genügt nicht, daß ein Versicherungsvertrag mit einem Vertrage, welcher denselben wirtschaftlichen Erfolg hat, zusammentrifft (vgl. Gerhard S. 277).

Ist bei einem Versicherer mehrfach versichert und übersteigen die Versicherungssummen den Versicherungswert, so hat die Versicherung für den übersteigenden Betrag keine rechtliche Geltung (HGB. § 786), Bei taxierten Policen tritt an Stelle des Versicherungswerts die Taxe. Über die Fälle verschiedener Taxierung vgl. Anm. 8.

II. **Verhältnis des Versicherten zu den Versicherern.**

Anm. 6. Die Versicherer haften dem Versicherten als Gesamtschuldner, d. h. der Versicherte kann nach seiner Wahl von jedem Versicherer den ganzen Betrag fordern, welchen dieser nach seinem Vertrage zu bezahlen hat. Der Versicherte darf sich jedoch dadurch nicht bereichern; er kann daher im ganzen nicht mehr als den Betrag des Schadens verlangen. Was ist unter „Betrag des Schadens“ zu verstehen? Diese Frage kann in den Fällen zu Zweifeln Anlaß geben, in welchen der Betrag des Schadens auf Grund der verschiedenen Beträge verschieden zu berechnen ist. Es sind folgende Fälle zu unterscheiden:

Anm. 7. **Verschiedene Versicherungsarten.**

Sind Güter durch Seeversicherung für eine Reise inkl. der Feuersgefahr während einer bestimmten Zeit nach Ankunft am Bestimmungsort versichert und ist gleichzeitig für dieselben Güter eine laufende Feuerversicherung in Kraft, so besteht eine Doppelversicherung für eine bestimmte Zeit mit Bezug auf die Feuersgefahr. Gehen die Güter während dieser Zeit durch Feuer total verloren, so ist der Betrag des Schadens, den der Feuerversicherer zu bezahlen hat, ein anderer als derjenige, welchen der Seeversicherer zu bezahlen hat. Der Feuerversicherer hat den Wert der Güter zur Zeit des Versicherungsfalles ohne Rücksicht auf eine etwaige Taxe (VVG. § 87), der Seeversicherer dagegen den Wert zu bezahlen, welchen die Güter am Ort und zur Zeit der Abladung hatten (HGB. § 799) resp. die Taxe, falls solche vereinbart ist. Dieser Wert kann infolge von Konjunkturveränderungen höher oder niedriger als jener sein. Der Betrag des Schadens wird nach jedem Vertrage verschieden zu berechnen sein, so daß der Versicherte nicht mehr verlangen kann, als der höhere Schadensbetrag ausmacht. Würde z. B. der Wert der Güter am Ort und zur Zeit der Abladung 10000, am Ort und zur Zeit des Versicherungsfalles 8000 betragen, und wären die Güter bei jedem Versicherer für 10000 versichert, so könnte der Versicherte vom Feuerversicherer 8000 und dann vom Seeversicherer noch 2000, oder nur von letzterem 10000 verlangen; der Seeversicherer könnte nicht einwenden, daß der Betrag des Schadens sich nur auf 8000 beliefe.

Anm. 8. **Gleiche Versicherungsarten aber verschiedene Taxen.**

Die in Anm. 7 entwickelten Grundsätze gelten auch hier. Der Versicherte kann nicht mehr verlangen als den Betrag der höchsten Taxe; er kann andrerseits von jedem Versicherer nur den Betrag verlangen, welchen dieser nach seinem Vertrage bezahlen muß, und muß sich darauf anrechnen lassen, was er von anderen Versicherern erhalten hat. Es kann daraus folgen, daß der Versicherte mehr erhält, wenn er zuerst auf die geringere, als wenn er zuerst auf die höhere Taxe einkassiert. Sind z. B. Güter versichert bei A zu 20000, taxiert 30000, bei B zu 20000, taxiert 20000 und verlangt der Versicherte zuerst von A 20000, so kann er von B nichts mehr beanspruchen. Läßt er sich umgekehrt von B zuerst 20000 bezahlen, so hat er gegen A noch einen Anspruch auf 10000. § 787.

Jeder der als Gesamtschuldner haftenden Versicherer hat auf die ganze ihm nach seinem Vertrage gebührende Prämie Anspruch. Anm. 9.

III. **Verhältnis der Versicherer zu einander.**

Hat ein Versicherer seine Schuld dem Versicherten bezahlt, so kann er von den übrigen Versicherern Ausgleichung verlangen und zwar haften die Versicherer einander im Verhältnis der Beträge, deren Zahlung ihnen dem Versicherten gegenüber vertragsmäßig obliegt. Daraus und aus BGB. § 426 Abs. 2 folgt, daß eine Ausgleichungspflicht für den Versicherer nicht besteht, welcher dem Versicherten gegenüber die Unverbindlichkeit des Vertrages geltend machen, oder welcher aus anderen Gründen Bezahlung des Schadens an den Versicherten verweigern kann, z. B. weil der Schaden nicht policenmäßig festgestellt ist. Kann von einem Versicherer der auf ihn entfallende Anteil nicht erlangt werden, z. B. weil er zahlungsunfähig geworden ist, so haben die übrigen den Ausfall zu tragen und zwar wiederum in dem für die Ausgleichungspflicht bestehenden Verhältnis; dies gilt natürlich nur, wenn der zahlungsunfähige Versicherer an sich zur Zahlung verpflichtet wäre. Anm.10.

Für die Ausgleichung kommen nur diejenigen Beträge in Betracht, welche für Schäden zu bezahlen sind, mit Bezug auf welche Doppelversicherung vorliegt. Gesetzt der Fall ein Schiff wäre gegen alle Gefahr und außerdem gegen Kriegsgefahr zu je 100000 bei gleicher Taxe versichert, es erlitte infolge einer Strandung eine Beschädigung von 20%, welche im Nothafen repariert wird und würde auf der Weiterreise von einem feindlichen Kriegsschiff zerstört. Dann würde der Kriegsversicherer 100000, der andere Versicherer 120000 zu bezahlen haben. Doppelversicherung liegt nur wegen des Kriegsschadens, nicht wegen des 20000 betragenden Strandungsschadens vor. Der Kriegsschaden ist daher von den Versicherern zu gleichen Teilen, der Strandungsschaden von dem für alle Gefahr haftenden Versicherer allein zu tragen. Sind Güter, taxiert 10000, zu diesem Betrage bei A frei von 3% Beschädigung, bei B frei von den ersten 5% Beschädigung versichert, und beträgt die Beschädigung 10%, so hat A 1000, B 500 zu bezahlen; nur wegen letzterer besteht eine Doppelversicherung, welche von den Versicherern zu gleichen Teilen zu tragen sind, sodaß im Ergebnis A 750 und B 250 zu bezahlen haben. Anm.11.

Ausschluß der Ausgleichungspflicht durch Vertrag. Anm.12.

Die Bestimmungen des Gesetzes über Doppelversicherung sind dispositiv. Die Parteien können eine andere Regelung, insbesondere vereinbaren, daß nur die frühere Versicherung gültig sein soll. In Amerika pflegt zu diesem Zwecke folgende Klausel benutzt zu werden:

„It is further agreed, that if the assured shall have made any other assurance upon the premises prior in date to this policy, the assurers shall be answerable only for so much as the amount of such prior insurance may be deficient."

(Arnould S. 331.)

Ist aber ein Gesamtschuldverhältnis entstanden, so kann die Ausgleichungspflicht eines Versicherers nicht durch Vereinbarung mit dem Versicherungsnehmer beseitigt werden, also auch nicht dadurch, daß der eine Versicherungsvertrag aufgehoben wird oder der Versicherte auf seine Rechte gegen den einen Versicherer verzichtet (Gerhard S. 281, Anm. 5).

Konkurrenz ausländischer Versicherer. Anm.13.

Wenn deutsche und ausländische Versicherungen konkurrieren, so ist der ausländische Versicherer nur dann ausgleichsberechtigt, wenn er nachweist, daß in dem gleichen Fall der deutsche Versicherer in dem ausländischen Staate einen Anspruch auf Ausgleichung hat. In den ausländischen Gesetzen wird die Doppelversicherung verschieden behandelt. Das Prioritätsprinzip gilt in Frankreich (Code de commerce Art. 359), in Belgien (Gesetz vom 11. Juni 1874

§ 788. Art. 12, 14), Italien (C. d. c. Art. 426, 427, 608), Spanien (C. d. c. Art. 399), Holland (HGB. Art. 252, 277), Schweden, Norwegen, Dänemark (Art. 235, Norwegische Seeversicherungsbedingungen von 1881 § 7), Ungarn (HGB. § 471), Finnland (Seegesetz Art. 189 Abs. 1), Rumänien (Art. 451), Brasilien (C. d. c. von 1850 § 677[6]), Chile (Art. 525—529), Argentinien (Art. 499, 500). In England ist durch die MJA. von 1906 das Ausgleichungsprinzip eingeführt (§ 32). In Amerika wird in der Regel das Prioritätsprinzip durch Policenklauseln vereinbart.

Anm. 14. **Betrügerische Absicht des Versicherten.**

Hat der Versicherte dasselbe Interesse mehrfach versichert in der Absicht sich einen rechtswidrigen Vermögensvorteil zu verschaffen, so ist jeder in dieser Absicht geschlossene Vertrag nichtig. Voraussetzung ist, daß eine Doppelversicherung geschlossen ist. Ist nur der eine oder der andere Vertrag in betrügerischer Absicht geschlossen, so ist nur dieser Vertrag nichtig und die Prämie verfallen. Die Nichtigkeit des Vertrags wird dadurch, daß der Versicherer ihn in Kenntnis der Nichtigkeit schließt, nicht beseitigt. Die Kenntnis hat jedoch zur Folge, daß er keinen Anspruch auf die Prämie hat und die bereits bezahlte Prämie zurückgeben muß.

§ 788.

Hat der Versicherungsnehmer den Vertrag, durch den die Doppelversicherung entstanden ist, ohne Kenntnis von der anderen Versicherung geschlossen, so kann er von jedem Versicherer verlangen, daß die Versicherungssumme, unter verhältnismäßiger Minderung der Prämie, auf den Betrag des Anteils herabgesetzt wird, den der Versicherer im Verhältnisse zu dem anderen Versicherer zu tragen hat.

Die Herabsetzung der Versicherungssumme und der Prämie wirkt von dem Beginne der Versicherung an. Hatte die Gefahr für den einen Versicherer schon zu laufen begonnen, bevor der Vertrag mit dem anderen Versicherer geschlossen wurde, so wird dem ersten Versicherer gegenüber die Herabsetzung erst mit dem Zeitpunkte wirksam, in welchem sie verlangt wird.

Dem Versicherer steht eine angemessene Ristornogebühr zu.

Das Recht, die Herabsetzung zu verlangen, erlischt, wenn der Versicherungsnehmer es nicht unverzüglich geltend macht, nachdem er von der Doppelversicherung Kenntnis erlangt hat.

Anm. 1. Die Regel, daß im Falle der Doppelversicherung der Versicherte jedem Versicherer die volle ihm gebührende Prämie bezahlen muß, würde in den Fällen zu einer unbilligen Verteuerung der Versicherung führen, in denen der Versicherungsnehmer die zweite Versicherung schließt, ohne von der ersten Versicherung Kenntnis zu haben. In solchen Fällen gestattet das Gesetz dem Versicherungsnehmer, von jedem Versicherer Herabsetzung der Versicherungssumme und der Prämie zu verlangen.

Anm. 2. **Voraussetzung der Herabsetzung** ist die Unkenntnis des Versicherungsnehmers von einem bereits bestehenden Versicherungsvertrage zur Zeit des Abschlusses der Versicherung. Es ist dieses eine im Handelsverkehr nicht seltene Erscheinung, z. B. ein Güterempfänger erhält das Konnossement ohne Mitteilung, ob versichert ist, und versichert die Güter; einige Tage darauf erhält er die Faktura, aus welcher sich ergibt, daß die Güter bereits versichert sind. Oder ein Käufer versichert die an ihn abzusendenden Güter in der Annahme, er habe Kost-Fracht gekauft, während er tatsächlich cif. gekauft hat; oder die zweite Versicherung ist Folge eines Mißverständnisses.

Ausübung des Herabsetzungsrechts. **§ 788.**

Der Versicherungsnehmer kann von jedem Versicherer die Herabsetzung verlangen und Anm. 3.
zwar genügt die Erklärung, daß Herabsetzung verlangt wird, ohne anzugeben, auf welchen Betrag die Versicherungssumme herabgesetzt werden soll. Denn die Berechnung dieses Betrages setzt die Kenntnis der wesentlichen Bedingungen des anderen Versicherungsvertrages voraus, während die Herabsetzung unverzüglich verlangt werden muß, nachdem der Versicherungsnehmer davon Kenntnis erhalten hat, daß überhaupt eine Doppelversicherung besteht. Wird das Herabsetzungsverlangen schuldhaft verzögert, so erlischt es (Abs. 4). Im übrigen ist die Geltendmachung des Rechts an keine Frist gebunden; sie kann daher auch nach Bekanntwerden eines Schadens oder nach Ablauf der Gefahr erfolgen.

Maß der Herabsetzung. Anm. 4.

Die Versicherungssumme wird auf den Betrag des Anteils herabgesetzt, den der Versicherer im Verhältnis zu dem anderen Versicherer zu tragen hat. Sind also z. B. Güter im Werte von 10000 durch Versicherungen von 10000 und 8000 gedeckt, so sind die Versicherungssummen auf $\frac{10}{18} \cdot 10000$ resp. $\frac{8}{18} \cdot 10000$ herabzusetzen. Besteht nur bezüglich eines Teiles der von dem einen Versicherer übernommenen Gefahr Doppelversicherung, so ist die Herabsetzung auf diesen Teil zu beschränken. Ist z. B. ein Schiff bei einem Versicherer gegen alle Gefahr, bei dem anderen nur gegen Kriegsgefahr versichert, so kann von dem ersteren Herabsetzung nur bezüglich der Kriegsgefahr verlangt werden, während bezüglich der anderen Gefahren seine volle Haftung bestehen bleibt. Decken sich zwei Zeitversicherungen oder eine Reise- und eine Zeitversicherung mit bezug auf die Zeit nur teilweise, so kann sich die Herabsetzung nur auf den durch beide Policen gedeckten Zeitraum erstrecken. Sind Güter in einem Vertrage frei von 3% Beschädigung, in dem anderen frei von den ersten 5% Beschädigung versichert, so kann Herabsetzung nur mit bezug auf die 5% übersteigende Beschädigung sowie auf Verluste, welche nicht Folge von Beschädigung sind, verlangt werden.

Die Prämie ist in demselben Verhältnis wie die Versicherungssumme herabzusetzen. Der Versicherer erhält als Entschädigung eine angemessene Ristornogebühr.

Wirkung der Herabsetzung. Anm. 5

Die Regel ist, daß die Herabsetzung von dem Beginne der Versicherung an wirkt, d. h. der Versicherer haftet von Anfang an nur bis zur Höhe des herabgesetzten Betrages. Von dieser Regel wird eine Ausnahme für den Fall gemacht, daß für den einen Versicherer die Gefahr schon lief, bevor der Vertrag mit dem anderen Versicherer geschlossen wurde; dann wird die Herabsetzung dem ersten Versicherer gegenüber erst mit dem Zeitpunkt wirksam, in welchem sie verlangt wird. Diese Vorschrift ist in den Motiven (S. 71) mit der Erwägung begründet, daß in Fällen dieser Art der erste Versicherer die Gefahr bis zum Abschluß des zweiten Vertrages allein getragen habe und ihm daher für die Vergangenheit die volle Prämie gebühre. Diese Begründung trifft aber nur zu, wenn die Gefahr für den zweiten Versicherer erst mit Abschluß des Vertrages zu laufen beginnt. Gerade in dem in den Motiven erwähnten Beispiel, daß über See gehende Güter vom Absender und später vom Empfänger versichert werden, beginnt die Gefahr in der Regel für beide Versicherer gleichzeitig mit der Einladung, so daß der erste Versicherer auch für Schäden, welche sich vor Abschluß des zweiten Vertrages ereignen, ausgleichungsberechtigt ist. In dem vom Gesetz bestimmten Ausnahmefall wirkt die Herabsetzung von dem Zeitpunkt ab, in welchem sie verlangt wird, d. h. in welchem das Verlangen des Versicherten dem Versicherer zugeht. Von diesem Zeitpunkt ab haftet der Versicherer nur bis zu dem herabgesetzten Betrage und von diesem Zeitpunkt an kann erst die Minderung der Prämie verlangt werden. Offenbar führt diese Regelung zu erheblichen Schwierigkeiten, wenn nicht festgestellt werden kann, ob ein Schaden oder welcher Teil eines Schadens vor oder nach diesem Zeitpunkt entstanden ist.

§ 789.
§ 792.

§ 789.

Wer für ein Interesse gegen dieselbe Gefahr bei mehrerern Versicherern Versicherung nimmt, hat jedem Versicherer von der anderen Versicherung unverzüglich Mitteilung zu machen.

Anm. 1. Diese Vorschrift gilt in allen Fällen einer mehrfachen Versicherung desselben Interesses gegen dieselbe Gefahr ohne Unterschied, ob die Versicherungssummen den Versicherungswert übersteigen oder nicht (vgl. Motive S. 65). Daraus, daß die Bestimmung in dem Gesetz über den Versicherungsvertrag vor, in dem Gesetz betreffend Änderung der Vorschriften des Handelsgesetzbuches über die Seeversicherung hinter den Vorschriften über die Doppelversicherung steht, ist nicht zu folgern, daß sie für die Seeversicherung nur auf die Doppelversicherung Anwendung finden soll. Dagegen spricht die uneingeschränkte Fassung des § 789. In den Fällen der Doppelversicherung hat der Versicherer ein Interesse daran, von der anderen Versicherung Kenntnis zu erhalten, um über den Wert seines eventuellen Ausgleichungsrechts von vornherein klar zu sein und dementsprechend sich durch Rückversicherung zu decken. Aber auch in anderen Fällen ist es für den Versicherer wichtig, von der anderen Versicherung in Kenntnis gesetzt zu werden, z. B. zum Zwecke gemeinsamen Vorgehens im Falle eines Schadens. Befolgt der Versicherte die Vorschrift nicht, so ist er dem Versicherer gegenüber schadensersatzpflichtig. Vertragsmäßig können auch andere Folgen an die Unterlassung der unverzüglichen Mitteilung geknüpft werden.

Anm. 2. Die Vorschrift des § 789 ist nur anwendbar, wenn eine und dieselbe Person bei mehreren Versicherern Versicherung nimmt. Dem ist aber gleichzuachten, wenn jemand, in dessen Interesse von einem anderen Versicherung genommen ist, in Kenntnis dieser Versicherung eine zweite schließt.

§ 792.

Erreicht die Versicherungssumme den Versicherungswert nicht, so haftet der Versicherer im Falle eines teilweisen Schadens für den Betrag des letzteren nur nach dem Verhältnisse der Versicherungssumme zum Versicherungswerte.

Voigt § 15, Prot. S. 3054—3061, 4262.

Anm. 1. Wird nicht der volle Versicherungswert unter Versicherung gebracht, so ist der Sinn des Vertrages nicht, daß der Versicherer für einen Schaden bis zur Höhe der Versicherungssumme haftet, sondern daß er von einem Schaden so viele Prozente bezahlt, als die Versicherungssumme Prozente des Versicherungswerts beträgt. Für den die Versicherungssumme übersteigenden Betrag des Versicherungswerts ist der Versicherte gewissermaßen Selbstversicherer (Voigt S. 96). Ist also auf einen Wert von 50000 ein Betrag von 25000 gezeichnet, so bedeutet das, daß der Versicherer einen Schaden zu 50% bezahlen will. Hierin liegt kein notwendiges Prinzip, sondern eine vom Gesetz sanktionierte Vertragsauslegung. Die Parteien können vereinbaren, daß der Versicherer jeden Schaden bis zur Höhe der Versicherungssumme bezahlen soll (Versicherung au premier risque); die Folge ist, daß der Versicherer im Falle eines die Versicherungssumme erreichenden Teilschadens ebensoviel bezahlen muß, als wenn ein Totalschaden eingetreten wäre.

Anm. 2. Der Versicherungswert ist entweder der vom Gesetz angenommene (HGB. §§ 795 fg.) oder der durch Vereinbarung der Parteien festgesetzte, bei taxierten Policen die Taxe; die Regel der verhältnismäßigen Haftung findet in allen Fällen Anwendung. Eine Änderung des Versicherungswerts hat eine Änderung der Verhältniszahlen nicht zur Folge. Die Änderung ist auf zweierlei Art möglich, entweder durch Herabsetzung der Taxe (HGB. § 793 Abs. 2) oder durch Verringerung des Wertes des Interesses z. B. wenn das versicherte Schiff verbodmet wird und der Reeder für die Aufwendungen, für welche die Bodmereischuld kontrahiert ist, vom Versicherer keinen Ersatz fordern kann. Beträgt z. B. die Taxe 50000 und die Versicherungssumme 25000, so ist der Versicherer an allen Schäden mit 50% beteiligt; mindert sich der Versicherungswert auf 30000, so mindert sich die Versicherungssumme auf 15000; sonst würde der Versicherer, welcher eine Herabsetzung der Taxe durchsetzt, sich schlechter stehen, als wenn die Taxe nicht herabgesetzt wäre (Voigt S. 98; vgl. dagegen Neues Archiv für Handelsrecht Bd. 2, S. 468). § 793.

§ 793.

Wird durch Vereinbarung der Parteien der Versicherungswert auf eine bestimmte Summe (Taxe) festgestellt (taxierte Police), so ist die Taxe unter den Parteien für den Versicherungswert maßgebend.

Der Versicherer kann jedoch eine Herabsetzung der Taxe fordern, wenn sie wesentlich übersetzt ist; ist imaginärer Gewinn taxiert, so kann der Versicherer eine Herabsetzung der Taxe fordern, wenn sie den Gewinn übersteigt, der zur Zeit des Abschlusses des Vertrags nach kaufmännischer Berechnung möglicherweise zu erwarten war.

Eine Police mit der Bestimmung: „vorläufig taxiert" wird, solange die Taxe nicht in eine feste verwandelt ist, einer nicht taxierten Police (offenen Police) gleichgeachtet.

Bei der Versicherung von Fracht ist die Taxe in Bezug auf einen von dem Versicherer zu ersetzenden Schaden nur maßgebend, wenn es besonders bedungen ist.

Voigt § 16, Prot. S. 3062—3071, 3096—3098, 3134—3135, 3516—3518, 4262—4269, 4281.

Eine Police, in welcher der Versicherungswert nicht taxiert ist, ist eine offene Police; ist die Versicherungssumme taxiert, so spricht man von taxierten Policen; letztere bilden im Seeversicherungsverkehr, insbesondere bei Cascoversicherungen die Regel. Die Feststellung des Versicherungswertes durch Taxierung bezweckt die gerade bei der Seeversicherung besonders schwierigen, zeitraubenden und kostspieligen Ermittlungen über den Versicherungswert abzuschneiden und eine im Interesse des Versicherten und des Versicherers liegende rasche Erledigung der Schadensvergütung herbeizuführen (RG. Bd. 11 Nr. 3). Um diesen Zweck zu erreichen, sind die Parteien an die Taxe gebunden mit den einzigen Ausnahmen, daß Anm. 1.

a) die Taxe auf Grund der Vorschriften des bürgerlichen Rechts wegen Irrtums oder arglistiger Täuschung angefochten,
b) seitens des Versicherers wegen wesentlicher Übersetzung herabgesetzt werden kann.

Hiervon abgesehen steht keinem Teile der Beweis offen, daß die Taxe unrichtig sei.

Durch Vereinbarung der Parteien muß der Versicherungswert festgestellt sein. Eine solche Vereinbarung ist nur dann anzunehmen, wenn ein beiderseitiges Einverständnis über die der taxierten Police vom Gesetze beigelegte Bedeutung und über die daraus für die Kontrahenten entstehenden Verbindlichkeiten vorliegt (HGZ. 1892 Nr. 93). Es ist nicht erforderlich, daß sich die Parteien des Ausdrucks „Taxe" oder „taxiert zu" bedienen; es genügt, wenn sich anderweit ergibt, daß der Versicherungswert durch Vereinbarung der Parteien auf eine bestimmte Summe festgesetzt ist (HGZ. 1869 Nr. 228). Bei laufenden Güterversicherungen ist der Versicherte verpflichtet, von jeder Abladung, sobald er Nachricht davon erhält, unverzüglich dem Versicherer Mitteilung zu machen (HGB. § 817); die Wertangabe, welche bei der Deklaration im Beibuch gemacht wird, ist als Taxe anzusehen, wenn die Deklaration vom Versicherer unterzeichnet wird (HGZ. 1878 Nr. 75). Anm. 2.

§ 793. Der Versicherungswert muß durch Vereinbarung auf eine bestimmte Summe festgestellt sein.
Anm. 3. Es genügt nicht, daß eine bestimmte Grundlage vereinbart wird, auf welcher der Versicherungswert zu berechnen ist, z. B. daß als Versicherungswert gelten solle der Fakturabetrag inkl. Kosten und Fracht.

Anm. 4. Unter den Parteien ist die Taxe für den Versicherungswert maßgebend. Die Taxe bezeichnet also, wenn sie voll gezeichnet ist, mithin gleich der Versicherungssumme ist, das Höchstmaß dessen, was der Versicherer zu bezahlen hat; erreicht dagegen die Versicherungssumme die Taxe nicht, so ergibt sich aus dem Verhältnis dieser beiden Zahlen die Quote, mit welcher der Versicherer an Schäden beteiligt ist. Soll vertragsmäßig ein Teil des Risikos unversichert bleiben, so ist die Taxe für die Berechnung dieses Teiles maßgebend, d. h. der Versicherte, welcher noch eine andere Versicherung nimmt, kann nicht einwenden, daß vom wirklichen, die Taxe übersteigenden Werte der vereinbarte Teil ungedeckt geblieben sei. Dagegen ist die Taxe für Dritte ohne Bedeutung. Der Versicherte kann also, auch wenn die Taxe voll gezeichnet ist, noch anderweit Versicherung nehmen, wenn die Taxe zu niedrig ist, ohne daß deshalb eine Doppelversicherung entsteht.

Die Taxe ist ferner nicht maßgebend für den Anspruch des Versicherten gegen einen Dritten, welcher den Schaden verursacht hat. Übersteigt der wirkliche Schaden den vom Versicherer vergüteten, so kann der Versicherte die Differenz vom Dritten fordern, während zur Höhe des vom Versicherer bezahlten Schadens der Anspruch des Versicherten gegen den Dritten auf den Versicherer übergeht (HGB. § 804, HGZ. 1877 Nr. 122, Voigt S. 103). Die Taxe ist ferner für Havariegrosseregulierungen ohne Bedeutung.

Anm. 5. **Herabsetzung der Taxe.**

Der Versicherer kann eine Herabsetzung der Taxe fordern, wenn sie wesentlich übersetzt ist. Dieses Recht beruht nicht etwa, wie Voigt S. 100 annimmt, darauf, daß eine Versicherung nur soweit gültig ist, als derjenige, für dessen Rechnung sie genommen wird, ein Interesse an dem versicherten Gegenstande hat; sonst wäre die Versicherung, soweit die Taxe übersetzt ist, ungültig. Die Übersetzung der Taxe hat aber nicht die teilweise Ungültigkeit des Vertrages zur Folge, sondern gibt dem Versicherer das Recht, die Herabsetzung der Taxe zu fordern. Dieses Recht hat seinen Grund „nur darin, daß dem Versicherungsvertrage ein bestimmtes, in Geld schätzbares Interesse zu Grunde liegt und daß deshalb bei der Abschätzung dieses Interesse nicht soweit überschritten werden darf, daß das Wesen des Versicherungsvertrages dadurch geändert wird" (RG. 19 S. 215). Es ist also ein Interesse vorhanden; der Vertrag aber, durch welchen die Höhe des Interesses festgesetzt wird, ist für den Versicherer nicht bindend, wenn der Versicherte auf Grund der Taxe mehr als Ausgleichung seines Schadens erhielte. Das Recht des Versicherers, die Herabsetzung der Taxe zu verlangen, kann durch Vertrag nicht ausgeschlossen werden (Lehmann in Zeitschrift für Versicherungswissenschaft Band XI S. 785; a. M. Rehm aaO. S. 465). Jedoch soll nicht schon jede auch noch so geringe Überschreitung des wirklichen Wertes den Versicherer zur Herabsetzung der Taxe berechtigen, weil sonst die Sicherheit des Versicherungsverkehrs zu sehr beeinträchtigt würde. Voraussetzung des Herabsetzungsrechts ist daher, daß die Übersetzung wesentlich ist, daß also die Taxe den Versicherungswert (HGB. §§ 795 fg.) erheblich übersteigt. Ob dies der Fall ist, hängt vom richterlichen Ermessen ab; z. B. ist in HGZ. 1870 Nr. 245 eine Übersetzung der Gütertaxe um 7% als nicht erheblich angesehen. Es ist nicht erforderlich, daß der Versicherte die Absicht hatte, aus der Versicherung durch zu hohe Taxierung einen Vorteil zu ziehen; beide Parteien können bei der Taxierung im guten Glauben gewesen sein, z. B. wenn ein Schiff nach seinem Wert in unbeschädigtem Zustand taxiert wird, während es, ohne daß die Parteien es wissen, die versicherte Reise in erheblich beschädigtem Zustand antritt. Der Versicherer hat die wesentliche Übersetzung zu beweisen; er kann aber vom Versicherten Vorlage der auf das versicherte Interesse bezüglichen Urkunden (Fakturen, Handelsbücher usw.) verlangen (Voigt S. 101). Ist der Anspruch des Versicherers auf Herabsetzung begründet, so wird die Taxe auf den wirklichen nach HGB. §§ 795 fg. zu berechnenden Wert herabgesetzt. Die durch das Verhältnis der

Versicherungssumme zur ursprünglichen Taxe festgestellte Quotenbeteiligung des Versicherers § 793.
wird durch die Herabsetzung der Taxe nicht berührt (vgl. Anm. 2 zu § 792).

Mit der Taxe wird die Pämie entsprechend herabgesetzt, es sei denn, daß der Versicherungsnehmer bei dem Abschluß des Vertrags und im Falle der Versicherung für fremde Rechnung auch der Versicherte bei der Erteilung des Auftrags mit Bezug auf die Taxe sich nicht im guten Glauben befunden hat (HGB. § 895).

Das Recht des Versicherers, eine Herabsetzung der Taxe zu verlangen, ist daher nur in Anm. 6.
sehr beschränktem Maße gegeben. Es ist keineswegs daraus das Recht abzuleiten, überhaupt die Berichtigung einer unrichtigen Taxe, insbesondere die Erhöhung einer zu niedrigen Taxe zu verlangen (HGZ. 1883 Nr. 90 u. 136, 1884 Nr. 25). In der Angabe eines zu niedrigen Wertes abseiten des Versicherten liegt nicht etwa eine Verletzung der ihm obliegenden Anzeigepflicht (HGB. § 806), sondern ein Vertragsangebot, welches der Versicherer nach seiner Wahl annehmen oder ablehnen kann. Ist die Taxe niedriger als der Versicherungswert, so liegt, wenn die Taxe voll gezeichnet ist, keine Teil-, sondern eine Vollversicherung vor (RG. Bd. 11, Nr. 3). Der Ansicht Voigt's (S. 106), daß der Versicherer durch eine zu niedrige Taxe benachteiligt wird (vgl. auch Gerhard S. 268), kann nicht beigepflichtet werden. Hervorgehoben ist zunächst der Fall eines teilweisen Schadens am Schiff. Beträgt z. B. der Wert des Schiffes 150000, die Taxe 100000, der Schaden 30000, so hat der Versicherer, welcher die Taxe voll gezeichnet hat, 30000 zu bezahlen, obgleich der Schaden nur $^1/_5$ des Wertes beträgt. Darin liegt aber aus zwei Gründen keine Unbilligkeit: erstens hat der Versicherer die Gefahr nicht im Verhältnis der Taxe zum wahren Wert übernehmen wollen, sondern er hat dadurch, daß er den vollen Taxwert zeichnet, zum Ausdruck gebracht, daß er bis zum Betrage der Taxe die volle Haftung für alle Schäden übernehmen will. Zweitens steht der Schaden nicht im konstanten Verhältnis zur Wertverringerung des Schiffes. Die Kosten der Reparatur sind je nach dem Ort der Reparatur verschieden; es kommen hinzu die Kosten der Ermittlung und Feststellung des Schadens sowie die Kosten, welche zur Abwendung größerer Nachteile gemacht werden und sämtlich von dem Wert des Schiffes unabhängig sind. Weiter wird von Voigt auf die Fälle der Havariegrosse verwiesen, in welchen der Versicherer durch die zu niedrige Taxe insofern benachteiligt sein soll, als die vom Versicherer zu ersetzenden Havariegrossebeiträge und -schäden nach dem Wert des Schiffes an dem Ort, wo die Dispache aufgemacht wird, berechnet und nicht im Verhältnis dieses Werts zur Taxe reduziert werden. Die Unmaßgeblichkeit der Taxe für den Ersatz von Havariegrosseschäden ist aber begründet, weil der Versicherer auch die Gefahr trägt, daß die Wertermittelungen am fremden Ort und nach fremdem Recht stattfinden. Der Versicherte kann ebenso nicht umgekehrt, wenn die Taxe höher ist als die Schätzung in der Dispache, die Differenz vom Versicherer verlangen. (Vgl. Sieveking in den Verhandlungen des neunzehnten Deutschen Juristentages Bd. I S. 3.)

Herabsetzung der Taxe imaginären Gewinnes. Anm. 7.

Über den Begriff des imaginären Gewinns vgl. Anm. 24 zu § 778. Der Versicherer, welcher Herabsetzung der Taxe verlangt, muß beweisen, daß die Taxe wesentlich höher ist als der Gewinn, welcher bei Abschluß der Versicherung nach kaufmännischer Berechnung möglicherweise zu erwarten war. Der zweite Halbsatz des Absatz 2 enthält allerdings nicht das Wort „wesentlich"; dieses ist jedoch aus dem ersten Halbsatz zu subintellegieren, da eine wesentliche Übersetzung allgemein die Voraussetzung der Herabsetzung ist. Es kommt nicht darauf an, wieviel der Versicherte bei glücklicher Ankunft der Güter tatsächlich erzielt hätte, auch nicht darauf, daß der versicherte Gewinn in der Höhe noch nie erzielt ist, oder darauf, daß der Versicherte auf den Gewinn nicht habe rechnen können (HGZ. 1893 Nr. 41).

Ein Verzicht des Versicherers auf das Recht der Herabsetzung ist nichtig. Vgl. die Aus- Anm. 8.
führungen in Anm. 5.

Anfechtung der Taxe. Anm. 9.

Von der Herabsetzung einer übersetzten Taxe ist ihre Anfechtung auf Grund der Vorschriften des bürgerlichen Rechts wegen Irrtums oder arglistiger Täuschung wohl zu unterscheiden. Wird die Taxe herabgesetzt, so bleibt der Versicherungsvertrag im übrigen unberührt;

§ 793. die Polize bleibt auch nach der Herabsetzung taxiert. Wird dagegen die Taxe mit Erfolg angefochten, so wird sie beseitigt und die Police eine offene. Außerdem aber hat die Anfechtung der Taxe die Nichtigkeit des ganzen Versicherungsvertrages zur Folge, wenn nicht anzunehmen ist, daß der Vertrag auch ohne Taxe abgeschlossen sein würde (BGB. § 139). Der Versicherte kann die Taxe anfechten, wenn er bei der Abgabe der Willenserklärung über deren Inhalt im Irrtum war oder eine Erklärung dieses Inhalts überhaupt nicht abgeben wollte und wenn anzunehmen ist, daß er sie bei Kenntnis der Sachlage und bei verständiger Würdigung des Falles nicht abgegeben haben würde (BGB. § 119), also z. B. wenn er in der Ziffer sich verschrieben oder Pfund statt Kilogramm gesetzt hat usw. Die Anfechtung ist sowohl bei zu hoch wie bei zu niedrig angegebener Taxe zulässig. Der anfechtende Versicherte hat dem Versicherer den Schaden zu ersetzen, welchen dieser dadurch erleidet, daß er auf die Gültigkeit der Erklärung vertraut, jedoch nicht über den Betrag des Interesses hinaus, welches der Versicherer an der Gültigkeit der Erklärung hat. Die Schadensersatzpflicht tritt nicht ein, wenn der Versicherer den Grund der Anfechtbarkeit kannte oder infolge von Fahrlässigkeit nicht kannte (BGB. § 122). Da die die Taxe betreffende Erklärung über den Wert des versicherten Interesses vom Versicherten abgegeben wird, so wird eine Anfechtung seitens des Versicherers wegen Irrtums bei Annahme der Taxe wohl selten praktisch werden, zumal der Versicherer durch sein Recht auf Herabsetzung einer übersetzten Taxe genügend geschützt ist. Die Anfechtung wegen Irrtums muß unverzüglich erfolgen, nachdem der Anfechtungsberechtigte von dem Anfechtungsgrunde Kenntnis erlangt hat (BGB. § 121). Die Taxe kann ferner angefochten werden, wenn eine der Parteien zur Abgabe ihrer Willenserklärung durch arglistige Täuschung bestimmt worden ist (BGB. § 123).

Anm. 10. **Vorläufig taxierte Policen.**

Ist das zu versichernde Interesse nur „vorläufig taxiert", so ist damit zum Ausdruck gebracht, daß eine definitive, die Parteien bindende Taxe noch nicht gewollt ist. Solange eine maßgebende Taxe nicht vereinbart ist, ist die Police eine offene, d. h. die vorläufige Taxe ist für die Bestimmung sowohl des Versicherungswerts wie der Quotenbeteiligung des Versicherers überhaupt ohne Bedeutung.

Anm. 11. **Die Frachttaxe.**

Die Fracht ist in der Regel ziffernmäßig leicht festzustellen, so daß, wenigstens für die Versicherung von Bruttofracht, ein Bedürfnis für eine Taxe nicht vorliegt. Demgemäß soll die Frachttaxe nur eine untergeordnete Bedeutung haben. Sie bestimmt, wenn nichts anderes vereinbart ist, nur die Höchstgrenze der Haftung des Versicherers und das Verhältnis, in welchem der Versicherer an Schäden beteiligt ist. Die Taxe ist aber nicht maßgebend in Bezug auf einen von dem Versicherer zu ersetzenden Schaden. Die Bedeutung dieser Vorschrift ergibt sich aus HGB. § 878, in dessen Absatz 2 zum Ausdruck gebracht ist, was Rechtens sein soll, wenn besonders bedungen ist, daß die Taxe in Bezug auf einen von dem Versicherer zu ersetzenden Schaden maßgebend sein soll: in solchem Falle besteht der Schaden in ebenso vielen Prozenten der Taxe als Prozente der bedungenen oder üblichen Fracht verloren sind. Beträgt z. B. die Frachttaxe 18000, die wirkliche Fracht 24000, der Schaden 16000, so hat der Versicherer $^2/_3$ von 18000 oder 12000 zu bezahlen. Anders gestaltet sich die Berechnung, wenn nicht besonders bedungen ist, daß die Taxe in Bezug auf einen von dem Versicherer zu ersetzenden Schaden maßgebend sein soll, dann ist bei Totalverlust die Fracht bis zum Betrage der Taxe zu bezahlen; bei einem teilweisen Verlust besteht der Schaden in demjenigen Teile der bedungenen oder in deren Ermangelung der üblichen Fracht, welcher verloren gegangen ist (§ 878 Abs. 1). Im obigen Beispiel würde also der Versicherer, wenn er die Taxe voll gezeichnet hat, 16000 zu bezahlen haben, wenn aber die Versicherungssumme die Taxe nicht erreicht, so viele Prozente von 16000 wie die Versicherungssumme Prozente der Taxe beträgt. Es ergibt sich hieraus, daß es einen erheblichen Unterschied macht, wenn die Parteien vereinbaren, daß die Taxe auch in Bezug auf einen von dem Versicherer zu ersetzenden Schaden maßgebend sein soll. Eine solche Vereinbarung ist z. B. anzunehmen auf Grund der Klauseln: „ohne weiteren Nachweis hinsichtlich der

Taxe", oder „taxiert zu ... ohne weiteren Beweis", oder „taxiert zu ... als Versicherungs- § 794.
wert geltend ohne weiteren Beweis", oder „diese Police dient als alleiniger Beweis der Taxe". Derartige Vereinbarungen sind im Versicherungsverkehr durchaus üblich, insbesondere bei Versicherung von Nettofracht.

§ 794.

Wenn in einem Vertrage mehrere Gegenstände oder eine Gesamtheit von Gegenständen unter einer Versicherungssumme begriffen, aber für einzelne dieser Gegenstände besondere Taxen vereinbart sind, so gelten die Gegenstände, welche besonders taxiert sind, auch als abgesondert versichert.

Voigt § 17, Prot. S. 3071—3073, 4269.

Dadurch daß der Versicherte für mehrere Gegenstände oder eine Gesamtheit von Gegen- Anm. 1.
ständen oder für mehrere Teile eines Ganzen (HGZ. 1891 Nr. 89), welche zusammen in einem Vertrage versichert und unter einer Versicherungssumme begriffen sind, besondere Taxen vereinbart, gibt er zu erkennen, daß er die einzelnen Gegenstände als abgesondert versichert wissen will; z. B. werden 1000 Sack Kaffee versichert taxiert X M. per Sack. Die Separierung kann auch in Serien nach Nummern oder Marken oder nach der Reihenfolge bei der Löschung erfolgen, z. B. je 10 Sack in der Reihe der Entlöschung eine Taxe. Voraussetzung ist die Versicherung einer Gesamtheit von Gegenständen oder mehrerer gleichartiger oder ungleichartiger Gegenstände. Gesamtheit von Gegenständen ist z. B. eine Anzahl Kaffeesäcke oder Ölfässer, nicht dagegen eine Ladung losen Getreides; doch könnte auch loses Getreide je nach den in den einzelnen Schiffsräumen befindlichen Mengen in Einzeltaxen getrennt werden. Unter Gegenständen sind nicht nur körperliche Sachen, sondern überhaupt versicherbare Interessen zu verstehen, z. B. Separierung der Taxen, wenn Güter inkl. vorausbezahlter Fracht versichert werden (HGZ. 1880 Nr. 103). Auch ein Gegenstand kann unter Trennung seiner Teile versichert werden, z. B. wenn Casco und Maschine eines Dampfers abgesondert taxiert werden.

Die Gegenstände, welche besonders taxiert sind, gelten als abgesondert versichert, d. h. Anm. 2.
der Vertrag ist so anzusehen, als wäre über jeden Gegenstand ein selbständiger Versicherungsvertrag geschlossen. Dies ist von Bedeutung für die Fragen, ob der Versicherte die Anzeigepflicht verletzt hat, ob dem Versicherten ein für den Eintritt des Schadens kausales Verschulden beizumessen ist, welche Gegenstände zugleich abondonniert werden können (Prot. S. 3072), ferner bei Separierung von Casco und Maschine eines Dampfers für die Frage der Reparaturunwürdigkeit insofern als der Wert des Schiffes abzüglich der Maschine zu berechnen ist. Für die Berechnung eines Schadens an abgesondert taxierten Casco und Maschine ist der an jedem dieser Teile entstandene Schaden getrennt zu halten; ist z. B. das Casco auf 70000, die Maschine mit Zubehör auf 50000 taxiert, so haftet der Versicherer für einen Schaden am Casco nur bis 70000, mag auch dieser im ganzen hinter der Gesamtversicherungssumme zurückbleiben (HGZ. 1891 Nr. 89). Die Zerlegung der Gesamtversicherung in einzelne Versicherungen ist besonders bei der Versicherung solcher Güter gebräuchlich, bei welchen eine Beschädigung nur ersetzt wird, wenn sie einen gewissen Prozentsatz erreicht. Z. B. wird Talg in der Regel frei von 3% Beschädigung versichert; sind dann die einzelnen Fässer besonders taxiert, so hat der Versicherer eine Beschädigung jedes einzelnen Fasses zu ersetzen, wenn sie 3% übersteigt, mag auch die Beschädigung der Gesamtladung weniger als 3% betragen. Der Versicherte hat demnach ein Interesse daran, bei derartigen Gütern die Gesamtversicherungssumme in möglichst kleine Einzeltaxen zu zerlegen.

§ 795.

§ 795.

Als Versicherungswert des Schiffes gilt, wenn die Parteien nicht eine andere Grundlage für die Schätzung vereinbaren, der Wert, welchen das Schiff in dem Zeitpunkte hat, in welchem die Gefahr für den Versicherer zu laufen beginnt.

Diese Vorschrift kommt auch zur Anwendung, wenn der Versicherungswert des Schiffes taxiert ist.

Voigt S. 116 fg., Prot. S. 3021—3023, 3034, 3134—3136, 4269.

Anm. 1. Der Versicherungswert des Schiffes ist der volle Wert des versicherten Schiffes (§ 786) einschließlich des Zubehörs; letzteres ist, weil selbstverständlich, im Gesetz nicht ausdrücklich erwähnt. Unter dem Zubehör des Schiffs sind alle Sachen zu verstehen, welche ohne Bestandteile des Schiffs zu sein, dem wirtschaftlichen Zwecke des Schiffs zu dienen bestimmt sind und zu ihm in einem dieser Bestimmung entsprechenden räumlichen Verhältnisse stehen (BGB. § 97). Dazu gehören insbesondere die Schiffsboote; im Zweifel werden Gegenstände, welche in das Schiffsinventar eingetragen sind, als Zubehör des Schiffs angesehen (HGB. § 478).

Anm. 2. Der Wert, welchen das Schiff in dem Zeitpunkte hat, in welchem die Gefahr für den Versicherer zu laufen beginnt, gilt als Versicherungswert. Bei der Versicherung des Schiffes für eine Reise beginnt die Gefahr, wenn nicht ein anderes vereinbart ist, mit dem Zeitpunkt, in welchem mit der Einnahme der Ladung oder des Ballastes angefangen wird, oder wenn weder Ladung noch Ballast einzunehmen ist, mit dem Zeitpunkte der Abfahrt des Schiffes (HGB. § 823). Bei Zeitversicherungen beginnt die Gefahr mit dem im Vertrage festgesetzten Zeitpunkt oder gemäß § 830 Abs. 1. Die Frage ob der Versicherte durch den Versicherungsvertrag so gestellt werden soll, wie wenn der versicherte Gegenstand die Gefahr ohne Unfall bestanden hätte, oder wie wenn er der Gefahr nicht ausgesetzt wäre, wird bei Schiffsversicherungen aus Zweckmäßigkeitsrücksichten im letzteren Sinne entschieden, weil insbesondere bei Totalverlust der Wert, den das Schiff bei Ankunft am Bestimmungsort gehabt hätte, schwer oder überhaupt nicht feststellbar ist; es wird daher auch von der Abnutzung im gewöhnlichen Gebrauch vom Beginn der Gefahr bis zum Unfall abgesehen. Der Wert des Schiffes wird, wenn der Versicherte es durch Kauf erworben hat, auf Grund des Kaufpreises unter Berücksichtigung der Abnutzung und der etwa erlittenen Schäden durch Sachverständige festzustellen sein; sonst ist der Wert gleichartiger Schiffe zu berücksichtigen. Auf den Verkaufswert des Schiffes kommt es nicht an. Nur der Zeitpunkt, in welchem, nicht der Ort wo die Gefahr beginnt, ist für die Berechnung des Werts entscheidend; es kommt darauf an, welchen Wert in diesem Zeitpunkt das Schiff für den Versicherten hat (Voigt S. 120 fg.).

Anm. 3. **Schiffswert im Falle der Verbodmung.**

Für den versicherbaren Wert des Schiffes ist es von Bedeutung, ob der Reeder das Schiff verbodmet; in diesem Falle kann er den Schiffswert nur nach Abzug der Pfandschuld versichern. Bestand die Cascoversicherung, bevor die Bodmereischuld kontrahiert wurde, so kann sie zum vollen Werte neben der Bodmereischuld bestehen bleiben, wenn diese für Aufwendungen kontrahiert ist, welche dem Cascoversicherer zur Last fallen; im anderen Falle mindert sich der Wert der Cascoversicherung um den Betrag der Pfandschuld. Ist das Schiff für eine Darlehnsschuld verpfändet, für welche der Reeder persönlich haftet, so wird der Versicherungswert durch die Verpfändung nicht gemindert. Geht das Schiff verloren, so kann der Reeder vom Versicherer Ersatz des Werts, und der versicherte Darlehnsgläubiger Ersatz seines Interesses verlangen; jedoch muß letzterer seinem Versicherer seinen persönlichen Anspruch gegen den Reeder abtreten (HGZ. 1891 Nr. 97).

Anm. 4. Die Parteien können eine andere Grundlage für die Schätzung vereinbaren, z. B. den Kaufpreis eines vom Reeder verkauften und am Bestimmungsort zu liefernden Schiffes.

In der Vereinbarung einer Taxe liegt nicht die Vereinbarung einer anderen Grundlage für die Schätzung. Übersteigt die Taxe wesentlich den auf der gesetzlichen Grundlage zu berechnenden Wert, so kann der Versicherer die Herabsetzung der Taxe auf diesen Wert verlangen (Abs. 2). § 796.

§ 796.

(In der Fassung des Gesetzes vom 30. Mai 1908.)

Die Ausrüstungskosten, die Heuer und die Versicherungskosten können zugleich mit dem Schiffe oder durch Versicherung der Bruttofracht oder besonders versichert werden. Sie gelten nur dann als mit dem Schiffe versichert, wenn es besonders vereinbart ist.

Voigt S. 128 fg., Prot. S. 3023—3025, 3073—3076, 4269—4271.

Ausrüstungskosten sind die Kosten der zum vorübergehenden Gebrauch bestimmten Ausrüstung des Schiffs, z. B. Proviant, Kohlen, Munition, nicht dagegen Gerätschaften und Werkzeuge, welche zum bleibenden Gebrauch des Schiffes bei der Seefahrt bestimmt sind (Prot. S. 3073). Anm. 1.

An der Heuer, für welche der Reeder persönlich haftet, hat dieser ein versicherbares Interesse, welches darin besteht, daß er nicht infolge eines Unfalls und dadurch verursachten Mißglückens seines Unternehmens die Heuer umsonst zu bezahlen hat. Anm. 2.

Versicherungskosten sind die für den Abschluß der Versicherung notwendigen Kosten, also Prämie, Courtage, Stempel. Der Versicherte darf sich durch den Vertrag so stellen, daß er im Fall eines Schadens sowohl für diesen wie für die zum Abschluß des Versicherungsvertrags notwendigen Aufwendungen Ersatz erhält. Er kann daher nicht nur die Prämie, sondern auch die für die Versicherung der Prämie zu zahlende Prämie usw. versichern. Der die Prämie von der Prämie einschließende Versicherungsbetrag x verhält sich zum versicherten Wert wie 100 zur Differenz zwischen 100 und dem Prozentsatz der Prämie; man erhält also den zu versichernden Betrag, wenn der versicherte Wert 10000 und die Prämie 4 % beträgt, durch die Gleichung Anm. 3.

$$96 : 100 = 10000 : x .$$

(Voigt S. 149). Ein versicherbares Interesse an den Versicherungskosten besteht bei Schiffsversicherungen in der Regel deshalb, weil der Versicherte in den glücklich erhaltenen Werten Ersatz für die Versicherungskosten erhält, welcher ihm im Falle eines unglücklichen Ausganges des Unternehmens verloren gehen würde.

Der Reeder, welcher sein Schiff verfrachtet hat, rechnet darauf, daß seine Aufwendungen für Ausrüstung, Heuer und Versicherung durch die Fracht gedeckt werden. Durch Versicherung der Bruttofracht sind diese Aufwendungen in der Regel mitgedeckt. Es sind aber Ausnahmen möglich, z. B. wenn das Schiff für mehrere Reisen mit Proviant versehen, die Bruttofracht aber nur für eine Reise versichert ist (ROHG. Bd. 8 Nr. 16). Ferner gehört der Proviant, welcher schon im Abgangshafen verloren geht, nicht zu den gewöhnlichen Kosten der Reise, welche durch die Bruttofracht gedeckt werden sollen. Von solchen Ausnahmefällen abgesehen würde bei Versicherung der Bruttofracht neben Versicherung der Ausrüstung, Heuer und Versicherungskosten eine Doppelversicherung vorliegen; das HGB. bestimmte daher, daß die genannten Aufwendungen nicht versichert werden können, soweit sie bereits durch Versicherung der Bruttofracht gedeckt sind; diese Vorschrift ist, nachdem durch das Gesetz vom 30. Mai 1908 Doppelversicherungen für zulässig erklärt sind, gestrichen. Fährt das Schiff in Ballast, so würde der Reeder zwar auch bei glücklichem Ausgang der Reise für die Aufwendungen keinen Ersatz erhalten; er hat trotzdem ein versicherbares Interesse an diesen Aufwendungen, da die Ballastreise in der Regel zum Zwecke der Ausführung einer Frachtreise unternommen wird (Voigt S. 129). Die Aufwendungen gelten, wenn nicht das Gegenteil vereinbart ist, nicht als mit dem Schiff versichert. Anm. 4.

§ 797.
§ 798.

§ 797.

(In der Fassung des Gesetzes vom 30. Mai 1908.)

Die Fracht kann bis zu ihrem Bruttobetrage versichert werden.

Als Versicherungswert der Fracht gilt der Betrag der in den Frachtverträgen bedungenen Fracht und, wenn eine bestimmte Fracht nicht bedungen ist oder soweit Güter für Rechnung des Reeders verschifft sind, der Betrag der üblichen Fracht (§ 619).

Voigt S. 125 fg., Prot. S. 3026—3027, 4269—4271.

Anm. 1. Durch die Frachtversicherung soll der Versicherte so gestellt werden, als wäre das Unternehmen ohne Unfall verlaufen. Es kann daher die Bruttofracht versichert werden. Der Versicherungswert der Fracht ist entweder der Betrag, der in dem Frachtvertrage bedungenen Fracht oder der Betrag der üblichen Fracht, wenn eine bestimmte Fracht nicht bedungen ist oder wenn Güter für Rechnung des Reeders verschifft werden.

Anm. 2. Ist ein Teil der Fracht definitiv vorausbezahlt oder unter allen Umständen zahlbar, wenn auch Schiff oder Güter verloren gehen, so ist dieser Teil in den Versicherungswert der vom Verfrachter versicherten Fracht nicht mit hineinzurechnen, insoweit dieser Teil für den Verfrachter nicht im Risiko ist. Der Versicherer haftet daher im Verhältnis der Versicherungssumme zu dem um den Vorschuß verminderten Betrage der bedungenen oder üblichen Fracht.

§ 798.

Ist bei der Versicherung der Fracht nicht bestimmt, ob sie ganz oder ob nur ein Teil versichert werden soll, so gilt die ganze Fracht als versichert.

Ist nicht bestimmt, ob die Brutto- oder die Nettofracht versichert werden soll, so gilt die Bruttofracht als versichert.

Sind die Fracht der Hinreise und die Fracht der Rückreise unter einer Versicherungssumme versichert, ohne daß bestimmt ist, welcher Teil der Versicherungssumme auf die Fracht der Hinreise und welcher Teil auf die Fracht der Rückreise fallen soll, so wird die Hälfte auf die Fracht der Hinreise, die Hälfte auf die Fracht der Rückreise gerechnet.

Voigt S. 125 fg., Prot. S. 3078—3083, 3137, 4271, 4283, 4331.

Anm. 1. Abs. 1 und 2 enthalten Auslegungsregeln: ist Fracht schlechthin versichert, so wird angenommen, daß

a) die ganze Fracht, nicht nur die Fracht für einen Teil der Ladung oder für einen Reiseabschnitt bei einer aus mehreren Abschnitten bestehenden Reise (Prot. S. 4283),
b) Brutto- und nicht Nettofracht versichert ist.

Anm. 2. **Nettofracht** ist in der Regel derjenige Teil der Bruttofracht, welcher nach Abzug der Ausrüstungskosten, der Heuer, der Versicherungskosten sowie der gewöhnlichen für die Ausführung der Reise notwendigen Ausgaben übrig bleibt. Um umständliche Berechnungen zu vermeiden, wird häufig in den Versicherungsbedingungen festgesetzt, welcher Bruchteil der Bruttofracht als Nettofracht angesehen werden soll, z. B. daß als Nettofracht $^2/_3$ der Bruttofracht gelten soll; oder die Nettofracht wird taxiert, z. B.: „die Summe von Mk. 20000 gilt laut Übereinkunft als wirkliche Nettofracht festgestellt und taxiert, obgleich dieselbe über $^2/_3$ der noch restierenden Bruttofracht beträgt." (HGZ. 1884 Nr. 118.) Nettofracht kann ausnahmsweise in einem anderen Sinne verstanden werden. Wenn nämlich nicht der Verfrachter sondern ein Vorschußgeber die ihm für seinen Vorschuß haftende Nettofracht versichert, so kann unter Nettofracht der Teil der Fracht verstanden werden, welcher als Deckung für die Forderung des Versicherten wirklich erreichbar ist, so daß von der Bruttofracht nicht nur die gewöhnlichen zu ihrem Erwerbe notwendigen Aufwendungen, sondern auch der Betrag abzuziehen ist, welcher zur Bezahlung von außergewöhnlichen Schiffsschulden vom Frachtverdienste aufgewendet werden muß, um die Frachtreise antreten zu können. Denn der Vorschußgeber hat kein Interesse daran, den Teil des Frachtverdienstes, welcher zur Bezahlung von Schiffsschulden verausgabt ist, und aus welchem er daher nie Befriedigung für seine Forderung finden kann, unter Versicherung zu bringen (HGB. 1889 Nr. 99 u. 120). § 799.

Fracht der Hin- und Rückreise. Anm. 3.

Ist in dem Frachtvertrage für die Hin- und Rückreise die Fracht in einer Gesamtsumme vereinbart und versichert, so findet Abs. 3 keine Anwendung; denn während der Hin- und Rückreise ist die ganze Fracht im Risiko, so daß eine Verteilung der Versicherungssumme nicht am Platze ist (Prot. S. 3082). Abs. 3 findet vielmehr nur dann Anwendung, wenn für jede Reise eine besondere Fracht vereinbart ist. Die Versicherungssumme soll dann nicht im Verhältnis der bedungenen Frachten, sondern zur Hälfte auf die Frachten der Hin- und Rückreise verteilt werden. Dagegen ist der Versicherungswert der Betrag der bedungenen Frachten (vgl. Lewis S. 304/305).

§ 799.

Als Versicherungswert der Güter gilt, wenn die Parteien nicht eine andere Grundlage für die Schätzung vereinbaren, derjenige Wert, welchen die Güter am Orte und zur Zeit der Abladung haben, unter Hinzurechnung aller Kosten bis an Bord einschließlich der Versicherungskosten.

Die Fracht sowie die Kosten während der Reise und am Bestimmungsorte werden nur hinzugerechnet, sofern es vereinbart ist.

Diese Vorschriften kommen auch zur Anwendung, wenn der Versicherungswert der Güter taxiert ist.

Voigt § 22, Prot. S. 3027—3039, 3076—3077; 4271.

Der Versicherungswert der Güter ist nach demselben Grundsatz festgestellt wie der Versicherungswert des Schiffes: der Versicherte soll so gestellt werden, als wären die Güter der Seegefahr nicht ausgesetzt, da die Feststellung des Werts, den die Güter bei glücklich bestandener Reise gehabt hätten, insbesondere im Falle des Totalverlustes schwierig oder überhaupt unmöglich ist. Als Versicherungswert der Güter gilt daher derjenige Wert, welchen die Güter am Orte und zur Zeit der Abladung haben unter Hinzurechnung aller Kosten bis an Bord einschließlich der Versicherungskosten. Der Wert, den die Güter am Orte und zur Zeit der Abladung haben, ist in der Regel der Fakturenwert resp. der Selbstanschaffungs- oder Herstellungswert, resp. der Wert, welchen Güter gleicher Art und Beschaffenheit am Orte und zur Zeit der Abladung haben. Dieser Wert wird erhöht durch die Kosten der Verbringung an Bord und der Versicherung; für diese Kosten erhält der Versicherte bei glücklicher Ankunft der Güter in der Regel Ersatz durch den infolge des Transportes erhöhten Wert der Güter. Anm. 1.

Die Parteien können eine andere Grundlage für die Schätzung vereinbaren, insbesondere, daß als Versicherungswert derjenige Wert gelten soll, welchen die Güter nach glücklich bestandener Reise haben, also der gesetzliche Versicherungswert zuzüglich der Fracht und der Kosten während der Reise und am Bestimmungsorte. Hier ist zu unterscheiden, ob die Güter verloren gehen oder beschädigt ankommen. Gehen die Güter verloren, so erleidet der Versicherte einen Verlust an der Fracht nur, wenn diese definitiv vorausbezahlt oder auch dann zu bezahlen ist, wenn die Güter verloren gehen; Kosten am Bestimmungsort kommen nicht in Frage; Kosten während der Reise z. B. Durchgangszölle, nur, soweit sie vor Eintritt des Anm. 2.

§ 800. Totalverlustes bezahlt sind. Fracht und Kosten, welche infolge des Verlustes erspart sind, sind daher von dem Versicherungswert abzusetzen. Wenn dagegen die Güter den Bestimmungsort beschädigt erreichen, so erleidet der Versicherte einen Verlust, wenn er für die beschädigten Güter die gleiche Fracht und die gleichen Kosten am Bestimmungsorte bezahlen muß wie für unbeschädigte Güter. Ist für beschädigte Güter ein Zollnachlaß gewährt, so ist dieser dem Versicherer gutzubringen, wenn der Zoll mitversichert ist (RG. Bd. 44 Nr. 8). Der Versicherte steht sich daher besser, wenn er die Fracht zum Versicherungswerte der Güter hinzurechnet, als wenn er auf die Fracht eine besondere Versicherung nimmt; im letzteren Falle haftet der Versicherer für die Fracht nicht, wenn die Güter beschädigt ankommen (HGZ. 1880 Nr. 103). Sollen Fracht und Kosten am Bestimmungsorte mitversichert werden, so bedarf es einer besonderen Vereinbarung, welche nicht schon in der Festsetzung einer Fracht und Kosten umfassenden Taxe liegt. Insoweit die Taxe den gesetzlichen Versicherungswert der Güter wesentlich übersteigt, kann der Versicherer Herabsetzung der Taxe verlangen (§ 793).

§ 800.

Sind die Ausrüstungskosten oder die Heuer, sei es selbständig, sei es durch Versicherung der Bruttofracht, versichert oder sind bei der Versicherung von Gütern die Fracht oder die Kosten während der Reise und am Bestimmungsorte versichert, so leistet der Versicherer für denjenigen Teil der Kosten, der Heuer oder der Fracht keinen Ersatz, welcher infolge eines Unfalls erspart wird.

Voigt § 23, Prot. S. 3037—3039; 4271—4272.

Anm. 1. Sind die Ausrüstungskosten oder die Heuer vollständig versichert, so versteht es sich von selbst, daß der Versicherte keinen Ersatz für diejenigen Kosten oder die Heuer verlangen kann, welche er nicht hat auszugeben brauchen; denn insoweit hat er keinen Schaden erlitten.

Anm. 2. Ausrüstungskosten und Heuer können auch durch Versicherung der Bruttofracht versichert werden. Durch die Bruttofracht will der Reeder Ersatz für die Ausrüstungskosten und die Heuer erhalten. Der Ersatz fällt fort, wenn und insoweit Ausrüstungskosten oder Heuer erspart werden; insoweit ist daher die vom Versicherer für Bruttofracht zu leistende Vergütung zu kürzen. Heuer und Ausrüstungskosten können auch zugleich mit dem Schiff versichert werden (§ 796). Ist dies geschehen, so kann der Versicherte, obwohl es im Gesetz nicht ausdrücklich gesagt ist, für den durch einen Unfall ersparten Teil der Kosten oder der Heuer keinen Ersatz verlangen; denn insoweit hat er keinen Schaden erlitten.

Anm. 3. Sind bei der Versicherung von Gütern die Fracht und die Kosten während der Reise und am Bestimmungsorte mitversichert, so kann der Versicherte keinen Ersatz für denjenigen Teil der Fracht oder der Kosten verlangen, welcher infolge eines Unfalls erspart wird. Gelegentlich findet sich in Policen die Klausel: „Versichert ist zum Marktwert am Bestimmungsort ohne Abzug für ersparte Fracht und Unkosten." Derartige Klauseln sind, soweit sie den Abzug für ersparte Fracht und Kosten verhindern sollen, ungültig, weil sie gegen das zwingende Verbot von Wettassekuranzen verstoßen.

Anm. 4. Es kommt nicht darauf an, daß die Kosten oder die Heuer infolge desselben Unfalls erspart werden, durch welchen die Bruttofracht verloren gegangen ist. Die Absetzung des Ersparten hat ferner auch dann zu erfolgen, wenn die Kosten oder die Heuer infolge eines Unfalls erspart sind, für welchen der Versicherer nicht haftet.

Anm. 5. Eine Verallgemeinerung der Vorschrift des § 800 dahin, daß überhaupt Ersparungen infolge eines dem Versicherer zur Last fallenden Unfalls von der zu vergütenden Summe abzusetzen sind, kann nur mit der Maßgabe als richtig anerkannt werden, daß Vorteil und Nachteil ein und dasselbe Interesse betreffen müssen. Werden verschiedene Interessen durch denselben Unfall beeinflußt, so kann der Versicherer nicht verlangen, daß auf den von ihm zu ersetzenden Schaden der Vorteil in Anrechnung gebracht wird, den der Versicherte infolge desselben Unfalls mit bezug auf ein anderes Interesse gehabt hat. Sind z. B. die Güter inkl. imaginären Gewinn, nicht aber die Kosten am Bestimmungsort versichert, werden die Güter beschädigt und wird infolgedessen dem Versicherten ein Zollnachlaß gewährt, so kann der Versicherer nicht eine Berücksichtigung der Zollersparnis bei der Festsetzung des Schadensbetrages verlangen (RG. Bd. 44 Nr. 8, Gerhard S. 255). §801.

§ 801.

Bei der Versicherung von Gütern ist der imaginäre Gewinn oder die Provision, auch wenn der Versicherungswert der Güter taxiert ist, als mitversichert nur anzusehen, sofern es im Vertrage bestimmt ist.

Ist im Falle der Mitversicherung des imaginären Gewinns der Versicherungswert taxiert, aber nicht bestimmt, welcher Teil der Taxe sich auf den imaginären Gewinn beziehen soll, so wird angenommen, daß zehn Prozent der Taxe auf den imaginären Gewinn fallen. Wenn im Falle der Mitversicherung des imaginären Gewinns der Versicherungswert nicht taxiert ist, so werden als imaginärer Gewinn zehn Prozent des Versicherungswertes der Güter (§ 799) als versichert betrachtet.

Die Vorschriften des Abs. 2 kommen auch im Falle der Mitversicherung der Provision mit der Maßgabe zur Anwendung, daß an die Stelle der zehn Prozent zwei Prozent treten.

Voigt S. 152 fg., Prot. S. 3039—3046, 3096—3099, 4273—4275.

Der imaginäre Gewinn ist entweder selbständig oder zusammen mit den Gütern versicherbar; im letzteren Falle muß eine diesbezügliche Bestimmung im Vertrage enthalten sein, z. B. Versicherung der Güter „inkl. imaginären Gewinn". Der Versicherungswert des imaginären Gewinns ist gemäß Abs. 2 verschieden, je nachdem es sich um eine taxierte oder eine offene Police handelt. Ist der Wert der Güter inkl. imaginären Gewinn in einer Gesamtsumme taxiert, so soll als imaginärer Gewinn 10% der Taxe, d. h. des Gesamtbetrages von Gütern und imaginären Gewinn gelten. Ist dagegen der Versicherungswert nicht taxiert, so sollen auf den imaginären Gewinn 10% des Versicherungswerts der Güter entfallen. Ist der Gesamtversicherungswert taxiert, so sind auch die daraus für Güter und imaginären Gewinn zu berechnenden Separatbeträge als Taxen anzusehen. Im Falle der Übersetzung der Taxe hat der Versicherer zu beweisen, daß der auf die Güter entfallende Teil wesentlich übersetzt ist. Die Herabsetzung dieses Teils hat die verhältnismäßige Herabsetzung die Taxe des imaginären Gewinns von selbst zur Folge (RG. Bd. 19 S. 213). Anm. 1.

Die Festsetzung des imaginären Gewinns auf 10% der Taxe resp. des Güterwerts ist nicht zwingend. Die Parteien können nach Belieben einen anderen Betrag als imaginären Gewinn festsetzen, unbeschadet des Rechts des Versicherers, Herabsetzung der Taxe zu verlangen. Häufig findet sich in Policen die Klausel: „inkl. imaginären Gewinn gleichviel wie hoch." Diese Klausel hat nicht etwa die Bedeutung, daß der Versicherte jeden beliebigen Betrag als imaginären Gewinn verlangen kann, sondern nur, daß er sich nicht auf 10% der Taxe resp. des Güterwerts zu beschränken braucht; er kann vielmehr auch darüber hinaus jeden Betrag als imaginären Gewinn ersetzt verlangen, welcher zur Zeit des Abschlusses des Versicherungsvertrages nach kaufmännischer Berechnung möglicherweise zu erwarten war. Wird dieser Betrag erheblich überstiegen, so kann der Versicherer Herabsetzung der Taxe verlangen (HGZ. 1878 Nr. 75, 1898 Nr. 120, 1899 Nr. 96, RG. Bd. 44 Nr. 8, Voigt S. 154). Anm. 3.

§ 802.
§ 803.

§ 802.

Ist der imaginäre Gewinn oder die Provision selbständig versichert, der Versicherungswert jedoch nicht taxiert, so wird im Zweifel angenommen, daß die Versicherungssumme zugleich als Taxe des Versicherungswerts gelten soll.

Voigt S. 152 fg., Prot. S. 3099, 4100, 4463—4464.

Ist bei selbständiger Versicherung des imaginären Gewinns oder der Provision eine Versicherungssumme angegeben, aber nicht vereinbart, daß diese als Taxe gelten soll, so wird eine solche Vereinbarung angenommen. Aus der Vorschrift des § 802 folgt, daß selbständige Versicherungen von imaginärem Gewinn oder Provision, wenn aus dem Vertrage sich nicht ein anderes ergibt als Versicherungen des ganzen imaginären Gewinns resp. der ganzen Provision anzusehen sind.

§ 803.

Die Bodmereigelder können einschließlich der Bodmereiprämie für den Bodmereigläubiger versichert werden.

Ist bei der Versicherung von Bodmereigeldern nicht angegeben, welche Gegenstände verbodmet sind, so wird angenommen, daß Bodmereigelder auf Schiff, Fracht und Ladung versichert sind. Hierauf kann sich, wenn in Wirklichkeit nicht alle diese Gegenstände verbodmet sind, nur der Versicherer berufen.

Voigt § 26, Prot. S. 3086—3088, 4276—4277.

Anm. 1. Einschließlich der Bodmereiprämie können die Bodmereigelder versichert werden. Aus dieser Begrenzung des Versicherungswerts folgt, daß die Versicherungskosten nicht in den Versicherungswert hineingerechnet werden dürfen. Den Ersatz für die Versicherungskosten findet der Gläubiger in der Bodmereiprämie.

Anm. 2. Die Gefahr, welche der Versicherer von Bodmereigeldern trägt, ist naturgemäß größer, wenn statt Schiff, Fracht und Ladung nur ein Teil dieser Gegenstände verbodmet ist. Ist hierüber dem Versicherer nichts mitgeteilt, so wird angenommen, daß Bodmereigelder auf Schiff, Fracht und Ladung versichert sind. Die Folge ist, daß, wenn z. B. das Schiff allein verbodmet ist und untergeht, der Versicherte nur insoweit Ersatz verlangen kann, als er nachweist, daß er Bezahlung der Bodmereiforderung auch dann nicht oder nicht vollständig erhalten hätte, wenn Fracht und Ladung mitverbodmet wären. Die Vorschrift des Abs. 2 gilt nur zu Gunsten des Versicherers. Ist daher ein Schaden nur an den nicht verbodmeten Gegenständen entstanden, so ist der Versicherer nicht ersatzpflichtig; der Versicherte kann sich, wenn die Bodmereiforderung durch den Wert des verbodmeten Gegenstandes nicht gedeckt wird, nicht darauf berufen, daß angenommen wird, Schiff, Fracht und Ladung seien verbodmet und die Bodmereiforderung wäre durch Schiff, Fracht und Ladung gedeckt.

Anm. 3. Fährt das Schiff in Ballast so ist dies bei der Versicherung von Bodmereigeldern ein für die Beurteilung der Gefahr erheblicher Umstand, welcher gemäß HGB. § 806 dem Versicherer angezeigt werden muß, widrigenfalls dieser berechtigt ist, vom Vertrage zurückzutreten (Prot. S. 4277).

§ 804.

Hat der Versicherer seine Verpflichtungen erfüllt, so tritt er, soweit er einen Schaden vergütet hat, dessen Erstattung der Versicherte von einem Dritten zu fordern befugt ist, in die Rechte des Versicherten gegen den Dritten ein, jedoch unbeschadet der Vorschriften des § 775 Abs. 2 und des § 777 Abs. 2.

Der Versicherte ist verpflichtet, dem Versicherer, wenn er es verlangt, auf dessen Kosten eine öffentlich beglaubigte Anerkennungsurkunde über den Eintritt in die Rechte gegen den Dritten zu erteilen.

Der Versicherte ist verantwortlich für jede Handlung, durch die er jene Rechte beeinträchtigt.

Voigt § 27, Prot. S. 3103—3104, 4277—4280.

Die Ansprüche des Versicherers gegen den Versicherten werden nicht dadurch berührt, daß der Versicherte wegen desselben Schadens einen Ersatzanspruch gegen einen Dritten hat. Der Versicherte darf sich aber nicht durch den vom Versicherer geleisteten Ersatz bereichern; dies würde geschehen, wenn er trotz Zahlung des Versicherers seinen Ersatzanspruch gegen den Dritten behielte. Das Gesetz schreibt daher vor, daß der Anspruch des Versicherten gegen den Dritten auf den Versicherer übergeht, insoweit dieser in Erfüllung seiner Verpflichtungen den Schaden vergütet hat. Anm. 1.

Die Voraussetzungen, unter denen der Versicherer in die Rechte des Versicherten gegen den Dritten eintritt sind: Anm. 2.

1. **Der Versicherer muß seine Verpflichtungen erfüllt haben,** d. h. der Versicherer muß seine Verpflichtungen ganz erfüllt haben. Er tritt daher in die Rechte gegen den Dritten noch nicht ein, wenn er einen vorläufigen Einschuß bezahlt hat (HGZ. 1872 Nr. 36 u. 76). Sind z. B. zwei Drittel der Versicherungssumme vorläufig bezahlt, so erwirbt der Versicherer damit nicht zwei Drittel des Schadensersatzanspruchs gegen den Dritten. Insoweit der Versicherte aber durch die vorläufige Zahlung des Versicherers und die Zahlung des Dritten zusammen mehr erhält, als sein Schaden beträgt, hat er den Überschuß dem Versicherer zurückzuzahlen; dabei kommt es auf den wirklich erlittenen, nicht auf den durch die Versicherung gedeckten Schaden an. Ist z. B. das versicherte Schiff auf 100000 taxiert, aber 150000 wert und geht durch eine von einem Dritten verschuldete Kollision unter, und hat der Versicherer vorläufig dreiviertel bezahlt, so ist der Versicherte zur Rückvergütung an den Versicherer nur verpflichtet, insoweit der Dritte mehr als 75000 bezahlt.

   Der Versicherer tritt nicht in die Rechte gegen den Dritten ein, insoweit er einen Schaden vergütet hat, zu dessen Bezahlung er nicht verpflichtet ist z. B. wenn er einen dem Versicherten gebührenden Havariegrossebeitrag vorzeitig bezahlt hat, ohne daß die Voraussetzungen des § 839 vorliegen (HGZ. 1903 Nr. 69).

2. **Nur soweit der Versicherer einen Schaden vergütet hat,** tritt er in die Rechte des Versicherten gegen den Dritten ein. Der vom Versicherer bezahlte Betrag bildet also die Grenze, bis zu welcher die Rechte gegen den Dritten auf den Versicherer übergehen. Hat also dieser z. B. auf einen Versicherungswert von 10000 einen Betrag von 5000 gezeichnet, so tritt er nur insoweit in die Rechte gegen den Dritten ein, d. h. er ist nur befugt, bis zur Höhe von 5000 die Ansprüche gegen den Dritten geltend zu machen; er ist nicht etwa berechtigt 50% des vom Dritten zu bezahlenden Betrages zu verlangen: Das gleiche gilt, wenn der voll versicherte Versicherungswert zu niedrig taxiert ist. Anm. 3.

3. **Der Versicherte muß wegen des vom Versicherer vergüteten Schadens einen Ersatzanspruch gegen einen Dritten haben.** Daraus folgt: Anm. 4.

a) **gegen einen Dritten muß der Ersatzanspruch bestehen.** Es scheiden daher die Fälle aus, in denen das versicherte Schiff durch Schuld der Besatzung eines ebenfalls dem Versicherten

§ 804. gehörigen anderen Schiffs beschädigt wird. Da der Versicherte keinen Anspruch gegen sich selbst haben kann, kann der Versicherer auch solche Ansprüche nicht erwerben (RG. Bd. 45 Nr. 11, HGZ. 1900 Nr. 26). Gegen die Besatzung des anderen Schiffs besteht dagegen ein allerdings in der Regel wertloser Anspruch.

b) Der Versicherte muß einen Ersatzanspruch gegen den Dritten haben, d. h. der Dritte muß verpflichtet sein, den Schaden zu bezahlen. Auf Zahlungen, die ein Dritter leistet, ohne dazu verpflichtet zu sein, hat der Versicherer keinen Anspruch, z. B. wenn ein kriegführender Staat sich freiwillig entschließt, für bestimmte Kriegsschäden Entschädigung zu bezahlen. Es muß sich ferner um einen Schadensersatzanspruch im rechtlichen Sinne handeln; Ansprüche des Versicherten gegen andere Versicherer scheiden daher aus (HGZ. 1900 Nr. 114, dahingestellt vom RG. Bd. 47 Nr. 39, HGZ. 1901 Nr. 41); ferner scheiden aus Ansprüche des Versicherten auf Havariegrossebeiträge (HGB. § 838; HGZ. 1903, N. 69).

c) Der Versicherte muß wegen desselben Schadens, welchen der Versicherer vergütet hat, einen Ersatzanspruch gegen einen Dritten haben. Ist z. B. ein Schiff versichert und wird durch einen von einem Dritten verschuldeten Zusammenstoß beschädigt, so tritt der Versicherer nicht in die Rechte des Versicherten gegen den Dritten wegen entgangenen Frachtverdienstes ein. Ist imaginärer Gewinn versichert, so tritt der Versicherer nicht in die Rechte des Versicherten gegen den Verfrachter aus HGB. § 611 ein (RG. Bd. 15 Nr. 20).

Anm. 5. Liegen die in Anm. 2—4 behandelten Voraussetzungen vor, so tritt der Versicherer in die Rechte des Versicherten gegen den Dritten ein. Sind mehrere Versicherer beteiligt, so treten sie im Verhältnis der Versicherungssummen in die Rechte ein (Gerhard S. 314), im Fall der Doppelversicherung im Verhältnis der gemäß § 787 Abs. 2 zu berechnenden Anteile. Mit dem Eintritt in die Rechte gegen den Dritten wird der Versicherer mit Bezug auf diese Rechte allein verfügungsberechtigt. Vorher getroffene Verfügungen des Versicherten sind gültig unbeschadet seiner Ersatzpflicht gemäß Abs. 3 (vgl. Anm. 8). Um den Versicherer dem Dritten gegenüber zu legitimieren (vgl. unten sub 6), ist der Versicherte verpflichtet, dem Versicherer, wenn er verlangt, auf dessen Kosten eine öffentlich beglaubigte Anerkennungsurkunde über den Eintritt in die Rechte gegen den Dritten zu erteilen (Abs. 2). Im übrigen sind gemäß BGB. § 412 folgende Grundsätze maßgebend:

1. Mit der Forderung gegen den Dritten gehen die Hypotheken oder Pfandrechte, die für sie bestehen, sowie die Rechte aus einer für sie bestellten Bürgschaft auf den Versicherer über. Ein mit der Forderung für den Fall der Zwangsvollstreckung oder des Konkurses verbundenes Vorzugsrecht kann auch der Versicherer geltend machen (BGB. § 401).
2. Der Versicherte ist verpflichtet, dem Versicherer die zur Geltendmachung der Forderung nötige Auskunft zu erteilen und ihm die zum Beweise der Forderung dienenden Urkunden, soweit sie sich in seinem Besitze befinden, auszuliefern (BGB. § 402, vgl. HGB. § 822).
3. Der Dritte kann dem Versicherer die Einwendungen entgegensetzen, die zur Zeit des Übergangs der Forderung gegen den Versicherten begründet waren (BGB. § 404).
4. Der Dritte kann eine ihm gegen den Versicherten zustehende Forderung auch dem Versicherer gegenüber aufrechnen, es sei denn, daß er bei dem Erwerbe der Forderung von dem Übergang Kenntnis hatte, oder daß die Forderung erst nach Erlangung der Kenntnis und später als die auf den Versicherer übergegangene Forderung fällig geworden ist (BGB. § 406).
5. Der Versicherer muß eine Leistung, die der Dritte nach dem Übergang der Forderung an den Versicherten bewirkt, sowie jedes Rechtsgeschäft, das nach dem Übergang zwischen dem Dritten und dem Versicherten in Ansehung der Forderung vorgenommen wird, gegen sich gelten lassen, es sei denn, daß der Dritte den Übergang bei der Leistung oder der Vornahme des Rechtsgeschäfts kennt. Ist in einem nach dem Übergang zwischen dem Dritten und dem Versicherten anhängig gewordenen Rechtsstreit ein rechtskräftiges Urteil über die Forderung ergangen, so muß der Versicherer das Urteil gegen sich gelten lassen, es sei denn, daß der Dritte den Übergang bei dem Eintritte der Rechtshängigkeit gekannt hat (BGB. § 407).
6. Der Dritte ist dem Versicherer gegenüber zur Leistung nur gegen Aushändigung einer von dem Versicherten über den Eintritt des Versicherers in die Rechte gegen den Dritten ausgestellten Urkunde verpflichtet. Eine Mahnung des Versicherers ist unwirksam, wenn sie ohne Vor-

legung einer solchen Urkunde erfolgt und der Dritte sie aus diesem Grunde unverzüglich zurückweist. Diese Vorschriften finden keine Anwendung, wenn der Versicherte dem Dritten den Übergang schriftlich angezeigt hat (BGB. § 410). § 804.

In GVB. § 67 ist bestimmt, daß der Übergang nicht zum Nachteile des Versicherungsnehmers geltend gemacht werden kann. Dies ist von Bedeutung, wenn nur ein Teil des Versicherungswerts versichert ist und der Dritte nicht imstande oder wegen Beschränkung seiner Haftung auf Schiff und Fracht nicht verpflichtet ist, den ganzen Schaden zu bezahlen. Bei der dann eintretenden Konkurrenz zwischen dem Versicherer und dem Versicherten soll der letztere den Vorzug haben. Das HGB. enthält eine entsprechende Vorschrift nicht und da sie auch aus allgemeinen Rechtsgrundsätzen nicht folgt, so kann der Versicherer die auf ihn übergegangenen Rechte ohne Rücksicht auf den Versicherten geltend machen; in der Praxis wird es jedoch häufig so gehandhabt, daß die Rechte gegen den Dritten im Verhältnis der Versicherungssumme zum Versicherungswert auf den Versicherer übergehen (vgl. Ritter in Leipziger Zeitschrift Bd. 1 S. 254). Anm. 6.

Der Versicherer tritt in die Rechte gegen den Dritten ein unbeschadet der Vorschriften des § 775 Abs. 2 und des § 777 Abs. 2, d. h. die Schiffsgläubiger haben bei der Rechtsverfolgung gegen den Dritten den Vorrang vor dem Versicherer. Es kommen folgende Fälle in Betracht: Anm. 7.

1. Schiffsversicherung und Verlust oder Beschädigung des Schiffes infolge rechtswidriger Handlung eines Dritten (§ 775 Abs. 2).
2. Frachtversicherung und Verlust der Fracht infolge eines durch rechtswidrige Handlung eines Dritten verursachten Verlusts der Güter (§ 775 Abs. 2).
3. Güterversicherung und Verlust oder Beschädigung der Güter infolge rechtswidriger Handlung eines Dritten (§ 777 Abs. 2).

Der Vorrang der Schiffsgläubiger ist deshalb begründet, weil das Schiffsgläubigerrecht entsteht, bevor der Eintritt des Versicherers in die Rechte gegen den Dritten erfolgt, der Versicherer also die mit dem Schiffsgläubigerrecht belasteten Rechte gegen den Dritten übernimmt (Prot. S. 4279).

Wenn die Schiffsgläubiger den Vorrang vor dem Versicherer haben, so entsteht die Frage, ob der letztere insoweit als er wegen des Vorrangs der Schiffsgläubiger die Rechte des Versicherten gegen den Dritten nicht geltend machen kann einen Abzug von der dem Versicherten zu leistenden Vergütung zu machen befugt ist. Diese Frage ist zu verneinen, wenn das Schiffsgläubigerrecht aus einem Unfalle entstanden ist, für welchen der Versicherer haftet, oder wenn der Versicherte für die Schiffsschuld auch persönlich haftet (Prot. S. 4279, 4280). Wird der Anspruch des Versicherers gegen den Dritten von einem anderen Gläubiger mit Beschlag belegt oder rechnet der Dritte mit einer Forderung gegen den Versicherten auf, so kann der Versicherer insoweit einen Abzug machen, als der Versicherte sonst durch Bezahlung der Versicherungssumme bereichert würde.

Der Versicherte ist verantwortlich, wenn er die Rechte gegen den Dritten beeinträchtigt. Der Versicherte kann die Rechte nach ihrer Entstehung beeinträchtigen, z. B. wenn er auf ihre Geltendmachung verzichtet; eine Beeinträchtigung liegt aber auch darin, daß infolge einer Handlung des Versicherten der Ersatzanspruch nicht zur Entstehung gelangt, z. B. wenn Güter inkl. Leichtergefahr versichert werden und die Haftung des Ewerführers für Schaden, der die Güter im Leichter betrifft, vertraglich ausgeschlossen ist (RG. Bd. 9 Nr. 26, HGZ. 1883 Nr. 39). Zu beachten ist jedoch, daß der Versicherte sich nicht verantwortlich macht, wenn er dem Verfrachter gebräuchliche Befreiungsklauseln bewilligt; Beispiel: Güter waren versichert von Innenplätzen Nord-Amerikas nach Europa inkl. des Risikos bis an Bord des Seeschiffes. Auf dem gedruckten Frachtvertragsformular der amerikanischen Eisenbahn war die Haftung der Eisenbahn für Feuerschäden ausgeschlossen. Die Güter verbrannten in einem Lagerschuppen der Eisenbahn. Die Frage, ob der Versicherte die die Haftung der Eisenbahn für Feuer ausschließende Klausel bewilligen dürfe, ohne sich dem Versicherer verantwortlich zu machen, wurde bejaht, da der Frachtvertrag mit einer öffentlichen Verkehrsanstalt nach Maßgabe des bei ihr eingeführten gedruckten Formulars eines Frachtvertrages abgeschlossen war (HGZ. 1893 Anm. 8.

4*

§ 805. Nr. 45). Häufig enthalten Policen oder Versicherungsbedingungen eine Klausel, wonach es dem Versicherten nicht präjudizieren soll, wenn die von ihm gezeichneten Konnossemente oder Chartepartien Bestimmungen enthalten, durch welche die Reeder der ihnen den Ladungsinteressenten gegenüber wegen Erfüllung der Frachtkontrakte gesetzlich obliegenden Verbindlichkeiten gleichviel in welchem Maße sich entschlagen (vgl. RG. Bd. 25 Nr. 23).

Anm. 9. Wenn auch der Versicherte verantwortlich ist, falls er durch ungewöhnliche Vertragsbedingungen die Entstehung eines Anspruchs gegen den Dritten verhindert, so hat er doch nicht dafür einzustehen, daß überhaupt ein Anspruch gegen einen Dritten im Falle eines Schadens entsteht; er ist daher nicht daran gehindert z. B. das versicherte Schiff durch seinen eigenen Schlepper schleppen zu lassen (HGZ. 1887 Nr. 127).

Anm. 10. Der Versicherer haftet dem Versicherten, auch wenn ein schadensersatzpflichtiger Dritter vorhanden ist, in erster Linie. Darüber sowie über die Verpflichtung des Versicherten, den Versicherer bei der Rechtsverfolgung gegen den Dritten zu unterstützen, vgl. HGB. § 822.

§ 805.

Ist eine Forderung versichert, zu deren Deckung eine den Gefahren der See ausgesetzte Sache dient, so ist der Versicherte im Falle eines Schadens verpflichtet, dem Versicherer, nachdem dieser seine Verpflichtungen erfüllt hat, seine Rechte gegen den Schuldner insoweit abzutreten, als der Versicherer Ersatz geleistet hat.

Der Versicherte ist nicht verpflichtet, die ihm gegen den Schuldner zustehenden Rechte geltend zu machen, bevor er den Versicherer in Anspruch nimmt.

Voigt § 28, Prot. S. 3121—3122, 4277—4281.

Anm. 1. Ist eine Forderung versichert, zu deren Deckung eine den Gefahren der See ausgesetzte Sache dient, so ist der Versicherungswert der Betrag der Forderung, wenn dieser geringer ist als der Wert der zur Deckung dienenden Sache. Ist dagegen die Forderung größer als der Wert der zur Deckung dienenden Sache, so ist dieser Wert als der Versicherungswert anzusehen; denn der Versicherte hat kein den Wert der Sache übersteigendes versicherbares Interesse, weil er im Falle des glücklichen Bestehens der Gefahr aus der zur Deckung dienenden Sache nicht mehr als deren Wert erhalten kann, vgl. Anm. 18 zu § 779).

Anm. 2. Hat der Versicherer seine Verpflichtungen erfüllt, so ist der Versicherte verpflichtet, ihm die Forderung insoweit abzutreten, als er Ersatz geleistet hat. Der Versicherer muß seine Verpflichtungen ganz erfüllt haben; der geleistete Ersatz bildet ziffernmäßig den Betrag, bis zu welchem der Versicherte die Forderung abtreten muß (vgl. Anm. 2 u. 3 in § 804). Daraus, daß der Versicherte verpflichtet ist, die Forderung abzutreten, nachdem der Versicherer seine Verpflichtungen erfüllt hat, folgt, daß der Versicherer in erster Linie haftet, der Versicherte also nicht seine Rechte gegen den Schuldner geltend zu machen braucht, bevor er den Versicherer in Anspruch nimmt (Abs. 2).

Anm. 3. Der Versicherte ist verpflichtet, dem Versicherer die zur Geltendmachung der Forderung nötige Auskunft zu erteilen und ihm die zum Beweise der Forderung dienenden Urkunden, soweit sie sich in seinem Besitze befinden, auszuliefern (BGB. § 402). An dieser Verpflichtung wird auch nichts geändert, wenn die Police die Klausel enthält: „Wenn das Schiff seinen Bestimmungsort wegen Seeschadens nicht erreicht oder kondemniert wird, so ist die Versicherungssumme als Totalschaden zu bezahlen, ohne daß ein Beweis des Interesses gefordert werden kann." (Voigt S. 169.) Für die Rechtsbeziehungen des Schuldners zum Versicherer gilt das in Anm. 5 Nr. 3—6 zu § 804 Ausgeführte.

Anm. 4. Der Versicherte ist verpflichtet, den Umständen nach für die Sicherstellung des Anspruchs gegen den Schuldner zu sorgen; er muß insbesondere, wenn er Gelder des Schuldners in

Händen hat, aus denen er sich wegen seiner Forderung befriedigen kann, sich aus den Geldern befriedigen oder sie zur Sicherstellung des Anspruchs zurückhalten (HGZ. 1890 Nr. 30). **§ 806.**

Aus dem Zweck des Versicherungsvertrages, der Übernahme der Gefahr durch den Versicherer, folgt, daß wenn Versicherer und Versicherter bei der Rechtsverfolgung gegen den Schuldner konkurrieren, der Versicherte vor dem Versicherer den Vorrang hat. Die Konkurrenz kann dadurch verursacht sein, daß nicht der ganze Versicherungswert unter Versicherung gebracht ist, oder dadurch, daß die Forderung durch die zur Sicherheit dienende Sache nur teilweise gedeckt ist. Hätte die zur Sicherheit dienende Sache die Seegefahr bestanden, so wäre die Forderung bis zur Höhe des Werts der Sache gedeckt und der Versicherte würde den Rest, soweit die Solvenz des Schuldners reicht, von diesem erlangen (Voigt S. 167). Anm. 5.

Zweiter Titel.

Anzeigen bei dem Abschlusse des Vertrags.

§ 806.

Der Versicherungsnehmer ist sowohl im Falle der Versicherung für eigene Rechnung als im Falle der Versicherung für fremde Rechnung verpflichtet, bei dem Abschlusse des Vertrags dem Versicherer alle ihm bekannten Umstände anzuzeigen, die wegen ihrer Erheblichkeit für die Beurteilung der von dem Versicherer zu tragenden Gefahr geeignet sind, auf den Entschluß des letzteren, sich auf den Vertrag überhaupt oder unter denselben Bestimmungen einzulassen, Einfluß zu üben.

Wenn der Vertrag für den Versicherungsnehmer durch einen Vertreter abgeschlossen wird, so sind auch die dem Vertreter bekannten Umstände anzuzeigen.

Voigt S. 171, Prot. S. 3143—3150, 4294—4300, 4419.

Bedeutung der Anzeigepflicht im allgemeinen. Durch den Seeversicherungsvertrag nimmt der Versicherer dem Versicherten die Gefahr einer Seeunternehmung ab und erhält dafür die Prämie als Vergütung. Die Höhe der Prämie hängt von der wahrscheinlichen Größe der Gefahr ab, nicht von deren wirklichen Größe. Denn diese ist den Parteien zur Zeit des Abschlusses des Vertrages unbekannt. Um die Gefahr beurteilen zu können, muß der Versicherer in die Lage versetzt werden, mit Bezug auf die zu versichernde Unternehmung diejenigen Umstände zu kennen, welche für die Beurteilung der Gefahr von Erheblichkeit sind. In den weitaus meisten Fällen ist der Versicherer für die Erlangung der erforderlichen Kenntnis auf die Angaben des Versicherungsnehmers beschränkt. Daher ist dem Versicherungsnehmer die Verpflichtung auferlegt, alles was ihm über den versicherten Gegenstand und über das Unternehmen, gegen dessen Gefahren Versicherung genommen werden soll, bekannt ist, soweit es für die Beurteilung der Gefahr erheblich ist, dem Versicherer vor Abschluß des Vertrages mitzuteilen. Über die Anzeigepflicht des Versicherungsnehmers bei einer Versicherung für fremde Rechnung vgl. § 807. Anm. 1.

Dem Versicherungsnehmer liegt die Anzeigepflicht ob. Bei den Beratungen des ADHG. ist die Frage erörtert, ob auch der Versicherer anzeigepflichtig sein solle (Prot. S. 4295 fg.). Der Antrag, beide Parteien gleichmäßig für anzeigepflichtig zu erklären, ist jedoch abgelehnt und zwar mit der Begründung, daß eine Anzeigepflicht des Versicherers nur in Frage kommen könne, wenn der Versicherer bei Abschluß des Vertrages wußte, daß der versicherte Gegenstand die Gefahr glücklich bestanden habe. Dieser Fall ist im § 785 geregelt und ge- Anm. 2.

§ 806. hört auch nicht dem Gebiet der eigentlichen Anzeigepflicht an. Die Anzeigepflicht des Versicherers ist mit Recht verneint (a. M. Gerhard S. 90); seine Erklärungspflicht beschränkt sich darauf, dem Versicherten mitzuteilen, zu welcher Prämie er das Risiko übernehmen will. Eine andere Frage aber ist es, ob der Versicherer, welcher zufällig weiß, daß die Gefahr geringer ist, als sie vom Versicherungsnehmer gutgläubig geschildert wird, unter Verschweigung des ihm bekannten Umstandes die der höheren Gefahr entsprechende Prämie verlangen kann, z. B. wenn ein überfälliges Schiff versichert wird, von welchem der Versicherer bei Abschluß des Vertrages weiß, daß es den Bestimmungsort beinahe erreicht hat. In solchen Fällen hat der Versicherte einen Anspruch auf angemessene Herabsetzung der Prämie (Voigt S. 186, HGZ. 1901 Nr. 72).

Anm. 3. **Bei dem Abschlusse des Vertrags** ist der Anzeigepflicht zu genügen, d. h. die Anzeigepflicht besteht nur bis zu dem Zeitpunkt, in welchem der Vertrag zustande gekommen ist; dabei entscheidet nicht die Unterzeichnung der Police, sondern der Zeitpunkt, in welchem sich die Parteien über den Vertrag einig geworden sind (Voigt S. 65). Der Versicherungsnehmer hat daher erhebliche Umstände anzuzeigen, welche er erst nach seiner Offerte an den Versicherer aber vor Abschluß des Vertrages erfährt. Die Nachmeldung solcher Umstände hat mit tunlichster Beschleunigung zu erfolgen, ohne daß jedoch der Versicherungsnehmer zu außergewöhnlichen Maßregeln verpflichtet wäre. Dasselbe gilt, wenn der Versicherungsnehmer den Vertrag durch einen Vertreter abschließt; er ist verpflichtet, nachträglich ihm bekannt werdende erhebliche Umstände dem Vertreter mit tunlichster Beschleunigung mitzuteilen. Die in früheren Entscheidungen mehrfach erörterte Frage, ob die Benutzung des Telegraphen als außergewöhnliche Maßregel anzunehmen sei, wird jetzt in allen Fällen zu verneinen sein. Als Abschluß eines Vertrages gilt auch die Verlängerung des Vertrages, es sei denn, daß die Verlängerung auf Grund des ursprünglichen Vertrages stillschweigend eintritt, ohne daß dafür eine neue Vereinbarung erforderlich ist. Als neuer Abschluß gilt ferner die Veränderung des Vertrages sowie eine Nachversicherung, wenn durch den ursprünglichen Vertrag das versicherbare Interesse nicht voll gedeckt ist (HGZ. 1871 Nr. 6 und 56). In solchen Fällen muß der Versicherungsnehmer alle erheblichen Umstände anzeigen, welche ihm bis zur Verlängerung, Veränderung des Vertrages oder bis zum Abschluß der Nachversicherung bekannt geworden sind (Voigt S. 198). Ist das Risiko bei mehreren Versicherern untergebracht, so ist der Vertrag mit jedem Versicherer als selbständiger Vertrag anzusehen; es genügt daher mangels besonderer Vereinbarung nicht, wenn die Anzeigepflicht nur gegenüber dem sogenannten Vorzeichner erfüllt wird (Voigt S. 197).

Anm. 4. **Nach Abschluß des Vertrages** besteht eine Anzeigepflicht nicht mehr; denn der Zweck der Anzeige, den Versicherer zwecks Beurteilung des Risikos und Feststellung der Prämie zu orientieren, ist mit dem Abschluß des Vertrages erfüllt. Von da ab ist der Versicherte zur Mitteilung verpflichtet, sobald sich ein Unfall ereignet (HGB. § 818).

Anm. 5. Der Versicherungsnehmer hat nur *die ihm bekannten* erheblichen Umstände anzuzeigen. Der Versicherer, welcher die Verletzung der Anzeigepflicht geltend machen will, muß beweisen, daß der betreffende Umstand dem Versicherungsnehmer beim Abschluß des Vertrags bekannt war. Es genügt nicht, daß der Umstand dem Versicherungsnehmer infolge Fahrlässigkeit unbekanut geblieben ist; der Versicherungsnehmer ist nicht verpflichtet, über die für die Beurteilung der Gefahr erheblichen Umstände Erkundigungen einzuziehen (RG. Bd. 7, Nr. 1). Aber er darf andererseits sich der Kenntnis nicht arglistig verschließen, z. B. einen Brief uneröffnet lassen, von welchem er annehmen darf, daß sein Inhalt den versicherten Gegenstand betreffe (Voigt S. 214, HGB. § 808 Abs. 1).

Anm. 6. Nur *erhebliche Umstände* müssen angezeigt werden, d. h. solche, welche wegen ihrer Erheblichkeit für die Beurteilung der von dem Versicherer zu tragenden Gefahr geeignet sind, auf den Entschluß des letzteren, sich auf den Vertrag überhaupt oder unter denselben Bestimmungen einzulassen, Einfluß zu üben. Unter „Umständen" sind zu verstehen den versicherten Gegenstand betreffende Tatsachen, Ereignisse, Mitteilungen, nicht aber Befürchtungen oder Ansichten des Versicherungsnehmers über die Größe der Gefahr, wenn die Tatsachen mitgeteilt sind, auf welchen die Befürchtungen oder Ansichten beruhen (HGZ. 1868 Nr. 166 und

241). Anzuzeigen sind nur solche Umstände, welche für die Beurteilung der Gefahr erheblich **§ 806.**
sind, nicht aber alle Umstände, welche nach dem Inhalt der Police sonstwie für den Entschluß des Versicherers bestimmend sein können. Ist z. B. auf „Interesse" Versicherung mit der sogenannten Anschlußklausel genommen, wonach die Maßnahmen einer anderen führenden Gesellschaft für den Versicherer maßgebend sein sollen, so braucht nicht angezeigt zu werden, daß die führende Gesellschaft Cascoversicherer ist (HGZ. 1911 Nr. 105). Erheblich für die Beurteilung der Gefahr sind Umstände, wenn der Versicherer bei Kenntnis derselben die Gefahr höher einschätzen würde, als wenn ihm der betreffende Umstand nicht mitgeteilt wäre, so daß er bei Kenntnis des Umstandes auf den Vertrag überhaupt nicht oder unter schwereren Bedingungen, insbesondere gegen höhere Prämie eingegangen wäre. Ein Umstand, insbesondere eine Mitteilung, welche geeignet ist, bei dem Versicherer Besorgnisse wegen des zu versichernden Gegenstandes zu erregen, muß angezeigt werden; die Anzeigepflicht wird nicht dadurch beseitigt, daß sich später d. h. nach Abschluß des Vertrages die Unbegründetheit der Besorgnis herausstellt (ROHG. 16 S. 61).

Die Umstände müssen erheblich sein für die Beurteilung der zu tragenden Gefahr; sind also nicht alle Gefahren übernommen, so brauchen solche Umstände, welche nur für die Beurteilung einer nicht übernommenen Gefahr erheblich sind, nicht angezeigt zu werden. Ist daher nur für Seegefahr versichert, so braucht nicht angezeigt zu werden, daß Kontrebande verladen wird (HGZ. 1908 Nr. 103). Bei der Beantwortung der Frage, ob ein nicht mitgeteilter Umstand als erheblich anzusehen ist, kommt es auf die subjektiven Anschauungen des Versicherers oder des Versicherungsnehmers nicht an (HGZ. 1883 Nr. 135). Es ist vielmehr objektiv, eventuell unter Zuziehung von Sachverständigen zu entscheiden, ob dem betreffenden Umstand nach vernünftigem Ermessen Erheblichkeit für die Beurteilung der Gefahr beizumessen ist. Darauf, daß andere Versicherer bei Kenntnis des Umstandes zu gleichen Bedingungen versichert haben oder haben würden, kommt es für die Beantwortung der Frage, ob der Umstand erheblich ist, nicht an (HGZ. 1887 Nr. 52); wohl aber kann dies für die Frage von Bedeutung sein, ob die Anzeige ohne Verschulden des Versicherungsnehmers unterblieben ist (vgl. Anm. 4 zu § 808). Dagegen würde es von Bedeutung sein, wenn der Versicherte den Beweis führte, daß der Versicherer auch bei Kenntnis des nicht angezeigten Umstandes zu den gleichen Bedingungen gezeichnet hätte (Voigt S. 190). Zu den anzeigepflichtigen Umständen gehören insbesondere auch Mitteilungen, welche der Versicherungsnehmer erhalten hat und welche für die Beurteilung der Gefahr erheblich sind. Zeigt der Versicherungsnehmer derartige Mitteilungen, wie er sie erhalten hat, als solche an, so kommt es nicht darauf an, ob sie wahr sind oder nicht. Anders verhält es sich, wenn er die Mitteilung sich aneignet, d. h. das was ihm mitgeteilt ist, als Tatsache anzeigt; dann hat er für die Wahrheit der Anzeige einzustehen. Erhält er z. B. die Mitteilung, das zu versichernde Schiff werde am 11. Juni segeln, so hat er dem Versicherer anzuzeigen, daß das Schiff laut erhaltener Nachricht am 11. Juni segeln werde; es ist dann gleichgültig, ob das Schiff tatsächlich am 11. Juni gesegelt ist. Zeigt er aber an: das Schiff ist am 11. Juni gesegelt, so präjudiziert ihm die Unrichtigkeit dieser Anzeige, es sei denn, daß er nachweist, daß die Anzeige ohne sein Verschulden unrichtig gemacht ist (vgl. § 809).

Der Versicherungsnehmer muß die ihm bekannten erheblichen Umstände rückhaltlos mitteilen. Eine absichtlich zweideutige Anzeige, um den Versicherer zu täuschen, steht der Verletzung der Anzeigepflicht gleich, z. B. wenn angezeigt wird, das Schiff sei am 26. Januar im Hafen von X gewesen, während es tatsächlich an diesem Tage dort abgefahren ist, oder wenn die Versicherung mit der Klausel geschlossen ist: „ohne Präjudiz, falls das Schiff bereits gesegelt sein sollte", und der Versicherungsnehmer die ihm bekannte Abfahrt des Schiffes nicht anzeigt (HGZ. 1877 Nr. 29).

Eine Anzeige solcher Umstände, welche das Risiko verringern, ist nicht erforderlich z. B. Anm. 7.
bei einer Güterversicherung, daß ein Teil der Güter die Gefahr schon bestanden hat. Es ergibt sich aus dem Sinne des § 806, das nur gefahrerhöhende Umstände angezeigt zu werden brauchen (HGZ. 1893 Nr. 67).

§ 806. **Einzelne Beispiele:**

I. **Schiffsversicherung.**

Anm. 8. A. **Umstände, welche die Beschaffenheit des zu versichernden Schiffs betreffen:**

1. Anzuzeigen ist, wenn das Schiff von besonders gefährdender Bauart ist; z. B. Versicherung eines Schiffs für die Reise von Hull nach Riga ohne anzuzeigen, daß es sich um ein für die Flußschiffahrt bestimmtes Bugsierschiff von nur $2^1/_2$ Fuß Tiefgang handelt (L. 2, 20). Ist Größe und Bauart des Schiffes angegeben und erhellt daraus, daß das Schiff kein Seeschiff ist, so braucht nicht angezeigt zu werden, daß das Schiff ein Flußschiff ist (HGZ. 1873 Nr. 271).

2. **Klassifikation und Erbauungsjahr.**

   Es braucht nicht angezeigt zu werden, daß das Schiff nicht klassifiziert ist (HGZ. 1874 Nr. 177). Dagegen ist die unrichtige Anzeige, daß das Schiff eine bestimmte Klasse erhalten habe, präjudizierlich. Unrichtige Angabe des Erbauungsjahres präjudiziert, auch wenn in dem angegebenen Jahre eine Hauptreparatur erfolgt ist (HGZ. 1908 Nr. 122).

3. **Überladung.**

   Über die Frage, ob der versicherte Reeder Umstände anzeigen muß, aus denen möglicherweise auf eine Überladung des Schiffs geschlossen werden kann vgl. HGZ. 1883 Nr. 135.

4. **Erlittene Beschädigung.**

   Vor Abschluß der Versicherung erlittene Beschädigungen müssen angezeigt werden, wenn sie so erheblich sind, daß sie die Gefahr erhöhen; die Anzeige ist nicht erforderlich, wenn sie vollständig repariert sind (HH. Nr. 5; U. 249; L. 2, 118; N. 1862 S. 105; 1871 Nr. 279; ROHG. Bd. 16 Nr. 19).

5. Der Umstand, daß das Schiff schlechten Wetters wegen einen Zwischenhafen aufgesucht und der Schiffer dort einen Frachtvorschuß aufgenommen hat, muß angezeigt werden (HGZ. 1870 Nr. 187).

6. **Nationalität des Schiffes.**

   Der Versicherer darf voraussetzen, daß das Schiff das Recht zur Führung einer Flagge hat. Der Umstand, daß das Schiff, weil ein Ausländer Mitreeder ist, zu Unrecht die Erlaubnis, die deutsche Flagge zu führen, erhalten hat, muß angezeigt werden (RG. Bd. 7 Nr. 5).

7. Eine Anzeige über den Wert des Schiffes ist nicht erforderlich (HGZ. 1883 Nr. 136). In dem Antrage auf eine bestimmte Taxe, liegt nicht die Anzeige, daß die Taxe dem wahren Wert des Schiffes entspricht.

8. Erheblich ist die Zeit der Abfahrt des Schiffes (HGZ. 1875 Nr. 44), nach HGZ. 1873 Nr. 157 jedoch mit der Einschränkung, wenn seit der Abfahrt so lange Zeit verstrichen ist, daß eine ungünstige Vermutung entstehen muß.

Anm. 9. B. **Andere erhebliche Umstände.**

1. Der Versicherungsnehmer hatte Auftrag erhalten, Kaffee von Haiti nach Europa zu versichern. Die Versicherungsorder enthielt die Nachschrift: „le vent du nord devient mauvais, le navire peut courir des risques. Il ne faut pas perdre un moment pour les assurances.“ Der Versicherungsnehmer war verpflichtet, diesen Nachsatz anzuzeigen (U. 283).
2. Dem Versicherten war bekannt, daß am Tage nach der Abfahrt des Schiffes vom Abgangshafen ein schwerer Taifun in der Gegend geweht hatte, in welchem das Schiff sich zu der Zeit vermutlich befand. Dieser Umstand mußte angezeigt werden. (ROHG. Bd. 16 Nr. 22.) Dagegen braucht der Versicherungsnehmer die Mitteilung des Versicherten, er wünsche versichert zu sein, weil auf der Reise in der Jahreszeit gewöhnlich schwere Stürme herrschten, nicht anzuzeigen. Denn die allgemeine Beschaffenheit des Meeres zu der betreffenden Zeit mußte dem Versicherer bekannt sein (Kierulff Bd. 6 S. 136).
3. Verletzung der Anzeigepflicht liegt vor, wenn der Versicherungsnehmer anzuzeigen unterläßt, daß in Schiffahrtsnachrichten über den Untergang eines Schiffes berichtet war, welches möglicherweise mit dem zu versichernden identisch ist (HGZ. 1870 Nr. 220).

4. Bei Versicherung von Winterreisen in nördlichen Gewässern braucht der Versicherte bezüglich der voraussichtlich zu bestehenden Eisgefahr keine Anzeige zu machen, es sei denn, daß er weiß, daß die zu bestehende Eisgefahr eine außergewöhnlich große ist (Voigt S. 226). **§ 806.**

5. Als erheblichen Umstand hat der Reeder dem Versicherer anzuzeigen, daß er seinen Schiffer ermächtigt habe, in Lotsenrevieren die Möglichkeit oder die Verpflichtung einen Lotsen zu nehmen, unbenutzt zu lassen resp. nicht zu erfüllen. Jedoch ist mit Bezug auf Schiffe, welche in den Hamburger Hafen einlaufen, eine solche Anzeigepflicht verneint (RG. Bd. 19 Nr. 1).

6. Eine Anzeige des Umstandes, daß es dem Versicherungsnehmer nicht geglückt ist, die Versicherung anderweit unterzubringen, ist nicht erforderlich. Denn der Versicherer braucht nicht darüber unterrichtet zu werden, wie andere Versicherer die Gefahr beurteilen (RG. Bd. 13, Nr. 28). Ebenso braucht nicht angezeigt zu werden, daß der frühere Versicherer den Vertrag wegen andauernd großer Schäden gekündigt hat (HGZ. 1905 Nr. 53).

7. Von Erheblichkeit ist der Abgangszeitpunkt des Schiffes. Nachrichten, welche der Versicherungsnehmer hierüber hat, müssen angezeigt werden. Ist der Zeitpunkt der Abfahrt angegeben, so braucht der Versicherungsnehmer seine Befürchtungen wegen des langen Ausbleibens des Schiffes nicht mitzuteilen (HGZ. 1868 Nr. 166).

8. Liegt das Schiff im Abgangshafen auf einem gefahrvollen oder unsicheren Ankerplatz, so braucht dies nicht angezeigt zu werden, wenn der Ankerplatz der für solche Schiffe übliche ist (ROHG. Bd. 7 Nr. 103).

II. **Güterversicherung.**

1. Der Umstand, daß versicherte Eisenbleche bei Abschluß der Versicherung schon ein halbes Jahr im Schiff gelegen haben, muß angezeigt werden (HH. 17). Anm. 10.

2. **Decksladung**: der Umstand, daß die versicherten Güter an Deck verladen sind oder werden sollen, muß angezeigt werden, auch wenn in den Versicherungsbedingungen Vorschriften über die Haftung des Versicherers für Decksladung enthalten sind (HGZ. 1891 Nr. 53; 1905 Nr. 53; a. M. 1892 Nr. 111).

3. Ein erheblicher Umstand ist ein auf das Schiff, in welchem die Güter befördert werden sollen, ausgebrachter Arrest, wenn dadurch möglicherweise eine erhebliche Verzögerung des Abgangs bewirkt wird (HGZ. 1871 Nr. 150).

4. Der Umstand, daß die versicherte Ware Retourware ist, braucht nicht angezeigt zu werden (HGZ. 1909 Nr. 74).

5. Auch die in Anm. 8, 9 erwähnten Beispiele sind für Güterversicherungen von Bedeutung, da die dort angeführten Umstände meist auch für die Beurteilung des Güterrisikos erheblich sind.

Rückversicherung. Anm. 11.

Die Rückversicherung unterliegt denselben Grundsätzen wie jede andere Versicherung. Der Rückversicherte muß daher alle ihm bei Abschluß der Rückversicherung bekannten erheblichen Umstände anzeigen. Dies bezieht sich sowohl auf die ihm vom Erstversicherten mitgeteilten wie auf die ihm selbst bis zum Abschluß der Rückversicherung bekannt gewordenen Umstände; ferner sind mitzuteilen die Bedingungen der Originalversicherung, soweit sie für die Beurteilung des vom Rückversicherer zu übernehmenden Risikos von Bedeutung sind, insbesondere also ungebräuchliche oder ungewöhnlich erschwerende Bedingungen. Es muß ferner mitgeteilt werden, ob es sich um eine Rückversicherung oder um eine Retrozession handelt; doch ist dies nicht Gegenstand der Anzeigepflicht, sondern wird durch die Vorschrift erfordert, daß das Interesse richtig angegeben werden muß (ROHG. 20 Nr. 39, vgl. Anm. 32, 33 zu § 779).

Kenntnis eines Vertreters.

Schließt der Versicherungsnehmer den Vertrag durch einen Vertreter ab, so folgt bereits aus BGB. § 166 Abs. 1, daß auch die dem Vertreter bekannten Umstände angezeigt werden müssen, auch wenn sie dem Versicherungsnehmer nicht bekannt waren. Dies gilt insbesondere für die Kenntnis des Maklers, durch welchen die Versicherung geschlossen wird (HGZ. 1908 Nr. 122). Anm. 12.

§ 807.

§ 807.

Im Falle der Versicherung für fremde Rechnung müssen dem Versicherer bei dem Abschlusse des Vertrags auch diejenigen Umstände angezeigt werden, welche dem Versicherten selbst oder einem Zwischenbeauftragten bekannt sind.

Die Kenntnis des Versicherten oder eines Zwischenbeauftragten kommt jedoch nicht in Betracht, wenn ihnen der Umstand so spät bekannt wird, daß sie den Versicherungsnehmer ohne Anwendung außergewöhnlicher Maßregeln vor dem Abschlusse des Vertrags nicht mehr davon benachrichtigen können.

Die Kenntnis des Versicherten kommt auch dann nicht in Betracht, wenn die Versicherung ohne seinen Auftrag und ohne sein Wissen genommen und der Mangel des Auftrags bei dem Abschlusse des Vertrags dem Versicherer angezeigt worden ist.

(Abs. 3 in der Fassung des Gesetzes vom 30. Mai 1908.)

Voigt S. 178, Prot. S. 3153–3155, 4307—4314.

Anm. 1. Bei der Versicherung für fremde Rechnung kommen für die Kenntnis anzeigepflichtiger Umstände in Betracht:

1. **der Versicherungsnehmer** sowie dessen Vertreter, durch welchen er den Vertrag abschließen läßt;
2. **der Versicherte selbst**; die Kenntnis des Versicherten kommt jedoch in zwei Fällen nicht in Betracht:

a) Wenn ihm der Umstand so spät bekannt wird, daß er ohne Anwendung ungewöhnlicher Maßregeln den Versicherungsnehmer vor dem Abschluß des Vertrags nicht mehr benachrichtigen kann (vgl. Anm. 3 zu § 806); ist ihm der Versicherer bekannt, so ist er verpflichtet, diesen direkt zu benachrichtigen (Gerhard S. 365 Anm. 1);

b) Wenn die Versicherung ohne Auftrag und Wissen des Versicherten genommen und der Mangel des Auftrags bei dem Abschluß des Vertrags dem Versicherer angezeigt worden ist. Diese Vorschrift ist deshalb begründet, weil HGB. § 782 durch das Gesetz vom 30. Mai 1908 aufgehoben ist und somit auftraglose Versicherungen auch ohne Anzeige der Auftraglosigkeit gültig sind. Es könnte daher für den einen erheblichen Umstand wissenden Versicherten eine Versicherung ohne seinen Auftrag geschlossen werden, welche er selbst überhaupt nicht oder nur zu ungünstigeren Bedingungen schließen könnte. Um diesen Nachteil des Versicherers auszugleichen, ist durch das Gesetz vom 30. Mai 1908 bestimmt, daß bei Versicherungen, die ohne Wissen und Auftrag des Versicherten geschlossen sind, die Kenntnis des Versicherten in Betracht kommt, wenn nicht dem Versicherer der Mangel des Auftrags bei Abschluß der Versicherung mitgeteilt ist. Kannte der Versicherte bei Abschluß des Vertrags einen erheblichen Umstand, und kommt seine Kenntnis gemäß Abs. 3 in Betracht, so könnte er immerhin auf Grund Abs. 2 geltend machen, daß er, auch wenn die Versicherung in seinem Auftrag genommen wäre, den Versicherungsnehmer nicht mehr rechtzeitig hätte benachrichtigen können.

Anm. 2. 3. **Zwischenbeauftragte.**

Unter Zwischenbeauftragten sind nur diejenigen Personen zu verstehen, welche mit dem Abschluß der Versicherung beauftragt sind, und zwar entweder von dem Versicherten oder von einem anderen Zwischenbeauftragten. Dagegen kommt nicht in Betracht z. B. die Kenntnis des Spediteurs, welcher die versicherten Güter abladet, es sei denn, daß er mit der Versicherungsnahme beauftragt ist (U. 105). Die Kenntnis des Zwischenbeauftragten kommt nicht in Betracht, wenn der Umstand ihm so spät bekannt wird, daß er ohne Anwendung außergewöhnlicher Maßregeln den Versicherungsnehmer vor dem Abschluß des Vertrags nicht mehr benachrichtigen kann. Kommen mehrere Zwischenbeauftragte in Frage, so hat jeder Auftraggeber nur seinen Beauftragten zu benachrichtigen, es sei denn, daß ihm der Versicherungsnehmer bekannt ist, in welchem Falle er diesen direkt zu benachrichtigen hat.

Agenten des Versicherten. § 808.

Das RG. hat in einem 43 S. 142 referierten Falle ausgeführt, daß unter Umständen auch die Kenntnis solcher Agenten des Versicherten in Betracht kommen könne, welche von diesem dazu bestimmt sind, die zu versichernden Waren abzuladen und die erfolgte Abladung zum Zweck der Versicherung ihrem Auftraggeber mitzuteilen, überhaupt diesem die erforderlichen Instruktionen für die Versicherungsnahme zu erteilen. Würden von solchen Hilfspersonen erhebliche Umstände verschwiegen, um den Abschluß der Versicherung zu ermöglichen, so sei ihre Kenntnis der des Versicherungsnehmers gleichzustellen. Denn der Versicherungsnehmer hafte für seine Gehilfen nicht nur bei der Erfüllung des Vertrags, sondern auch beim Vertragsabschlusse. Diese auf dem gemeinen Recht basierende Entscheidung kann auf Grund § 278 BGB. nicht mehr aufrecht erhalten werden. Anm. 8.

§ 808.

(In der Fassung des Gesetzes vom 30. Mai 1908.)

Der Versicherer kann von dem Vertrage zurücktreten, wenn den Vorschriften der §§ 806, 807 zuwider die Anzeige eines erheblichen Umstandes unterblieben ist. Das Gleiche gilt, wenn die Anzeige eines erheblichen Umstandes deshalb unterblieben ist, weil sich der Versicherungsnehmer oder ein Beteiligter, dessen Kenntnis nach § 806 Abs. 2 oder nach § 807 erheblich ist, der Kenntnis des Umstandes arglistig entzogen hat.

Der Rücktritt ist ausgeschlossen, wenn der Versicherer den nicht angezeigten Umstand kannte oder wenn die Anzeige ohne Verschulden unterblieben ist.

§ 808 bestimmt die Folgen der Verletzung der Anzeigepflicht.

Nach bisherigem Recht war die Anzeigepflicht verletzt, wenn ein dem Versicherungsnehmer bekannter, objektiv für die Beurteilung der Gefahr erheblicher Umstand nicht angezeigt wurde. Auf die subjektiven Anschauungen des Versicherungsnehmers kam es nicht an; er verletzte die Anzeigepflicht, auch wenn er im guten Glauben darüber war, daß der objektiv erhebliche Umstand nicht angezeigt zu werden brauchte, insbesondere auch wenn er erhebliche Nachrichten, welche er erhalten, für unzulässig oder unrichtig hielt und deshalb nicht anzeigte. Das Gesetz vom 30. Mai 1908 hat in dieser Beziehung eine bedeutsame Neuerung gebracht: die Verletzung der Anzeigepflicht ist ohne Belang, wenn die Anzeige ohne Verschulden unterblieben ist, d. h. die subjektiven Anschauungen des Versicherungsnehmers sind von Bedeutung für die Frage, ob eine Verletzung der Anzeigepflicht vom Versicherer geltend gemacht werden kann (vgl. Anm. 3). Nach bisherigem Recht hatte die Verletzung der Anzeigepflicht die Unverbindlichkeit des Vertrages für den Versicherer zur Folge; dagegen ist der Versicherer nach dem Gesetz vom 30. Mai 1908 im Falle der Verletzung der Anzeigepflicht zum Rücktritt vom Vertrage binnen einer Woche berechtigt. Anm. 1.

Das Rücktrittsrecht Anm. 2.

des Versicherers ist in zwei Fällen gegeben:

1. wenn den Vorschriften der §§ 806, 807 zuwider die Anzeige eines erheblichen Umstandes unterblieben ist;
2. wenn die Anzeige eines erheblichen Umstandes deshalb unterblieben ist, weil sich der Versicherungsnehmer oder ein Beteiligter (Versicherter, Zwischenbeauftragter, Vertreter), dessen Kenntnis nach § 806 Abs. 2 oder nach § 807 erheblich ist, der Kenntnis des Umstandes arglistig entzogen hat.

Der Rücktritt hat in der in § 811 vorgeschriebenen Frist und Form zu erfolgen. Das Rücktrittsrecht knüpft sich schlechthin an die Verletzung der Anzeigepflicht ohne Rücksicht darauf, ob der nicht angezeigte Umstand mit dem Schaden im Zusammenhange steht oder nicht (Gerhard S. 95); eine Ausnahme enthält jedoch § 811 Abs. 3.

§ 808. **Ausschluß des Rücktrittsrechts.**

Anm. 3. Die Verletzung der Anzeigepflicht gibt dem Versicherer kein Rücktrittsrecht, d. h. sie ist ohne Belang in zwei Fällen:

1. **Wenn der Versicherer den nicht angezeigten Umstand kannte.**

Der Versicherte hat die Kenntnis des Versicherers zu beweisen. Da dem Versicherer keine Erkundigungspflicht obliegt, ist der Versicherte nicht mit der Behauptung zu hören, daß der Versicherer sich über den nicht angezeigten Umstand hätte erkundigen können. Maßgebend für die Kenntnis des Versicherers ist der Zeitpunkt des Vertragsabschlusses; ist jedoch eine Police ausgestellt und kannte der Versicherer den Umstand zur Zeit der Unterzeichnung der Police, so würde es dem Grundsatz von Treu und Glauben widersprechen, wenn der Versicherer das Rücktrittsrecht geltend machen würde (vgl. ROHG. 8 Nr. 57, wo es sich allerdings nicht um die Anzeigepflicht, sondern um die richtige Angabe der versicherten Reise handelt). Der Versicherer kann nicht einwenden, daß er sich des Umstandes „nicht bewußt" gewesen sei, wenn er ihm aus eigener Wahrnehmung oder durch Mitteilung seitens eines Andern bekannt geworden ist. Es ist jedoch nicht in jedem Falle ausreichend, wenn bewiesen wird, daß der Versicherer zu irgend einer früheren Zeit mit dem Umstand bekannt geworden ist; „denn ein langer Zeitverlauf, die Art des Kundwerdens, endlich besondere Umstände, welche zu der Zeit stattfanden, als es auf die Benutzung der Kunde ankam, können ein Vergessen motivieren oder das Nichtwiedererinnern unpräjudizierlich machen". (ROHG. Bd. 12 Nr. 58.) Insbesondere ist der Beweis nicht unter allen Umständen ausreichend, daß der betreffende Umstand aus den Schiffahrtsnachrichten ersichtlich gewesen sei. Denn es kann vom Versicherer nicht verlangt werden, daß er sich aller Schiffahrtsberichte entsinne, welche er gelesen hat, bevor er ein Interesse an dem versicherten Gegenstande hatte (HGZ. 1870 Nr. 220, 1871 Nr. 78, ROHG. 2 Nr. 5, 16 Nr. 22).

Anm. 4. Das Rücktrittsrecht des Versicherers ist ferner ausgeschlossen:

2. **Wenn die Anzeige ohne Verschulden unterblieben ist.**

Der Versicherte muß beweisen, daß weder er noch die anderen in § 806 Abs. 2, § 807 genannten bezüglich der Anzeigepflicht ihm gleichstehenden Personen durch Unterlassung der betreffenden Anzeige schuldhaft gehandelt haben (Begründung zum Gesetz über den Versicherungsvertrag, Reichstagsvorlage, S. 190). Die Anzeige ist ohne Verschulden unterblieben, wenn sie bei Anwendung der im Verkehr erforderlichen Sorgfalt nicht erforderlich war. In Betracht kommen insbesondere folgende Fälle:

a) Wenn der betreffende Umstand als dem Versicherer bekannt vorausgesetzt werden durfte, z. B. wenn er notorisch war. In einem HGZ. 1892 Nr. 19 mitgeteilten Falle war Baumwolle von Sebastopol ab Bord ins Innere Rußlands versichert. Wegen der Verzollung wurde die Ware längere Zeit im Freien gelagert und wurde dort durch Feuer beschädigt. Der Einwand des Versicherers, es hätte angezeigt werden müssen, daß die Ware in Sebastopol im Freien gelagert würde, wurde verworfen, weil der Versicherte voraussetzen durfte, daß dem häufig derartige Transporte versichernden Versicherer die in Sebastopol übliche Lagerung im Freien bekannt wäre. Der Versicherte braucht den Versicherer nicht auf die besonderen Gefahren aufmerksam zu machen, welche auf dem versicherten Transport regelmäßig zu bestehen sind.

b) Wenn der betreffende Umstand dem Versicherungsnehmer oder den in §§ 806 Abs. 2, 807 genannten Personen so spät bekannt wird, daß eine rechtzeitige Anzeige ohne Anwendung außergewöhnlicher Maßregeln nicht mehr erfolgen konnte.

c) Wenn der Versicherungsnehmer oder die in §§ 806 Abs. 2, 807 genannten Personen sich in einem entschuldbaren Irrtum über die Erheblichkeit der Anzeige befanden. Die in dieser Vorschrift enthaltene Änderung des bisherigen Rechts ist von außerordentlich weittragender Bedeutung. Die Einwendung des Versicherungsnehmers, er habe einen ihm bekannten erheblichen Umstand nicht für erheblich, eine ihm zugekommene Nachricht für unrichtig oder übertrieben oder unzuverlässig gehalten hat die bisherige Rechtsprechung stets entschieden zurückgewiesen. Es würde, wie es in einem Urteil des Lübecker Ober-Appellations-Gerichts

(U. 283) heißt, eine völlige Revolution in das Assekuranzwesen bringen, wenn es solche Einwendungen zuließe. Um in diesem Punkt das Seeversicherungsrecht den anderen Versicherungszweigen gleichzustellen, ist durch das Gesetz vom 30. Mai 1908 das subjektive Moment des Verschuldens des Versicherungsnehmers berücksichtigt. Danach ist Rücksicht zu nehmen auf die Geschäftsgewandtheit und intellektuellen Fähigkeiten des Versicherungsnehmers (Gerhard, S. 98), auf die Möglichkeit, daß er seinen Korrespondenten, von dem er erhebliche Nachrichten erhalten hat, für übertrieben ängstlich gehalten habe u. dgl. § 809.

Beweislast. Anm. 5.

Der Beweis dafür, daß ein erheblicher Umstand, dessen Anzeige nicht erfolgt ist, dem Versicherungsnehmer oder einer der gemäß § 806 Abs. 2, § 807 in Betracht kommenden Personen zur Zeit des Vertragsabschlusses bekannt war, liegt dem Versicherer ob (Gerhard S. 96 Anm. 8). Dagegen hat der Versicherungsnehmer zu beweisen, daß ein Fall vorlag, in welchem trotz Verletzung der Anzeigepflicht das Rücktrittsrecht des Versicherers ausgeschlossen ist.

§ 809.

(In der Fassung des Gesetzes vom 30. Mai 1908.)

Der Versicherer kann von dem Vertrag auch dann zurücktreten, wenn über einen erheblichen Umstand eine unrichtige Anzeige gemacht worden ist.

Der Rücktritt ist ausgeschlossen, wenn die Unrichtigkeit dem Versicherer bekannt war oder die Anzeige ohne Verschulden unrichtig gemacht worden ist.

Außer der positiven Verpflichtung, alle ihm zur Zeit des Abschlusses des Vertrages bekannten erheblichen Umstände dem Versicherer anzuzeigen, hat der Versicherungsnehmer die negative Verpflichtung, dem Versicherer bei Abschluß des Vertrags über erhebliche Umstände keine unrichtigen, d. h. keine objektiv unrichtigen Anzeigen zu machen. Als erhebliche Umstände sind gemäß § 806 solche anzusehen, welche wegen ihrer Erheblichkeit für die Beurteilung der vom Versicherer zu tragenden Gefahr geeignet sind, auf den Entschluß des letzteren, sich auf den Vertrag überhaupt oder unter denselben Bestimmungen einzulassen, Einfluß zu üben. Es kann sein, daß mit Rücksicht auf besondere Vertragsbedingungen der unrichtig angezeigte Umstand überhaupt nicht hätte angezeigt zu werden brauchen, daß also im Stillschweigen über den betreffenden Punkt keine Verletzung der Anzeigepflicht gelegen hätte, und daß doch die unrichtige Anzeige einen erheblichen Umstand betrifft. Es wird z. B. in Versicherungsbedingungen häufig vorgesehen, daß bei einer Schiffsversicherung der Versicherungsnehmer Anzeige erstatten muß, wenn das Schiff mit gewissen, näher bezeichneten Ladungen fährt. Doch kann eine Ladung, welche an sich nicht angezeigt zu werden braucht, ein erheblicher Umstand sein, über welchen eine unrichtige Anzeige unzulässig ist; es ist z. B. erheblich, wenn angezeigt wird, das Schiff fahre mit einer Kaffeladung, während es in Wirklichkeit Zedernholz geladen hat (HGZ. 1887 Nr. 52). Anm. 1.

Beispiele:

Als erheblich sind bezeichnet:

a) unrichtige Angabe über die Klassifikation des Schiffs; erforderlich ist die Klassifikation durch ein anerkanntes Klassifikationsinstitut (HGZ. 1868 Nr. 156),

b) unrichtige Angabe über die Tragfähigkeit des Schiffs (L. 2, 20),

c) Anzeige „das Schiff könne gesegelt sein", während es tatsächlich seit Monaten unterwegs ist (R. 1861 S. 289),

d) Anzeige, daß ein Bugsierschiff engagiert sei, während das versicherte Schiff ohne Schlepper die Reise angetreten hat (HGZ. 1872 Nr. 166, 280; 1873 Nr. 225),

e) Anzeige „mit oder ohne Ladung", während es sich um ein Bugsierschiff handelt (L. 2, 20).

§ 810. Anm. 2. Eine unrichtige Anzeige liegt nicht vor, wenn der Versicherungsnehmer eine erhaltene Mitteilung, welche objektiv unrichtig ist, als solche dem Versicherer weitergibt, d. h. zu erkennen gibt, daß er lediglich eine erhaltene Mitteilung anzeigt, ohne sich den Inhalt derselben zu eigen zu machen, z. B. durch Hinzusetzen der Worte: „laut Brief vom . . .“ oder „laut erhaltener Nachricht“ (RG. Bd. 43 Nr. 35). Wenn aber der Versicherungsnehmer die Nachricht anzeigt, obwohl er weiß, daß sie unrichtig ist, und es sich um einen erheblichen Umstand handelt, so liegt eine Verletzung der Anzeigepflicht vor. Das Gleiche gilt, wenn er infolge von ihm bekannten Umständen annehmen muß, daß die Nachricht unrichtig ist und dem Versicherer hiervon keine Mitteilung macht (HGZ. 1872 Nr. 6).

Anm. 3. **Rücktrittsrecht des Versicherers.**

Die unrichtige Anzeige eines erheblichen Umstandes berechtigt den Versicherer, vom Vertrage zurückzutreten. Der Rücktritt ist jedoch in zwei Fällen ausgeschlossen:

1. Wenn der Versicherer die Unrichtigkeit kannte (vgl. Anm. 3 zu § 808).
2. Wenn die Anzeige ohne Verschulden unrichtig gemacht worden ist. Ein Verschulden liegt dann nicht vor, wenn der Anzeigende ohne Verletzung der im Verkehr erforderlichen Sorgfalt annehmen durfte, daß der angezeigte Umstand der Wahrheit entspricht (vgl. Anm. 4c zu § 808).

Anm. 4. **Die Beweislast.**

Da die Unrichtigkeit der Anzeige die Voraussetzung für das Rücktrittsrecht des Versicherers ist, muß dieser die Unrichtigkeit beweisen (Gerhard S. 102, a. M. Voigt S. 177). Dagegen liegt dem Versicherten der Beweis ob, daß entweder der Versicherer die Unrichtigkeit bei Unterzeichnung der Police gekannt habe, oder daß ihm ein Verschulden nicht zur Last fällt.

§ 810.

(In der Fassung des Gesetzes vom 30. Mai 1908.)

Liegen die Voraussetzungen, unter denen der Versicherer zum Rücktritte berechtigt ist, in Ansehung eines Teiles der Gegenstände vor, auf welche sich die Versicherung bezieht, so steht dem Versicherer das Recht des Rücktritts für den übrigen Teil nur zu, wenn anzunehmen ist, daß für diesen allein der Versicherer den Vertrag unter den gleichen Bestimmungen nicht geschlossen haben würde.

Voigt § 33, Prot. S. 3150—3152, 4314.

Sind mehrere Gegenstände oder mehrere Interessen oder ist eine Gesamtheit von Gegenständen versichert, so ist der Vertrag in der Regel teilbar. Eine Verschweigung eines erheblichen Umstandes oder eine unrichtige Anzeige bezüglich eines Teiles der versicherten Gegenstände oder Interessen soll den Versicherer zum Rücktritt nur bezüglich dieses Teiles berechtigen. Sind z. B. von 1000 versicherten Ballen 100 mit Wissen des Versicherten auf Deck verladen, ohne daß dieser Umstand angezeigt ist, so soll der Versicherer nur bezüglich der 100 Ballen zum Rücktritt berechtigt sein (Prot. S. 3151). Würde aber die Decladung die Sicherheit des Schiffes gefährden, so würde die Verletzung der Anzeigepflicht die gesamte Ladung betreffen und daher den Versicherer zum Rücktritt vom ganzen Vertrage berechtigen. Der Versicherer ist ferner zum Rücktritt vom ganzen Vertrage berechtigt, wenn er beweist, daß er für den von der Verletzung der Anzeigepflicht oder der unrichtigen Anzeige nicht betroffenen Teil der versicherten Gegenstände allein den Vertrag unter den gleichen Bedingungen nicht geschlossen haben würde. Die Gründe, welche ihn vom Abschluß des Vertrages abgehalten hätten, müssen wie sich aus den Worten „wenn anzunehmen ist“ ergibt, objektiv berechtigt sein.

§ 811.

(In der Fassung des Gesetzes vom 30. Mai 1908.)

Der Rücktritt kann nur innerhalb einer Woche erfolgen. Die Frist beginnt mit dem Zeitpunkt, in welchem der Versicherer von der Verletzung der Anzeigepflicht Kenntnis erlangt.

Der Rücktritt erfolgt durch Erklärung gegenüber dem Versicherungsnehmer. Tritt der Versicherer zurück, so gebührt ihm gleichwohl die ganze Prämie; die empfangene Entschädigungssumme ist zurückzugewähren, und von der Zeit des Empfanges an zu verzinsen.

Tritt der Versicherer zurück, nachdem ein Unfall, für den der Versicherer haftet, eingetreten ist, so bleibt die Verpflichtung des Versicherers zur Zahlung der Entschädigung bestehen, wenn der Umstand, in Ansehung dessen die Anzeigepflicht verletzt ist, keinen Einfluß auf den Eintritt des Versicherungsfalls und auf den Umfang der Leistung des Versicherers gehabt hat.

Rücktrittsfrist.

Der Rücktritt kann nur innerhalb einer Woche erfolgen, d. h. er kann nicht mehr erklärt werden, wenn eine Woche verstrichen ist, nachdem der Versicherer von der Verletzung der Anzeigepflicht Kenntnis erlangt hat. Ist der Rücktritt innerhalb dieser Frist nicht erklärt, so ist der Versicherer trotz der Verletzung der Anzeigepflicht an den Vertrag gebunden. Aus dem Wortlaut des Gesetzes ist aber noch ein weiteres zu entnehmen: der Versicherer kann innerhalb dieser Frist jederzeit zurücktreten, d. h. er ist nicht verpflichtet den Rücktritt unverzüglich zu erklären, nachdem er von der Verletzung der Anzeigepflicht Kenntnis erhalten hat. Die Umstände des Falles können so liegen, daß der Versicherte, wenn der Rücktritt unverzüglich erklärt wäre, mit geringer Prämienerhöhung eine andere Versicherung hätte schließen können, während ihm dies nicht möglich ist, wenn der Versicherer einige Tage mit der Rücktrittserklärung wartet, weil z. B. inzwischen die Nachricht von einem Unfall eingetroffen ist. Allein das Gesetz verpflichtet den Versicherer nicht, den Rücktritt unverzüglich zu erklären, sondern gibt ihm eine Woche Bedenkzeit, welche er einerseits voll ausnutzen, andererseits nicht überschreiten darf. Abgesehen hiervon kann das Rücktrittsrecht jederzeit, auch nach Abwickelung des Versicherungsverhältnisses ausgeübt werden. Anm. 1.

Die Frist beginnt mit dem Zeitpunkt, in welchem der Versicherer von der Verletzung der Anzeigepflicht Kenntnis erlangt. Erforderlich ist positive Kenntnis; es genügt nicht, daß dem Versicherer Tatsachen bekannt werden, welche eine Verletzung der Anzeigepflicht vermuten lassen oder wahrscheinlich machen (Gerhard S. 111 Anm. 3). Die Frist beginnt mit dem Tage, welcher auf denjenigen folgt, an welchem der Versicherer die Kenntnis erhalten hat (BGB. § 187). Anm. 2.

Der Rücktritt erfolgt durch Erklärung gegenüber dem Versicherungsnehmer. Es ist erforderlich, aber auch genügend, wenn sich aus der Erklärung ergibt, daß der Versicherer vom Vertrage zurücktritt. Die Erklärung muß innerhalb der einwöchentlichen Frist dem Versicherungsnehmer zugegangen sein (BGB. § 130). Ist der Versicherungsnehmer geschäftsunfähig oder in der Geschäftsfähigkeit beschränkt, so findet BGB. § 131 Anwendung. Ist der Versicherungsnehmer gestorben, so ist der Rücktritt sämtlichen Erben gegenüber zu erklären (vgl. Gerhard S. 110). Anm. 3.

Wirkung des Rücktritts. Anm. 4.

a) **Vor Eintritt eines Unfalls:**

Der Versicherer hat Anspruch auf die ganze Prämie, welche ihm nach dem Vertrage zukommt.

§ 811 a. b) **Nach Eintritt eines Unfalls:**

Der Versicherer hat Anspruch auf die volle Prämie und, wenn er einen Schaden bezahlt hat, auf Rückzahlung nebst Zinsen seit dem Empfang. Der Versicherer ist aber trotz des Rücktritts zur Entschädigung verpflichtet, wenn der Umstand, in Ansehung dessen die Anzeigepflicht verletzt ist, keinen Einfluß auf den Eintritt des Versicherungsfalles und auf den Umfang der Leistung des Versicherers gehabt hat. Der Versicherte muß beweisen, daß zwischen dem Unfall und der Höhe der Entschädigung einerseits und dem nicht oder unrichtig angezeigten Umstand andrerseits kein Kausalzusammenhang besteht. Gelingt dieser Beweis, so betrifft der Rücktritt den bereits eingetretenen Schaden nicht, bleibt aber von Bedeutung für die später sich ereignenden Unfälle. Maßgebend ist der Zeitpunkt, in welchem der Unfall eingetreten ist, nicht der Zeitpunkt, in welchem er zur Kenntnis der Parteien gelangt. Es ist daher festzustellen, ob der Unfall vor oder nach dem Zeitpunkt eingetreten ist, in welchem die Rücktrittserklärung dem Versicherungsnehmer zugegangen ist. Die Vorschrift des Abs. 3 gilt auch, wenn der Versicherer die Entschädigungssumme bereits bezahlt hat.

§ 811 a.

(In der Fassung des Gesetzes vom 30. Mai 1908.)

Ist die Anzeigepflicht verletzt worden, das Rücktrittsrecht des Versicherers aber ausgeschlossen, weil dem anderen Teile ein Verschulden nicht zur Last fällt, so kann der Versicherer, falls mit Rücksicht auf die höhere Gefahr eine höhere Prämie angemessen ist, die höhere Prämie verlangen. Das Gleiche gilt, wenn bei der Schließung des Vertrags ein für die Übernahme der Gefahr erheblicher Umstand dem Versicherer nicht angezeigt worden ist, weil er dem anderen Teile nicht bekannt war.

Der Anspruch auf die höhere Prämie erlischt, wenn er nicht innerhalb einer Woche von dem Zeitpunkt an geltend gemacht wird, in welchem der Versicherer von der Verletzung der Anzeigepflicht oder von dem nicht angezeigten Umstande Kenntnis erlangt.

Anm. 1. **Prämienerhöhung im Falle der Verletzung der Anzeigepflicht.**

Ist die Anzeigepflicht verletzt, d. h. hat der Versicherungsnehmer einen ihm oder den in § 806 Abs. 2, § 807 genannten Personen bekannten erheblichen Umstand bei Abschluß des Vertrages nicht angezeigt oder über einen erheblichen Umstand eine unrichtige Anzeige gemacht, und tritt der Versicherer infolgedessen vom Vertrage zurück, so gebührt ihm die volle vertragsmäßige Prämie. Ist aber sein Rücktrittsrecht ausgeschlossen, weil dem anderen Teile ein Verschulden nicht zur Last fällt, so kann er eine höhere Prämie verlangen und zwar diejenige Prämie, welche mit Rücksicht auf die höhere Gefahr angemessen ist; über die Angemessenheit haben im Streitfalle Sachverständige zu entscheiden.

Anm. 2. Der Versicherer hat Anspruch auf eine höhere Prämie auch dann, wenn zwar die Anzeigepflicht nicht verletzt ist, aber ein erheblicher Umstand deshalb nicht angezeigt ist, weil er dem anderen Teile nicht bekannt war. Diese Bestimmung enthält eine tief eingreifende Neuerung. Der aleatorischen Natur des Versicherungsvertrages entsprechend übernimmt der Versicherer die Gefahr des versicherten Gegenstandes und bemißt die Prämie auf Grund dessen, was ihm vom Versicherungsnehmer mitgeteilt wird, sowie auf Grund der erfahrungsgemäß mit dem versicherten Unternehmen verbundenen Gefahren: er übernimmt damit auch die Gefahr, daß tatsächlich gefahrerhöhende Umstände vorliegen, von denen die Parteien keine Kenntnis haben. Es war nach bisherigem Recht nicht zweifelhaft, daß die Gefahrübernahme derartiger erheblicher aber unbekannter Umstände durch die vereinbarte Prämie mit entgolten war. Nach § 811a ist jedoch der Versicherer befugt, jedesmal wenn sich aus dem wirklichen Sachverhalt das Vorhandensein derartiger Umstände ergibt, eine Erhöhung der Prämie zu verlangen; es ist

z. B. bei Abschluß einer Cascoversicherung nicht bekannt, daß das Schiff gestrandet ist; der Versicherer ist zwar verpflichtet, den durch die Strandung verursachten Schaden zu ersetzen (§ 785), er kann aber Erhöhung der Prämie auf den Betrag fordern, welcher angemessen wäre, falls die Strandung bei Abschluß des Vertrages angezeigt wäre. Satz 2 des Abs. 1 handelt nur von dem Falle, daß ein erheblicher Umstand nicht angezeigt ist, nicht auch von dem Fall, daß ein Umstand unrichtig angezeigt ist und die Unrichtigkeit dem Versicherungsnehmer nicht bekannt war. Die Mitberücksichtigung dieses Falles bei Gerhard S. 185 Anm. 3 ist offenbar unrichtig. § 811 b. § 812.

Der Anspruch auf die höhere Prämie muß innerhalb einer Woche von dem Zeitpunkt an geltend gemacht werden, in welchem der Versicherer von der Verletzung der Anzeigepflicht oder von dem nicht angezeigten Umstand Kenntnis erlangt. Nach Ablauf der Frist ist der Anspruch ausgeschlossen. Die Berechnung der Frist erfolgt gemäß BGB. §§ 187, 188. Anm. 3.

§ 811 b.

(In der Fassung des Gesetzes vom 30. Mai 1908.)

Das Recht des Versicherers, den Vertrag wegen arglistiger Täuschung anzufechten, bleibt unberührt.

Die Anfechtung wegen arglistiger Täuschung ist insbesondere in den Fällen von Bedeutung, wo der Rücktritt wegen Ablaufs der einwöchigen Frist ausgeschlossen ist, oder wo der Versicherer gemäß § 811 Abs. 3 trotz des Rücktritts haftet. Für die Anfechtung wegen arglistiger Täuschung gelten die Vorschriften des BGB. §§ 123, 124, 142—144. Der Versicherer muß beweisen, daß eine arglistige Täuschung vorliegt und daß er durch die Täuschung zum Vertragsabschluß bestimmt ist. Die Anfechtung muß binnen Jahresfrist erfolgen; die Frist beginnt mit dem Zeitpunkt, in welchem der Versicherer die Täuschung entdeckt. Anm. 1.

Dem Versicherer steht nicht das Recht zu, den Vertrag wegen Irrtums über den Umfang der Gefahr anzufechten, während im übrigen eine Anfechtung wegen Irrtums über andere als Gefahrumstände nicht ausgeschlossen ist (Gerhard S. 114 Anm. 1). Anm. 2.

Dritter Titel.

Verpflichtungen des Versicherten aus dem Versicherungsvertrage.

§ 812.

(In der Fassung des Gesetzes vom 30. Mai 1908.)

Die Prämie ist, sofern nicht ein Anderes vereinbart ist, sofort nach dem Abschlusse der Vertrags und, wenn eine Police verlangt wird, gegen Auslieferung der Police zu zahlen.

Zur Zahlung der Prämie ist der Versicherungsnehmer verpflichtet.

Voigt § 59, Prot. S. 3162—3173, 4315—4316, 4420.

Vorbemerkung.

Den Parteien steht es frei, außer den im dritten Titel behandelten gesetzlichen Verpflichtungen des Versicherten noch andere vertragsmäßig festzusetzen. Von dem Vertrage hängt es ab, ob die Erfüllung der besonderen Verpflichtungen Voraussetzung der Haftbarkeit des Versicherers ist. Ist z. B. vereinbart, daß ein bestimmter Teil des Versicherungswertes unversichert bleiben solle, so kann der Versicherer auf Grund des Vertrages nicht in Anspruch genommen werden, wenn der Versicherte mehr als vereinbart versichert hat (HGZ. 1897 Nr. 8). Anm. 1.

§ 812. **Fälligkeit der Prämie.**

Anm. 2. Die Prämie ist in der Regel sofort nach Abschluß des Vertrages, und wenn eine Police ausgestellt wird, Zug um Zug gegen Aushändigung der Police fällig. Dies gilt jedoch nur, sofern nicht ein Anderes vereinbart ist. Andere Vereinbarungen werden vielfach getroffen, z. B. Verrechnung der Prämien im Kontokorrent, Zahlung der Prämie auf Grund von Deklarationen bei laufender Güterversicherung. Bei Zeitversicherungen wird meist vierteljährliche Zahlung der Prämie vereinbart; dann ist im Falle eines Totalverlusts keine Prämie für die Zeit nach dem Vierteljahr zu bezahlen, in welchem der Totalverlust eintrat; andrerseits ist die Prämie nicht nur pro rata temporis bis zum Datum des Totalverlusts, sondern bis zum Ende des betreffenden Vierteljahrs zu bezahlen (HGZ. 1886 Nr. 7). Ist vereinbart, daß bei Veränderungen der Reise die Versicherung gegen nach Billigkeit zu regulierende Prämie in Kraft bleiben soll, so enthält diese Vereinbarung nicht ein pactum de contrahendo, sondern einen fest abgeschlossenen Versicherungsvertrag; die Prämie ist naturgemäß erst zu bezahlen, nachdem die Veränderung der Reise feststeht und die Höhe der Prämie durch Vereinbarung, eventuell durch Gutachten Sachverständiger festgestellt ist. Vereinbarungen über die Zeit der Zahlung der Prämie können ausdrücklich oder stillschweigend getroffen werden; eine stillschweigende Vereinbarung wird unter Umständen aus der Art der bisherigen Geschäftsverbindung der Parteien entnommen werden können. Liegt eine ausdrückliche oder stillschweigende Vereinbarung nicht vor, so kann ein allgemeiner Brauch viertel- oder halbjährlicher Prämienzahlung dem Anspruch des Versicherers auf sofortige Bezahlung nicht entgegengehalten werden.

Anm. 3. **Der Schuldner der Prämie.**

1. Hat der Versicherte selbst die Versicherung genommen (Versicherung für eigene Rechnung), so kommt er allein für die Bezahlung der Prämie in Frage.
2. Ist die Versicherung durch einen Versicherungsnehmer genommen, so kann sich der Versicherer wegen der Prämie nur an ihn halten. Nach bisherigem Recht konnte der Versicherer, wenn der Versicherungsnehmer zahlungsunfähig geworden war und die Prämie von dem Versicherten noch nicht erhalten hatte, den Versicherten auf Zahlung der Prämie in Anspruch nehmen. Diese Vorschrift ist durch das Gesetz vom 30. Mai 1908 beseitigt und es gilt folgendes: Ereignet sich kein Schaden, so hat der Versicherer bezüglich der Prämie nur Anspruch auf die Konkursdividende. Hat dagegen der Versicherer einen Schaden zu ersetzen, so kann er gegen die Forderung des Versicherten seine Prämienforderung aufrechnen. Dies gilt auch dann, wenn der Versicherte die Prämie dem Versicherungsnehmer bereits bezahlt hatte (vgl. § 890; a. M. Makower S. 548 Anm. 3b).
3. Ist die Versicherung im Auftrage und im Namen des Versicherten geschlossen, so ist nur der Versicherte zur Zahlung der Prämie verpflichtet.

Anm. 4. Ist der Versicherungsnehmer mit der Zahlung der Prämie im Verzuge, so kann der Versicherer ihm gemäß BGB. § 326 zur Bewirkung der Zahlung eine angemessene Frist mit der Erklärung bestimmen, daß er die Annahme der Zahlung nach dem Ablaufe der Frist ablehne; nach dem Ablauf der Frist kann er vom Vertrage zurücktreten, wenn nicht die Bezahlung rechtzeitig erfolgt. Durch den Rücktritt erlischt das durch den Vertrag begründete Schuldverhältnis; die Parteien sind verpflichtet die etwa empfangenen Leistungen zurückzugewähren. Ist der Rücktritt erfolgt, so haftet der Versicherer auch für solche Unfälle nicht, welche vor Ablauf der Frist eingetreten sind (a. M. Gerhard S. 166 Anm. 2). Bei Zeitversicherungen bezieht sich der Rücktritt nicht auf die Zeit, für welche die Prämie bezahlt ist; denn insoweit ist der Vertrag vom Versicherten erfüllt und vom ganzen als losgelöst zu betrachten.

§ 813.

Wird statt der versicherten Reise, bevor die Gefahr für den Versicherer zu laufen begonnen hat, eine andere Reise angetreten, so ist der Versicherer bei der Versicherung von Schiff und Fracht von jeder Haftung frei, bei anderen Versicherungen trägt er die Gefahr für die andere Reise nur dann, wenn die Veränderung der Reise weder von dem Versicherten noch in dessen Auftrag oder mit dessen Zustimmung bewirkt ist.

Wird die versicherte Reise verändert, nachdem die Gefahr für den Versicherer zu laufen begonnen hat, so haftet der Versicherer nicht für die nach der Veränderung der Reise eintretenden Unfälle. Er haftet jedoch für diese Unfälle, wenn die Veränderung weder von dem Versicherten noch in dessen Auftrag oder mit dessen Zustimmung bewirkt oder wenn sie durch einen Notfall verursacht ist, es sei denn, daß sich der Notfall auf eine Gefahr gründet, die der Versicherer nicht zu tragen hat.

Die Reise ist verändert, sobald der Entschluß, sie nach einem anderen Bestimmungshafen zu richten, zur Ausführung gebracht wird, sollten sich auch die Wege nach beiden Bestimmungshäfen noch nicht geschieden haben. Diese Vorschrift gilt sowohl für die Fälle des Abs. 1 als für die Fälle des Abs. 2.

Voigt S. 306, Prot. S. 3182—3186, 3244—3245, 4317—4320.

Veränderung der Reise. Anm. 1.

§ 813 behandelt die Veränderung der versicherten Reise. Die Folgen der Veränderung sind verschieden, je nachdem die Reise vor Beginn der Gefahr (Abs. 1) oder nach deren Beginn (Abs. 2) verändert wird; Abs. 3 bestimmt den Zeitpunkt, in welchem die Reise verändert ist.

Eine Veränderung der versicherten Reise liegt vor, wenn sie von einem anderen als dem bedungenen Abgangshafen aus angetreten (RG. Bd. 4 Nr. 4) oder nach einem anderen Bestimmungsort gerichtet wird (RG. Bd. 48 Nr. 5). Von einer Veränderung der Reise ist der Fall scharf zu unterscheiden, daß von dem der versicherten Reise entsprechenden Wege abgewichen wird (§ 814). Von einer Veränderung der Reise ist ferner der Fall zu unterscheiden, daß sie unterwegs aufgegeben wird (§ 828).

Schließlich finden die Vorschriften des § 813 dann keine Anwendung, wenn die Reise so ausgeführt wird, wie es dem Versicherten gegenüber bedungen war, dieser aber die Reise dem Versicherer gegenüber unrichtig angegeben hatte (ROHG. Bd. 8 Nr. 57). Im letzteren Falle ist der Vertrag über das wirklich zu laufende Risiko nicht zu stande gekommen; der Versicherer haftet aber, wenn er bei Unterzeichnung der Police weiß, welche Reise ausgeführt werden soll (ROHG. aaO.).

I. **Veränderung der Reise vor Beginn der Gefahr.** Anm. 2.

Der Beginn der Gefahr ergibt sich aus §§ 823—826. Die Folgen der Veränderung der Reise vor Gefahrbeginn werden vom Gesetz gesondert, je nachdem es sich um Versicherungen von Schiff und Fracht oder um andere Versicherungen handelt: bei den ersteren ist der Versicherer von jeder Haftung frei, bei den letzteren trägt er die Gefahr der anderen Reise, wenn die Veränderung weder von dem Versicherten noch in dessen Auftrag oder mit dessen Zustimmung bewirkt ist. Mit Recht weist Voigt (S. 317) darauf hin, daß trotz dieser äußerlich verschiedenen Behandlung der in Abs. 1 genannten Fälle ein prinzipieller Unterschied nicht besteht. Der beiden Bestimmungen des Abs. 1 zu Grunde liegende Gedanke ist, daß die Haftung des Versicherers wegfällt, wenn die Reise durch den Versicherten oder dessen Vertreter

§ 813. oder im Auftrage oder mit Zustimmung einer dieser Personen verändert wird. Wird bei einer Versicherung von Schiff oder Fracht, wobei nur an den Regelfall der vom Reeder genommenen Frachtversicherung gedacht ist, die Reise vor Beginn der Gefahr vom Schiffer geändert, so handelt dieser als geschäftlicher (administrativer) Vertreter (vgl. Anm. 16 zu § 820) des Reeders. Daß eine Veränderung der Reise die Haftung des Versicherers beseitigt, ergibt sich daraus, daß, wenn eine bestimmte Reise, z. B. Hamburg—New-York, versichert ist, eben nur diese und nicht eine beliebige andere, z. B. Hamburg—Philadelphia versichert ist. Ob die Gefahr der anderen Reise größer oder geringer ist, ist gleichgültig.

Anm. 3. **Bei Versicherung von Schiff und Fracht** ist der Versicherer von jeder Haftung frei. Zu den Schiffsversicherungen gehören Versicherungen auf behaltene Ankunft des Schiffes nur, wenn sie vom Reeder genommen werden, nicht z. B. die von einem Vorschußgeber genommene Versicherung. Ob zu den Frachtversicherungen auch alle Versicherungen von Frachtvorschuß zu rechnen sind, ist sehr zweifelhaft. Nach diesseits vertretener Anschauung (vgl. Anm. 9 zu § 779) ist vorausbezahlte Konnossementsfracht immer, Charterfracht unter Umständen nicht als Fracht sondern als Güterinteresse zu behandeln, so daß eine Veränderung der Reise dem Versicherten nur dann präjudizieren würde, wenn die Veränderung weder von dem Versicherten oder seinem Vertreter noch in deren Auftrag oder mit deren Zustimmung bewirkt ist.

Anm. 4. **Bei anderen Versicherungen** trägt der Versicherer die Gefahr für die andere Reise nur dann, wenn die Veränderung der Reise weder von dem Versicherten noch in dessen Auftrag oder mit dessen Zustimmung bewirkt ist; den Handlungen des Versicherten stehen diejenigen seines Vertreters gleich. Zu diesen anderen Versicherungen gehört auch die Versicherung von Schiffsmiete (Anm. 6 zu § 779). Eine Zustimmung des Versicherten kann auch stillschweigend erfolgen; sie würde z. B. vorliegen, wenn der Versicherte von der Absicht des Schiffers, die Reise zu verändern, Kenntnis hätte und es geschehen ließe, ohne dagegen Einspruch zu erheben. Dagegen würde keine Zustimmung darin zu erblicken sein, daß der Versicherte nach Veränderung der Reise seine Dispositionen der vollendeten Tatsache entsprechend trifft; nur darf er nicht denjenigen, welcher ihm für die Veränderung verantwortlich ist, aus seiner Haftpflicht entlassen (Voigt S. 323).

Anm. 5. II. **Veränderung der Reise nach Beginn der Gefahr.**

Wird die Reise verändert, d. h. nach einem anderen Bestimmungshafen gerichtet, nachdem die Gefahr zu laufen begonnen hatte, so haftet der Versicherer für alle Unfälle, welche sich ereignen, bevor die Reise verändert wird; dagegen haftet er in der Regel nicht für die nach diesem Zeitpunkt sich ereignenden Unfälle. Dies gilt gleichmäßig für alle Versicherungen. In zwei Fällen haftet jedoch der Versicherer, auch nachdem die Reise verändert ist:

1. wenn die Veränderung weder von dem Versicherten noch in dessen Auftrag oder mit dessen Zustimmung bewirkt ist; den Handlungen des Versicherten stehen diejenigen seines Vertreters gleich;
2. wenn die Veränderung durch einen Notfall verursacht ist, es sei denn, daß sich der Notfall auf eine Gefahr gründet, die der Versicherer nicht zu tragen hat. Unter Notfall ist ein Ereignis zu verstehen, das durch die zu Gebote stehenden Kräfte nicht abgewendet werden konnte und notwendig zur Veränderung der Reise geführt hat.

Anm. 6. **Beweislast.**

Steht die Veränderung der Reise fest, so hat der Versicherte zu beweisen, daß entweder der Unfall sich vor Veränderung der Reise ereignet hat, oder daß die Veränderung weder von ihm noch in seinem Auftrag oder mit seiner Zustimmung bewirkt ist, oder daß sie durch einen Notfall verursacht ist; im letzteren Falle liegt dem Versicherer der Beweis ob, daß der Notfall sich auf eine Gefahr gründet, welche er nicht zu tragen hat.

Anm. 7. **Wann ist die Reise verändert?**

Die Reise ist verändert, sobald der Entschluß, sie nach einem anderen Bestimmungshafen zu richten, zur Ausführung gebracht wird, sollten sich auch die Wege nach beiden Bestimmungshäfen noch nicht geschieden haben. Es genügt daher nicht, daß der Schiffer den Entschluß gefaßt hat, die Reise zu verändern; dieser Entschluß muß auch zur Ausführung gebracht, d. h. durch eine entsprechende Handlung, z. B. Ausklarierung, äußerlich in die Erscheinung getreten sein. Andererseits ist nicht erforderlich, daß die Wege der beiden Reisen sich schon geschieden haben; ist z. B. ein Reise von Hamburg nach London versichert und wird das Schiff nach Liverpool ausklariert, so haftet der Versicherer nicht für einen auf der Elbe erlittenen Unfall, auch wenn erwiesen werden könnte, daß er sich ebenso ereignet hätte, wenn das Schiff nach London gefahren wäre. §814.

Abweichende Vereinbarungen. Anm. 8.

Häufig finden sich in Policen Klauseln, wonach dem Versicherten Veränderungen der Reise oder eine andere Bestimmung des Schiffes gegen Prämienregulierung nach Billigkeit gestattet sein sollen. Es steht alsdann dem Versicherten frei, nach Belieben einen anderen Abgangsort oder Bestimmungshafen zu wählen (HGZ. 1887 Nr. 52). Ist aber ein anderer Bestimmungshafen gewählt und angelaufen, so ist die Gefahr für den Versicherer beendet und eine von da aus angetretene neue Reise ist nicht mehr gedeckt. Beispiel: Ein Schiff war versichert von Montevideo in Ballast $\frac{\text{und}}{\text{oder}}$ mit Ladung nach Valparaiso oder einem südlicheren Hafen Chiles mit Erlaubnis, beliebige Plätze in und außer der Route anzulaufen; andere Bestimmung des Schiffs war gegen Prämienregulierung nach Billigkeit mitgedeckt. Das Schiff fuhr zunächst nach Coronel in Chile, wo der Kapitän eine Kohlenladung nach Valparaiso zu finden hoffte. Da er die erwartete Ladung nicht fand, fuhr er nach San Antonio (in Chile südlich von Valparaiso), von wo er eine Ladung Gerste nach Iquique erhalten hatte. Das Schiff ging auf der Reise von San Antonio nach Iquique unter. Für diesen Verlust war der Versicherer nicht verantwortlich, da als Bestimmungshafen anstatt Valparaiso San Antonio gewählt und das Risiko hier für den Versicherer beendet war (RG. Bd. 13 Nr. 24). Weitergehend ist ein Erkenntnis des RG. (HGZ. 1908 Nr. 117), wonach selbst wenn das Schiff den gewählten Bestimmungshafen erreicht hat, eine Änderung des Bestimmungshafens noch erfolgen kann, solange nicht die Ladung an die Destinatäre ausgeliefert und damit der Frachtvertrag erfüllt ist. Es handelte sich um eine Cascoversicherung von Bristol nach Callao und zurück nach einem oder mehreren Plätzen des United Kingdom oder des Kontinents zwischen Bordeaux und Hamburg. Dem Schiff wurde unterwegs als Bestimmungshafen Havre aufgegeben. Dort wurde die ganze Ladung gelöscht, aber vor Beendigung der Löschung die Wiedereinladung und Weiterbeförderung eines Teiles der Ladung nach Hamburg von den Empfängern verlangt. Das Schiff erlitt auf der Weiterreise Havarie. Nach der vom RG. mißbilligten Auffassung des OLG. (HGZ. 1907 Nr. 82) ging die Weiterreise auch dann auf Gefahr des Versicherers, wenn der betreffende Teil der Ladung den Empfängern bereits ausgeliefert wäre, diese aber die Weiterbeförderung angeordnet hätten, bevor die Löschung der gesamten Ladung beendet war.

§ 814.

Wenn von dem Versicherten oder in dessen Auftrag oder mit dessen Zustimmung der Antritt oder die Vollendung der Reise ungebührlich verzögert, von dem der versicherten Reise entsprechenden Wege abgewichen oder ein Hafen angelaufen wird, dessen Angehung als in der versicherten Reise begriffen nicht erachtet werden kann, oder wenn der Versicherte in anderer Weise eine Vergrößerung oder Veränderung der Gefahr veranlaßt, namentlich eine in dieser Beziehung erteilte besondere Zusage nicht erfüllt, so haftet der Versicherer nicht für die später sich ereignenden Unfälle.

Diese Wirkung tritt jedoch nicht ein:

1. wenn anzunehmen ist, daß die Vergrößerung oder Veränderung der Gefahr keinen Einfluß auf den späteren Unfall hat üben können;

§ 814. 2. wenn die Vergrößerung oder Veränderung der Gefahr, nachdem die Gefahr für den Versicherer bereits zu laufen begonnen hat, durch einen Notfall verursacht ist, es sei denn, daß sich der Notfall auf eine Gefahr gründet, die der Versicherer nicht zu tragen hat;

3. wenn der Schiffer zu der Abweichung von dem Wege durch das Gebot der Menschlichkeit genötigt worden ist.

Voigt S. 306, Prot. S. 3173—3181, 3186—3191, 3245—3246.

Anm. 1. Der dem Paragraphen zu Grunde liegende Gedanke ist, daß eine Vergrößerung oder Veränderung der Gefahr durch den Versicherten nicht herbeigeführt werden darf und daß, wenn es doch geschieht, es so angesehen werden soll, als habe der Versicherte die Gefahr selbst übernommen (RG. Bd. 3 Nr. 41). Als eine Vergrößerung oder Veränderung der Gefahr sollen insbesondere angesehen werden:

Anm. 2. 1. **Die ungebührliche Verzögerung des Antritts oder der Vollendung der Reise.**

Nur eine ungebührliche Verzögerung beeinflußt die Haftpflicht des Versicherers. Eine Verzögerung ist ungebührlich, wenn sie erheblich (HGZ. 1882 Nr. 99) und nicht gerechtfertigt ist (Prot. S. 3187, HGZ. 1889 Nr. 46). Ob eine Verzögerung erheblich ist, hängt von den Umständen des einzelnen Falles ab. Bei Segelschiffen sind weniger strenge Grundsätze anzuwenden als bei Dampfschiffen; bei Segelschiffen sind Wind- und Witterungsverhältnisse zu berücksichtigen und für Waren, welche in Segelschiffen verladen werden, wird in der Regel keine schleunige Beförderung verlangt; z. B. wurde die Verzögerung der Abfahrt eines Segelschiffs um drei Monate nicht für ungebührlich gehalten (HGZ. 1889 Nr. 3). Ungebührlich ist eine Verzögerung auch nur, wenn dadurch die versicherte Gefahr vergrößert oder verändert wird. Ist daher in der Police bestimmt, daß „sonstige Veränderungen des Risikos gegen Prämienregulierung nach Billigkeit gedeckt sein sollen", so ist auch jede Verzögerung der Reise gestattet und daher, auch wenn sie erheblich ist, mit gedeckt (RG. Bd. 13 Nr. 24, HGZ. 1879 Nr. 103).

Das Gleiche gilt, wenn vereinbart ist, daß gänzliche Veränderung der versicherten Reise nicht präjudizieren solle; denn aus dieser Vereinbarung ist die Absicht der Parteien zu entnehmen, daß auch eine im übrigen nicht gerechtfertigte und erhebliche Verzögerung gestattet sein soll (RG. Bd. 3 Nr. 41). Eine erhebliche Verzögerung präjudiziert nicht, wenn sie gerechtfertigt ist; sind z. B. Güter für einen kombinierten See- und Landtransport versichert und findet auf dem Landtransport eine erhebliche Verzögerung infolge der Unpassierbarkeit der Wege statt, so ist die Verzögerung nicht ungebührlich (HGZ. 1882 Nr. 99).

Anm. 3. 2. **Abweichung von dem der versicherten Reise entsprechenden Wege und Anlaufen eines Hafens, dessen Angehung als in der versicherten Reise begriffen nicht erachtet werden kann.**

Der Versicherte hat die versicherte Reise in der üblichen, den Schiffahrtsverhältnissen entsprechenden Weise auszuführen. Er darf daher von dem üblichen Wege nicht abweichen, insbesondere nicht Häfen anlaufen, deren Angehung auf der versicherten Reise nicht üblich ist. Dies gilt jedoch nur, wenn im Vertrage nichts besonderes ausgemacht ist. Vielfach, insbesondere bei Versicherungen von Gütern, welche mit durchgehenden Konnossementen verladen werden, finden sich in Policen Klauseln, wonach dem Versicherten Abweichungen von der versicherten Reise, Abänderungen der Reise oder der Beladungsweise (HGZ. 1909 Nr. 128) gegen nach Billigkeit zu regulierende Prämie, Anlaufen bestimmter oder beliebiger Häfen in oder auch außer der Route gestattet werden. Ist das Anlaufen eines oder mehrerer Zwischenhäfen gestattet, so hängt es von der Absicht der Parteien im Einzelfall ab, ob der Versicherte gehalten ist, die in der Police angegebene Reihenfolge der Häfen innezuhalten oder ob er die Reihenfolge ändern resp. einzelne Häfen überschlagen darf (Prot. S. 3190), vgl. HGB. §§ 832, 833. Die Klausel „direkt oder indirekt" deckt Abweichungen von der gewöhnlichen Route sowie das Anlaufen von Zwischenhäfen auf der Route. In einem HGZ. 1888 Nr. 75 abgedruckten Falle waren Güter in laufender Police versichert „in Dampf- und Segelschiffen von Häfen Europas direkt oder indirekt nach Arica und weiter zu Lande nach Tacua $\frac{\text{und}}{\text{oder}}$ Mollendo und weiter zu Lande nach Arequipa." Eine auf diese Police deklarierte Partie Waren wurde in ein nach Mollendo bestimmtes Schiff verladen; das Schiff fuhr dann aber nicht nach Mollendo, sondern nach Arica, wo die Güter während der Lagerung beraubt wurden. Das RG. legte der Klausel „direkt oder indirekt" mit Rücksicht darauf, daß es sich um eine laufende Police handelte, nur die Bedeutung bei, „daß die generelle Versicherung sich auch auf indirekte Reisen von Europa nach Arica und Mollendo beziehe, also auch auf Reisen von Schiffen, deren ursprünglicher Bestimmungsort bei ihrem Abgange nicht Arica oder Mollendo, sondern ein anderer Hafenplatz sei, von welchem aus die nach Arica oder Mollendo bestimmten Waren dann dorthin weiter befördert werden sollten. Der Umstand, daß auch eine indirekte Versendung nach Mollendo unter die laufende Police gefallen sein würde, rechtfertige nicht den Schluß, daß eine intendierte direkte Versendung so zu beurteilen sei, als ob sie eine indirekte gewesen sei, und daß das Risiko sich deshalb, falls sie sich später tatsächlich zu einer indirekten gestaltet, hierdurch nicht verändert werde. Die Klausel „direkt oder indirekt" sei daher für von vornherein direkt nach Mollendo bestimmte Schiffe unerheblich". Ist vereinbart, daß das Anlaufen von Häfen nicht präjudizieren solle, so ist der Sinn einer solchen Vereinbarung nur, daß das Anlaufen von Häfen in dem gewöhnlichen Laufe der Reise vom Abgangs- zum Bestimmungsort gestattet sein solle (HGZ. 1872 Nr. 151). § 814.

Zweckreisen. Anm. 4.

Im Gegensatz zu sogenannten Zielreisen z. B. Hamburg—New-York stehen solche Reisen, bei denen das versicherte Schiff näher bezeichnete Meeresteile für einen bestimmten Zweck, z. B. für den Fischfang, für Perlenfischerei, für wissenschaftliche Forschungen usw. befahren soll. Ist ein festbestimmter Bezirk angegeben, so darf das Schiff über diese Grenzen nicht hinausfahren. Innerhalb derselben darf es aber die bezeichneten Meeresgebiete in allen den Teilen berühren, deren Befahren für den bezeichneten Zweck mittelbar oder unmittelbar dienlich ist (HGZ. 1870 Nr. 316); es darf also auch zu diesem Zweck die an dem bezeichneten Meeresgebiet belegenen Häfen anlaufen (ROHG. Bd. 4 Nr. 18). Auch jeder Aufenthalt ist gestattet, welcher für den beabsichtigten Zweck erforderlich oder sachdienlich ist (ROHG. aaO.)

Beispiele:

a) Ein Schiff war versichert von Kiel nördlich England-Schottland dampfend, via Neu-Fundland nach Bermuda von dort nach den Cap Verdischen Inseln, weiter nach Para und direkt zurück nach Kiel, zu dem Zwecke kalte und warme Strömungen des Golfstromes zu verfolgen. Nach glücklicher Ankunft in Para beschloß die Expedition, im Amazonenstromdelta zu fischen. Ca. 40 Seemeilen stromaufwärts erlitt das Schiff Havarie. Die Fahrt in das Delta wurde als unzulässige Deviation angesehen (HGZ. 1892 Nr. 86).

b) In Kopenhagen wurde Versicherung genommen auf ein Schiff mit der Klausel: „das Schiff ist bestimmt für Fischfang in der Nordsee zwischen 50. und 60. nördlichen Breitegrad und bis 8 Grad westlicher Länge. Geht das Schiff außerhalb dieses Umkreises, so bleibt die Versicherung in Kraft mit einer Zulageprämie nach billiger Normierung." Der Versicherer nahm in Hamburg Rückversicherung mit den Klauseln: „Auf Casco, Maschine und Zubehör zu Originalkonditionen. Abweichungen von der Reise $\frac{\text{und}}{\text{oder}}$ sonstige Veränderungen des Risikos sind stillschweigend mitgedeckt gegen eventuelle Prämienregulierung nach Billigkeit. Das Schiff ist für den Fischfang in der Nordsee bestimmt." Das Schiff ging auf einer Fahrt nach Island verloren. Der Klage gegen den Rückversicherer wurde stattgegeben. Durch die Worte: „Abweichungen von der Reise" seien nicht völlig andere Reisegebiete, z. B. ostasiatische oder entfernte europäische Gewässer mitumfaßt. Auch die Fahrt nach Island sei hierdurch ebensowenig wie durch die Worte: „sonstige Veränderungen des Risiko" gedeckt. Unter den letzteren Worten seien überhaupt nicht Abänderungen der Reise oder der räumlichen Grenzen des versicherten Gebiets gemeint, sondern nur Abänderungen des Risikos der Art nach. Die Fahrt nach Island sei aber durch die Originalpolice (unter Berücksichtigung der in Kopen-

§ 814. hagen geltenden Auffassung) gedeckt und daher hafte der Rückversicherer, welcher nach Originalkonditionen versichert habe (HGZ. 1895 Nr. 60 und 114).

Anm. 5. 3. **Vergrößerung oder Veränderung der Gefahr in anderer Weise.**

Unter Veränderung oder Vergrößerung der Gefahr ist jede Handlung oder Unterlassung des Versicherten zu verstehen, wodurch die Gefahr eine größere oder andere wird als der Versicherer bei Abschluß des Vertrages voraussetzen mußte.

Beispiele:

a) RG. Bd. 43 Nr. 1 (HGZ. 1899 Nr. 15): Ein Rheinschlepper war für die Fahrt von der Werft in Elbing nach Rotterdam versichert mit der Zusage, daß die Überführung bei Eröffnung der Schiffahrt in günstiger Witterung erfolgen solle. Bei Beginn der Reise stellte sich heraus, daß das Schiff schlecht steuerte, weshalb Pillau angelaufen und das Ruderblatt vergrößert wurde. Bei der Weiterfahrt brach die Steuerung im Sturm und das Schiff ging verloren. Der Einwand des Versicherers, die Gefahr sei durch Vergrößerung des Ruderblatts vergrößert, wurde verworfen. Zwar sei die Möglichkeit nicht ausgeschlossen, daß infolge der Vergrößerung des Ruderblatts die Steuerung gebrochen sei und infolgedessen der Schiffer einen Nothafen nicht habe anlaufen können; aber der Versicherer habe gewußt, daß es sich um ein Flußschiff handelte, von welchem Seetüchtigkeit auch bezüglich der Steuerung nicht erwartet werden durfte. Für die Fahrt auf Binnengewässern sei durch Vergrößerung des Ruderblatts die Steuerung verbessert; es habe daher eine Vergrößerung der Gefahr nicht stattgefunden.

b) Eine Vergrößerung der Gefahr liegt vor, wenn bei einer Versicherung von Schiff oder Fracht der Versicherte während der Reise von einer die Seetüchtigkeit voraussichtlich beeinträchtigenden Beschädigung des Schiffes Kenntnis hat und die Reise fortsetzt, ohne den Schaden ausbessern zu lassen, obwohl dies in einem Nothafen hätte geschehen können (HGZ. 1891 Nr. 107).

c) Eine Vergrößerung der Gefahr liegt vor, wenn der versicherte Reeder den Schiffer anweist oder ihm gestattet, in Häfen, in welchen Lotsenzwang besteht oder die Annahme eines Lotsen durch die Vorsicht geboten ist, ohne Lotsen zu fahren. Unterläßt der Schiffer die Annahme eines Lotsen ohne Auftrag oder Zustimmung des Versicherten, so haftet der Versicherer für die nachher sich ereignenden Unfälle, weil es sich um ein Verschulden des Schiffers als nautischen Dirigenten handelt (RG. Bd. 19 Nr. 1). In diesem Urteil ist mit Bezug auf die Lotsen im Hamburger Hafen ausgeführt, daß die Hamburger Hafenlotsen nicht auf Verlangen eines einkommenden Schiffes, sondern in Ausübung der ihnen obliegenden hafenpolizeilichen Funktionen tätig werden. Der von Cuxhaven aus telegraphisch benachrichtigte Hafenmeister schickt dem aufkommenden Schiffe einen Lotsen entgegen, ohne daß der Schiffer ein Verfügungsrecht über einen Hafenlotsen hat, so daß eine besondere Anzeige des Schiffers an den Hafenmeister als nutzlos und überflüssig anzusehen ist. In dem Unterlassen dieser Anzeige liegt daher keine Vergrößerung der Gefahr. Eine gesetzliche Verpflichtung, einen Hafenlotsen an Bord zu nehmen, besteht in Hamburg nicht (vgl. HGZ. 1886 Nr. 59).

Anm. 6. **Besondere Zusagen.**

Es handelt sich nur um solche besonderen Zusagen, welche mit Bezug auf die zu bestehende Gefahr gemacht werden. Wird eine solche Zusage nicht innegehalten, so haftet der Versicherer nicht für die Unfälle, welche sich nach dem Zeitpunkt ereignen, in welchem die Zusage hätte erfüllt werden müssen bzw. der Zusage zuwider gehandelt worden ist.

Beispiele:

a) Versicherung eines Flußschiffs für die Überführung von Elbing nach Rotterdam mit der Zusage, daß die Überführung nur bei günstigem Wetter erfolgen solle. Der Versicherer haftet nicht, wenn im Auftrage oder mit Zustimmung des Versicherten die Reise bei ungünstigem Wetter angetreten oder bei Eintritt ungünstigen Wetters fortgesetzt wird, obwohl es möglich gewesen wäre, den Wiedereintritt günstiger Witterung in einem Nothafen abzuwarten. Die Fortsetzung der Reise bei ungünstiger Witterung präjudiziert jedoch nicht, wenn ohne Auftrag oder Zustimmung des Versicherten der Schiffer als nautischer Dirigent das Anlaufen eines Nothafens unterläßt (HGZ. 1898 Nr. 104). **§ 814.**

b) Erleidet das versicherte Schiff unterwegs Havarie und wird mit dem Versicherer vereinbart, daß das Schiff nach einer Notreparatur in Ballast zum Heimatshafen zurückkehren solle, so hört das Risiko des Versicherers auf, wenn der Versicherte der Abrede zuwider das Schiff die Reise fortsetzen läßt (HGZ. 1889 Nr. 123).

c) Als eine besondere Zusage im Sinne des § 814 ist es anzusehen, wenn ein Schiff für eine Reise versichert wird, auf welcher es geschleppt wird, und die Person, welche den Schlepptransport übernehmen soll, dem Versicherer genannt ist; der Versicherte darf dann das Schiff nicht durch den Schlepper einer anderen Person schleppen lassen, es sei denn, daß es ihm nach dem Versicherungsvertrage freisteht, statt der dem Versicherer genannten Person eine andere mit der Ausführung des Transports zu betrauen (HGZ. 1896 Nr. 78).

Beweislast. Anm. 7.

Der Versicherer haftet nicht für die nach der Veränderung oder Vergrößerung der Gefahr sich ereignenden Unfälle. Voraussetzung für die Befreiung des Versicherers ist aber nicht allein die Veränderung der Gefahr, sondern es muß hinzukommen, daß die Veränderung durch den Versicherten oder in seinem Auftrage oder mit seiner Zustimmung bewirkt ist; dem Versicherten steht ein Vertreter des Versicherten gleich; über die Vertretungsmacht des Schiffes vgl. Anm. 16, 17 zu § 820. Diese Voraussetzungen muß nach der Fassung des Gesetzes der Versicherer, welcher sich auf sie beruft, beweisen (Voigt S. 322). Demgegenüber steht es dem Versicherten frei zu beweisen, daß einer der Ausnahmefälle vorliegt, in welchem der Versicherer trotz Änderung der Gefahr weiterhaftet.

Die Ausnahmefälle. Anm. 8.

Auch nach Veränderung oder Vergrößerung der Gefahr haftet der Versicherer:

1. **Wenn anzunehmen ist, daß die Vergrößerung oder Veränderung der Gefahr keinen Einfluß auf den späteren Unfall hat üben können.** Naturgemäß ist dieser Beweis sehr schwer zu führen. Ist das Schiff z. B. von der versicherten Reise abgewichen, so haftet der Versicherer nicht, auch wenn der Unfall sich ereignet, nachdem sich das Schiff wieder auf der richtigen Route befindet; die Abweichung hat insofern einen Einfluß auf den Unfall geübt, als das Schiff sich ohne die Abweichung an der Unfallstelle nicht zur Zeit des Unfalls befunden hätte; anders liegt der Fall, z. B. wenn das Schiff einen Unfall in einem Hafen erleidet, in welchem es sich zur selben Zeit auch ohne die Abweichung befunden hätte. Es genügt nicht zu beweisen, daß die Veränderung der Gefahr keinen Einfluß auf den späteren Unfall geübt hat; es ist vielmehr erforderlich, daß dieser Einfluß nicht hat ausgeübt werden können (RG. Bd. 43 Nr. 1), mit anderen Worten, daß der Unfall auch eingetreten wäre, wenn die Gefahr nicht verändert wäre. Die Möglichkeit, daß der Unfall auch hätte eintreten können, wenn die Gefahr nicht verändert wäre, genügt nicht. Übrigens ist nicht ein strikter unwiderleglicher Beweis vom Versicherten zu verlangen; aus den Worten: „wenn anzunehmen ist," ergibt sich, daß nur eine begründete Wahrscheinlichkeit dafür vorzuliegen braucht, daß die Veränderung der Gefahr auf den späteren Unfall keinen Einfluß hat üben können. Ist eine besondere Zusage in dem Sinne gegeben, daß die Gültigkeit des Vertrages durch ihre Erfüllung bedingt wird, so kommt es auf den Kausalzusammenhang zwischen der Nichterfüllung und dem Unfall nicht an (HGZ. 1870 Nr. 8).

2. **Wenn, nachdem die Gefahr für den Versicherer zu laufen begonnen hat, die Vergrößerung oder Veränderung der Gefahr durch einen Notfall verursacht ist, es sei denn, daß sich der Notfall auf eine Gefahr gründet, die der Versicherer nicht zu tragen hat.** Der Versicherer haftet nicht, wenn vor Gefahrbeginn die Gefahr infolge eines Notfalles verändert ist, z. B. wenn Güter versichert sind und das zur Einnahme der Güter bestimmte Schiff vor Beginn der Beladung Havarie erleidet, so daß es durch ein anderes ersetzt werden muß. Notfall ist nicht gleichbedeutend mit Unfall; es ist vielmehr damit jedes Ereignis gemeint, welches notwendigerweise eine Veränderung oder Vergrößerung der Gefahr verursacht. Dieses Ereignis braucht nicht Schiff oder Ladung direkt zu betreffen; z. B. Güter sind versichert von Anm. 9.

§ 815. Europa nach Port Limon und von da per Bahn nach Costa Rica; während die Güter auf der Seereise sind, wird der Eisenbahndamm zwischen Port Limon und Costa Rica zerstört. Es ist dies ein Notfall, welcher die Lagerung der Güter in Port Limon (Verzögerung der Reise) notwendig macht. Der Versicherer haftet während der Lagerung; er würde aber nicht haften, wenn die Güter, um schneller zum Ziel zu gelangen, an Bord des Dampfers behalten und via Isthmus von Panama und Punta Arenas nach San José befördert würden. Eine Veränderung der Gefahr ist nur insoweit zulässig, als sie infolge des Notfalls notwendig ist. Muß der Schiffer infolge einer Beschädigung des Schiffes einen Nothafen aufsuchen, so ist nicht die Fahrt nach jedem beliebigen Nothafen zulässig, sondern nur nach einem solchen, in welchem die Reparatur zweckmäßigerweise ausgeführt werden kann. Der Schiffer darf nicht auf der Reparaturreise vom üblichen Wege abweichen, z. B. Häfen anlaufen, um Ladung zu löschen oder zu laden. Der Notfall muß ferner das versicherte Schiff oder dessen Ladung direkt oder indirekt betreffen; eine Abweichung vom Wege, um ein verlassenes Schiff zu bergen, ist eine unzulässige Deviation. Der Notfall darf sich schließlich nicht auf eine Gefahr gründen, die der Versicherer nicht zu tragen hat.

Anm. 10. 3. **Wenn der Schiffer zu der Abweichung von dem Wege durch das Gebot der Menschlichkeit genötigt worden ist,** d. h. wenn die Abweichung nötig ist, um Menschenleben zu retten. Diese Vorschrift beschränkt sich nicht auf den Fall, wo der Schiffer vom Wege abweicht, um Menschenleben von notleidenden Schiffen zu retten. Auch das Anlaufen eines Hafens, um eine an Bord befindliche Person, deren Leben nur durch schleunige an Bord nicht ausführbare Operation gerettet werden kann, ist gestattet. Möglicherweise kann es sich auch darum handeln, das Leben von an Land befindlichen Menschen zu retten, z. B. um Schiffbrüchige von einer verlassenen Insel zu retten. Die Deviation wird in der Regel nur insoweit zulässig sein als sie notwendig ist, um Menschenleben zu retten. Ob unter gewissen Umständen auch nach der Rettung eine Deviation gerechtfertigt ist, dürfte zweifelhaft sein; z. B. ein von Hamburg nach New-York fahrendes Schiff stößt im Kanal mit einem anderen Schiffe zusammen, welches auf der Fahrt von New-York nach London ist. Die an Bord des letzteren Schiffs befindlichen Personen werden an Bord des nach New-York bestimmten Schiffes gerettet; würde das Gebot der Menschlichkeit in einem solchen Falle erfordern, die geretteten Menschen in einem Hafen am Kanal abzusetzen? Die Frage wird zu verneinen sein, wenn das rettende Schiff die geretteten Menschen in gehöriger Weise an Bord unterbringen und verpflegen kann. Das Gebot der Menschlichkeit kann nicht soweit ausgedehnt werden, um dem Schiffer zu gestatten, vom Wege abzuweichen, um den geretteten Menschen eine Zeitversäumnis zu ersparen. Eine Abweichung von dem Wege, lediglich um ein in Seenot befindliches Schiff und dessen Ladung zu retten, wenn die darauf befindlichen Menschen nicht in Gefahr sind, ist keine zulässige Abweichung. Ob der Schiffer berechtigt ist, anstatt nur die gefährdeten Menschen an Bord zu nehmen, das gefährdete Schiff in einen Hafen zu schleppen, hängt von den Umständen des Falles ab; in der Regel wird zu entscheiden sein, daß das Gebot der Menschlichkeit nur erfordert, die gefährdeten Menschen an Bord zu nehmen.

Anm. 11. **Der Umfang der Gefahr** (HGB. §§ 820 fg.) wird durch eine zulässige Vergrößerung oder Veränderung der Gefahr nicht beeinflußt, d. h. der Versicherer haftet auch nach der Veränderung oder Vergrößerung nur für die durch den Vertrag übernommenen Gefahren (HGZ. 1888 Nr. 75).

§ 815.

Wird bei dem Abschlusse des Vertrags der Schiffer bezeichnet, so ist in dieser Bezeichnung allein noch nicht die Zusage enthalten, daß der benannte Schiffer die Führung des Schiffes behalten werde.

Voigt § 62, Prot. S. 3191, 3192, 4323.

Es kann dem Versicherer nicht gleichgültig sein, welchem Schiffer Schiff und Ladung auf der versicherten Reise anvertraut werden. Bei Cascoversicherungen wird daher in der Regel

der Schiffer im Vertrage bezeichnet. Diese Bezeichnung enthält an sich noch nicht die Zusage §816.
(im Sinne des § 814), daß der benannte Schiffer die Führung des Schiffes behalten werde. Wird daher an Stelle des dem Versicherer benannten Schiffers ein anderer gesetzt, so liegt darin nicht die Verletzung einer besonderen Zusage. Möglicherweise aber wird durch Veränderung des Schiffers, z. B. wenn der neue Schiffer bekannterweise unzuverlässig ist, die Gefahr vergrößert und dadurch der Versicherer von seiner Haftung für die später sich ereignenden Unfälle befreit (HGZ. 1873 Nr. 262, 1874 Nr. 136).

§ 816.

Bei der Versicherung von Gütern haftet der Versicherer für keinen Unfall, soweit die Beförderung der Güter nicht mit dem dazu bestimmten Schiffe geschieht. Er haftet jedoch nach Maßgabe des Vertrags, wenn die Güter, nachdem die Gefahr für ihn bereits zu laufen begonnen hat, ohne Auftrag und ohne Zustimmung des Versicherten in anderer Art als mit dem zur Beförderung bestimmten Schiffe weiter befördert werden oder wenn dies infolge eines Unfalls geschieht, es sei denn, daß sich der Unfall auf eine Gefahr gründet, die der Versicherer nicht zu tragen hat.

Voigt § 63, Prot. S. 3131, 4323, 4421.

§ 816 behandelt die Versicherung von Gütern in einem bestimmten Schiffe, d. h. den Anm. 1.
Fall, daß das Schiff, mit welchem die Güter befördert werden sollen, im Versicherungsvertrage bestimmt ist. Ist dies geschehen, so ist das Schiff ein Essentiale des Vertrages, die Versicherung bezieht sich nur auf die Beförderung in diesem Schiffe, so daß die Güter in einem anderen Schiffe nicht versichert sind. Hat der Verfrachter sich ausbedungen, die Güter auch in einem anderen Schiffe befördern zu dürfen, so muß hiervon dem Versicherer bei Abschluß des Vertrages Mitteilung gemacht werden, damit der Versicherungsvertrag sich auch auf das eventuelle Ersatzschiff bezieht.

Der Versicherer haftet für keinen Unfall, soweit die Beförderung der Güter nicht mit dem dazu bestimmten Schiffe geschieht. Soll damit gesagt sein, daß der Versicherer für keinen Unfall haftet, welchen die Güter während der Beförderung mit dem andern Schiffe erleiden? oder auch nicht für Unfälle während der Übernahme an Bord oder an Bord des Leichters?

Im ADHG. hieß es in § 820:

„Wenn und insoweit die Beförderung derselben nicht mit dem zum Transport bestimmten Schiff geschieht."

Da eine sachliche Änderung durch Weglassung der Worte „wenn und" nicht beabsichtigt war, wird die Frage dahin zu entscheiden sein, daß der Versicherer überhaupt nicht haftet, wenn die Güter mit einem anderen als dem im Vertrage bestimmten Schiffe befördert werden. (So auch Voigt S. 324.) Dies bezieht sich jedoch nur auf die Zeit, während welcher der Versicherer nach dem HGB. die Gefahr trägt, also von dem Zeitpunkte ab, in welchem die Güter zum Zwecke der Einladung in das Schiff oder in die Leichter vom Lande scheiden (§ 824). Ist eine Vorreise mit versichert, so trägt der Versicherer die Gefahr dieser Vorreise, auch wenn die Güter nachher in einem andern als dem im Vertrage bestimmten Schiff befördert werden.

Die Ausnahmen: Anm. 2.

Auch wenn die Güter in einem anderen Schiffe befördert werden, haftet der Versicherer nach Maßgabe des Vertrags in zwei Fällen:

1. Wenn die Güter, nachdem die Gefahr zu laufen begonnen hat, ohne Auftrag und ohne Zustimmung des Versicherten in anderer Art als mit dem zur Beförderung bestimmten Schiff weiter befördert werden.

§ 817. a) Die Gefahr muß zu laufen begonnen haben; wird also das im Vertrage bestimmte Schiff vor diesem Zeitpunkt durch ein anderes ersetzt, so haftet der Versicherer nicht. Die Gefahr beginnt zu laufen, sobald die Güter zum Zwecke der Einladung in das Schiff oder in die Leichterfahrzeuge vom Lande scheiden, oder bereits in einem früheren Zeitpunkte, wenn er im Vertrage bedungen ist.

b) Die Güter müssen ohne Auftrag und ohne Zustimmung des Versicherten in anderer Art weiterbefördert werden. Unter Weiterbeförderung ist nicht nur der Fall zu verstehen, daß die Güter zunächst mit dem im Vertrage bestimmten Schiff und alsdann in anderer Art weiterbefördert werden, so daß es sich um eine Umladung nach Beginn der Seereise handelt; der Versicherer haftet vielmehr auch dann, wenn nach Beginn der Gefahr, also z. B. nach der Einladung in die Leichterfahrzeuge die Güter von vornherein mit einem andern Schiffe befördert werden.

2. Wenn, nachdem die Gefahr zu laufen begonnen hat, die Weiterbeförderung in anderer Art als mit dem im Vertrage bestimmten Schiffe infolge eines Unfalls geschieht, welcher sich auf eine Gefahr gründet, welche der Versicherer zu tragen hat. Unter Unfall ist im Gegensatz zum Notfall des § 814 ein die Güter oder das Schiff, in welchem sich die Güter befinden, treffendes schädigendes Ereignis zu verstehen, z. B. wenn das Schiff wegen Reparaturunfähigkeit kondemniert wird. Nicht darauf kommt es an, daß der Versicherer für den Unfall haftet; der Güterversicherer haftet nicht für Unfälle, welche allein das Schiff betreffen; sondern der Unfall muß Folge einer Gefahr sein, welche der Versicherer im allgemeinen übernommen hat; der Kriegsversicherer würde z. B. nicht haften, wenn die Güter infolge einer nicht durch Kriegsgefahr verursachten Reparaturunfähigkeit des Schiffes umgeladen werden und in dem andern Schiff von einem Kriegsschaden betroffen würden. Die Weiterbeförderung muß ohne ungebührliche Verzögerung erfolgen (vgl. § 814).

Anm. 3. **Die Beweislast.**

Sind die Güter in einem anderen als dem im Versicherungsvertrage bezeichneten Schiffe befördert, so hat der Versicherte, um seinen Anspruch zu begründen, nachzuweisen, daß die Beförderung in einem anderen Schiffe erfolgt ist, nachdem die Gefahr zu laufen begonnen hat, ferner daß sie entweder ohne seinen Auftrag und ohne seine Zustimmung oder infolge eines Unfalls erfolgt ist. Dem Versicherer liegt der Beweis ob, daß der Unfall sich auf eine Gefahr gründet, welche er nicht zu tragen hat.

§ 817.

Bei der Versicherung von Gütern ohne Bezeichnung des Schiffes oder der Schiffe (in unbestimmten oder unbenannten Schiffen) hat der Versicherte, sobald er Nachricht erhält, in welches Schiff versicherte Güter abgeladen sind, diese Nachricht dem Versicherer mitzuteilen.

Im Falle der Nichterfüllung dieser Verpflichtung haftet der Versicherer für keinen Unfall, der den abgeladenen Gütern zustößt.

Voigt § 64, Prot. S. 3193—3199, 4323.

Anm. 1. **Anwendungsgebiet des § 817.**

Bei der Versicherung von Gütern ist der Versicherte nicht immer in der Lage, das Schiff anzugeben, in welches die zu versichernden Güter abgeladen werden sollen; z. B. wenn dem Verfrachter das Recht zusteht, die Güter mit dem im Konnossement genannten oder einem anderen Schiffe zu befördern, und dementsprechend Versicherung genommen wird auf die Güter im Schiff X $\frac{\text{und}}{\text{oder}}$ anderen Schiffen; oder wenn der Versicherte Güter in monatlichen Abladungen gekauft hat und die Schiffe, in welche die Güter abzuladen sind, noch nicht bekannt sind. Ferner findet der Paragraph Anwendung, wenn auch die abzuladenden Güter individuell noch unbestimmt sind und nur durch Angabe der Unternehmung oder die Zeit ihrer Abladung bestimmt werden. In allen Fällen kommt es aber darauf an, daß es nicht von dem Belieben des Versicherten abhängt, welche Güter unter die Versicherung fallen; diese müssen objektiv bestimmbar sein (Prot. S. 3197, HGZ. 1884 Nr. 56). Die Vorschrift des § 817 findet keine Anwendung auf die Versicherung von Gütern, welche zwar in ein bestimmtes Schiff abgeladen, aber unterwegs in ein noch nicht bekanntes Schiff umgeladen werden, z. B. auf die Versicherung von Gütern, verladen in dem Schiffe X von Hamburg nach Liverpool und von dort mit einem anderen Schiff in durchstehendem Risiko nach Cartagena; alsdann braucht das Schiff, in welches die Güter in Liverpool umgeladen werden, dem Versicherer nicht mitgeteilt zu werden (HGZ. 1872 Nr. 64). §817.

Der Versicherungsvertrag, in welchem einstweilen eine Angabe über das Schiff oder die Schiffe, in welchen die versicherten Güter befördert werden, fehlt, ist trotz dieser Unvollständigkeit ein beide Teile bindender Vertrag. Die Unvollständigkeit soll aber baldmöglichst beseitigt werden und daher ist der Versicherte verpflichtet, sobald er Nachricht erhält, in welches Schiff die Güter abgeladen sind, diese Nachricht dem Versicherer mitzuteilen. Die Mitteilung muß erfolgen, sobald es im ordentlichen Geschäftsgange tunlich ist (Voigt S. 337). Da über die abzuladenden Güter von vornherein ein fester Versicherungsvertrag geschlossen ist, ist es gleichgültig, ob der Versicherte die Nachricht von der Abladung erst gleichzeitig mit der Nachricht von der glücklichen Ankunft oder einem bereits eingetretenen Verluste erhält. Der Versicherte hat nur die erhaltene Nachricht dem Versicherer mitzuteilen; es ist gleichgültig, ob sie objektiv unrichtig ist (HGZ. 1886 Nr. 75); durch die Mitteilung, daß die Güter in einem bestimmten Schiffe verladen seien wird die Versicherung nicht zu einer Versicherung mit einem bestimmten Schiffe. Anm. 2.

Teilt der Versicherte die Nachricht, daß versicherte Güter abgeladen seien, dem Versicherer nicht mit, sobald er sie erhalten hat, so haftet der Versicherer für keinen Unfall, welcher den abgeladenen, d. h. den Gütern zustößt, von deren Abladung der Versicherte Nachricht erhalten hat. Anm. 3.

Die laufenden Güterversicherungen. Anm. 4.

Die Versicherung von Gütern auf laufender Police ist eine durch die Praxis eingeführte Erweiterung der Versicherungsart des § 817 (Voigt S. 338). In dem Vertrage sind nicht nur die Schiffe, sondern auch die zu befördernden Güter einstweilen unbestimmt. Die Unbestimmtheit ist jedoch nur subjektiv, objektiv muß auf Grund des Vertrages bestimmbar sein, welche Güter unter die Police fallen. Z. B. werden sämtliche Abladungen des Versicherten während eines bestimmten Zeitraumes von Häfen Europas nach Zentral-Amerika versichert. Die Police enthält die einzelnen der laufenden Güterversicherung eigentümlichen Vertragsbestimmungen; von diesen sind folgende der laufenden Police des Vereins Hamburger Assekuradeure entnommenen Bestimmungen besonders hervorzuheben:

1. Es wird Versicherung genommen für Rechnung wen es angeht auf Waren zu taxieren und zu deklarieren:

   entweder auf Grundlage des Fakturawertes zuzüglich aller Kosten bis an Bord, der Versicherungskosten und — % imaginären Gewinn;
   oder auf Grundlage der unten angeführten festen Werttaxen, einschließlich imaginären Gewinn; ferner auf Frachtvorschuß, bez. auf im voraus bezahlte Fracht.
   taxiert zu Mark: . . . . . in Dampf- und Segelschiffen von . . . . nach . . . . . zur Prämie von . . . . . Prozent.

   Die Deklarierung des imaginären Gewinnes ist selbst bei inzwischen erfolgter glücklicher Ankunft der bezüglichen Güter obligatorisch. Der Versicherungsnehmer soll jedoch berechtigt sein, auch einen höheren imaginären Gewinn bei der Aufgabe zu deklarieren, falls bis dahin keine ungünstigen oder präjudizierlichen Nachrichten bekannt geworden sind.

2. Die Versicherung deckt bis zum Maximalbetrage von M. . . . für jedes einzelne Segelschiff, beziehentlich M. . . . für jedes einzelne Dampfschiff, sämtliche Abladungen von Waren, welche während des Zeitraumes vom 1. Januar 1911 bis 31. Dezember 1911 dem Datum der Konnossemente nach stattfinden, und welche von dem Versicherten $\frac{\text{und}}{\text{oder}}$ für dessen Rechnung

§ 817. und/oder in dessen Auftrag gemacht werden, und/oder auf welche der Versicherte, sei es für eigene und/oder für fremde Rechnung, in letzterem Falle zufolge erhaltenem oder den Umständen nach stillschweigend anzunehmendem Auftrage Versicherung zu nehmen hat.

3. Falls in Zwischenplätzen, wo der Versicherte keine Verfügung über die Verladung, bez. keine Kontrolle über die Innehaltung des vereinbarten Maximalbetrages zusteht, eine Zusammenhäufung mehrerer Abladungen in einem Schiffe stattfindet und dadurch eine Überschreitung dieses Maximalbetrages herbeigeführt wird, soll eine solche Überschreitung dem Versicherten nicht präjudizieren und der Mehrbetrag ebenso wie der ursprüngliche Maximalbetrag durch diese Versicherung gedeckt sein.

4. Der Versicherte ist demgemäß verpflichtet, seine sämtlichen nach Maßgabe des Inhalts dieser Police durch dieselbe gedeckten und daher auf dieselbe gehörenden Versicherungen brieflich an den Versicherungsnehmer zur baldmöglichsten Deklaration in dem zu dieser Police gehörigen Beibuch zu melden. Etwa unabsichtlich unterlassene oder verzögerte Deklarationen sollen jedoch auch nachträglich zulässig und für die Versicherer bindend sein, soweit nachgewiesen wird, daß dabei die Sorgfalt eines ordentlichen Kaufmannes nicht außer Acht gelassen wird.

5. Die Versicherer verpflichten sich dagegen, und zwar ein jeder pro rata seiner übernommenen prozentualen Beteiligung an dieser Police, den oben stipulierten Maximalbetrag per Dampfschiff resp. per Segelschiff für alle auf diese Police gehörenden Versicherungen stillschweigend gedeckt zu halten. Die Zeichnung der in dem zu dieser Police gehörigen Beibuch deklarierten Beträge, die Verrechnung und Zahlung der darauf entfallenden Prämien und die dementsprechende Stempelung der Police findet nach Übereinkunft bei Ablauf eines jeden Vierteljahres statt.

6. Die Konditionen, zu denen die einzelnen Warengattungen versichert gelten sollen und die dafür festgestellten Prämiensätze sind nachstehend aufgeführt. Dieselben gelten indes, sofern in den angehefteten „Konditionen und Prämien" nicht abweichende Bestimmungen getroffen sind, unbedingt nur für Dampfschiffe und eiserne Segelschiffe. Für hölzerne Segelschiffe, ebenfalls vorbehältlich etwaiger abweichender Bestimmungen in den angehefteten „Konditionen und Prämien" gelten dieselben nur, wenn die Schiffe klassifiziert sind: entweder germanischer Lloyd A I oder Bureau Veritas $^3/_3$ 1. 1. oder durch die Experten der Hamburger oder Bremer Assekuradeurs $^3/_3$ 1. 1. oder Lloyds Register A 1 schwarz oder Norske Veritas A 1. Für Abladungen mit Schiffen, welche den in dieser Police ausbedungenen Bestimmungen über Klassifikation, Alter und Metallbeschlag nicht entsprechen, ist die Prämie und Kondition von Fall zu Fall bei der Deklaration mit den Versicherern nach Billigkeit zu vereinbaren. Kommt eine solche Vereinbarung nicht zu stande, so wird die Deklaration, eventuell falls schon ein Risiko gelaufen ist, unter Berechnung einer Ristornogebühr nach Billigkeit, von dieser Police ausgeschlossen. Bis die Verhandlungen von der einen oder anderen Seite abgebrochen sind, läuft die Gefahr zu Lasten der beteiligten Versicherer.

7. Ein bei Ablauf der Police etwa verbleibender Saldo ist franko zu ristornieren.

8. Im Schadensfalle, spätestens bei Bezahlung des Schadens sind die Versicherer berechtigt, die Versicherung aufzuheben, welche vier Wochen nach erfolgter Kündigung erlischt.

Anm. 5. **Rechtliche Natur der laufenden Güterversicherung.**

Die laufende Güterversicherung ist nicht ein pactum de contrahendo, ein Vorvertrag, auf Grund dessen später die einzelnen Abladungen versichert würden, sondern es ist ein fester Versicherungsvertrag, durch welchen alle den Bedingungen der Police entsprechenden Abladungen von vornherein, also bereits vor der jeweiligen Deklaration versichert sind (HGZ. 1888 Nr. 14, 1894 Nr. 34). Die Deklaration ist daher eine Vertragspflicht des Versicherten, deren Erfüllung im Prinzip das Recht des Versicherten auf Ersatz nicht bedingt (HGZ. 1911 Nr. 107).

Der Versicherte hat ein Recht darauf, für alle policenmäßigen Abladungen gedeckt zu sein; dem gegenüber steht das Recht des Versicherers auf die Prämien für alle Abladungen. Der Versicherte ist demgemäß verpflichtet, alle Abladungen, ohne Unterschied, ob sie mit oder ohne Unfall ihr Ziel erreichen, dem Versicherer mitzuteilen (zu deklarieren). Der Versicherer trägt nach Maßgabe der Policebedingungen die Gefahr aller abgeladenen Güter und zwar ohne Unterschied ob die rechtzeitige Deklaration vor oder nach Bekanntwerden eines Unfalls erfolgt. Mit der Anschauung, daß die laufende Güterversicherung nicht ein Vorvertrag, sondern ein fester Versicherungsvertrag ist, scheint es im Widerspruch zu stehen, wenn das RG. ausführt (HGZ. 1899 Nr. 93, RG. 44 Nr. 10): bei der laufenden Versicherung erhalte der Vertrag seinen Inhalt von Fall zu Fall dadurch, daß bestimmte Güter in das dabei vorausgesetzte tatsächliche Verhältnis gebracht werden, dessen Eintritt das Risiko hervorruft. Vorher bestehe nur die allgemeine Verbindlichkeit des Versicherers, solcher Güter sich zutreffenden Falles anzunehmen. Zu einer konkreten Leistung verpflichtet werde er erst später, wenn der allgemeine Rahmen des Vertragsverhältnisses mit der konkreten Beziehung auf bestimmte Gegenstände ausgefüllt werde. Dieses geschehe bei der Seeversicherung mit dem Moment, wo die Güter vom Lande scheiden. Vorher liege noch keine „Versicherung" vor, sondern nur der Boden des Vertragsverhältnisses, auf dem in bezug auf die zu versendenden Güter eine Versicherung entstehen könnte. Dieses Erkenntnis des Reichsgerichts beschäftigte sich mit der Frage nach der Priorität einer laufenden Seeversicherung und einer dieselben Güter deckenden Feuerversicherung. Bei Beantwortung dieser für die Doppelversicherung wichtigen Frage erscheint es allerdings gerechtfertigt zu sagen, daß die speziellen Güter erst versichert sind, wenn sie in den Rahmen des Vertragsverhältnisses hineintreten. Irreführend dürfte es aber sein, wenn das Reichsgericht sagt, ehe die Güter vom Lande scheiden, liege noch keine „Versicherung" vor; man könnte daraus schließen, daß bei einer laufenden Güterversicherung der Vertrag für die einzelnen Abladungen erst in dem Augenblick geschlossen würde, in welchem die Gefahr für den Versicherer zu laufen beginnt, daß also dieser Zeitpunkt auch für die allgemeine Anzeigepflicht maßgebend sei. In einem anderen Urteile des RG. (HGZ. 1894 Nr. 31) heißt es: bei laufenden Güterversicherungen bedeute die Unterzeichnung der Deklaration durch den Versicherer in Wahrheit den Abschluß des Versicherungsvertrages bezüglich der deklarierten Abladung. Dieser Anschauung wird jedoch in dieser Allgemeinheit nicht beigepflichtet werden können. Sie ist nur in den Fällen richtig, wo die Deklaration an sich nicht unter die Police fallende Güter betrifft, oder sonst den Bedingungen der Police nicht entspricht (vgl. Anm. 9). Abgesehen hiervon ist daran festzuhalten, daß mit Abschluß der laufenden Versicherung alle policenmäßigen Abladungen von vorne herein und zwar bereits vor ihrer Deklaration versichert sind. Sonst würde es an einer Erklärung dafür fehlen, daß die Deklaration auch erfolgen kann, wenn dem Versicherten mit der Abladung auch ein Schaden bekannt wird. Geht man davon aus, daß der Abschluß der Versicherung der einzelnen Abladungen nicht mit deren Deklaration, sondern mit dem Abschluß der laufenden Police erfolgt, so ist die Frage ob der Versicherte die allgemeine Anzeigepflicht (HGB. §§ 806 fg.) nur bei Abschluß der laufenden Police oder bei jeder Deklaration zu erfüllen hat, im ersteren Sinne zu entscheiden. Zwar erklärt Voigt (S. 345) diese Auffassung für monströs; sie erscheint jedoch durch die Fassung des Gesetzes als gerechtfertigt. Nach § 806 sind dem Versicherer alle Umstände anzuzeigen, welche wegen ihrer Erheblichkeit für die Beurteilung der Gefahr geeignet sind, auf den Entschluß des Versicherers, sich auf den Vertrag überhaupt oder unter denselben Bedingungen einzulassen, Einfluß zu üben. Ein solcher Einfluß ist jedoch bei den einzelnen Deklarationen, falls sie den Bedingungen der Police entsprechen, überhaupt ausgeschlossen, da der Versicherer verpflichtet ist, sich der deklarierten Güter als versichert anzunehmen. Die Bestimmungen über die allgemeine Anzeigepflicht können daher auf die einzelnen Deklarationen keine Anwendung finden (HGZ. 1884 Nr. 56, 1889 Nr. 2, Ehrenberg, in den Veröffentlichungen des deutschen Vereins für Versicherungswissenschaft 1908 Heft 15 S. 20). Eine andere Frage ist es, ob der Versicherte eine Veränderung oder Vergrößerung der Gefahr bewirkt. Dies kann natürlich auch bei den einzelnen Abladungen erfolgen und untersteht den Vorschriften des HGB. § 814. §817.

Die Deklaration ist in der Regel ohne Bedeutung für den Umfang der übernommenen Gefahr. Die einzelnen Gütertransporte sind auf Grund des Vertrages von vorne herein und im Prinzip auch ohne Deklaration versichert. Es können aber Fälle eintreten, in denen erst durch die Deklaration der Umfang der Haftung näher bestimmt wird. In einem Anm. 6.

§ 817. HGZ. 1911 Nr. 107 referierten Falle lag eine laufende Versicherung vor für Waren aller Art in Dampf-, Segel-, Fluß- und Schleppschiffen von und nach europäischen und außereuropäischen Häfen und Plätzen im durchstehenden Risiko von Haus zu Haus. Deklariert wurden 1100 Ballen Korkabfälle von Algier nach Antwerpen. Die nach Ludwigshafen bestimmte Ware wurde in Antwerpen, nachdem schon ein Teil rheinaufwärts befördert war, nach vierwöchiger Lagerung durch Feuer beschädigt. Eine Ersatzpflicht des Versicherers war nicht begründet, weil der Versicherte, in dessen Wahl es gestanden hatte, entweder die zusammengesetzte Reise von Algier bis zu dem am Rhein gelegenen Endziel oder zunächst nur die Seereise bis Antwerpen zu deklarieren, das letztere getan und somit durch die Deklaration die Haftung des Versicherers auf die Seereise beschränkt hatte; bei weiterer Separatdeklaration der Inlandreise wäre diese, nicht aber der Aufenthalt in Antwerpen gedeckt.

Anm. 7. **Die Verpflichtung des Versicherten, die Abladungen rechtzeitig zu deklarieren.**

Der Versicherte ist verpflichtet, jede Abladung, sobald er Nachricht davon erhält, in dem zur Police gehörigen Beibuche zu deklarieren. Erfüllt der Versicherte diese Verpflichtung nicht, d. h. deklariert er eine Abladung überhaupt nicht, oder deklariert er sie nicht, sobald er von ihr Nachricht erhalten hat, so verwirkt er seinen Anspruch aus dem Versicherungsvertrage. Dies folgt aus dem Wesen der offenen Police; der Versicherer ist nicht in der Lage, die Abladungen kontrollieren zu können und ist daher auf die Redlichkeit des Versicherten angewiesen; er ist an den Vertrag für die Zukunft (Ehrenberg, Die Rückversicherung, S. 30) nicht gebunden, wenn der Versicherte seine Verpflichtungen verletzt (JW. 1884 S. 176 Nr. 28, Vereinsblatt für deutsches Versicherungswesen XII S. 290—292, HGZ. 1905 Nr. 113). Dieses Präjudiz tritt jedoch nur ein, wenn der Versicherte vorsätzlich oder fahrlässig die Verpflichtung nicht erfüllt (BGB. § 276). Dabei hat der Versicherte ein Verschulden der Personen, deren er sich zur Erfüllung seiner Verbindlichkeit bedient, zu vertreten; in Betracht kommen insbesondere solche Geschäftsangestellte, denen der Versicherte die Deklarationen zur selbständigen Besorgung übertragen hat (HGZ. 1901 Nr. 30). Wird dagegen die Deklaration ohne Vorsatz oder Verschulden unterlassen, so kann der Versicherte sie, wenn nicht ein anderes vereinbart ist, nachholen. Auf die rechtzeitige Deklaration kommt es nicht an, wenn der Versicherer im Geschäftsverkehr mit dem Versicherten fortgesetzt verspätete Deklarationen gezeichnet und dadurch den Versicherten in den Glauben versetzt hat, daß es auf die Rechtzeitigkeit nicht ankomme (HGZ. 1894 Nr. 31, wo ausgeführt ist, daß dies sogar dann gilt, wenn der Versicherer die verspäteten Deklarationen fortgesetzt gerügt, aber doch gezeichnet hat).

Anm. 8. **Bedeutung der Unterschrift des Versicherers unter der Deklaration.**

Der Versicherer ist verpflichtet, eine policenmäßige Deklaration zu zeichnen, d. h. durch Unterzeichnung anzuerkennen, daß die deklarierten Güter unter der laufenden Police versichert sind. Diese Verpflichtung besteht nur, wenn die Deklaration policenmäßig ist, d. h. rechtzeitig erfolgt, unter die Police fallende Güter betrifft und zu den für die speziellen Güter in der Police enthaltenen Bedingungen geschieht. Ist die Deklaration in einer dieser Beziehungen nicht der Police entsprechend und wird sie trotzdem vom Versicherer vorbehaltlos unterzeichnet, so bedeutet die Unterschrift die Willenserklärung, daß die deklarierten Gegenstände durch die laufende Police gedeckt sein sollen (HGZ. 1889 Nr. 39). Folgende Fälle sind zu unterscheiden:

Anm. 9. 1. **Verspätete Deklarationen.**

Unterzeichnet der Versicherer eine verspätete Deklaration, deren Verspätung erkennbar ist, so erklärt er damit, daß er auf die Einrede der Verspätung verzichtet (HGZ. 1893 Nr. 84).

Anm. 10. 2. **Deklaration von Gütern, welche durch die Police nicht gedeckt sind,** ist zulässig. Es würde dem auch nicht eine Klausel des Inhalts im Wege stehen, daß bestimmte Güter von der laufenden Police ausgeschlossen sein sollen, falls nicht eine entgegengesetzte Vereinbarung getroffen und schriftlich unter Nennung der betreffenden Güter in der Police aufgenommen wird; diese Form bezieht sich nur auf generelle Erweiterungen der laufenden Police, nicht auf die einzelne Deklaration. Eine Deklaration nicht gedeckter Güter ist eine Vertragsofferte des Inhalts, daß in diesem Einzelfall die deklarierten Güter durch die Police gedeckt sein sollen. Ein besonderer Hinweis seitens des Versicherten darauf, daß es sich um an sich nicht gedeckte Güter handelt, ist nicht erforderlich, wenn der Versicherer es aus der Deklaration bei sorgfältiger Prüfung erkennen konnte (HGZ. 1889 Nr. 86). Der Vertrag kommt durch die Unterzeichnung der Deklaration seitens des Versicherers zu stande. Dabei ist gleichgültig, ob bei der Deklaration ein Schaden schon bekannt war; denn wenn die Ausdehnung der Police auf nicht gedeckte Güter überhaupt statthaft ist, so ist sie gemäß den Policenbedingungen auch statthaft nach Eintreffen der Verlustanzeige (HGZ. 1889 Nr. 39). Immerhin handelt es sich um den Abschluß eines neuen Versicherungsvertrages, so daß dem Versicherten die allgemeine Anzeigepflicht gemäß HGB. §§ 806fg. obliegt. Deklariert der Versicherte ein durch die Police nicht gedecktes Gut arglistig in der Hoffnung, der Versicherer werde es übersehen, so kann der Versicherer seine Unterschrift wegen arglistiger Täuschung anfechten. Dazu genügt aber nicht, daß der Versicherte die policenmäßige Unzulässigkeit kannte, wenn der Versicherer dies aus der Deklaration bei sorgfältiger Prüfung erkennen konnte (HGZ. 1889 Nr. 86). §817.

3. **Erfolgt eine Deklaration zu anderen Bedingungen** als in der Police vorgesehen, so gilt das in Anm. 9 Ausgeführte mit der Maßgabe, daß der in der Police enthaltene Vertrag mit Bezug auf eine spezielle Abladung modifiziert wird, z. B. bestimmte Güter sind nach der laufenden Police versichert frei von Beschädigung außer im Strandungsfall und werden deklariert frei von 5% Beschädigung. Die in HGZ. 1876 Nr. 59 vertretene Ansicht, die Veränderung des Vertrages sei nicht verbindlich, wenn der Versicherer sich geirrt habe, kann nach dem Erkenntnis des RG. in HGZ. 1889 Nr. 39 nicht aufrecht erhalten werden. Anm. 11.

Wertangabe in der Deklaration. Anm. 12.

Eine Wertangabe in der Deklaration, welche den Policenbedingungen entspricht, z. B. auf Grundlage des Fakturawertes inkl. Kosten und imaginären Gewinn gleichviel wie hoch aufgemacht ist, muß der Versicherer als Taxe anerkennen. Aber auch, wenn die Wertangabe nicht den Bedingungen entspricht, jedoch gutgläubig gemacht und vom Versicherer vorbehaltlos unterzeichnet wird, hat die Wertangabe die Bedeutung einer Taxe, welche der Versicherer nur gemäß HGB. § 793 anfechten kann (HGZ. 1878 Nr. 75).

Kündigung. Anm. 13.

Der Versicherer pflegt sich meist das Kündigungsrecht für den Fall des Schadenseintritts auszubedingen. In einem Feuerversicherungsfalle hat das RG. (60 Nr. 13) den Satz aufgestellt, es liege in der Natur des Versicherungsgeschäfts, daß es vom Versicherten aufgelöst werden könne, wenn der Versicherer selbst unsicher werde. Wer in dem Rufe einer bestimmten Gesellschaft, in deren Vermögen, sowie in der Kundschaft und der dadurch herbeigeführten Verteilung der Gefahr auf eine große Anzahl von Personen Sicherung gegen drohende Nachteile suche, schließe den Vertrag in der auch dem Versicherer nicht verborgenen Annahme ab, daß die durch jene Umstände gewährleistete Sicherung auch ferner andauern solle und nicht durch das Verhalten des Gegners geschmälert werde. Diese Ausführung des RG. kann jedoch nicht dazu führen, dem Versicherten auf Grund des Seeversicherungsrechts ein so weitgehendes Kündigungsrecht zuzugestehen. Für das geltende Seeversicherungsrecht wird es bei der Vorschrift des § 898 sein Bewenden haben.

Courtageanspruch des Versicherungsmaklers bei laufenden Policen. Anm. 14.

Mit Abschluß des laufenden Versicherungsvertrages ist der Anspruch des Maklers auf die Courtage entstanden, und zwar berechnet sich diese nach jeder dem Vertrage gemäß zu deklarierenden Abladung. Wenn auch der Versicherer und der Versicherte berechtigt sind, den Vertrag nach Belieben zu ändern oder aufzuheben, so werden hierdurch doch die Rechte des Maklers in keiner Weise beeinflußt. Wenn nicht alle Abladungen ordnungsmäßig auf die Police deklariert sind, so ist der Makler berechtigt, eine vollständige Aufstellung aller Abladungen, welche auf die Police hätten deklariert werden müssen, vom Versicherten zu verlangen. Dies gilt auch dann, wenn nach bestehender Usance die Bezahlung der Courtage durch den Versicherer erfolgt (HGZ. 1888 Nr. 14).

§ 818.

§ 818.

Jeder Unfall ist, sobald der Versicherungsnehmer oder der Versicherte, wenn dieser von der Versicherung Kenntnis hat, Nachricht von dem Unfall erhält, dem Versicherer anzuzeigen, widrigenfalls der Versicherer befugt ist, von der Entschädigungssumme den Betrag abzuziehen, um den sie sich bei rechtzeitiger Anzeige gemindert hätte.

Voigt § 65, Prot. S. 3199—3200, 4323—4324.

Anm. 1. Sobald ein Unfall bekannt wird, soll der Versicherer hiervon in Kenntnis gesetzt werden, damit er den Versicherten, welcher für die Rettung des versicherten Gegenstandes und für die Abwendung größerer Nachteile zu sorgen hat (§ 819), kontrollieren und eventuell selbst die erforderlichen Maßregeln anordnen kann. Wenn auch die Mitteilungspflicht nur bei schwereren Unfällen von Bedeutung ist, bei welchen der Versicherer Veranlassung findet, selbst einzugreifen, so soll es doch nicht in das Ermessen des Versicherten gestellt werden, ob die Mitwirkung des Versicherers zweckmäßig ist. Dem Versicherer ist daher von jedem bekannt gewordenen Unfall Mitteilung zu machen.

Anm. 2. Anzeigepflichtig ist zunächst der Versicherungsnehmer, ferner der Versicherte, wenn er von der Versicherung, d. h. auch von der Person des Versicherers Kenntnis hat. Doch ist nicht erforderlich, daß beide anzeigen. Ob im Verhältnis des Versicherungsnehmers zum Versicherten der eine oder der andere die Anzeige zu erstatten hat, insbesondere ob der Versicherte sich darauf verlassen darf, daß die Anzeige durch den Versicherungsnehmer erfolgt, hängt von den Umständen des Falles ab. Hat der Versicherte von der Versicherung Kenntnis, so hat er die Anzeige zu erstatten (Ehrenberg, Jahrbücher für Dogmatik, Bd. 30 S. 467). Der Versicherungsnehmer, welcher im Verhältnis zum Versicherten anzeigepflichtig ist, macht sich diesem gegenüber durch Verletzung der Anzeigepflicht schadensersatzpflichtig. Andere Mittelspersonen sind nicht zur Anzeige verpflichtet (Prot. S. 3200). Die Anzeige hat zu erfolgen, sobald der Versicherungsnehmer oder der Versicherte, wenn er von der Versicherung Kenntnis hat, Nachricht von dem Unfall erhält; sie muß alsdann ohne Verzögerung erfolgen, um rechtzeitig zu sein. Wird die Anzeigepflicht verletzt, so kann sich der Versicherte nicht darauf berufen, daß der Versicherer den Unfall aus Schiffahrtsnachrichten habe ersehen können, sondern nur darauf, daß der Versicherer tatsächlich von dem Unfall schon in dem Zeitpunkte Kenntnis gehabt habe, in welchem er hätte mitgeteilt werden müssen, oder daß der Unfall allgemein notorisch war.

Anm. 3. **Folgen der nicht rechtzeitigen Anzeige.**

Wird die Anzeige nicht rechtzeitig erstattet, so ist der Versicherer berechtigt, von der Schadenssumme den Betrag abzuziehen, um welchen sie sich bei rechtzeitiger Anzeige gemindert hätte. Inwieweit dies der Fall ist, hat der Versicherer zu beweisen; er hat also insbesondere darzulegen, daß er bei rechtzeitiger Anzeige die nötigen Maßregeln getroffen hätte, um den Schaden zu mindern oder den versicherten Gegenstand zu retten, und daß die Maßregeln erfolgreich gewesen wären. Der Einwand, daß er bei rechtzeitiger Anzeige Rückversicherung genommen hätte, steht dem Versicherer nur zu, wenn er beweist, daß er die Absicht gehabt hat, für den Fall einer Unfallsanzeige Rückversicherung zu nehmen und daß er die Rückversicherung hätte schließen können (Voigt S. 353). Abgesehen von den im Gesetz bestimmten Folgen der Verletzung der Anzeigepflicht, steht dem Versicherer ein allgemeiner Schadensersatzanspruch nicht zu; er kann z. B. nicht geltend machen, daß er bei rechtzeitiger Anzeige auf eine andere Versicherung nicht eingegangen wäre (Prot. S. 3199).

§ 819.

§ 819.

Der Versicherte ist verpflichtet, wenn sich ein Unfall zuträgt, sowohl für die Rettung der versicherten Sachen als für die Abwendung größerer Nachteile tunlichst zu sorgen.

Er hat jedoch, wenn tunlich, über die erforderlichen Maßregeln vorher mit dem Versicherer Rücksprache zu nehmen.

Voigt § 66, Prot. S. 3200—3208, 3246, 4324—4328, 4421—4427.

Allgemeines. Anm. 1.

Wenn sich ein Unfall ereignet, ist der Versicherte verpflichtet:

1. für die Rettung der versicherten Sachen,
2. für die Abwendung größerer Nachteile tunlichst zu sorgen,
3. über die erforderlichen Maßregeln tunlichst vorher mit dem Versicherer Rücksprache zu nehmen.

Hiermit steht im engen Zusammenhang die Bestimmung des § 834 Nr. 3:

> „Dem Versicherer fallen zur Last die sonstigen zur Rettung sowie zur Abwendung größerer Nachteile notwendig oder zweckmäßig aufgewendeten Kosten (§ 819), selbst wenn die ergriffenen Maßregeln erfolglos geblieben sind."

ferner die Vorschrift des § 840 Abs. 2:

> „Der Versicherer hat die im § 834 Nr. 3 erwähnten Kosten vollständig zu erstatten, wenngleich die hiernach im ganzen zu zahlende Vergütung die Versicherungssumme übersteigt."

und § 893 Nr. 1:

> „Der Versicherer hat in Havariefällen zu den für die Rettung, Erhaltung oder Wiederherstellung der versicherten Sache nötigen Ausgaben in Anrechnung auf seine später festzustellende Schuld zwei Dritteile des ihm zur Last fallenden Betrags vorzuschießen."

Der Versicherte wird durch das Gesetz verpflichtet, wenn sich ein Unfall zuträgt, als Geschäftsführer ohne Auftrag die Interessen des Versicherers zu vertreten. Der Versicherte ist aber nicht verpflichtet, zu diesem Zweck Aufwendungen aus seinem Vermögen zu machen; notwendig oder zweckmäßig aufgewendete Kosten hat der Versicherer auch über die Versicherungssumme hinaus zu ersetzen.

Wenn sich ein Unfall zuträgt, hat der Versicherte für die versicherten Sachen zu sorgen. Anm. 2.
Damit ist nur ein Unfall gemeint, für welchen der Versicherer haftet; andere Unfälle kommen für den Versicherungsvertrag nicht in Frage. Die im § 819 vorgeschriebene Fürsorge, deren Kosten der Versicherer nach § 834 Nr. 3 zu ersetzen hat, bezieht sich auf die Abwendung der Folgen eines dem Versicherer zur Last fallenden Unfalls. Der Versicherte kann dagegen nicht Ersatz derjenigen Aufwendungen verlangen, welche er gemacht hat, um den Eintritt eines Unfalls abzuwenden, welcher dem Versicherer zur Last fallen würde. Ist z. B. ein nur gegen Totalverlust versichertes Schiff gestrandet, so kann der Versicherte nicht Ersatz der Abbringungskosten mit der Begründung verlangen, daß er durch Aufwendung der Kosten einen Totalverlust verhütet, mithin im Interesse des Versicherers gehandelt habe. Der Versicherer hat nicht die Kosten zu erstatten, welche zur Abwendung eines ihm zur Last fallenden Unfalls aufgewendet sind. Der Versicherte ist stets verpflichtet, auf eigene Kosten die erforderlichen Maßregeln zu treffen, um Unfälle abzuwenden, gegen welche er versichert ist. Geschieht dies nicht, obwohl es möglich ist, so ist der Unfall auf ein Verschulden des Versicherten zurückzuführen und steht daher nicht zur Verantwortlichkeit des Versicherers (HGZ. 1896 Nr. 105). In einem HGZ. 1893 Nr. 35 und 102 mitgeteilten Falle waren Kohlen „frei von Beschädigung außer im Strandungsfall" mit der Klausel versichert: „Die Gefahr der Selbstentzündung oder deren Folgen sind inkludiert." Das Schiff erlitt Havarie; in die Kohlenladung drang Seewasser

§ 819. ein; ein Strandungsfall lag nicht vor. Im Nothafen stellten Sachverständige fest, daß eine Austrocknung der Kohlen unmöglich sei und die Kohlen im Falle der Weiterverschiffung mit Sicherheit durch Selbstentzündung vernichtet würden. Die Kohlen wurden verkauft und der Versicherer vom Hanseat. OLG. und vom RG. zur Bezahlung des Schadens verurteilt. In den Gründen des Reichsgerichts heißt es: die Nichtbeförderung und der Verkauf der Kohlen stelle sich als eine Maßregel dar, welche, nachdem bereits ein Seeunfall vorlag, der in seiner Folge zur Selbstentzündung führen mußte, zu dem Zwecke getroffen wurde, den bei versicherungsmäßiger Fortsetzung der Reise als sicher zu erwartenden Fall der Selbstentzündung und damit den für den Versicherer nach der Police voraussichtlich sich ergebenden Fall des Totalverlustes zu dessen Gunsten zu vermeiden. Der Versicherte sei ersatzberechtigt, da die Voraussetzungen der nützlichen Geschäftsführung vorlagen. Der Einwand sei nicht gerechtfertigt, daß diese Ansicht zu der Konsequenz führe, daß der nur gegen Totalverlust versicherte Reeder alle Partialschäden reklamieren könne, weil er den sonst drohenden Totalverlust durch deren Reparatur vermeide. Im gegebenen Falle bestehe das Entscheidende darin, daß bereits ein Seeunfall vorlag, der nach menschlicher Voraussicht zur Selbstentzündung und zum Totalverlust führen mußte, welcher nur durch den Verkauf abgewendet werden konnte. Es handelte sich also nicht um eine Aufwendung zur Verhütung von Schäden, welche unter allen Umständen dem Versicherten obliege.

Anm. 3. **Umfang der Fürsorge.**

Der Versicherte hat für die Rettung der versicherten Sachen und die Abwendung größerer Nachteile tunlichst zu sorgen und vorher mit dem Versicherer, wenn tunlich, über die erforderlichen Maßregeln Rücksprache zu nehmen. Die erste Pflicht des Versicherten ist, sich mit dem Versicherer in Verbindung zu setzen; dies ist der in der Praxis regelmäßige Weg, die erforderlichen Maßregeln werden von allen Beteiligten gemeinschaftlich getroffen. Ist ein Agent des Versicherers am Havereiplatze oder von dort leicht zu erreichen, so ist er hinzuzuziehen. Sonst wird der Versicherte in der Regel verpflichtet sein, den Versicherer auf telegraphischem Wege zu benachrichtigen und seinen Rat einzuholen. Die Umstände des Falles sind dem Versicherer möglichst genau mitzuteilen, so daß er in der Lage ist, sich von dem Zustande der versicherten Sache ein richtiges Bild zu machen und zu beurteilen, was zur Rettung der Sache am zweckdienlichsten ist. Erklärt der Versicherer sich nicht oder werden von mehreren Versicherern widersprechende Weisungen gegeben, so ist der Versicherte berechtigt, nach eigenem besten Ermessen zu verfahren. Macht der Versicherte bestimmte Vorschläge, so ist der Versicherer nach Treu und Glauben verpflichtet, sich darauf zu äußern; sein Stillschweigen ist als Genehmigung aufzufassen (HGZ. 1910 Nr. 47). Ist der Versicherte wegen indirekten Kollisionsschadens in Anspruch genommen, so müssen dem Versicherer der Hergang des Zusammenstoßes im einzelnen geschildert, Verklarung und sonstige Beweise vorgelegt werden, um ihm ein Urteil zu ermöglichen, ob der Anspruch des Dritten bestritten werden soll oder nicht. Unterläßt der Versicherte die Unterrichtung des Versicherers, so verwirkt er seinen Anspruch gegen diesen, wenn auch nur die Möglichkeit vorhanden ist, daß der Anspruch des Dritten mit Erfolg hätte bestritten werden können (HGZ. 1898 Nr. 109). Das HGB. enthält keine Vorschrift über die Frage, was rechtens ist, wenn sich die Parteien nicht einigen oder der Versicherte der mit dem Versicherer getroffenen Verabredung zuwiderhandelt. Aus der Bestimmung, daß der Versicherte, wenn tunlich, mit dem Versicherer Rücksprache zu nehmen hat, folgt, wenn diese Vorschrift überhaupt praktische Bedeutung haben soll, daß der Versicherte die Vorschläge des Versicherers auch ausführen muß. Ergreift der Versicherte andere als die vom Versicherer vorgeschlagenen Maßregeln, so hat er sein Verhalten zu rechtfertigen und die Angemessenheit seiner Wahl zu beweisen (Prot. S. 3207). Dies gilt sowohl bei Voll- wie bei Teilversicherungen.

Anm. 4. **Untunlichkeit der Rücksprache mit dem Versicherer.**

Eine Rücksprache mit dem Versicherer ist nur in seltenen Ausnahmefällen untunlich, z. B. wenn vom Havereiplatze aus eine Verbindung mit dem Versicherer oder dessen Agenten nicht hergestellt werden kann oder wenn ein so schnelles Handeln erforderlich ist, daß bei einer

Verzögerung, um die Entscheidung des Versicherers einzuholen, die Gefahr des Untergangs der versicherten Sachen begründet ist. In solchen Fällen, oder wenn der Versicherer die zu treffenden Maßregeln in das Ermessen des Versicherten stellt, hat dieser nach folgenden Grundsätzen zu verfahren: § 819.

Er hat die versicherten Sachen zu retten, wenn es tunlich ist, d. h. wenn es möglich ist und die Rettungsmaßregeln wirtschaftlich gerechtfertigt erscheinen. Ob die Rettung überhaupt möglich ist, ist eine von Sachverständigen zu entscheidende Frage; ob sie wirtschaftlich eine der Vernunft entsprechende Maßregel ist, hängt von den Umständen des einzelnen Falles ab. Der Versicherer kann nicht verlangen, daß wirtschaftlich unvernünftige Maßregeln getroffen werden. Der Versicherte hat sich aber hierbei nicht von solchen Gesichtspunkten leiten zu lassen, welche für ihn bestimmend wären, wenn er nicht versichert wäre (Maßstab des prudent uninsured owner nach englischem Recht). Die gegenteilige Ansicht, der Versicherte müsse so handeln, wie er im eigenen Interesse gehandelt haben würde, wenn er nicht versichert wäre, wird zwar von Voigt S. 359 und vom Reichsgericht (Bd. 32 Nr. 2) vertreten, kann aber nicht in allen Fällen als richtig anerkannt werden. Insbesondere hat das ROHG. (Bd. 18 Nr. 79) ausgeführt, die englische Theorie des prudent uninsured owner entspreche nicht dem deutschen Recht. Der Versicherte handelt vielmehr als Geschäftsführer des Versicherers und hat daher dessen Interessen zu berücksichtigen, insbesondere die Vorschriften des Versicherungsvertrages zu befolgen. Die Rettung hat daher zu erfolgen, wenn sie tunlich und vom Standpunkt des Versicherers aus wirtschaftlich vernünftig ist. Ist z. B. das versicherte Schiff gestrandet, so ist der Versicherte nicht schon aus dem Grunde berechtigt, keine Abbringungsversuche zu machen, weil die Abbringungskosten mehr betragen würden, als der Wert des Schiffes im geborgenen Zustande. Denn es ist zu berücksichtigen, daß die Abbringungskosten nicht zur vollen Höhe dem Versicherer zur Last zu fallen brauchen, z. B. wenn eine Verteilung in Havariegrosse stattfindet, und daß ferner für den Versicherer der Unterschied zwischen alt und neu (HGB. §§ 872, 710) in betracht kommt. Ergibt sich, daß der Verkauf des gestrandeten Schiffes vorteilhafter für den Versicherer ist als die Abbringung, so ist der Versicherte zur Abbringung nicht verpflichtet (ROHG. 18, 79).

Der Versicherte ist nicht verpflichtet, mit unverhältnismäßigen Opfern an Zeit und Kosten verbundene Geschäftsunternehmungen einzugehen, um die versicherte Sache zu retten, es sei denn, daß der Versicherer die nötigen Geldmittel hergibt; der Versicherte darf z. B. das beschädigte Schiff im Nothafen verkaufen, wenn die zur Notreparatur erforderlichen Materialien aus einem entlegenen Hafen herbeigeschafft werden müssen, auch die Verholung des notdürftig reparierten Schiffes in einen anderen Hafen zur endgültigen Reparatur unverhältnismäßige Kosten verursachen würde (HGZ. 1890 Nr. 68). Anm. 5.

Der Versicherte braucht sich nicht auf gewagte, auch sein übriges Vermögen gefährdende Unternehmungen einzulassen; wird z. B. das versicherte Schiff in Seenot von einem ebenfalls dem Versicherten gehörigen Schiffe angetroffen, so ist der Versicherte in seinem Verhältnis zum Versicherer zur Hilfeleistung nicht verpflichtet; tut er es doch, so kann er nicht nur Ersatz der tatsächlich aufgewendeten Kosten, sondern auch Hilfslohn vom Versicherer verlangen, da er als Geschäftsführer ohne Auftrag eine der Geschäftsführung, welche regelmäßig nur gegen Entgelt vorgenommen wird, angemessene Vergütung beanspruchen kann (RG. 32 Nr. 2, HGZ. 1893 Nr. 28). Anm. 6.

Eine Verpflichtung zur Rettung besteht ferner nicht, wenn der Versicherte nachweist, daß unter den besonderen Umständen des Falles ein Vertreter des Versicherers, wenn er am Platze gewesen wäre, in die Unterlassung der Rettungsmaßregeln eingewilligt hätte. Der Versicherte kann zu diesem Zwecke sich auf die allgemeinen von dem Versicherer seinen Agenten erteilten Instruktionen berufen. Es würde den Grundsätzen von Treu und Glauben widersprechen, wenn der Versicherer die Berücksichtigung solcher Instruktionen nicht gelten lassen wollte, obwohl sein Agent sie hätte befolgen müssen, wenn er am Havarieplatze gewesen wäre (ROHG. Bd. 18 Nr. 79). Anm. 7.

Der Versicherte hat ferner für die Abwendung größerer Nachteile tunlichst zu sorgen. Dies gilt sowohl, wenn eine Rettung nicht tunlich ist, als auch wenn die versicherten Sachen Anm. 8.

§ 819. gerettet sind. Der Versicherte hat in jedem Falle die schädigenden Folgen eines Unfalls möglichst zu mindern, also z. B. wenn die versicherten Sachen nicht zu retten sind, für deren bestmögliche Verwertung zu sorgen; wenn das Schiff beschädigt ist, je nachdem was sich als vorteilhafter erweist, gleich eine vollständige oder erst eine Notreparatur vorzunehmen; wenn die versicherten Güter beschädigt sind, für ihre Wiederherstellung bestmöglichst zu sorgen.

Anm. 9. Unterläßt der Versicherte, für die Rettung und die Abwendung größerer Nachteile tunlichst zu sorgen, so ist der Schaden, welcher bei zweckmäßiger Fürsorge vermieden wäre, als durch Verschulden des Versicherten entstanden anzusehen und daher nicht zu Lasten des Versicherers. Die richtige Erfüllung der Pflichten gemäß § 819 ist insoweit eine Bedingung des Anspruchs des Versicherten, als auch nur die Möglichkeit bestehen bleibt, daß der Schaden im Fall der Erfüllung abgewandt wäre (HGZ. 1898 Nr. 109). Der Versicherte hat auch dafür aufzukommen, daß die Vorschrift des § 819 von seinem mit der Sorge für den versicherten Gegenstand betrauten Vertreter befolgt wird. Dafür, daß der Versicherte für Verschulden seines Vertreters nicht haftet, wenn eine culpa in eligendo nicht vorliegt: Hanseat. OLG. in HGZ. 1906 Nr. 88. Nach HGZ. 1897 Nr. 54 „kommen als Vertreter nur solche Personen in Betracht, welche von dem Versicherten für das vorliegende Rechtsverhältnis zu Vertretern bestellt sind, nicht aber ohne weiteres jede Person, die in Ansehung der versicherten Sache in irgend einer Beziehung Rechte des Versicherten wahrzunehmen haben". Der Schiffer ist Vertreter des Reeders nur in seinen geschäftlichen Funktionen (vgl. Anm. 16 zu § 820), z. B. bei dem Entschluß, ein havariertes Schiff zu verkaufen, nicht dagegen, wenn es sich darum handelt, für ein anderes Schiff, welches mit dem versicherten Schiffe zusammengestoßen ist, zu sorgen, oder wenn er es unterläßt, die Stelle zu markieren, wo das versicherte Schiff untergegangen ist (HGZ. 1897 Nr. 54). Über Verschulden des Schiffers bei der Güterversicherung vgl. Anm. 14.

Einzelne Fälle.

Anm. 10. A. **Schiffsversicherung.**

1. Ist das versicherte Schiff gestrandet, so ist der Versicherte verpflichtet, es abzubringen, wenn es möglich ist. Ob die Kosten der Abbringung mehr betragen als der Wert des Schiffes nach der Rettung, ist in der Regel gleichgültig (vgl. Anm. 4; ROHG. 18 Nr. 79). Nur wenn die Rettungskosten unverhältnismäßig hoch sind und die Rettungsversuche wahrscheinlich erfolglos sein werden, darf der Versicherte das gestrandete Schiff verkaufen; denn in solchem Falle würden die für die Rettung verausgabten Kosten nicht zweckmäßig verwendet und daher vom Versicherer nicht zu ersetzen sein (HGZ. 1872 Nr. 146, 306, 1875 Nr. 33). Die Frage, ob ein gestrandetes Schiff abgebracht oder verkauft werden soll, wird durch § 873, wonach der Versicherte im Falle der Reparaturunfähigkeit oder -unwürdigkeit das Schiff für Rechnung des Versicherers verkaufen darf, nicht gelöst. Denn diese Vorschrift kann naturgemäß erst dann eingreifen, wenn das Schiff abgebracht ist. Ist die Abbringung des Schiffes nicht tunlich, so liegt Totalverlust vor (vgl. Anm. 12 zu § 854), während § 873 nur auf Partialschäden anwendbar ist (HGZ. 1872 Nr. 146, 306).
2. Die gleichen Grundsätze gelten, wenn ein Schiff gesunken und die Hebung möglich ist.
3. Übernimmt der Versicherer im Einverständnis mit dem Versicherten, die versicherte Sache zu retten, so haftet der Versicherer nicht für eine Verzögerung der Rettung infolge Verschuldens der von ihm mit der Rettung beauftragten Person, sofern ihm nicht eine culpa in eligendo nachgewiesen werden kann (HGZ. 1903 Nr. 121).
4. Der Schiffsversicherung steht mit Bezug auf die dem Versicherten auf Grund § 819 obliegenden Verpflichtungen die Frachtversicherung gleich (ROHG. Bd. 18 Nr. 79), es sei denn, daß die Fracht (Frachtvorschuß) Güterinteresse ist (vgl. Anm. 9 zu § 779).

Anm. 11. B. **Güterversicherung.**

1. Erreichen die Güter beschädigt den Bestimmungsort, so findet § 875 Anwendung.

Anm. 12. 2. **Unbeschädigte Güter.**

Muß das Schiff, in welchem sich die versicherten Güter befinden, unterwegs repariert werden, so muß der Versicherte die Reparatur abwarten. Kann das havarierte Schiff die

Reise überhaupt nicht fortsetzen, so ist der Versicherte verpflichtet, die unbeschädigten Güter anderweitig zu befördern; ob die Güter infolgedessen später ankommen, ist gleichgültig. Nur aus zwingenden Gründen darf der Versuch, die Güter zum Bestimmungsort weiterzubefördern, aufgegeben (HGZ. 1877 Nr. 141) und zum Verkauf der Güter geschritten werden. Als solche zwingenden Gründe sind in der Rechtsprechung anerkannt: §819.

a) wenn die Weiterbeförderung unmöglich ist; absolute Unmöglichkeit ist jedoch nicht erforderlich. Der Versicherte darf z. B. die Güter verkaufen, wenn das Schiff gestrandet ist und die Güter am Strande an einer für Frachtschiffe nicht erreichbaren gefährlichen Stelle liegen und auch vom Lande aus nicht geborgen werden können. Zeitweilige Unausführbarkeit der Weiterbeförderung berechtigt nicht zum Verkauf, es sei denn, daß Gefahr im Verzuge ist, z. B. wenn die Güter auf einem offenen Strand geborgen sind und die Gefahr besteht, daß sie, bevor Weiterbeförderung möglich ist, durch Sturmfluten vernichtet werden (HH. 161), oder wenn die Güter infolge der Verzögerung durch inneren Verderb zu Grunde gehen (HGB. § 821 Nr. 3);

b) wenn im Falle der Weiterbeförderung der vom Versicherer zu ersetzende Schaden größer sein würde als im Falle des Verkaufes an Ort und Stelle. Der Versicherer hat gemäß HGB. § 828 die Kosten der Löschung, der einstweiligen Lagerung und die Mehrkosten der Weiterbeförderung sowie gemäß § 834 Nr. 3 die zur Rettung sowie zur Abwendung größerer Nachteile notwendig oder zweckmäßig aufgewendeten Kosten zu tragen. Würde der Wert der Güter am Bestimmungsort abzüglich der Summe der genannten Kosten weniger betragen als der Verkaufserlös an Ort und Stelle, so muß der Versicherer den Verkauf als seinem Interesse und den Grundsätzen von Treu und Glauben entsprechend als für seine Rechnung geschehen anerkennen (HH. 161, ROHG. Bd. 24 Nr. 103). Andererseits ist der Versicherer nicht verpflichtet die Kosten der Weiterbeförderung zu tragen, wenn diese sich wegen ihrer unverhältnismäßig hohen Kosten als eine unzweckmäßige Maßregel darstellt. Daraus folgt, daß der Versicherer in solchem Falle den Verkauf der Ladung verlangen kann (Archiv IV S. 315, Anm.).

3. **Beschädigte Güter.** Anm.13.

Befinden sich die Güter unterwegs in einem Nothafen, Zwischenhafen oder an einem anderen Platze im beschädigten Zustande, so ist der Versicherte in erster Linie verpflichtet, die Güter weiter zu befördern. Kann die Weiterbeförderung nicht geschehen, ohne daß zuvor Maßregeln zur Erhaltung der Güter getroffen werden, so sind die Güter zunächst soweit in Stand zu setzen, daß eine Weiterbeförderung tunlich ist, und alsdann zum Bestimmungsort zu befördern; es ist z. B. durch Seewasser feucht gewordenes Getreide zu trocknen, beschädigte Fässer sind zu verküpern (ROHG. Bd. 23 Nr. 122). Zum Verkauf der beschädigten Güter ist der Versicherte außer in den in Anm. 12 a und b genannten Fällen nur berechtigt, wenn die zur Weiterbeförderung notwendige Wiederherstellung nicht möglich ist (ROHG. Bd. 25 Nr. 88). Wenn der Versicherer die Weiterbeförderung der Güter verlangt, kann der Versicherte nicht aus dem Grunde widersprechen, weil die Beschädigung im Fall der Weiterbeförderung zunehmen würde; diese Gefahr trägt der Versicherer (ROHG. aaO.).

Verkauf durch den Schiffer. Anm.14.

Werden die Güter unterwegs vom Schiffer verkauft, so fragt es sich, ob der Versicherer für diese Handlungsweise des Schiffers aufzukommen hat. Diese Frage ist jedenfalls dann zu verneinen, wenn der Versicherte den dem Versicherungsvertrage nicht entsprechenden Verkauf gebilligt oder trotz rechtzeitiger Kenntnis von der Absicht des Schiffers ihm nicht widersprochen hat (HH. 26). Im übrigen ist zu beachten, daß der Schiffer auf Grund des Frachtvertrages für das Beste der Ladung nach Möglichkeit Sorge zu tragen hat (HGB. § 535), nicht aber verpflichtet ist, auch den Bestimmungen des vom Ladungsinteressenten geschlossenen Versicherungsvertrages entsprechend zu handeln. Ein Verschulden des Schiffers, für welches der Versicherer gemäß § 820 Nr. 6 aufkommt, liegt daher nur vor, wenn der Schiffer seinen auf dem Frachtvertrage beruhenden Verpflichtungen zuwiderhandelt, nicht aber, wenn er die auf Grund des Versicherungsvertrages erforderlichen Maßregeln nicht trifft (HH. 161). Es ist wohl möglich, daß ein Verkauf der Güter im Interesse des Ladungseigentümers liegt, dem

§ 820. Versicherer gegenüber aber nicht gerechtfertigt ist, z. B. wenn Saisonwaren infolge Reparatur des Schiffes im Nothafen erst nach Schluß der Saison im Bestimmungshafen eintreffen würden. Ist der Schiffer als Cargadeur anzusehen, z. B. wenn die Güter seiner persönlichen Fürsorge anvertraut sind, so ist der Versicherte in jedem Falle für die Handlungsweise des Schiffers dem Versicherer verantwortlich (U. 286).

Vierter Titel.

Umfang der Gefahr.

§ 820.

Der Versicherer trägt alle Gefahren, denen Schiff oder Ladung während der Dauer der Versicherung ausgesetzt sind, soweit nicht durch die nachfolgenden Vorschriften oder durch Vertrag ein anderes bestimmt ist.

Er trägt insbesondere:

1. die Gefahr der Naturereignisse und der sonstigen Seeunfälle, auch wenn diese durch das Verschulden eines Dritten veranlaßt sind, wie Eindringen des Seewassers, Strandung, Schiffbruch, Sinken, Feuer, Explosion, Blitz, Erdbeben, Beschädigung durch Eis usw.;
2. die Gefahr des Krieges und der Verfügungen von hoher Hand;
3. die Gefahr des auf Antrag eines Dritten angeordneten, von dem Versicherer nicht verschuldeten Arrestes;
4. die Gefahr des Diebstahls sowie die Gefahr des Seeraubs, der Plünderung und sonstiger Gewalttätigkeiten;
5. die Gefahr der Verbodmung der versicherten Güter zur Fortsetzung der Reise oder der Verfügung über die Güter durch Verkauf oder durch Verwendung zu gleichem Zwecke (§§ 538—541, 732);
6. die Gefahr der Unredlichkeit oder des Verschuldens einer Person der Schiffsbesatzung, sofern daraus für den versicherten Gegenstand ein Schaden entsteht;
7. die Gefahr des Zusammenstoßes von Schiffen und zwar ohne Unterschied, ob der Versicherte infolge des Zusammenstoßes unmittelbar oder ob er mittelbar dadurch einen Schaden erleidet, daß er den einem Dritten zugefügten Schaden zu ersetzen hat.

Voigt § 69, Prot. S. 3210—3230, 3673, 4328—4332.

Anm. 1. **Allgemeine Begrenzung.**

Der Versicherer trägt alle Gefahren, denen Schiff oder Ladung während der Dauer der Versicherung ausgesetzt sind, sofern nicht durch das Gesetz oder den Vertrag ein Anderes bestimmt ist. Es ist durch diese Fassung des Gesetzes beabsichtigt, die Haftung des Versicherers möglichst umfassend zu gestalten und dadurch zum Ausdruck zu bringen, daß auch außer acht gelassene Zufälle dem Versicherer zur Last fallen (HGZ. 1883 Nr. 35 u. 106). Es ist davon abgesehen, die einzelnen Gefahren aufzuzählen, für welche der Versicherer verantwortlich sein soll, da eine erschöpfende Aufzählung nicht möglich ist; es ist dem Versicherer überlassen, diejenigen Gefahren, welche er nicht übernehmen will, im Vertrage besonders zu bezeichnen (Prot. S. 4328). Der Ausdruck: „der Versicherer trägt alle Gefahren" soll nicht bedeuten, daß die Haftpflicht des Versicherers schon dann entsteht, wenn die Gefahr besteht, daß ein Unfall sich ereignet; dies würde zu der unrichtigen Auffassung führen, daß der Versicherer hafte, wenn zur Abwendung eines drohenden Unfalls Aufwendungen gemacht werden. Der Sinn ist vielmehr, daß der Versicherer für jeden Unfall haftet, welcher dadurch veranlaßt wird, daß Schiff oder Ladung oder beide den Gefahren der Seeschiffahrt ausgesetzt werden. Voraussetzung der Haftung des Versicherers ist daher der Eintritt eines auf einer Gefahr der Seeschiffahrt beruhenden Unfalls. Über den Begriff der Gefahr der Seeschiffahrt vgl. Anm. 5 zu § 778. § 820.

Begriff des Unfalls. Anm. 2.

„Der Versicherer trägt alle Gefahren" bedeutet nicht, daß der Versicherer jedweden Schaden zu ersetzen hat, welchen der Versicherte infolge der Gefahr erleidet. Der Versicherer hat vielmehr grundsätzlich nur solche Schäden zu ersetzen, welche durch Gefahren der Seeschiffahrt unmittelbar verursacht sind, es sei denn, daß Vertrag oder Gesetz (z. B. § 820 Nr. 7, § 834 Abs. 1, § 828 Abs. 2, § 834 Nr. 3) ein Anderes bestimmen (vgl. Ritter in Zeitschrift für Versicherungswissenschaft Band 11, Heft 5 S. 764 fg.).

Unter Unfall ist zu verstehen jedes äußere schadenbringende Ereignis, dessen Eintritt als etwas Zufälliges erscheint. Es ist irreführend, wenn Voigt (S. 377) den Unfall als ein außerordentlicherweise eintretendes Ereignis bezeichnet. In einem HGZ. 1894 Nr. 6 mitgeteilten Falle waren mehrere Kisten Eier für die Reise von Ungarn nach London versichert. Die Kisten wurden an der deutschen Grenze, in Hamburg und in Harwich umgeladen. Nach Ankunft in London stellte sich heraus, daß die Eier dadurch beschädigt waren, daß das Packstroh feucht und moderig geworden war. Das OLG. ließ den Versicherten nicht mit dem Beweise zu, daß das Stroh bei der Verpackung trocken und bei den Umladungen durch Regen feucht geworden sei, da Regenfälle bei dreimaliger Umladung nicht als außerordentliches Ereignis angesehen werden könnten. Das RG. (HGZ. 1895 Nr. 2) hob das Urteil auf: Regen während der Umladungen sei ein zufälliges Ereignis, für welches der Versicherer nur dann nicht hafte, wenn der Gefahr, durch Regen beschädigt zu werden, durch die Verpackung hätte vorgebeugt werden können und sollen. Offenbar hat auch Voigt, wie sich aus dem Zusammenhang auf S. 377 ergibt, außerordentliche Ereignisse gar nicht als gleichbedeutend mit ungewöhnlichen Ereignissen verstanden, sondern lediglich zum Ausdruck bringen wollen, daß als Unfälle nur äußere, zufällige, schadenbringende Ereignisse anzusehen sind. Danach scheiden aus und sind nicht zu Lasten des Versicherers:

1. solche schadenbringenden Ereignisse, welche erfahrungsgemäß auf allen Reisen der versicherten Art sich ereignen oder deren Eintritt mit Sicherheit feststeht und daher nicht als zufällige, unvorhergesehene bezeichnet werden können, z. B. Abnutzung des Schiffes im gewöhnlichen Gebrauch, Beschädigung der Güter durch Schiffsdunst, Schaden durch Quarantäne, welche vor Beginn der Gefahr verhängt ist. „There must be some casualty, something which could not be foreseen as one of the necessary incidents of the adventure. The purpose of the policy is to secure an indemnity against accidents which may happen, not against events which must happen (Mc. Arthur, the contract of marine insurance II Ed. S. 110);
2. innere Ereignisse, d. h. solche, welche nicht von außen den Gegenstand der Versicherung treffen, sondern von innen, aus der natürlichen Beschaffenheit des versicherten Gegenstandes heraus wirken, z. B. Schaden durch inneren Verderb der versicherten Güter.

Der Versicherer trägt alle Gefahren, denen Schiff oder Ladung ausgesetzt sind, d. h. die Gefahr aller Unfälle, welche Schiff oder Ladung unmittelbar bedrohen. Es scheiden daher alle Vermögenseinbußen aus, welche der Versicherte infolge der Reise erleidet, wenn Schiff resp. Ladung intakt bleiben, z. B. Konjunkturverlust infolge Reiseverzögerung; das Zeitinteresse, d. h. das Interesse daran, daß Schiff oder Güter den Bestimmungsort zu einer bestimmten Zeit erreichen, ist, falls nicht besonders vereinbart, durch Seeversicherung nicht gedeckt. Bei einer Versicherung von Gütern in durchstehendem Risiko haftet daher der Versicherer auch nicht, Anm. 3.

§ 820. wenn die Güter infolge Verzögerung der Reise den Anschluß nicht erreichen und dadurch z. B. Lagerkosten entstehen (HGZ. 1875 Nr. 166).

Anm. 4. **Während der Dauer der Versicherung,** d. h. in den zeitlichen und räumlichen Grenzen der Versicherung muß der Unfall sich ereignen.

1. Zeitliche Grenzen:

Bei Reiseversicherungen muß der Unfall sich ereignen in dem Zeitraum zwischen Beginn und Ende der Gefahr (vgl. HGB. §§ 823 fg.); bei Zeitversicherungen muß der Unfall in dem durch den Vertrag bestimmten Zeitraum sich ereignen. Ist z. B. ein Schiff vom 1. Januar bis 31. Dezember versichert, so haftet der Versicherer für jeden Unfall, welcher sich während dieses Zeitraumes ereignet, mögen auch die Folgen des Unfalls erst nach dem 31. Dezember eintreten; andrerseits haftet der Versicherer für keinen, sich vor dem 1. Januar ereignenden Unfall, wenn auch die schädigenden Folgen ganz oder zum Teil erst nach dem 1. Januar eintreten.

2. Ebenso verhält es sich, wenn die Versicherung nur in bestimmten räumlichen Grenzen gilt, z. B. Versicherung eines Schiffes während seiner Fahrt auf der Elbe von der Elbmündung bis zum Hamburger Hafen. Fährt das Schiff brennend in die Elbmündung ein, so haftet der Versicherer nicht für den Feuerschaden (HGZ. 1898 Nr. 108).

Anm. 5. Über den ursächlichen Zusammenhang zwischen Unfall und Schaden vgl. Anm. 8 in § 882.

Anm. 6. **Die vom Versicherer zu tragenden Gefahren im einzelnen.**

Vorbemerkung:

Die Aufzählung der Gefahren unter Nr. 1—7 ist keine erschöpfende; es werden, wie sich aus dem Worte „insbesondere" ergibt, nur die hauptsächlichen Gefahren beispielsweise aufgeführt.

Anm. 7. **Die Gefahr der Elementarereignisse und der sonstigen Seeunfälle.**

Es macht keinen Unterschied, ob die Seeunfälle durch das Verschulden eines Dritten veranlaßt sind, also z. B., wenn durch Verschulden einer Person der Schiffsbesatzung das Schiff untergeht, strandet, Schaden durch Zusammenstoß erleidet, wenn Güter durch Verschulden des Stauers ins Wasser fallen (HGZ. 1878 Nr. 39). Unter Seeunfällen sind nicht nur die auf See sich ereignenden Unfälle anzusehen; es gehören dazu alle Unfälle, welche den versicherten Gegenstand während der Dauer der Versicherung treffen, also z. B. auch das Eindringen von Süßwasser, während das Schiff sich noch im Hafen oder auf dem Flusse befindet. Beschädigung durch Eis bezieht sich nur auf den Schaden, den der versicherte Gegenstand selbst durch Eis erleidet, z. B. Leckwerden des Schiffes im Eise. Verlust des Versicherten durch Verzögerung durch Eis oder durch Einfrieren des Schiffes trägt der Versicherer nicht, wohl aber die Beiträge zur Havariegrosse, wenn das Schiff wegen Eisgefahr einen Nothafen anläuft. In den Versicherungsbedingungen findet sich häufig die Bestimmung, daß der Versicherer für den Schaden nicht haftet, welcher durch Forzieren von feststehendem Eis verursacht ist, es sei denn, daß solches Forzieren zur Rettung von Schiff oder Ladung notwendig gewesen ist. Unter feststehendem Eise ist eine definitiv zum Stehen gekommene Eisdecke, nicht schon stark zusammengeschobenes Treibeis zu verstehen (HGZ. 1892 Nr. 113).

Anm. 8. **Beschädigung von Gütern durch andere in dem Schiff verladene Güter** ist zu Lasten des Versicherers, auch wenn der Schaden auf fehlerhafte Stauung zurückzuführen ist. Bei den Beratungen des HGB. ist allerdings zum Ausdruck gebracht (Prot. S. 3229), der Versicherer hafte für solchen Schaden nur, „wenn ein Unfall in der Mitte liege; es würde also genügen, wenn das Schiff bei fortwährend gleichem Winde stets auf die eine Seite geneigt sei, dadurch die Lage der Güter sich ändere, und infolge hiervon ein Teil derselben Schaden leide; dagegen würde der Assekuradeur den entstandenen Schaden nicht zu ersetzen brauchen, wenn eine Ladung Tee bloß durch die Anwesenheit einer Quantität Kampfer beschädigt worden sei, die in demselben Schiffe sich befinde, da es nicht geradezu ungebräuchlich erscheine, beide Arten von Gütern in einem und demselben Schiffe zu verladen". Es wurde aber von einer ausdrücklichen Bestimmung Abstand genommen und beschlossen, die Frage im Gesetze offen zu lassen; sie müßte im Einzelfall auf Grund der Vorschrift des Abs. 1 entschieden werden. Demgemäß § 820. fragt es sich, ob die Beschädigung von Gütern durch andere in dem Schiffe verladene Güter ein auf den Gefahren der Seeschiffahrt beruhender Unfall ist. Diese Frage wird zu bejahen sein. Denn es gehört zu den Gefahren der Seeschiffahrt, wenn Güter in einer sie gefährdenden Weise mit anderen Gütern zusammen verladen werden. Ob diese Gefahr durch Verschulden eines Dritten herbeigeführt ist, z. B. durch verkehrte Stauung, ist gleichgültig. Der Versicherer haftet daher, wenn z. B. Marmor durch darüber verstautes Öl beschädigt wird, ohne Unterschied, ob der Schaden lediglich durch gewöhnliche Leckage des Öles herbeigeführt wird, oder ob das Auslecken des Öles auf einem Seeunfall beruht. Unter den in Nr. 1 angeführten Beispielen findet sich auch die Explosion als ein dem Versicherer zur Last fallender Unfall. Der Versicherer haftet also, wenn durch Explosion verladener Explosivstoffe andere in dem Schiffe befindliche Güter beschädigt werden; dasselbe muß gelten, wenn Güter durch eine andere gefährdende Beschaffenheit mitverladener Güter beschädigt werden. Ebenso würde die Haftung des Versicherers begründet sein, wenn z. B. Tee dadurch beschädigt würde, daß das Schiff auf der früheren Reise Petroleum geladen hätte und nicht genügend gereinigt worden wäre.

2. **Die Gefahr des Krieges und der Verfügungen von hoher Hand.** Anm. 9.

Über Kriegsgefahr vgl. HGB. §§ 848, 849.

Unter Verfügungen von hoher Hand sind alle Maßregeln oder Anordnungen staatlicher Organe zu verstehen, welche Schiff oder Ladung gefährden können und welche nicht nur im speziellen Falle den Gegenstand der Versicherung treffen (wie z. B. ein Arrest), sondern jedes Schiff resp. Ladung, bei denen die Bedingungen vorliegen, unter welchen die Maßregel eingreifen soll (Sieveking, das deutsche Seerecht, § 57). Eine Quarantänemaßregel, welche nicht mit einer Sperrung des betreffenden Hafens verbunden ist, ist nicht als eine Verfügung von hoher Hand anzusehen (HGZ. 1889 Nr. 74, RG. 25 S. 94). Sind nach den Bedingungen der Police alle Schäden und Kosten zu ersetzen, welche dem Versicherten durch Quarantänemaßregeln erwachsen, so sind auch die von dem versicherten Befrachter dem Reeder zu bezahlenden Quarantänekosten-Zuschläge zur Fracht zu ersetzen; der Versicherer haftet jedoch nicht, wenn der Versicherte Gelegenheit hatte, anderweitig ohne Frachtzuschlag zu verladen (HGZ. 1894 Nr. 106). Der Versicherer haftet auch nicht, wenn der Versicherte bei Beginn der Gefahr wußte, daß der versicherte Gegenstand von der Quarantänemaßregel betroffen werden würde (HGZ. 1895 Nr. 54).

Zölle. Anm. 10.

Die Auferlegung von Zöllen ist als eine Verfügung von hoher Hand anzusehen. In diesem Sinne hat das RG. (Bd. 10 Nr. 6) (HGZ. 1883 Nr. 106) allerdings nur in einem Falle entschieden, wo auch gegen Kriegsgefahr versichert war und der Zoll entgegen dem bestehenden Staatsvertrage von einer kriegführenden Partei erhoben wurde. Das RG. stellt dahin, ob der Versicherer auch haften würde, wenn die Zollerhebung in Friedenszeiten stattgefunden hätte. Diese Frage wird jedoch zu bejahen sein; denn wenn die Erhebung eines Zolles eine Verfügung von hoher Hand ist, was nicht bezweifelt werden kann, so kann es keinen Unterschied machen, ob die Verfügung Folge des Krieges ist oder auf anderen Ursachen beruht. In jedem Falle ist jedoch zu beachten, daß der Versicherer nicht haftet, wenn die Erhebung des Zolles erst nach Ankunft am Bestimmungsort eintritt, weil mit der Landung am Bestimmungsort die Gefahr für den Versicherer aufhört. Der Versicherer haftet ferner nicht, wenn bei Beginn der Gefahr der Versicherte die Änderung der Zollverhältnisse kannte; denn der Versicherer trägt alle Gefahren *während der Dauer der Versicherung*; ein Umstand, von welchem der Versicherte weiß, daß seine schädigenden Folgen mit Sicherheit eintreten werden, kann begrifflich seiner Gewißheit wegen nicht als Gefahr bezeichnet werden.

3. **Die Gefahr des auf Antrag eines Dritten angeordneten, von dem Versicherten nicht verschuldeten Arrestes.** Anm. 11.

Im Gegensatz zur Nr. 2 handelt es sich hier um Privatarreste; dahin gehört auch ein vom Fiskus als solchen ausgebrachter Arrest, welcher in der Regel die Sicherung einer

§ 820. Forderung bezweckt. Die allgemeine Fassung der Nr. 3 rechtfertigt die Ansicht, daß jeder unverschuldete Arrest an sich und ohne Rücksicht auf seinen Grund eine vom Versicherer zu tragende Gefahr darstellt (HGZ. 1901 Nr. 44). Selbstverständlich kann auch diese Gefahr durch beschränkende Klauseln ausgenommen werden, wie z. B. durch die Klauseln „nur gegen Totalverlust“ oder „auf behaltene Ankunft“ (der entgegengesetzten Ansicht des RG. in HGZ. 1901 Nr. 44 kann nicht beigestimmt werden, vgl. Anm. 15 zu § 850). Es ist gleichgültig, ob der Arrest den versicherten Gegenstand oder andere mit diesem in der Schiffsgemeinschaft befindliche Gegenstände getroffen hat (Prot. S. 3218). Der Versicherer trägt die Gefahr des Arrestes bedeutet nicht etwa, daß der Versicherer für alle durch den Arrest insbesondere den hierdurch bewirkten Aufenthalt für den Versicherten entstehenden nachteiligen Folgen (z. B. Aufwendungen während des Stilliegens, entgangener Gewinn) aufzukommen habe. Allerdings ist diese weitgehende Ansicht in der Rechtsprechung vertreten (HGZ. 1883 Nr. 110 u. Entsch. des Landgerichts Hamburg vom 10. Dezember 1910, H. V 405/10); ihre Unrichtigkeit ist von Ritter in der Zeitschrift für Versicherungswissenschaft Band 11 S. 761 fg. überzeugend dargelegt. Die Vorschrift, daß der Versicherer die Gefahr des Arrestes tragen soll, hat vielmehr folgende Bedeutung:

1. er haftet für die durch die Arrestvollziehung bewirkten Substanzschäden;
2. er haftet im Rahmen des Vertrages trotz einer durch den Arrest herbeigeführten Vergrößerung oder Veränderung der Gefahr;
3. er haftet gemäß § 821 Nr. 3 eventuell für Güterschäden infolge natürlicher Beschaffenheit, mangelhafter Verpackung der Güter oder Ratten- oder Mäusefraß;
4. er haftet gemäß § 828 Abs. 2 für die Kosten einer anderweitigen Beförderung der Ladung, wenn die versicherte Reise infolge eines gegen das Schiff gerichteten Arrestes aufgegeben wird.

Der Versicherer haftet nicht für die Forderung, auf Grund derer der Arrest ausgebracht ist, es sei denn, daß diese Haftung (z. B. für mittelbaren Kollisionsschaden) anderweitig durch Gesetz oder Vertrag begründet ist; er haftet daher auch nicht für die Kosten, welche der Versicherte zur Beseitigung des Arrestes aufwenden muß (Bürgschaft, Hinterlegung). Der Versicherer haftet nur, wenn der Arrest wirklich ausgebracht ist; er haftet daher nicht für die zur Vermeidung des Arrestes aufgewendeten Kosten (HGZ. 1911 Nr. 42). Ist der Arrest infolge einer Kollision ausgebracht, so haftet der Versicherer für die Kosten des Arrestes, wenn sie zu dem dem Dritten zu vergütenden mittelbaren Kollisionsschaden gehören. Der Versicherer haftet nicht für den auf Grund des Arrestes bewirkten Zwangsverkauf; für den Verkauf des Schiffes oder der Güter haftet der Versicherer nur in den im Gesetz vorgesehenen Fällen (§§ 873, 875, 877 und Erläuterungen zu § 819). Der Arrest darf nicht vom Versicherten verschuldet sein; ein Verschulden liegt vor, wenn der Arrest dadurch herbeigeführt ist, daß der Versicherte oder sein rechtsgeschäftlicher Vertreter die im Verkehr erforderliche Sorgfalt außer acht gelassen hat. Ein Verschulden des Güterversicherten liegt z. B. vor, wenn der Arrest wegen Verletzung des Markenschutzgesetzes erfolgt; ein Verschulden des versicherten Reeders liegt vor, wenn er unterläßt, dem havariegrosseberechtigten Ladungsbeteiligten gemäß HGB. § 730 Sicherheit zu bestellen (HGZ. 1911 Nr. 42). Ein Verschulden des Versicherten wird in der Regel darin zu erblicken sein, daß er es unterläßt, Schulden zu bezahlen, deren Bezahlung durch den Arrest erzwungen werden soll; ein Verschulden liegt aber in der Zahlungsweigerung dann nicht, wenn die gegen den Versicherten geltend gemachte Forderung zweifelhafter Art ist, z. B. Forderungen aus Schiffszusammenstößen. Der Umstand, daß der Versicherte später zur Bezahlung der Forderung verurteilt wird, begründet noch nicht den Vorwurf, daß der Versicherte die Forderung von Anfang an hätte anerkennen und bezahlen müssen.

Anm. 12. 4. **Die Gefahr des Diebstahls, sowie die Gefahr des Seeraubs, der Plünderung und sonstiger Gewalttätigkeiten.**

Der Versicherer hat den Schaden zu ersetzen, den der Versicherte dadurch erleidet, daß das Schiff (HGZ. 1910 Nr. 10) oder die Güter ganz oder teilweise gestohlen, beraubt oder durch andere Gewalttätigkeiten beschädigt oder zerstört werden; er haftet auch für die bei

Gelegenheit des Diebstahls oder des Raubes verursachten Beschädigungen. Zum Beweise des Diebstahls genügt nicht das Fehlen des Gutes bei der Entlöschung. Es müssen Umstände dargetan werden, aus denen sich mit Sicherheit oder doch mit großer Wahrscheinlichkeit ergibt, daß Diebstahl vorliegt. Die Policen des Vereins Hamburger Assekuradeure enthalten mit bezug auf die Voraussetzungen für Ansprüche auf Ersatz von Diebstahlsschäden folgende „Diebstahlsklausel": **§ 820.**

„Die Versicherer haften für jeden Diebstahlsschaden; indessen wird ein Anspruch auf Ersatz eines Diebstahls einzelner Teile aus einem Kollo nur dann anerkannt, wenn durch die vom Versicherten erbrachten Nachweise mit Sicherheit auf einen widerrechtlichen Eingriff eines Dritten geschlossen werden muß. Ein einfaches Feststellen des Fehlens genügt selbst dann nicht, wenn eine Beschädigung der Verpackung oder ein Untergewicht nachgewiesen wird.

Ein Anspruch auf Ersatz eines Diebstahls ganzer Kolli wird auf Grund des von dem Versicherten gelieferten Nachweises anerkannt, daß gegen die für den Transport oder die jeweilige Lagerung verantwortliche Person oder Gesellschaft der Regreß im Prinzip mit Erfolg geltend gemacht worden ist, auf Grund spezieller befreiender Klauseln des Transportvertrages oder Lagerungsvertrages aber trotzdem nicht zur vollen Befriedigung des Versicherten geführt hat.

Selbstverständlich haftet der Versicherer bei einem Diebstahlsschaden, ebenso wie bei jedem Schaden nur, insoweit die Franchise überschritten ist und die Güter mit der gehörigen Sorgfalt verpackt worden sind.

Die Haftung des Versicherers für Diebstahlsschäden endet unter allen Umständen mit der Beendigung des Transportes außerdem muß die Tatsache des Diebstahls entweder schon während des Transportes oder während der ersten zehn Tage nach Empfang der Güter festgestellt sein."

5. **Die Gefahr der Verbodmung der versicherten Güter zur Fortsetzung der Reise oder der Verfügung über die Güter durch Verkauf oder durch Verwendung zu gleichem Zwecke (§§ 538 bis 541, 732).** Anm. 13.

a) **Güterversicherung.**

Abgesehen von der Verbodmung der Ladung im Interesse der Ladungsbeteiligten, um die Mittel zur Erhaltung und Weiterbeförderung der Güter zu beschaffen (HGB. § 535), in welchem Falle eine Haftung des Versicherers auf Grund §§ 819, 834 Nr. 3 in Frage kommen kann, ist der Schiffer berechtigt, die Ladung zu verbodmen, soweit es zum Zweck der Fortsetzung der Reise notwendig ist (§ 538). In diesem Falle kann die Ladung nur zusammen mit dem Schiff und der Fracht verbodmet werden (§ 680 Abs. 2). Die Verbodmung der Ladung wird dann als ein für Rechnung des Reeders abgeschlossenes Kreditgeschäft angesehen (§ 541), für welches der Reeder nur mit Schiff und Fracht haftet. Der Schaden, welchen der Güterversicherte infolge dieses aufgezwungenen Kreditgeschäfts dadurch erleidet, daß der Bodmereigläubiger sich aus der Ladung wegen seiner Forderung (Kapital und Prämie) befriedigt, geht zu Lasten des Versicherers (HGZ. 1891 Nr. 22). Der Güterversicherte ist nicht verpflichtet, Zahlungen aus eigenen Mitteln zu leisten, um die Verbodmung der Ladung zu verhindern (RG. 19 Nr. 17).

b) **Versicherung von Schiff oder Fracht.**

Die Gefahr der Verbodmung des versicherten Schiffes oder der versicherten Fracht gehört in der Regel nicht zu den vom Versicherer übernommenen Gefahren. Denn der Reeder, dessen Schiff oder Fracht verbodmet wird, hat den Gegenwert in den Bodmereigeldern erhalten. Nur die Bodmereiprämie kann dem Versicherer zur Last gebracht werden, wenn die Aufnahme des Bodmereidarlehns durch einen Unfall herbeigeführt ist, für welchen der Versicherer haftet (HGZ. 1891 Nr. 22). In einem Falle haftet jedoch der Versicherer auch bei Verbodmung der Fracht, nämlich bei der Frachtvorschußversicherung. Hat der Befrachter einen definitiven Frachtvorschuß bezahlt, so rechnet er damit, daß er den Vorschuß aus der Konnossementsfracht ersetzt erhält. Ist diese verbodmet und an den Bodmereigläubiger be-

§ 820. zahlt, so hat der Befrachter einen Regreß gegen den Reeder; soweit dessen fortune zum Ersatz des Schadens nicht ausreicht, ist der Versicherer verantwortlich (HGZ. 1891 Nr. 22 u. 71).

Anm. 14. 6. **Die Gefahr der Unredlichkeit oder des Verschuldens einer Person der Schiffsbesatzung, sofern daraus für den versicherten Gegenstand ein Schaden entsteht.**

Der Versicherer trägt die Gefahr der Unredlichkeit oder des Verschuldens einer Person der Schiffsbesatzung nicht unbeschränkt; Voraussetzung ist vielmehr, daß daraus für den versicherten Gegenstand ein Schaden entsteht. Unter versichertem Gegenstand ist nicht der den Gefahren der Seeschiffahrt ausgesetzte körperliche Gegenstand — Schiff oder Ladung — zu verstehen, sondern das versicherte Interesse (§ 778, HGZ. 1889 Nr. 81). Die Ansicht, Schiff oder Ladung müßten durch das Verschulden oder die Unredlichkeit körperlich beschädigt werden, um die Haftung des Versicherers zu begründen (HGZ. 1885 Nr. 7), kann daher nicht als richtig angesehen werden.

Das versicherte Interesse muß unmittelbar durch die Unredlichkeit oder das Verschulden geschädigt werden. Es scheiden daher die Fälle aus, in denen der Schaden Folge eines Seeunfalls ist, welcher durch Verschulden einer Person der Schiffsbesatzung herbeigeführt ist, z. B. Strandung oder Zusammenstoß infolge schuldhaften Manövrierens; in solchen Fällen ist die Haftung des Versicherers durch § 820 Nr. 1 begründet (HGZ. 1886 Nr. 39). Es scheiden ferner die Fälle aus — und darin ist die eigentliche Bedeutung des beschränkenden Zusatzes zu sehen —, in denen infolge der Unredlichkeit oder des Verschuldens einer Person der Schiffsbesatzung mittelbar ein Schaden dadurch entsteht, daß der Versicherte einem Dritten ersatzpflichtig wird, insbesondere also der versicherte Reeder Dritten mit Schiff und Fracht haftet. In solchen Fällen haftet der Versicherer mit alleiniger Ausnahme des mittelbaren Kollisionsschadens (§ 821 Abs. 1 Nr. 1 Satz 2) nicht (Prot. S. 3224, Voigt S. 406, RG. Bd. 19 Nr. 1). Der Versicherer haftet aber, wenn ein an sich durch die Police gedeckter Schaden entsteht, dessen Ersatz der Versicherte infolge Verschuldens einer Person der Schiffsbesatzung von einem Dritten nicht erlangen kann. Ist z. B. das versicherte Schiff infolge Verschuldens des Schiffers gestrandet, so haftet der Versicherer für den ganzen Schaden ohne Rücksicht darauf, daß ohne das Verschulden die Ladung zu dem Schaden in Havariegrosse hätte beitragen müssen (HGZ. 1886 Nr. 39; a. M. Voigt S. 417).

Anm. 15. Der Versicherer haftet auf Grund § 820 Nr. 6 immer, wenn der Schaden von einer Person der Schiffsbesatzung dolos verursacht ist (ROHG. Bd. 18 Nr. 79). Im übrigen ist zu unterscheiden, ob die Person der Schiffsbesatzung, welche den Schaden schuldhaft herbeigeführt hat, als Vertreter des Versicherten anzusehen ist, oder nicht; im ersteren Fall haftet der Versicherer nicht. Als Vertreter des Versicherten kann von den Personen der Schiffsbesatzung nur der Schiffer in Frage kommen. Dabei sind Versicherungen von Schiff und Fracht einerseits und Güterversicherungen andrerseits zu unterscheiden.

Anm. 16. **Versicherung von Schiff und Fracht. Nautische und administrative Tätigkeit des Schiffers.**

Es ist ein in der Judikatur feststehender Grundsatz, daß der Schiffer nur in seiner administrativen (geschäftlichen) Tätigkeit, nicht aber in seiner nautischen Tätigkeit als Vertreter des Reeders anzusehen ist (Voigt S. 412 fg., ROHG. Bd. 18 Nr. 79, RG. Bd. 43 Nr. 1, HGZ. 1892 Nr. 10, 1897 Nr. 54, 1903 Nr. 15).

Nautische Maßregeln sind alle diejenigen, welche die Ausführung der Reise betreffen und deren Anordnung der Reeder dem Schiffer überlassen muß, weil sie nautische Sachkunde voraussetzen. „Als nautischer Dirigent der Fahrt hat der Schiffer eine selbständige Stellung kraft Gesetzes, in welcher alles seinem sachkundigen Ermessen und seiner Gewissenhaftigkeit deshalb überlassen ist, weil sein Prinzipal, der Reeder, weder befähigt, noch in der Lage ist, eine Einwirkung auf des Schiffers Verfügungen auszuüben zu können." (HGZ. 1897 Nr. 54.) Zu den nautischen Maßregeln gehören z. B. die Entscheidungen, ob ein Nothafen anzulaufen ist (HGZ. 1898 Nr. 104), ob die Fahrt durch Eis fortgesetzt werden darf (HGZ. 1892 Nr. 10), ob für die Führung des Schiffes ein Lotse erforderlich ist (RG. Bd. 19 Nr. 1), ferner die Fürsorge für ein angesegeltes Schiff, Markieren der Stelle, wo das versicherte Schiff gesunken ist (HGZ. 1897 Nr. 54). Wird durch die Entscheidung des Schiffers in derartigen Fragen das versicherte Interesse an Schiff oder Fracht geschädigt, so haftet der Versicherer, es sei denn, daß der Schiffer die betreffende Maßregel auf Grund besonderer Autorisation des Reeders vorgenommen hat. §820.

Im Gegensatz zu den nautischen Maßregeln stehen die geschäftlichen oder administrativen Funktionen des Schiffers. Dazu gehören alle diejenigen Handlungen, welche an sich vom Reeder vorgenommen werden müßten, tatsächlich aber dem Schiffer überlassen werden, weil der Reeder nicht in der Lage ist zu handeln. Es gehört hierher alles, was sich auf die Vorbereitung der Reise, Erledigung der Schiffsangelegenheiten am Bestimmungsort, auf die Fortsetzung oder Beendigung der Reise unterwegs bezieht (Voigt S. 413). Der Schiffer ist administrativer Vertreter des Reeders z. B. bei der Ausrüstung des Schiffes mit Kohlen (HH. S. 409), mit Proviant (ROHG. Bd. 17 Nr. 75), bei der Entscheidung der Fragen, ob das gestrandete Schiff abzubringen oder zu verkaufen (ROHG. Bd. 18 Nr. 79), ob das beschädigte Schiff zu reparieren oder zu verkaufen ist (Ullrich Bd. 1 S. 124, Bd. 2 S. 13, 72, 125, 176, 211, 387; Seebohm S. 145, 538, 571, 626; L. 4 S. 89; Kierulff Bd. 3 S. 357). Anm.17.

Reederschiffer.

Führt der versicherte Reeder selbst das Schiff, so kommt es auf den Unterschied zwischen nautischen und geschäftlichen Funktionen nicht an; der Versicherer haftet jedoch für den von dem Versicherten durch die fehlerhafte Führung des Schiffes verursachten Schaden, es sei denn, daß dem Versicherten eine bösliche Handlungsweise zur Last fällt (§ 821 Nr. 4). Anm.18.

Güterversicherung. Anm.19.

Der Schiffer ist nicht rechtsgeschäftlicher Vertreter des Ladungsversicherten (Voigt S. 410, 421: N. 1862 S. 331, HGZ. 1873 Nr. 297; 1874 Nr. 143; 1875 Nr. 21, 81, 188; 1876 Nr. 18; 1893 Nr. 6 u. 64, 35; a. M. HGZ. 1885 Nr. 7). Der Versicherer haftet daher für jede Unredlichkeit und jedes Verschulden des Schiffers, wodurch das versicherte Interesse geschädigt wird. Zu beachten ist jedoch, daß der Schiffer seine Verpflichtungen dem Ladungsinteressenten gegenüber schuldhaft verletzt haben muß. Der Schiffer ist zur sorgfältigen Ausführung des Frachtkontraktes verpflichtet. Er hat gemäß HGB. § 535 während der Reise für das Beste der Ladung nach Möglichkeit Sorge zu tragen. Der Versicherer haftet für jeden Schaden, den der Schiffer in Ausführung des Frachtvertrages durch eine auf die Ladung gerichtete schuldhafte Handlung verursacht. Er haftet daher insbesondere, wenn der Schiffer die Ladung im Nothafen zum Nachteil des Versicherten verkauft, ohne daß die Voraussetzungen des § 535 vorliegen oder wenn er die Güter an einen Nichtberechtigten ausliefert (Voigt S. 422). Andrerseits ist aber der Schiffer dem Ladungseigentümer gegenüber nicht verpflichtet, die Vorschriften des Versicherungsvertrages innezuhalten. Der Versicherungsvertrag geht den Schiffer nichts an, eine Verletzung seiner Bedingungen ist daher keine Pflichtverletzung des Schiffers und präjudiziert dem Ladungsversicherten (HGZ. 1873 Nr. 297, Voigt S. 424). Der Versicherer haftet für das Verschulden des Schiffers nur, sofern daraus für das versicherte Interesse ein Schaden entsteht, nicht aber ohne Rücksicht auf dieses Erfordernis überhaupt für Diligenz des Schiffers. Sind z. B. die Güter unterwegs bestohlen oder haben sie durch Spillage gelitten, so haftet der Versicherer nicht, wenn der Schiffer es unterlassen hat, den Umfang des Schadens festzustellen und aus diesem Grunde der Anspruch gegen den Versicherer nicht durchgeführt werden kann (HGZ. 1889 Nr. 81). Der Versicherer haftet nicht, wenn der Versicherte die schuldhafte Handlung des Schiffers hat geschehen lassen, obwohl es ihm möglich gewesen wäre, sie zu verhindern oder rechtzeitig Einspruch zu erheben oder wenn er bei der Handlung des Schiffers mitgewirkt oder sie genehmigt hat, oder wenn der Schiffer als Cargadeur gehandelt hat.

Versicherung von Gütern des Reeders. Anm.20.

Voigt (S. 425 u. 438) vertritt die Ansicht, daß, wenn der Reeder Güter versichert, welche er in seinem Schiff befördert, der Versicherer den Ersatz eines durch Verschulden der Schiffs-

§ 820. besatzung verursachten Schadens verweigern könne, da er berechtigt sein würde, den vorläufig zu bezahlenden Schaden mit Rücksicht auf das Verschulden der Besatzung vom Reeder zurückzufordern. Dieser Ausführung kann jedoch nicht uneingeschränkt beigepflichtet werden. Für Verschulden einer Person der Schiffsbesatzung hat der Reeder nur dann aufzukommen, wenn diese Person als sein Vertreter anzusehen ist. Verladet der Reeder eigene Güter, so ist der Schiffer nur insofern sein Vertreter, als er gemäß HGB. § 535 für das Beste der Ladung zu sorgen hat; ein Verschulden des Schiffers bei der Erfüllung dieser Pflicht hat der Reeder zu vertreten; der Schiffer ist in diesem Falle als Cargadeur des Reeders anzusehen. Der Reeder hat aber nicht ein Verschulden des Schiffers bei der Navigierung des Schiffes zu vertreten, z. B. wenn die Ladung durch eine vom Schiffer verschuldete Strandung oder Kollision beschädigt wird. Man würde sonst zu dem widersinnigen Resultat gelangen, daß ein Reeder, welcher sein Schiff und seine darauf verladenen Güter bei denselben Versicherern versichert hat, im Falle eines Schadens an Schiff und Gütern durch einen vom Schiffer verschuldeten Zusammenstoß nur den Cascoschaden, nicht aber den Güterschaden ersetzt verlangen könnte.

Anm. 21. **Die Gefahr des Zusammenstoßes von Schiffen und zwar ohne Unterschied, ob der Versicherte infolge des Zusammenstoßes unmittelbar oder ob er mittelbar dadurch einen Schaden erleidet, daß er den einem Dritten zugefügten Schaden zu ersetzen hat.**

I. **Der unmittelbare Schaden.**

Der Versicherer hat den Schaden zu ersetzen, welchen das versicherte Schiff selbst dadurch erleidet, daß es mit einem anderen Schiffe zusammenstößt. Dies ergibt sich bereits aus Nr. 1, da der Zusammenstoß ein Seeunfall ist. Für den durch einen Zusammenstoß verursachten direkten Schaden haftet der Versicherer ohne Unterschied, ob das versicherte Schiff mit einem anderen Schiffe oder mit einem anderen Gegenstand, Ponton, Pier usw. zusammenstößt.

Anm. 22. II. **Der mittelbare Schaden.**

Der Versicherer haftet nicht für mittelbaren Schaden, insbesondere nicht für den Schaden, welcher daraus entsteht, daß der Reeder für den durch eine Person der Schiffsbesatzung einem Dritten zugefügten Schaden haften muß (§ 821 Nr. 1 Abs. 2). Von dieser Regel enthält § 820 Nr. 7 eine positiv rechtliche Ausnahmebestimmung: der Versicherer haftet für den Schaden, welchen der Versicherte infolge des Zusammenstoßes von Schiffen dadurch erleidet, daß er den einem Dritten zugefügten Schaden ersetzen muß. Es ist eine außerordentlich zweifelhafte Frage was in diesem Zusammenhang unter „Zusammenstoß von Schiffen" zu verstehen ist. Man könnte der Ansicht sein, daß diese Bestimmung als Ausnahmevorschrift restriktiv und zwar dahin zu interpretieren sei, daß die Haftpflicht des Versicherers sich auf diejenigen Fälle beschränke, in welchen der Versicherte auf Grund HGB. §§ 734—739 einem Dritten haftet. Diese Auffassung dürfte jedoch nicht richtig sein. Denn das in erster Lesung enthaltene Zitat der über den Zusammenstoß von Schiffen handelnden Artikel wurde in zweiter Lesung gestrichen, „um die Meinung auszuschließen, als solle der Versicherer nur in den in diesen Artikeln angeführten Fällen haften, nicht aber, wenn das Schiff nach Maßgabe anderer Gesetzgebungen wegen Übersegelung in Anspruch genommen werde" (Prot. S. 4332). Die Streichung des Zitats hat aber zur Folge, daß der Versicherer nicht nur auch dann haftet, wenn der Versicherte auf Grund ausländischer Gesetze — woran offenbar bei der Beratung gedacht wurde — sondern überhaupt, wenn der Versicherer infolge des Zusammenstoßes von Schiffen, sei es auf Grund der §§ 734—739 HGB. sei es auf Grund anderer inländischer oder ausländischer Gesetze den einem Dritten zugefügten Schaden zu bezahlen hat.

Anm. 23. **Zusammenstoß von Schiffen liegt vor:**

1. Wenn das versicherte Schiff mit einem anderen Schiffe zusammengestoßen ist. Das versicherte Schiff muß, wenn nicht die Parteien ein anderes vereinbart haben, ein zum Erwerb durch die Seefahrt dienendes Schiff sein (Anm. 3 zu § 778). Es muß mit einem anderen Schiff zusammengestoßen sein. Was unter Schiff zu verstehen ist, ist nach dem Sprachgebrauch zu entscheiden (vgl. Schaps § 734 Anm. 2); welcher Art dieses Schiff ist, ist gleichgültig, es braucht

insbesondere kein Seehandelsschiff zu sein (Voigt S. 433). Zweifelhaft erscheint, ob ein **§ 820.**
schwimmender Bagger als Schiff anzusehen ist; dafür RG. Bd. 51 Nr. 77, dagegen Voigt S. 433. Der Versicherer haftet nicht für den mittelbaren Schaden, wenn das versicherte Schiff mit einem anderen Gegenstande als einem Schiff zusammengestoßen ist (HGZ. 1895 Nr. 104), z. B. mit Bojen, Pontons, Uferbauten usw.; er haftet aber, wenn das versicherte Schiff mit einem anderen Schiffe und dieses infolge der Kollision mit Uferbauten usw. zusammenstößt und der Versicherte den Schaden zu ersetzen hat. Denn auch in diesem Falle liegt ein durch den Zusammenstoß von Schiffen verursachter mittelbarer Schaden vor. Das versicherte Schiff muß mit einem anderen Schiffe zusammengestoßen, d. h. in körperliche Berührung gekommen sein (vgl. Schaps Anm. 6 zu § 734).

2. Wenn das versicherte Schiff zwar nicht mit einem anderen Schiffe zusammengestoßen ist, aber schuldhaft den Zusammenstoß zweier anderer Schiffe z. B. durch ein falsches Manöver verursacht hat. Dies ergibt sich aus der Fassung des Gesetzes, wonach der Versicherer nicht nur die Gefahr des Zusammenstoßes des versicherten Schiffes mit einem anderen Schiffe, sondern allgemein die Gefahr des Zusammenstoßes von Schiffen trägt. Voraussetzung ist jedoch immer, daß zwei oder mehr Schiffe zusammenstoßen; der Versicherer haftet daher nicht für den mittelbaren Schaden, wenn das versicherte Schiff durch falsches Manöver den Zusammenstoß eines anderen Schiffes mit einem anderen Gegenstand als einem Schiffe verschuldet.

Mittelbarer Kollisionsschaden ist derjenige Schaden, welchen der Versicherte infolge eines Anm. 24.
Zusammenstoßes von Schiffen dadurch erleidet, daß er den einem Dritten zugefügten Schaden zu ersetzen hat. Unter Dritten sind alle Personen zu verstehen, welche nicht Parteien des Versicherungsvertrages sind.

Als dritte Personen kommen hauptsächlich in Betracht: Der Eigentümer des durch den Zusammenstoß beschädigten anderen Schiffes; die Eigentümer der Ladungen; die Eigentümer anderer durch den Zusammenstoß beschädigter Gegenstände (Pontons, Ducdalben usw.); der Staat, insoweit er verpflichtet ist, das infolge des Zusammenstoßes im Fahrwasser gesunkene Wrack zu beseitigen; Personen, welche infolge des Zusammenstoßes körperliche Beschädigungen erlitten haben. Der Versicherer haftet, wenn

1. ein Zusammenstoß von Schiffen vorliegt (Anm. 23),
2. infolge des Zusammenstoßes einem Dritten ein Schaden zugefügt ist,
3. der Versicherte diesen Schaden dem Dritten zu ersetzen verpflichtet ist.

Cascoschaden. Anm. 25.

Der Versicherer hat den Schaden zu bezahlen, welchen das andere Schiff durch den Zusammenstoß erlitten hat, insoweit der Versicherte ihn ersetzen muß. Gehören beide Schiffe dem Versicherten, so hat der Versicherer den mittelbaren Schaden nicht zu bezahlen, da der Versicherte diesen Schaden nicht einem Dritten zu ersetzen hat (HGZ. 1900 Nr. 26).

Ladungsschaden. Anm. 26.

Der Versicherer hat den Schaden zu bezahlen, welchen der versicherte Reeder der Ladung in dem versicherten, sowie der Ladung in dem anderen Schiff zu ersetzen hat.

Ist der Zusammenstoß durch beiderseitiges Verschulden verursacht, so haften die Reeder Anm. 27.
als Gesamtschuldner. Haben sich beide Reeder von Kollisionsschäden freigezeichnet, so kann die Ladung des Schiffes A den Reeder des Schiffes B ohne Rücksicht auf dessen Freizeichnung belangen: denn dessen Freizeichnung bezieht sich nur auf sein Verhältnis zur Ladung in seinem Schiff. Der Reeder B kann alsdann je nach dem Grade des Verschuldens des Schiffes A von dessen Reeder teilweisen Ersatz des Schadens verlangen (HGZ. 1905 Nr. 75 u. 135); auf diesem Umwege hat der Reeder A trotz seiner Freizeichnung den Schaden der Ladung A mitzutragen. Entsprechend regelt sich die Ersatzpflicht der Versicherer. Ist z. B. die Schuld des Schiffes A auf $^1/_3$, die des Schiffes B auf $^2/_3$ festgestellt, so trägt der Versicherer des Schiffes A:

1. den ganzen Schaden am Schiffe A; er hat jedoch wegen $^2/_3$ dieses Schadens einen Regreßanspruch gegen den Reeder B;

§ 820. 2. die Ladungsschäden A und B, insoweit der Reeder A dafür verantwortlich gemacht wird; insoweit er mehr als $^1/_3$ der Ladungsschäden bezahlt hat, hat er einen Regreßanspruch gegen den Reeder B.

3. $^1/_3$ des dem Schiffe B zugefügten Schadens. Entsprechend regelt sich die Ersatzpflicht des Versicherers B, so daß sich der gesamte Schaden im Resultat unter die Cascoversicherer A und B im Verhältnis 1:2 verteilt.

Anm. 28. Gehören beide Schiffe demselben Reeder und hat dieser sich von Kollisionsschäden freigezeichnet, so besteht ein Anspruch der Ladung des einen Schiffes gegen den Reeder als Eigentümer des anderen Schiffes nicht. Der Ladungsschaden ist daher von den Ladungsversicherern zu ersetzen.

Anm. 29. Gehört die Ladung in dem versicherten Schiff dem Reeder und erleidet einen Schaden durch einen von der Besatzung des versicherten Schiffes verschuldeten Zusammenstoß, so kann der Reeder vom Cascoversicherer Ersatz des Ladungsschadens nicht verlangen, weil er diesen Schaden keinem Dritten zu ersetzen hat (a. M. Voigt S. 438). Sind beide Schiffe für schuldig erklärt, so kann der Reeder Ersatz seines Ladungsschadens von dem anderen Reeder nur in dem Verhältnis fordern, in welchem dieser den Kollisionsschaden zu tragen hat (HGZ. 1902 Nr. 22 u. 111).

Anm. 30. **Verteilung des mittelbaren Kollisionsschadens auf Schiff und Fracht.**

Der Zweck der Nr. 7 des § 820 ist, den Versicherten auch gegen die Vermögenseinbuße zu schützen, welche er erleiden würde, wenn bei einem Zusammenstoß seines Schiffes mit einem anderen ihm nur der Schaden seines Schiffes, nicht auch der dem Reeder des anderen Schiffes und den Ladungsbeteiligten zu ersetzende Schaden vergütet würde. Die Gefahr des mittelbaren Kollisionsschadens trägt sowohl der Schiffs- wie der Frachtversicherer. Es macht dabei keinen Unterschied, ob etwa der Dritte sich nur an das Schiff oder nur an die Fracht gehalten hat oder ob der Reeder freiwillig bezahlt, so daß eine Haftung von Schiff oder Fracht nicht in Frage kommt. Denn in dem Schiffsvermögen des Reeders sind Schiff und Fracht zu einem einheitlichen Wert verschmolzen. Wird von diesem Wert nur ein Bestandteil, entweder Schiff oder Fracht, zur Befriedigung der Schiffsgläubiger herangezogen, so mindert sich um den entsprechenden Betrag das Schiffsvermögen, nicht allein der angegriffene Bestandteil des Gesamtwertes. Die Haftung des Casco- und Frachtversicherers ist nicht etwa eine Gesamthaftung. Die Versicherer haften von vorneherein nur für den auf sie entfallenden Anteil. Die Verteilung auf Schiff und Fracht tritt daher auch dann ein, wenn Schiff oder Fracht nicht oder nur zum Teil versichert sind. Insoweit der Reeder für beides nicht voll gedeckt ist, hat er den auf den nicht versicherten Teil entfallenden Anteil am mittelbaren Kollisionsschaden selbst zu tragen (HGZ. 1893 Nr. 16, 1894 Nr. 58, RG. Bd. 33 Nr. 17). Ist dagegen der Reeder voll versichert, so haftet der Versicherer für den Schaden bis zur Höhe der Versicherungssumme, auch wenn die beitragenden Werte (Anm. 31) höher als die Versicherungstaxen sind.

Anm. 31. **Mit welchem Wert tragen Schiff und Fracht zum mittelbaren Kollisionsschaden bei?**

Diese Frage ist verschieden zu beantworten, je nachdem der versicherte Reeder dem Dritten nur mit Schiff und Fracht oder persönlich bezw. beschränkt persönlich haftet (RG. Bd. 33 Nr. 17, a. M. Hanseat. OLG. in HGZ. 1893 Nr. 16).

1. **Haftung mit Schiff und Fracht.**

Haftet der Reeder wie nach deutschem Recht dem Dritten nur mit Schiff und Fracht, so besteht sein versicherbares Interesse darin, keinen Verlust durch Inanspruchnahme seines Schiffsvermögens zu erleiden. Sein versicherbares Interesse wird daher durch die Werte begrenzt, mit denen er dem Dritten haftet, d. h. durch die erhalten gebliebenen Werte. Der mittelbare Kollisionsschaden wird unter Casco- und Frachtversicherer in dem Verhältnis der Werte von Schiff und Fracht verteilt, welche dem Dritten haften. Es kommen daher in Ansatz: a) der Wert des Schiffes nach dem Zusammenstoß; dieser Wert ist verschieden, je nachdem das Schiff vor, bei oder nach dem Zusammenstoß beschädigt ist; ob diese Beschädigungen dem

Versicherer zur Last fallen, ist gleichgültig; b) die Bruttofracht derjenigen Reise, auf welcher die Forderung entstanden ist (RG. aaO.). **§ 820.**

2. **Persönliche Haftung.**

Haftet der Reeder für den mittelbaren Kollisionsschaden beschränkt persönlich wie nach englischem Recht, so ist der Schaden zu verteilen im Verhältnis der der Seegefahr ausgesetzten Vermögensbestandteile des Reeders, d. h. des wirklichen Wertes des Schiffes bei Antritt der Reise sowie der Bruttofracht abzüglich der zur Gewinnung derselben tatsächlich gemachten Ausgaben (HGZ. 1893 Nr. 16).

Vorausbezahlte Fracht. Anm. 32.

Der Umstand, daß Fracht definitiv vorausbezahlt ist, ändert nichts an der Art und Weise, wie der mittelbare Kollisionsschaden auf Schiffs- und Frachtversicherer zu verteilen ist. Denn durch die Vorausbezahlung scheidet das Element Fracht aus dem Schiffsvermögen nicht aus (RG. Bd. 33 Nr. 17). Auch wenn die Fracht definitiv vorausbezahlt ist, läuft der Reeder die Gefahr, daß sie ihm für mittelbaren Kollisionsschaden wieder entzogen wird. Gegen diese Gefahr kann der Reeder daher auch definitiv vorausbezahlte Fracht versichern. Eine Ausnahme besteht nur in dem Fall, wenn er mit dem Befrachter vereinbart hat, daß dieser ihm den gesamten Frachtrisiko abnehmen solle, z. B. durch die Klausel: the captain has to receive an advance of £ — on acconnt of the freight, less 6% for interest and insurance (RG. Bd. 40 Nr. 14; vgl. Anm. 8 zu § 779).

Beitragswert der Fracht bei zusammengesetzten Reisen. Anm. 33.

Dem Schiffsgläubiger haftet die Bruttofracht derjenigen Reise, auf welcher seine Forderung entstanden ist (HGB. § 756); als eine Reise ist diejenige anzusehen, zu welcher das Schiff von neuem ausgerüstet, oder welche entweder auf Grund eines neuen Frachtvertrages oder nach vollständiger Löschung der Ladung angetreten wird (§ 757). Bei einer zusammengesetzten Reise, deren Abschnitte nicht als selbständige Reisen im Sinne des § 757 anzusehen sind, haftet daher die Bruttofracht der ganzen Reise für einen Kollisionsschaden, ohne Unterschied ob dieser auf einem früheren oder späteren Reiseabschnitt entstanden, ob eine teilweise Löschung und Ablieferung der Güter an die Empfänger stattgefunden hat. Sind z. B. auf einer Reise von A über B nach C $^4/_5$ der Güter in B gelöscht, so haftet dennoch für einen zwischen B und C eintretenden mittelbaren Kollisionsschaden die ganze Bruttofracht auch der schon abgelieferten Güter. Für die Frage, inwieweit der Frachtversicherer für den mittelbaren Kollisionsschaden aufzukommen hat, ist der Versicherungsvertrag entscheidend. Ist daher in dem obigen Falle die Reise von A über B nach C nach der Police als eine einheitliche Reise anzusehen und ist die Fracht nach B und C nicht gesondert, sondern im ganzen und in einer Summe versichert, so haftet der Versicherer für den auf die ganze Bruttofracht entfallenden Teil des Kollisionsschadens ohne Unterschied, ob ein oder mehrere selbständige Frachtverträge vorliegen. Ist jedoch die Fracht für die nach B bestimmten Güter besonders versichert, oder sind die Teilfrachten zwar durch eine Versicherung, aber unter besonderen Taxen versichert (HGB. § 794), so ist der Versicherer für einen zwischen B und C eingetretenen mittelbaren Kollisionsschaden nur insoweit verantwortlich, als die Bruttofracht der nach C bestimmten Güter zu dem Schaden beizutragen hat. Dagegen ist der Beitrag der Fracht für die nach B bestimmten Güter vom Reeder zu bezahlen, weil dieser Frachtteil nicht mehr im Risiko des Versicherers ist (RG. Bd. 38 Nr. 19 HGZ. 1897 Nr. 89). Ist Nettofracht versichert, so trägt der Versicherer den auf die Bruttofracht entfallenden Teil des Schadens nur im Verhältnis der Nettofracht zur Bruttofracht. Das Resultat ist daher, daß der Frachtversicherer für den Beitrag der Fracht zum mittelbaren Kollisionsschaden nur haftet, insoweit die Fracht versichert ist und nur insoweit die Fracht noch im Risiko ist; den weitergehenden Beitrag hat der Reeder zu tragen.

Die Kosten des von dem Dritten gegen den Versicherten geführten Prozesses. Anm. 34.

Wenn ein Dritter infolge eines Zusammenstoßes von Schiffen gegen den Versicherten einen Schadensersatzanspruch geltend macht, so ist der Versicherte verpflichtet (HGB. § 818), den

§ 820. Versicherer von dem Sachverhalt in Kenntnis zu setzen. Erklärt der Versicherer, den Anspruch des Dritten nicht anerkennen zu wollen, so gibt er dadurch seinem Verlangen Ausdruck, den Anspruch des Dritten auf gerichtlichem Wege festgestellt zu sehen. Der Versicherte wird dadurch stillschweigend beauftragt, sich auf Kosten des Versicherers von dem Dritten verklagen zu lassen. Die Verpflichtung des Versicherers, die Kosten des zu Ungunsten des Versicherten entschiedenen Prozesses zu ersetzen, beruht nicht etwa auf dem Versicherungsvertrage, sondern auf dem ausdrücklich oder stillschweigend erteilten Auftrage zur Prozeßführung. Die Prozeßkosten gehören nicht zu den zur Ermittelung und Feststellung des Schadens erforderlichen Kosten (§ 834 Nr. 4); sie sind voll zu ersetzen, auch wenn der Versicherer einen Schaden von 100% zu vergüten hat (RG. 38 Nr. 18). Die Kosten der Prozeßführung treffen den Versicherer aber nur insoweit, als der Streitwert den Versicherungswert oder die Policentaxe nicht übersteigt und nur in dem Verhältnis der Versicherungssumme zum Versicherungswert resp. Taxe. Ist z. B. das versicherte Schiff bei einer Taxe von 100000 zu 50000 versichert und beträgt der geltend gemachte Kollisionsanspruch sowie der Wert des Schiffes, bis zu welchem der Reeder haftet 150000, so haftet der Versicherer nur für $^1/_3$ der Prozeßkosten; denn nur zu diesem Teile des Streitwertes wird das Interesse des Versicherers in dem Prozeß verteidigt. Der Versicherer hat die Prozeßkosten auch nur insoweit zu bezahlen, als über die Frage gestritten wird, ob und in welchem Umfang der Versicherte haftet; er haftet z. B. nicht, wenn besondere Kosten etwa dadurch entstehen, daß über die Frage prozessiert wird, ob der Reeder mit Schiff und Fracht oder persönlich haftet (HGZ. 1895 Nr. 45, 1896 Nr. 61, 1897 Nr. 45, RG. Bd. 38 Nr. 18).

Anm. 35. Der Versicherte ist verpflichtet, sich dem Auftrage des Versicherers gemäß von dem Dritten verklagen zu lassen, es sei denn, daß die Prozeßführung frivol oder chikanös wäre (HGZ. 1895 Nr. 45). Um den Versicherer auf Ersatz des mittelbaren Kollisionsschadens zu belangen, genügt es nicht, daß der Versicherte beweist, daß der Zusammenstoß durch Verschulden einer Person der Besatzung des versicherten Schiffes verursacht ist; für die Ersatzpflicht des Versicherers ist vielmehr Voraussetzung, daß der Versicherte dem Dritten einen Schaden ersetzen muß (HGZ. 1895 Nr. 45). Über einen besonders gearteten Fall, wo der versicherte Schleppschiffseigner zugleich Eigentümer des durch den Zusammenstoß beschädigten Hinterhangfahrzeugs war, vgl. HGZ. 1896 Nr. 16.

Anm. 36. **Kosten eines vom Dritten angestrengten erfolglosen Vorprozesses.**

Ist ein Schiff mit einem anderen zusammengestoßen und liegt die Möglichkeit vor, daß der Zusammenstoß durch das Verschulden eines dritten Schiffes verursacht ist, z. B. wenn ein geschlepptes Schiff mit einem dritten Schiff zusammenstößt und der Zusammenstoß durch Verschulden des dritten Schiffes oder des Schleppers verursacht sein kann, so trifft an sich den Geschädigten die Gefahr der unrichtigen Auswahl des Beklagten. Wird daher erst ein erfolgloser Prozeß gegen das dritte Schiff geführt und dann der Schlepper mit Erfolg verantwortlich gemacht, so gehören die Kosten des erfolglosen Vorprozesses in der Regel nicht zu den von dem Schlepper zu ersetzenden mittelbaren Kollisionsschäden. Hiervon ist jedoch eine Ausnahme zu machen, wenn sich nicht ohne weiteres erkennen läßt, wer der Schuldige ist und dem Schuldigen Gelegenheit gegeben wird, sich zu äußern, namentlich wenn in dem Prozeß gegen den einen möglichen Schadenstifter dem andern der Streit verkündet wird. Erklärt er sich nicht oder leugnet er seine Schuld, so hat er, wenn er später verurteilt wird, auch die Kosten des vergeblichen Vorprozesses als mittelbaren Kollisionsschaden zu bezahlen. Denn die Aufwendung der Kosten ist eine Folge der von dem Schadenstifter geschaffenen Sachlage (HGZ. 1899 Nr. 46, 1901 Nr. 32). Hat der Schadenstifter seinen Versicherer davon in Kenntnis gesetzt, daß er auf Schadensersatz belangt sei, so ist der Versicherer verpflichtet, die Kosten des erfolglosen Vorprozesses zu bezahlen, wenn der versicherte Schadenstifter im Einverständnis mit dem Versicherer sich in dem Vorprozeß nicht erklärt oder seine Schuld leugnet.

§ 821.

Dem Versicherer fallen die nachstehend bezeichneten Schäden nicht zur Last:

1. bei der Versicherung von Schiff und Fracht:
   der Schaden, welcher daraus entsteht, daß das Schiff in einem nicht seetüchtigen Zustand oder nicht gehörig ausgerüstet oder bemannt oder ohne die erforderlichen Papiere (§ 513) in See gesandt ist;
   der Schaden, welcher außer dem Falle des Zusammenstoßes von Schiffen daraus entsteht, daß der Reeder für den durch eine Person der Schiffsbesatzung einem Dritten zugefügten Schaden haften muß (§§ 485, 486);
2. bei einer auf das Schiff sich beziehenden Versicherung:
   der Schaden an Schiff und Zubehör, welcher nur eine Folge der Abnutzung der Schiffes im gewöhnlichen Gebrauch ist;
   der Schaden an Schiff und Zubehör, welcher nur durch Alter, Fäulnis oder Wurmfraß verursacht wird;
3. bei einer auf Güter oder Fracht sich beziehenden Versicherung der Schaden, welcher durch die natürliche Beschaffenheit der Güter, namentlich durch inneren Verderb, Schwinden, gewöhnliche Leckage und dergleichen, oder durch mangelhafte Verpackung der Güter entsteht oder an diesen durch Ratten oder Mäuse verursacht wird; wenn jedoch die Reise durch einen Unfall, für den der Versicherer haftet, ungewöhnlich verzögert wird, so hat der Versicherer den unter dieser Nummer bezeichneten Schaden in dem Maße zu ersetzen, in welchem die Verzögerung dessen Ursache ist;
4. der Schaden, welcher von dem Versicherten vorsätzlich oder fahrlässig verursacht wird; der Versicherer hat jedoch den von dem Versicherten durch die fehlerhafte Führung des Schiffes verursachten Schaden zu ersetzen, es sei denn, daß dem Versicherten eine bösliche Handlungsweise zur Last fällt;
5. bei der Versicherung von Gütern oder imaginärem Gewinn der Schaden, welcher von dem Ablader, Empfänger oder Kargadeur in dieser Eigenschaft vorsätzlich oder fahrlässig verursacht wird.

(Nr. 4 und 5 in der Fassung des Gesetzes vom 30. Mai 1908).

Voigt § 70, Prot. S. 3230—3236, 4335—4337, 4414, 4467.

Vorbemerkung.

§ 821 enthält nicht Ausnahmen von den Vorschriften des § 820, sondern hebt den Grund- Anm. 1.
satz der Seeversicherung hervor, daß der Versicherer nur für solche Schäden haftet, welche Folgen einer Gefahr der Seeschiffahrt sind. Es scheiden daher diejenigen Schäden aus dem Haftungsbereich des Versicherers aus, welche ihren Grund in einem Mangel der versicherten Sache haben oder welche auf den gewöhnlichen von einem Unfall unabhängigen Einwirkungen

§ 821. der Reise beruhen (Nr. 1—3). Nr. 4 und 5 behandeln den Grundsatz, daß der Versicherer für solche Schäden nicht haftet, welche sich auf ein Verschulden des Versicherten gründen.

Anm. 2. I. **Seeuntüchtigkeit des Schiffes.**

1. **Nur bei Versicherung von Schiff und Fracht** kann der Versicherer die Einrede der Seeuntüchtigkeit des Schiffes geltend machen. Bei der Versicherung von Schiff und Fracht ist ein durch Seeuntüchtigkeit des Schiffes verursachter Schaden zurückzuführen auf einen Mangel des Schiffes, welches selbst oder dessen Nutzungsergebnisse (Fracht oder Überfahrtsgelder) versichert sind (ROHG. Bd. 7 S. 399). Bei der Frachtversicherung fällt der durch Seeuntüchtigkeit des Schiffes verursachte Schaden dem Versicherer nicht zur Last ohne Unterschied, ob Reeder oder Unterverfrachter Versicherung nimmt. Daß auch der Unterverfrachter für Seeuntüchtigkeit einzustehen hat, beruht auf der Zweckmäßigkeitserwägung, Fracht und Cascoversicherungen mit Bezug auf diesen Punkt gleichzustellen (Prot. S. 4337). Die herrschende Lehre (Voigt S. 138 fg.) geht dahin, daß auch bei jeder Frachtvorschußversicherung ein auf Seeuntüchtigkeit beruhender Schaden nicht zu ersetzen ist; vgl. dagegen Anm. 9 zu § 779.

Bei anderen Versicherungen als denen von Schiff und Fracht kann der Versicherer die Einrede der Seeuntüchtigkeit nicht geltend machen, also z. B. nicht bei Versicherung von Vorschußgeldern (HGZ. 1888 Nr. 110), von Gütern (HGZ. 1900 Nr. 45), von imaginärem Gewinn. Die Seeuntüchtigkeit ist jedoch ein gemäß § 806 anzeigepflichtiger Umstand, wenn sie dem Versicherten bei Abschluß des Vertrages bekannt war. Dem Reeder gegenüber, welcher in seinem Schiffe verladene eigene Güter unter Versicherung bringt, kann die Einrede der Seeuntüchtigkeit nur erhoben werden, wenn ihn selbst der Vorwurf eines Verschuldens trifft, z. B. wenn er die Seeuntüchtigkeit gekannt hat oder hätte kennen müssen (Prot. S. 4337, RG. 7 Nr. 1, HGZ. 1874 Nr. 177). Über die Einrede der Seeuntüchtigkeit bei der Versicherung von Passage- und Beköstigungsgeldern für Auswanderer vgl. Anm. 13 und 14 zu § 779.

Anm. 3. 2. **Begriff der Seeuntüchtigkeit.**

Ein Schiff ist seeuntüchtig, wenn es in einem solchen Zustande in See gesandt wird, daß es den gewöhnlichen Einwirkungen der See voraussichtlich nicht widerstehen kann. Die Anforderungen, welche an die Seetüchtigkeit des Schiffes zu stellen sind, sind je nach der beabsichtigten Reise verschieden. Alle Teile des Schiffes müssen dauerhaft und brauchbar sein. Ein Mangel auch nur eines Teiles begründet die Seeuntüchtigkeit, insofern er die Widerstandskraft des Schiffes gegen die gewöhnlichen Einwirkungen von Wind und Wetter beeinträchtigt (Voigt S. 452), z. B. wenn die Pumpen in Unordnung sind, die Außenhaut zu schwach ist, wenn in der Schiffswand befindliche Rohre oder Ventile sich wegen Verrostung der Außenplatten haben lösen können, oder Ventile so schlecht konstruiert sind, daß sie sich durch ihr eigenes Gewicht öffnen (HGZ. 1896 Nr. 97); ferner, wenn das Schiff mit losem Getreide beladen und nicht mit Längsschotten versehen ist (HGZ. 1903 Nr. 63). Unrichtig ist die Auffassung, der Begriff der Seetüchtigkeit könne nur in demselben Sinne verstanden werden wie in HGB. §§ 513, 559 und beziehe sich nur auf die Beschaffenheit des Schiffskörpers (HGZ. 1883 Nr. 135). In §§ 513, 559 bezieht sich der Begriff seetüchtig nur auf den Schiffskörper, welchen der Verfrachter dem Befrachter zu liefern hat. Davon ist unabhängig und daher in § 514 besonders erwähnt die Art der Beladung des Schiffes; denn die Beladung erfolgt erst, nachdem das Schiff dem Befrachter geliefert ist. Anders verhält es sich dagegen bei der Seeversicherung; das Schiff muß seetüchtig in See gesandt werden; in diesem Zeitpunkt also soll es sich *mit* Ladung oder Ballast in seetüchtigem Zustande befinden. (RG. Bd. 70 Nr. 28, HGZ. 1911 Nr. 61.) Ein Schiff ist daher seeuntüchtig, wenn es überladen ist, d. h. „wenn seine Belastung mit Rücksicht auf die konkrete Beschaffenheit des Schiffes und der Ladung von der Art ist, daß es den gewaltsamen Einwirkungen von Wind und Wellen aus diesem Grunde den erforderlichen Widerstand nicht zu leisten vermag" (HGZ. 1891 Nr. 43), sei es, daß es zu wenig Freibord hat oder daß es mit Rücksicht auf sein Alter oder seine Bauart eine volle Ladung oder die besondere Art der Beladung nicht vertragen kann. Ebenso ist ein Schiff seeuntüchtig, wenn es infolge mangelnden Ballastes der Gefahr des Kenterns ausgesetzt ist (Voigt S. 456).

Das Schiff muß in seetüchtigem Zustande in See gesandt werden. Das Gesetz hat damit § 821.
dem Versicherten eine absolute Verpflichtung auferlegt, er muß die Seetüchtigkeit garantieren. Anm. 4.
Daher kommt es nicht darauf an, ob den Versicherten der Vorwurf eines Verschuldens trifft. Für die auf die Seeuntüchtigkeit zurückzuführenden Schäden haftet der Versicherer auch dann nicht, wenn die Seeuntüchtigkeit trotz gehöriger Sorgfalt nicht zu entdecken war, auch wenn der Versicherte gar nicht in der Lage war, den Zustand des Schiffes zu kontrollieren (HGZ. 1871 Nr. 68, 1896 Nr. 97).

Der Versicherer kann die Einrede der Seeuntüchtigkeit nicht erheben, wenn er bei Abschluß Anm. 5.
des Vertrages gewußt hat oder aus den Angaben des Versicherungsnehmers entnehmen konnte, daß das Schiff nicht seetüchtig ist, z. B. wenn ein Flußschiff für einen Seetransport versichert wird (RG. Bd. 43 Nr. 1).

3. **Wann muß das Schiff seetüchtig sein?** Anm. 6.

Das Schiff muß in seetüchtigem Zustande *in See gesandt* werden. Auf diesen Zeitpunkt, nicht auf den Beginn der Versicherung kommt es für die Frage an, wann das Schiff seetüchtig sein muß. Daraus folgt aber nicht, daß der Versicherer für solche Schäden aufzukommen hat, welche nach Gefahrbeginn und ehe das Schiff in See gesandt wird, entstehen und durch einen Mangel des Schiffes verursacht sind. Das Schiff muß auch während der Beladung in betriebssicherem Zustande sein; verunglückt es z. B. schon bei der Beladung wegen fehlender Stabilität, so haftet der Versicherer nicht, weil es sich nicht um eine Gefahr der Seeschiffahrt handelt. Das Schiff muß *jedesmal*, wenn es in See gesandt wird, d. h. einen Hafen verläßt, seetüchtig sein; dies ist wichtig bei Versicherung von Schleppern; sie müssen seetüchtig bei Antritt einer jeden, wenn auch noch so kurzen Fahrt sein (HGZ. 1896 Nr. 97). Ferner bei Versicherungen zusammengesetzter Reisen und für Zeitversicherungen: es genügt nicht, wenn das Schiff bei Antritt des ersten Reiseabschnitts oder der ersten Reise seetüchtig ist; die Seetüchtigkeit muß vielmehr bei Verlassen jedes Zwischenhafens vorhanden sein (Voigt S. 451, HGZ. 1891 Nr. 107). Nach dem Wortlaut des Gesetzes müßte der Versicherte unbedingt für die Seetüchtigkeit des Schiffes auch dann aufkommen, wenn das Schiff einen Nothafen verläßt. Dies ist jedoch aus dem Grunde nicht richtig, weil die Gefahr einen Nothafen anlaufen zu müssen die Gefahr einschließt, daß es dort an dem notwendigen Material fehlt, die Seetüchtigkeit des Schiffes wieder herzustellen. Mit Recht heißt es daher auch bei Voigt S. 450, der Versicherte habe in diesem Falle nur, *soweit es möglich ist*, für die Seetüchtigkeit aufzukommen. Die Verpflichtung des Versicherten, *unbedingt* für die Seetüchtigkeit des Schiffes aufzukommen, gilt daher nicht bei Verlassen eines Nothafens.

Das Schiff muß seetüchtig sein, wenn es aus einem Hafen in See gesandt wird. Wenn Anm. 7.
daher das Schiff während der versicherten Reise auf der Reede vor einem Hafen ankert, ohne in den Hafen einzufahren, so braucht der Versicherte für die Seetüchtigkeit des Schiffes bei der Weiterfahrt von dem Ankerplatze nicht unbedingt aufzukommen. Er hat jedoch die Verpflichtung, den Hafen zwecks Prüfung der Seetüchtigkeit und eventueller Reparatur anzulaufen, wenn er begründete Veranlassung hat, an der Seetüchtigkeit des Schiffes zu zweifeln; in diesem Falle würde in der Weiterfahrt von dem Ankerplatze eine verschuldete Vergrößerung der Gefahr liegen (vgl. Anm. 5b zu § 814).

Soll das Schiff nach dem Versicherungsvertrage nicht in See gesandt werden, so hat der Anm. 8.
Versicherte dafür aufzukommen, daß das Schiff sich in einem zu dem beabsichtigten Zwecke geeigneten Zustand befindet, z. B. bei der Versicherung von Flußschiffen nach Seeversicherungsbedingungen muß das Schiff bei Beginn jeder Fahrt in einem solchen Zustande sich befinden, daß es die Gefahren der beabsichtigten Fahrt voraussichtlich bestehen kann (Flußtüchtigkeit, HGZ. 1890 Nr. 50, HGZ. 1896 Nr. 97, 1902 Nr. 12). Wird ein Schiff versichert, welches nur zur Lagerung von Waren bestimmt ist, so muß es stark genug gebaut sein, um das Gewicht der Ladung aushalten zu können (HGZ. 1900 Nr. 45).

4. **Ursächlicher Zusammenhang.** Anm. 9.

Dem Versicherer fällt der Schaden nicht zur Last, *welcher daraus entsteht*, daß das Schiff in einem nicht seetüchtigen Zustand in See gesandt ist, d. h. der Schaden muß *in*

§ 821. ursächlichem Zusammenhang mit der Seeuntüchtigkeit stehen. Dem Versicherer liegt der Beweis ob, daß das Schiff seeuntüchtig in See gesandt ist, sowie daß der Schaden durch die Seeuntüchtigkeit verursacht ist (HGZ. 1889 Nr. 43, 1896 Nr. 65, 1899 Nr. 91).

a) **Beweis der Seeuntüchtigkeit.**

Eine Vermutung dafür, daß ein Schiff, welches ohne nachweisbaren Unfall einen Schaden erlitten hat, seeuntüchtig in See gesandt ist, besteht nicht. Dagegen ist nach dem Grundsatz der freien Beweiswürdigung anzunehmen, daß ein Schiff, welches sich während der Reise als seeuntüchtig erweist, ohne daß ein äußerer Unfall nachgewiesen werden kann, welcher die Seeuntüchtigkeit möglicherweise herbeigeführt haben könnte, seeuntüchtig in See gesandt ist (ROHG. Bd. 23 Nr. 5, HGZ. 1873 Nr. 27, 1875 Nr. 218, 1890 Nr. 50). Der Beweis der Seeuntüchtigkeit ist nicht erforderlich, wenn sich aus den Umständen des Falles ergibt, daß der Schaden nur entweder durch Seeuntüchtigkeit oder durch Verschulden des Versicherten verursacht sein kann. (HGZ. 1896 Nr. 97).

b) **Beweis des Kausalzusammenhangs.**

Der Versicherer muß den Beweis führen, daß entweder die Seeuntüchtigkeit die unmittelbare Ursache des Schadens gewesen ist, z. B. daß das Schiff in leckem Zustand in See gesandt und infolge des Leckes gesunken ist; oder daß ein Seeunfall nur deshalb einen Schaden habe verursachen können, weil das Schiff seeuntüchtig gewesen ist. Es genügt, wenn ein hoher Grad von Wahrscheinlichkeit vorliegt, daß der Schaden nicht entstanden wäre, wenn das Schiff seetüchtig gewesen wäre. Dagegen scheint es zu weitgehend zu sein, wenn das RG. sagt (Seuff. 47 Nr. 50): es genüge, wenn es mit Rücksicht auf die konkrete Sachlage möglich erscheint, daß die Seeuntüchtigkeit die mittelbare Veranlassung des entstandenen Schadens gewesen ist, oder wenn möglicherweise der Schaden nicht entstanden wäre, wenn das Schiff seetüchtig in See gesandt wäre. Diese Voraussetzung würde z. B. schon dann vorliegen, wenn durch die Seeuntüchtigkeit oder durch die spätere Beseitigung derselben die Reise verzögert wird, so daß das seetüchtige Schiff zur Zeit des Unfalls z. B. eines Zusammenstoßes sich an einem anderen Punkte der Reise befunden, und dann den Schaden nicht erlitten hätte (vgl. N. 1866 S. 30). Die Berücksichtigung derartigerabstrakter Möglichkeiten zur Ergänzung eines fehlenden Kausalzusammenhanges würde zu der Auffassung des englischen Rechts führen, daß der Versicherer für keinen Schaden haftet, welcher auf einer Reise entsteht, welche das Schiff in nicht seetüchtigem Zustande angetreten hat, d. h. zur Beseitigung des Erfordernisses eines Kausalzusammenhanges zwischen der Seeuntüchtigkeit und dem Schaden (vgl. Goldschmidt Zeitschrift Bd. 28 S. 1 fg.).

Anm. 10. II. **Ausrüstung und Bemannung.**

Die beim Fehlen der Seetüchtigkeit geltenden Grundsätze finden in gleicher Weise Anwendung, wenn das Schiff nicht gehörig ausgerüstet oder bemannt oder ohne die erforderlichen Papiere in See gesandt ist. Das Schiff muß mit den für die betreffende Reise erforderlichen nautischen Instrumenten, Dampfschiffe mit dem erforderlichen Kohlenvorrat versehen sein. Der Kohlenvorrat muß für die jeweilige Reise ausreichen; bei Fischdampfern wird die Reise vom Kapitän nach freier, nicht durch inzwischen eingetretene Seeunfälle bestimmter Entschließung ausgeführt, so daß er die Reise nach dem Kohlenvorrat einzurichten hat (HGZ. 1904 Nr. 16 und 115). Der Proviant muß auch bei einer nicht ungewöhnlichen Verlängerung der Fahrtdauer ausreichen. Über das Maß der Verpflegung der Schiffsmannschaft vgl. Seemannsordnung § 56, über die Beköstigung von Auswanderern vgl. Bekanntmachung des Bundesrats vom 14. März 1898 §§ 24 fg. (RGBl. 1898 S. 63). Die Bemannung richtet sich nach der Größe des Schiffes und nach der beabsichtigten Reise; auch die Qualität der Schiffsleute ist zu berücksichtigen, vgl. Bekanntmachung vom 6. August 1887 § 15 (RGBl. 1887 S. 395 fg.). Das Schiff muß schließlich mit den zum Ausweise für Schiff, Besatzung und Ladung erforderlichen Papieren (§ 513) versehen sein (vgl. Schaps Anm. 9 zu § 513).

Anm. 11. III. **Schäden, welche der Reeder dadurch erleidet, daß er für den durch eine Person der Schiffsbesatzung einem Dritten zugefügten Schaden haften** muß, hat der Versicherer abgesehen von dem Fall des Zusammenstoßes von Schiffen nicht zu ersetzen. Der Hinweis auf §§ 485, 486 ist nicht so zu verstehen, daß die Haftung des Versicherers dann nicht ausgeschlossen sein soll, wenn die Haftung des Reeders einem Dritten gegenüber ohne Verschulden einer Person der Schiffsbesatzung begründet wird, wenn z. B. nach ausländischem Recht der Reeder in einem Falle haftbar wird, wo sein manövrierunfähiges Schiff durch Zusammenstoß mit Hafenbauten diese beschädigt. Der Hinweis auf die §§ 485, 486 hat nur die Bedeutung zu zeigen, in welcher Weise nach deutschem Recht auch außer dem Fall eines Zusammenstoßes von Schiffen eine Verantwortlichkeit des Reeders Dritten gegenüber entstehen kann. Der Versicherer soll, mit der alleinigen Ausnahme des mittelbaren Kollisionsschadens (§ 820 Nr. 7), für keinen Schaden aufkommen, den der Reeder dadurch erleidet, daß er für den durch eine Person der Schiffsbesatzung einem Dritten zugefügten Schaden haften muß, ohne Unterschied ob der Schaden von einer Person der Schiffsbesatzung verschuldet oder ohne Rücksicht auf ein Verschulden zu ersetzen ist (RG. Bd. 35 Nr. 25; a. M. HGZ. 1883 Nr. 110). Ist vereinbart, daß der Versicherer auch für den Schaden aufzukommen hat, welcher durch eine Person der Schiffsbesatzung einem Dritten zugefügt und vom Reeder zu ersetzen ist, so liegt eine Haftpflichtversicherung vor; der Versicherer haftet nur, wenn der Reeder gezwungen ist, den Dritten zu entschädigen (HGZ. 1895 Nr. 45). § 821.

IV. **Abnutzung des Schiffes im gewöhnlichen Gebrauch.** Anm. 12.

Schäden an Schiff und Zubehör, welche nur eine Folge der Abnutzung des Schiffes im gewöhnlichen Gebrauch sind, beruhen nicht auf den Gefahren der Seeschiffahrt und sind daher vom Versicherer nicht zu ersetzen. Dies gilt jedoch nur von solchen Versicherungen, welche sich auf das Schiff beziehen. Darunter sind nur Cascoversicherungen, nicht aber auch Frachtversicherungen oder Versicherungen von Vorschußgeldern zu verstehen (HGZ. 1886 Nr. 11, 1887 Nr. 52, 1889 Nr. 120); die in HGZ. 1888 Nr. 110 vertretene Ansicht, der Ausdruck „auf das Schiff sich beziehende Versicherung" sei weitergehend als „Versicherung von Schiff" (Nr. 1) und umfasse alle Versicherungen, welche sich nicht auf die Ladung beziehen, kann nicht als richtig anerkannt werden. Aus der Disposition des § 821 ergibt sich, daß nicht nur Versicherungen, die sich auf das Schiff und die sich auf die Ladung beziehen, unterschieden werden, sondern daß Versicherungen von Schiff, Fracht und Ladung einander gegenübergestellt werden; überdies ist nur von Schäden an Schiff und Zubehör die Rede, nicht von Schäden an anderen Interessen, welche mittelbar durch die Abnutzung des Schiffes entstanden sein können. Allerdings findet sich derselbe Ausdruck im § 850 Nr. 1 und bezeichnet dort im Gegensatz zu Nr. 2 alle Versicherungen, welche sich nicht auf die Ladung beziehen. Es muß jedoch angenommen werden, daß der Ausdruck „auf das Schiff sich beziehende Versicherung" im § 821 und § 850 nicht dasselbe bedeutet. Es handelt sich nicht um einen versicherungsrechtlich technischen Ausdruck, sondern um eine Bezeichnung, deren richtige Bedeutung sich nur aus den Gegenüberstellungen in dem § 821 und § 850 ergibt.

Schaden an Schiff und Zubehör, welcher nur durch Alter, Fäulnis oder Wurmfraß verursacht wird, ist als ein durch Abnutzung des Schiffs im gewöhnlichen Gebrauch verursachter Schaden anzusehen (Prot. S. 4414). Ist der äußere Wurmfraß (Seewurm) dadurch ermöglicht, daß infolge eines Unfalls die schützende Außenhaut des Schiffes beschädigt ist, so ist der Versicherer für den Schaden verantwortlich, weil der Seeunfall als die eigentliche Schadensursache anzusehen ist (HGZ. 1890 Nr. 1). Wird das Schiff durch einen Seeunfall beschädigt, so wird die Abnutzung im gewöhnlichen Gebrauch durch bestimmte Abzüge von den Reparaturkosten berücksichtigt (vgl. § 872). Anm. 13.

V. **Schäden infolge natürlicher Beschaffenheit der Güter** fallen dem Güter- und Frachtversicherer nicht zur Last. Ein Schaden an Gütern ist auf deren natürliche Beschaffenheit zurückzuführen, wenn der Schaden entweder auch ohne den Transport entstanden sein würde, oder die notwendige Folge jedes oder doch des verabredeten Transportes ist, weil die Güter auch den unter normalen Verhältnissen vorkommenden äußeren Einflüssen wie Luft, Wärme, Kälte nicht widerstehen können (HGZ. 1895 Nr. 57). **Als Beispiele von Schäden infolge der natürlichen Beschaffenheit** führt das Gesetz an: inneren Verderb, z. B. wenn Früchte oder Anm. 14.

§ 821. andere leicht verderbliche Güter auf dem Transport verderben; **Schwinden**, wenn Waren während des Transports an Gewicht oder Substanz verlieren (Getreide, Coprah HGZ. 1889 Nr. 81); **gewöhnliche Leckage**, d. h. Auslecken von Flüssigkeiten aus den Behältnissen, für außergewöhnliche Leckage d. h. solche, welche den erfahrungsgemäßen Umfang der Leckage übersteigt, haftet der Versicherer nur, wenn sie Folge eines Unfalls ist; dies gilt auch, wenn der Versicherer die Haftung für die einen bestimmten Prozentsatz übersteigende Leckage übernommen hat (ROHG. Bd. 15 Nr. 101). Weitere Beispiele von Schäden infolge der natürlichen Beschaffenheit sind: **Selbstentzündung** z. B. von Wolle oder Kohlen; ferner durch **Schiffsdunst** verursachte Schäden. „Schiffsdunst ist die dunstige Luft, die sich regelmäßig in den mehr oder weniger abgeschlossenen Laderäumen auch seetüchtiger Schiffe auf der Seereise zu entwickeln pflegt" (HGZ. 1911 Nr. 106). Ist der Schiffsdunst dadurch entstanden, daß ungewöhnlich viel Seewasser in den Raum gedrungen ist, so ist der Schaden von dem Versicherer zu ersetzen (HGZ. 1895 Nr. 57), weil dann ein Unfall als Ursache des Schadens anzusehen ist; dagegen rechnet das RG. in Leipziger Zeitschrift 1909 S. 147 Nr. 45 zum Schiffsdunst „die Ausdünstung des durch die Lucken in den Schiffsraum gedrungenen Seewassers." Schaden durch Schiffsdunst liegt nicht vor, wenn Waren durch die von anderen feuchten Waren verursachte Luftfeuchtigkeit beschädigt sind, z. B. Beschädigung von Brettern durch feuchten Weizen (HGZ. 1902 Nr. 103).

Anm. 15. **Schäden infolge mangelhafter Verpackung der Güter** stehen den durch die natürliche Beschaffenheit verursachten Schäden gleich. Der Versicherer ist nur von solchen Schäden befreit, welche als Folge eines **Mangels** der Verpackung erscheinen. Damit ist aber nicht gesagt, daß der Versicherer von der Haftung für jeden Schaden frei ist, welcher durch eine bessere Verpackung hätte vermieden werden können. Der Versicherer kann nicht verlangen, daß die Verpackung so gut ist, daß sie allen äußeren Einwirkungen widerstehen kann; es genügt, wenn sie handelsüblich und mit Rücksicht auf die Einrichtungen des Abladehafens ordnungsmäßig ist, auch wenn sie tatsächlich nicht ausreicht, um die Ware vor den schädigenden äußeren Einwirkungen des Transportes zu schützen (HGZ. 1895 Nr. 2, 1898 Nr. 61).

Anm. 16. **Durch Ratten oder Mäuse verursachter Schaden** ist vom Versicherer nicht zu ersetzen. Der Versicherer haftet aber für Schaden durch anderes Ungeziefer, es sei denn, daß die Ware die Ungezieferkeime in sich trägt und die Entwickelung der Keime eine natürliche Folge des Transports ist (U. 111).

Anm. 17. **Ungewöhnliche Verzögerung der Reise.**

Wenn nicht ein anderes vereinbart ist, haftet der Versicherer nicht für einen Schaden, welchen der Versicherte dadurch erleidet, daß die Reise verzögert wird, auch wenn die Verzögerung Folge eines Unfalls ist, für welchen der Versicherer haftet. Von dieser Regel macht das Gesetz eine Ausnahme bei denjenigen Schäden an Gütern und Fracht, welcher durch die natürliche Beschaffenheit der Güter, durch mangelhafte Verpackung oder durch Ratten oder Mäuse entstanden ist; der Versicherer haftet für diese Schäden, **insoweit** sie durch ungewöhnliche Verzögerung der Reise verursacht sind, wenn die Verzögerung Folge eines Unfalls ist, für welchen der Versicherer haftet.

Ein lediglich durch Verzögerung entstandener Schaden liegt nicht vor, wenn z. B. infolge einer Lagerung im heißen Klima sich Keime in der versicherten Ware entwickeln, welche sonst auch bei längerer Reisedauer unentwickelt geblieben wären; in solchem Falle liegt nicht innerer Verderb vor (HGZ. 1875 Nr. 188).

Anm. 18. VI. **Verschulden des Versicherten.**

Der Versicherer haftet nicht für einen Schaden, welcher von dem Versicherten vorsätzlich oder fahrlässig verursacht wird. Ein Verschulden wird begründet durch jeden Mangel an derjenigen Sorgfalt, zu welcher der Versicherte mit Bezug auf den versicherten Gegenstand dem Versicherer gegenüber verpflichtet ist; auf den Grad des Verschuldens kommt es nicht an (RG. 14 Nr. 29). Der Versicherer haftet auch nicht, wenn ein Mitverschulden des Versicherten vorliegt. Der Schaden muß aber durch das Verschulden verursacht sein (Voigt

S. 461). Welchen Gefahren darf der Reeder das Schiff aussetzen? Da der Versicherer alle Gefahren trägt, darf der versicherte Gegenstand allen Gefahren ausgesetzt werden, welche das betreffende Unternehmen mit sich bringt. Der Versicherte darf aber die Versicherung nicht dazu ausnutzen, um in leichtsinniger Weise den versicherten Gegenstand einer Gefahr auszusetzen; er darf nicht mit Rücksicht auf die Versicherung Gefahren laufen, um den erhöhten Gewinn zu erzielen, den Schaden aber auf den Versicherer abzuwälzen; dadurch würde er den Anforderungen von Treu und Glauben widersprechen. Der Reeder ist dem Versicherer gegenüber zu der von einem ordentlichen Reeder gewöhnlich geübten Vorsicht verpflichtet (HGZ. 1892 Nr. 113: Aussendung eines geeignet gebauten Leichters bei schwerem Eisgang involviert kein Verschulden). **§ 821.**

Führt der Versicherte selbst das Schiff, so hat der Versicherer auch den Schaden zu ersetzen der durch fehlerhafte Führung des Schiffes verursacht ist, es sei denn, daß dem Versicherten eine bösliche Handlungsweise zur Last fällt. Dies ist eine durch das Gesetz vom 30. Mai 1908 getroffene Neuerung; nach dem vorher geltenden Recht hatte auch der Reeder-Schiffer jedes Verschulden zu vertreten. Die Beladung des Schiffes gehört nicht zur Führung, wohl aber eine Umstauung während der Fahrt (HGZ. 1908 Nr. 130, 1910 Nr. 16, RG. 72 Nr. 39). Anm. 19.

Der Versicherte hat auch für das Verschulden seines Vertreters aufzukommen. Dies ist im Gesetz allerdings nicht ausdrücklich gesagt, ergibt sich aber aus allgemeinen Rechtsgrundsätzen (RG. Bd. 9 Nr. 26, HGZ. 1893 Nr. 6 u. 64). Gemeint ist nur die rechtsgeschäftliche Vertretung, d. h. die Vertretung bei der Vornahme solcher Rechtsgeschäfte, welche der Versicherte selbst vornehmen würde, wenn er am Platze wäre. Ob jemand als Vertreter des Versicherten anzusehen ist, hängt von den Umständen des einzelnen Falles ab. Es kommen nur Handlungen und Unterlassungen solcher Personen in Betracht, welche von dem Versicherten für das betreffende Rechtsverhältnis bestellt sind, nicht aber ohne weiteres aller derjenigen Personen, welche in Ansehung der versicherten Sache in irgend einer Beziehung Rechte des Versicherten wahrzunehmen haben. Über die Eigenschaft des Schiffers als Vertreter des Reeders vgl. Anm. 16 zu § 820. Anm. 20.

Für Verschulden solcher Personen, welcher sich der Versicherte zur Ausführung körperlicher Arbeiten bei dem Transport bedient, Packer, Ewerführer usw. haftet der Versicherte nicht; er haftet aber für ein Verschulden bei Auswahl dieser Leute oder wenn die schadenbringende Handlung in seinem Auftrage erfolgt war (Voigt S. 463, HH. Nr. 161). Ein Verschulden seiner Geschäftsangestelten hat der Versicherte wie sein eigenes zu vertreten (Voigt S. 465 Anm.). Anm. 21.

Bei Versicherungen von Gütern oder imaginären Gewinn haftet der Versicherer nicht für den Schaden, welcher von dem Ablader, Empfänger oder Kargadeur in dieser Eigenschaft vorsätzlich oder fahrlässig verursacht wird. Für das Verschulden des Abladers, Empfängers und Kargadeurs als solchen hat der Versicherte aufzukommen ohne Rücksicht darauf, ob diese Personen im Einzelfall seine Vertreter sind oder nicht (RG. Bd. 9 Nr. 26). Bei Versicherungen von Gütern und imaginären Gewinn hat der Versicherte außerdem für ein Verschulden eines rechtsgeschäftlichen Vertreters seiner selbst, des Empfängers, Abladers und Kargadeurs aufzukommen. Anm. 22.

Es muß ein dem Ablader, Empfänger oder Kargadeur in dieser Eigenschaft zur Last fallendes Verschulden vorliegen. Der Ablader hat z. B. für die ordentliche Verpackung zu sorgen und darauf zu achten, daß das Schiff zum Transport der betreffenden Ladung geeignet ist; bei Verladung von geruchempfindlichen Gütern (Tee, Sago, Kanel, Zucker, Reis usw.) hat er sich zu vergewissern, daß das Schiff gehörig gereinigt ist. Es ist nicht erforderlich, daß er sich persönlich von dem Zustand des Schiffes überzeugt, er kann sich in dieser Beziehung auf ein ordnungsgemäßes Sachverständigen-Gutachten verlassen (HGZ. 1896 Nr. 107). Ein Verschulden des Empfängers liegt vor, wenn er nicht für die tunliche Erhaltung der beschädigt ankommenden Güter sorgt, wenn er in den behufs der Ausladung abzuschließenden Verträgen, z. B. mit dem Ewerführer, ungewöhnliche, die Gefahr erhöhende Anm. 23.

§ 822. Vertragsklauseln zuläßt (RG. Bd. 9 Nr. 26). Ist die Ware bis zum Lagerplatz des Empfängers versichert, so schadet dem Versicherten nicht ein Verschulden des Frachtführers oder Lagerhalters, welcher im Auftrage des Empfängers die Ware am Quai behandelt und auf sein Lager führt, z. B. Verzögerung der Weiterbeförderung, weil er nicht Vertreter des Empfängers ist. Es ist aber unstatthaft, die Weiterversendung ab Lager schon am Quai vorzubereiten, und dem Versicherten präjudizierlich, wenn diese vom Empfänger angeordnet oder wissentlich geduldet ist (HGZ. 1904 Nr. 120, 1905 Nr. 71). Ist die Tätigkeit des Empfängers beendet, so ist der Versicherte nicht mehr für ein Verschulden desselben verantwortlich, weil kein Verschulden des Empfängers in dieser Eigenschaft vorliegt, z. B. wenn der Empfänger den Versicherten in einem gegen den dritten Schadenstifter geführten Prozeß falsch instruiert (RG. Bd. 9 Nr. 26, HGZ. 1883 Nr. 98).

§ 822.

Die Verpflichtung des Versicherers zum Ersatz eines Schadens tritt auch dann ein, wenn dem Versicherten ein Anspruch auf dessen Vergütung gegen den Schiffer oder eine andere Person zusteht. Der Versicherte kann sich wegen des Ersatzes des Schadens zunächst an den Versicherer halten. Er hat jedoch dem Versicherer die zur wirksamen Verfolgung eines solchen Anspruchs etwa erforderliche Hilfe zu gewähren, auch für die Sicherstellung des Anspruchs durch Einbehaltung der Fracht, Erwirkung des Arrestes in das Schiff oder sonst in geeigneter Weise auf Kosten des Versicherers die nach den Umständen angemessene Sorge zu tragen (§ 819).

Voigt § 71, Prot. S. 3673—3676, 4333—4335.

Anm. 1. **Primäre Haftung des Versicherers.**

Tritt ein Schaden ein, dessen Ersatz der Versicherte sowohl vom Versicherer wie von einem Dritten verlangen kann, so ist der Versicherte berechtigt, zunächst den Versicherer in Anspruch zu nehmen. Dies gilt auch dann, wenn er den Dritten schon gerichtlich belangt hat. Er kann von dem Versicherer Bezahlung verlangen, ohne das Ende des Prozesses abzuwarten. Zur Geltendmachung seines Anspruchs gegen den Versicherer ist es nicht erforderlich, daß er die Erfüllung seiner ihm gemäß § 822 obliegenden Verpflichtungen nachweist (RG. Bd. 25 Nr. 23).

Anm. 2. Insoweit der Versicherer seine Verpflichtungen gegen den Versicherten erfüllt hat, tritt er in dessen Rechte gegen den Dritten kraft Gesetzes ein (§ 804). Der Versicherte ist für alle Handlungen verantwortlich, durch welche die Rechte gegen den Dritten beeinträchtigt werden. Er ist andrerseits verpflichtet, die Rechte gegen den Dritten tunlichst zu wahren und zur erfolgreichen Geltendmachung derselben mitzuwirken, z. B. bei schuldvoller Beschädigung der Ladung oder konnossementswidriger Ablieferung derselben die Rechte gegen den Schiffer bezw. gegen Schiff und Fracht zu sichern. Der Versicherte muß zunächst durch provisorische Maßregeln in einer den Umständen nach angemessenen Weise den Ersatzanspruch sichern (Einbehaltung von Geldern, Beschlaglegung). Er muß ferner die gerichtliche Geltendmachung des Anspruchs in allen Fällen, in denen ein Aufschub von Nachteil sein könnte, sofort beginnen und sorgsam durchführen. Im übrigen hat er sich tunlichst mit dem Versicherer in Verbindung zu setzen und dessen Weisungen zu befolgen (§ 819). Die gleichen Verpflichtungen liegen dem Versicherungsnehmer ob, bis der Versicherte in einen rechtlichen Nexus mit dem Versicherer getreten ist (RG. Bd. 9 Nr. 26). Die Geltendmachung des Anspruchs gegen den Dritten geschieht auf Kosten des Versicherers, insoweit der Versicherte dazu gemäß § 822 verpflichtet ist oder die Maßnahmen auf Weisung des Versicherers erfolgen. Ist der gegen den Dritten geltend gemachte Anspruch größer als der vom Versicherer zu leistende Ersatz, so trägt letzterer die Kosten nur verhältnismäßig (vgl. Anm. 34 zu § 820).

Folgen des Zuwiderhandelns gegen die Vorschriften des § 822. § 823.

Versäumt der Versicherte entweder die Geltendmachung des Anspruchs gegen den Dritten Anm. 3. durch provisorische Maßregeln zu sichern oder läßt er sich eine Nachlässigkeit bei der Rechtsverfolgung gegen den Dritten zu schulden kommen, so ist er dem Versicherer für den daraus entstehenden Schaden verantwortlich (RG. Bd. 9 Nr. 26). Er hat dem Versicherer den Schaden zu ersetzen, den dieser dadurch erleidet, daß er infolge der Nachlässigkeit des Versicherten seinen Regreßanspruch gegen den Dritten nicht mit Erfolg durchführen kann, z. B. wenn der Versicherte nach einem Zusammenstoß versäumt, das andere Schiff zu arrestieren und dieses auf einer späteren Reise verloren geht. Hatte der Versicherer bereits bezahlt, so kann er vom Versicherten Rückzahlung des Betrages verlangen, welchen er infolge Verschuldens des Versicherten vom Dritten nicht ersetzt erhält. Dem Anspruch des Versicherten gegenüber aber kann sich der Versicherer auf solches Verschulden nur berufen, wenn bereits feststeht, inwieweit infolge des Verschuldens der Regreßanspruch gegen den Dritten verloren gegangen ist (RG. Bd. 25 Nr. 23). Dem Verschulden des Versicherten steht dasjenige seiner Vertreter gleich. Dem Versicherer liegt der Beweis ob, inwieweit er vom Dritten Ersatz erlangt hätte, falls der Versicherte seinen Verpflichtungen nachgekommen wäre.

§ 823.

Bei der Versicherung des Schiffes für eine Reise beginnt die Gefahr für den Versicherer mit dem Zeitpunkt, in welchem mit der Einnahme der Ladung oder des Ballastes angefangen wird, oder, wenn weder Ladung noch Ballast einzunehmen ist, mit dem Zeitpunkte der Abfahrt des Schiffes. Sie endet mit dem Zeitpunkt, in welchem die Löschung der Ladung oder des Ballastes im Bestimmungshafen beendigt ist.

Wird die Löschung von dem Versicherten ungebührlich verzögert, so endet die Gefahr mit dem Zeitpunkt, in welchem die Löschung beendigt sein würde, falls ein solcher Verzug nicht stattgefunden hätte.

Wird vor der Beendigung der Löschung für eine neue Reise Ladung oder Ballast eingenommen, so endet die Gefahr mit dem Zeitpunkt, in welchem mit der Einnahme der Ladung oder des Ballastes begonnen wird.

Voigt § 72, Prot. S. 3241—3243, 3254, 4338—4339, 4467.

Vorbemerkung. Anm. 1.

Beginn und Ende der Gefahr, d. h. die zeitliche Begrenzung der Haftung des Versicherers wird in den §§ 823—831 behandelt, und zwar beziehen sich §§ 823—829 auf Reiseversicherungen, §§ 830, 831 auf Zeitversicherungen.

§ 823 behandelt nur Beginn und Ende der Gefahr bei Versicherung eines Schiffes Anm. 2. für eine einfache oder zusammengesetzte Reise.

Beginn der Gefahr. Anm. 3.

a) Wenn Ladung oder Ballast eingenommen wird, beginnt die Gefahr in dem Zeitpunkt, in welchem mit der Einnahme der Ladung oder des Ballastes begonnen wird.

b) Wird weder Ladung noch Ballast eingenommen, so beginnt die Gefahr mit dem Zeitpunkt der Abfahrt des Schiffes.

Ende der Gefahr. Anm. 4.

Ist Ladung oder Ballast zu löschen, so endet die Gefahr mit dem Zeitpunkt, in welchem die Löschung der Ladung oder des Ballastes im Bestimmungshafen (vgl. Anm. 10) beendigt ist.

§ 823. **Verzögerung der Löschung.**

Anm. 5. Die Regel, daß die Gefahr in dem Zeitpunkt endet, in welchem die Löschung der Ladung oder des Ballastes beendigt ist, findet dann eine Ausnahme, wenn die Löschung von dem Versicherten ungebührlich verzögert wird; sonst hätte der Versicherte es in der Hand, das Ende der Gefahr beliebig hinauszuschieben. Die Gefahr endet mit dem Zeitpunkt, in welchem die Löschung beendigt sein würde, falls eine ungebührliche Verzögerung nicht stattgefunden hätte. Die Verzögerung ist ungebührlich, wenn die für die Löschung den Umständen nach übliche Zeit erheblich und, ohne daß der Versicherte an der Löschung verhindert ist, überschritten wird. Nur eine von dem Versicherten oder seinem Vertreter ungebührlich verzögerte Löschung kommt in Frage; eine Verzögerung durch den Korrespondenten des Schiffs oder durch den Schiffer ist nicht gemeint (Prot. S. 4338).

Anm. 6. **Ist weder Ladung noch Ballast zu löschen,** so endet die Gefahr mit der Beendigung der Reise, d. h. wenn das Schiff im Bestimmungshafen vor Anker gegangen oder befestigt ist. Das HGB. enthält hierüber allerdings keine ausdrückliche Bestimmung; es folgt aber aus der Natur der Sache, da das Vorankergehen oder Befestigtwerden im Bestimmungshafen den Endpunkt der versicherten Reise bedeutet. Der Fall, daß weder Ladung noch Ballast zu löschen ist, tritt z. B. ein, wenn das Schiff in Ballast fährt, und bei seiner Ankunft im Bestimmungshafen feststeht, daß es diesen wieder in Ballast verlassen wird. Steht dies nicht fest und wartet der Schiffer zunächst ab, ob er Ladung findet, so endet die Gefahr gemäß Abs. 2 mit dem Zeitpunkt, in welchem die Löschung ohne das Abwarten hätte beendigt sein können (a. M. Voigt S. 474).

Anm. 7. **Trifft das Schiff beschädigt im Bestimmungshafen ein,** so endet die Gefahr mit der Beendigung der Löschung oder, wenn weder Ladung noch Ballast zu löschen ist mit dem Zeitpunkt, in welchem das Schiff vor Anker gegangen oder befestigt ist. Die Ansicht von Voigt S. 475, daß die Gefahr erst mit dem Ende der Reparatur endet, wenn der durch Reparatur zu beseitigende Schaden nur durch ein dem Versicherer zur Last zu bringendes Ereignis verursacht ist, kann nicht beigestimmt werden, weil sie durch das Gesetz nicht begründet ist. Der Versicherer haftet zwar für alle schädigenden Folgen eines durch die Versicherung gedeckten Unfalls; Unfälle, welche sich während der Reparatur ereignen, sind aber nicht als Folgen des Unfalls anzusehen, welcher den zu reparierenden Schaden verursacht hat. Vielfach wird jedoch in den Versicherungsbedingungen vereinbart, daß die Versicherung gegen Prämienverbesserung und beiderseitiges Kündigungsrecht bis zum Ende der Reparatur fortdauert, wenn das Schiff in einem dem Versicherer zur Last kommenden beschädigten Zustand im Bestimmungshafen eintrifft.

Anm. 8. Wird ein Schiff durch getrennte Versicherungen für zwei aufeinanderfolgende Reisen versichert, so ist es von dem Zeitpunkt der Beendigung der Löschung im Bestimmungshafen der ersten Reise bis zum Beginn der Einladung für die folgende Reise unversichert. Das Risiko während dieser Zwischenzeit wird häufig durch besondere Klauseln gedeckt, wie z. B. die Versicherung des Schiffes für eine Reise solle im direkten Anschluß an die Versicherung der früheren Reise valedieren, oder es wird Versicherung genommen für den Aufenthalt eines Schiffes im Hafen X und die Reise von X nach Y (at und from). In Betracht kommt auch die Klausel:

> „Das Risiko dieser Versicherung bleibt nach Ankunft und Entlöschung des Schiffes am Endbestimmungsort, falls keine neue Versicherung genommen ist, noch 15 Tage in Kraft.“

In diesem Falle endet das Risiko, wenn vor Ablauf der 15 Tage vom Bestimmungsort eine neue Reise angetreten wird oder für eine neue Reise Ladung oder Ballast eingenommen wird (HGZ. 1884 Nr. 119).

Anm. 9. **Wird vor Beendigung der Löschung für eine neue Reise Ladung oder Ballast eingenommen,** so endet die Gefahr mit dem Zeitpunkt, in welchem mit der Einnahme der Ladung oder des Ballastes begonnen wird ohne Unterschied, ob das Schiff für die neue Reise versichert ist oder nicht. Diese Vorschrift bezieht sich aber nur auf die Einnahme von Ladung oder Ballast im

Bestimmungshafen. Wird vor Erreichung des letzteren zulässigerweise in einem Zwischenhafen Ladung für eine Reise vom Bestimmungshafen eingenommen, so endet damit die Gefahr nicht, z. B. wenn Versicherung genommen ist für eine Reise von Hamburg nach einem oder mehreren Plätzen der Westküste Afrikas mit der Maßgabe, daß die Versicherung valedieren solle bis zur Entlöschung des Schiffes am letzten Bestimmungsplatz der Ausreise an der Westküste Afrikas. Die Gefahr endet dann erst im letzten Bestimmungsplatz, d. h. an dem Platz, an welchem zuletzt etwas von der Hinladung gelöscht wird oder werden soll (HGZ. 1885 Nr. 76). § 824.

Bestimmungshafen. Anm. 10.

Was als Bestimmungshafen der versicherten Reise anzusehen ist, bestimmt sich nach dem Versicherungsvertrage. Bei einfachen Reisen, wie z. B. von Hamburg nach New-York kann über den Bestimmungshafen kein Zweifel sein. Bei Versicherung einer Hin- und Rückreise endet die Gefahr im Bestimmungshafen der Rückreise; der Versicherer trägt die Gefahr auch während des Aufenthalts im Bestimmungshafen der Ausreise (§ 827). Ist eine zusammengesetzte Reise einheitlich versichert, so endet die Gefahr im Bestimmungshafen des letzten Reiseabschnittes. Ist dem Versicherten die Wahl des Bestimmungshafens offen gelassen, so endet die Gefahr in dem vom Versicherten gewählten Bestimmungshafen (HGZ. 1884 Nr. 119).

Wird die Reise vor Erreichung des Bestimmungshafens aufgegeben, so endet die Gefahr in dem Hafen, in welchem die Reise beendet wird (vgl. § 828). Anm. 11.

§ 824.

Sind Güter, imaginärer Gewinn oder die von verschifften Gütern zu verdienende Provision versichert, so beginnt die Gefahr mit dem Zeitpunkt, in welchem die Güter zum Zwecke der Einladung in das Schiff oder in die Leichterfahrzeuge vom Lande scheiden; sie endet mit dem Zeitpunkt, in welchem die Güter im Bestimmungshafen wieder an das Land gelangen.

Wird die Löschung von dem Versicherten oder bei der Versicherung von Gütern oder imaginärem Gewinne von dem Versicherten oder von einer der im § 821 Nr. 5 bezeichneten Personen ungebührlich verzögert, so endet die Gefahr mit dem Zeitpunkt, in welchem die Löschung beendigt sein würde, falls ein solcher Verzug nicht stattgefunden hätte.

Bei der Einladung und Ausladung trägt der Versicherer die Gefahr der ortsgebräuchlichen Benutzung von Leichterfahrzeugen.

Voigt § 73, Prot. S. 3254—3259, 4439, 4467.

Beginn der Gefahr. Anm. 1.

Die Gefahr beginnt in dem Zeitpunkt, in welchem die Güter zum Zwecke der Einladung in das Schiff oder in die Leichterfahrzeuge vom Lande scheiden. Es ist daher erforderlich,

a) daß eine Handlung vorgenommen wird, welche bezweckt, die Güter in das Schiff oder in die Leichterfahrzeuge einzuladen;
b) daß infolge dieser Handlung die Güter das Land verlassen.

Den Versicherer trifft die Gefahr, daß die Güter aus den Krahnketten herausfallen oder daß die Taue, in welchen sie aufgewunden werden, reißen; dabei macht es keinen Unterschied, ob die Güter bei Eintritt des Unfalls sich schon über der Wasserlinie befanden, ob sie auf das Land zurück, oder auf das Schiff oder in das Wasser fallen. Die Gefahr beginnt für die einzelnen Güter in dem Zeitpunkt, wo sie vom Lande scheiden, nicht etwa für alle zu verladenden Güter mit dem Zeitpunkt, wo die ersten vom Lande scheiden. Ist imaginärer Gewinn oder Provision versichert, so ist stets nur der den vom Lande geschiedenen Gütern entsprechende

§ 824. Teil im Risiko. Geht daher das Schiff mit den Gütern unter, nachdem die Hälfte der Güter eingeladen ist, so haftet der Versicherer von imaginärem Gewinn oder Provision nur für die Hälfte der Versicherungssumme. Daraus ergibt sich, daß der Versicherte dann nicht voll gedeckt ist, wenn er ein Interesse daran hat, daß die Güter mit dem Schiff den Bestimmungshafen erreichen. Hat er z. B. die Güter mit der Klausel „ship lost contract to be void" verkauft, so wird sein Interesse an der Erfüllung des Kaufvertrages durch eine Versicherung der Güter oder des imaginären Gewinns nicht völlig gesichert, auch nicht durch eine Versicherung auf imaginären Gewinn und behaltene Ankunft der Güter mit dem Schiff im Bestimmungshafen. Denn wenn das Schiff während der Beladung untergeht, so haftet der Versicherer für den imaginären Gewinn nicht, soweit er von den noch nicht verladenen Gütern erwartet wird (HGZ. 1892 Nr. 22 u. 30). Um den beabsichtigten Zweck zu erreichen, ist die Versicherung entweder auf behaltene Beladung und Ankunft des Schiffes mit den Gütern zu nehmen oder es ist zu vereinbaren, daß die Versicherung mit Anfang der Beladung beginnen soll (HGZ. 1895 Nr. 31).

Anm. 2. **Ende der Gefahr.**

Die Gefahr endet mit dem Zeitpunkt, in welchem die Güter im Bestimmungshafen wieder an das Land gelangen. Es kommen analog dieselben Grundsätze zur Anwendung, welche für den Beginn der Gefahr gelten. Die Gefahr läuft, bis die Güter das Land erreicht haben; Schäden während des Ausladens z. B. durch Reißen der Winden usw. sind zu Lasten des Versicherers. Die Gefahr endet im Bestimmungshafen. Welcher Hafen als Bestimmungshafen anzusehen ist, ist dem Vertrage zu entnehmen. In einem HGZ. 1895 Nr. 8 mitgeteilten Falle war Baumwolle für die Reise von New-Orleans nach Bremen auf Grund einer laufenden Güterpolice versichert. Diese enthielt folgende Bestimmungen:

„Per vessel or vessels $\frac{\text{and}}{\text{or}}$ steam or other conveyances covering risks of lighterage and transshipment . . . At und from Atlantic and Gulf ports in the United States and at and from places in the interior of the United States by rail to Atlantic and Gulf ports in the same and at and thence to port or ports in the United Kingdom $\frac{\text{and}}{\text{or}}$ on the Continent of Europe direct or otherwise. Also covering all risks incident to the liberty and power allowed to the vessel by the charterparty $\frac{\text{and}}{\text{or}}$ bills of lading."

Die Güter waren nach dem Konnossement auszuliefern: „at the port of Bremen or so near thereto as she may safely get and always lie afloat." Da der Dampfer seines Tiefgangs wegen Bremen nicht erreichen konnte, wurde die Baumwolle in Bremerhaven gelöscht und verbrannte in dem dortigen Quaischuppen. Die Klage gegen den Versicherer wurde abgewiesen, weil auf Grund der Konnossementsklausel Bremerhaven als der Löschplatz des Bestimmungshafens Bremen anzusehen war.

Anm. 3. Sind Güter versichert, welche im Bestimmungshafen nicht gelöscht werden sollen, z. B. nautische Instrumente des Kapitäns, so endet die Gefahr mit der Beendigung der Löschung der Ladung (Seebohm Nr. 40).

Anm. 4. **Verzögerung der Entlöschung.**

Eine Verzögerung der Entlöschung übt einen Einfluß auf den Lauf der Gefahr unter folgenden Voraussetzungen aus:

a) wenn die Verzögerung ungebührlich, d. h. erheblich (HGZ. 1870 Nr. 91, 243, Seebohm Nr. 40) und ungerechtfertigt ist;

b) wenn die Löschung von dem Versicherten oder bei der Versicherung von Gütern oder imaginärem Gewinn von dem Versicherten oder von einer der im § 821 Nr. 5 bezeichneten Personen ungebührlich verzögert ist.

Liegen diese Voraussetzungen vor, so endet die Gefahr mit dem Zeitpunkt, in welchem die Löschung beendigt sein würde, falls ein Verzug nicht stattgefunden hätte.

Leichtergefahr. **§ 824.**

Erfolgt die Einladung oder Ausladung mittels Leichter, so trägt der Versicherer die Gefahr des Einladens in die Leichter, des Transportes in denselben und des Ausladens aus den Leichtern, wenn die Benutzung von Leichtern ortsgebräuchlich ist und der Transport in ortsgebräuchlicher Weise erfolgt. Unter Leichterfahrzeugen sind nicht bestimmte Arten von Fahrzeugen nach ihrer baulichen Beschaffenheit anzusehen, sondern ein Fahrzeug erhält diese Eigenschaft durch seine Bestimmung bei Einladung der Güter, wobei die Bestimmung innerhalb der ortsgebräuchlichen Benutzung von Leichterfahrzeugen liegen muß (HGZ. 1884 Nr. 139, RG. Bd. 64 Nr. 7); z. B. ist es in Hamburg üblich, loses Getreide in Oberländer Kähne statt in Schuten überzunehmen (HGZ. 1892 Nr. 6). Gleichgültig ist, ob der Seeverfrachter auch der Unternehmer des Leichtertransports ist (RG. Bd. 64 Nr. 7). Anm. 5.

Der Versicherer trägt die Gefahr der ortsgebräuchlichen Benutzung von Leichterfahrzeugen bei der Einladung und Ausladung. Hieraus folgt: Anm. 6.

a) Die Benutzung der Leichter muß zum Zwecke der Einladung vom Lande in das Schiff oder der Ausladung aus dem Schiff ans Land erfolgen. Werden die Güter zu einem anderen Zwecke, z. B. Lagerung in einen Leichter gebracht, so trägt der Versicherer nicht die Gefahr, während die Güter sich im Leichter befinden (HGZ. 1892 Nr. 106, 1893 Nr. 33). Anm. 7.

Werden die Güter nach den Gebräuchen des Abladehafens im Leichter nicht an das Seeschiff, sondern an einen Pier gebracht, so ist dieser Leichtertransport von Land zu Land nicht gedeckt. Anders verhält es sich aber, wenn ausnahmsweise von seiten des Seeschiffs die Anweisung an den zur direkten Ablieferung bereiten Leichter ergeht, die Güter einstweilen auf den Pier zu legen (RG. Bd. 64 Nr. 7).

b) Der Versicherer trägt die Leichtergefahr nur am Ort der Beladung des Schiffes und im Bestimmungshafen. Werden die Güter von einem anderen Ort mittels Leichter an den Ladeort des Schiffes oder von dem Bestimmungshafen nach einem anderen Ort gebracht, so trägt der Versicherer nicht die Gefahr solcher Transporte. In einem solchen Falle vertritt der Leichter die Stelle des Landes, so daß die Gefahr beginnt in dem Zeitpunkt, in welchem die Güter zum Zwecke der Einladung in das Schiff vom Leichter scheiden, und endet mit dem Zeitpunkt, in welchem sie im Bestimmungshafen an Bord des Leichters gelangen (HGZ. 1884 Nr. 139). Die Haftung des Versicherers wird auch nicht etwa dadurch begründet, daß den Gütern bei der Ausladung im Leichter andere für den Bestimmungsort bestimmte Güter beigeladen werden. Ereignet sich daher ein Unfall, während noch die Güter im Leichter längsseits des Seeschiffes liegen, so haftet der Versicherer nur für den Schaden, welchen die zur Landung am Bestimmungshafen bestimmten Gütern erleiden, nicht aber für den Schaden an den nach einem anderen Ort bestimmten Gütern. Anm. 8.

c) Wird die Annahme der im Leichter befindlichen Güter vom Schiff abgelehnt, weil es zuvor einer Reparatur wegen ins Dock gehen muß, so trägt der Versicherer die Gefahr nicht, wenn der Versicherte die Güter während der Dauer der Reparatur im Leichter beläßt, um die Kosten einer Wiederaus- und Einladung sowie einer vorläufigen Lagerung zu sparen. Eine Ausnahme ist nur für den Fall anzunehmen, daß die Reparatur voraussichtlich in kurzer Zeit beendet wird, so daß eine Löschung und Wiedereinladung in den Leichter untunlich und daher dem Versicherten nicht zuzumuten ist (HGZ. 1875 Nr. 202). Anm. 9.

Besondere Klauseln. Anm. 10.

1. Durch die Klausel: „Leichtergefahr jeglicher Art eingeschlossen" übernimmt der Versicherer auch die Gefahr einer dem Ortsgebrauch nicht entsprechenden Benutzung von Leichtern, immer aber mit der Maßgabe, daß er nicht haftet für eine Leichterung, welche zu anderen Zwecken erfolgt als der Beförderung der Güter im Abladehafen vom Lande an das Schiff oder im Bestimmungshafen vom Schiff an das Land. Die Klausel deckt daher nicht die Gefahr der Lagerung im Leichter (HGZ. 1875 Nr. 202). Weitergehend ist die Klausel:

„Jedwede und außergewöhnliche Schuten- und Leichtergefahr ist eingeschlossen, auch wenn die Güter in Fahrzeugen bis zur Übernahme

§824. in die etwa noch nicht ladebereiten oder noch nicht anwesenden Schiffe liegen bleiben (sogen. Überliegen)."

Auf Grund solcher Klausel darf der Versicherte von der Voraussetzung ausgehen, daß er dem Versicherer gegenüber berechtigt ist, bei voraussichtlich kurzer Zwischenzeit zwischen dem Eintreffen der Güter im Abladeplatz und der Einladung in das Schiff die Unkosten einer vorläufigen anderweitigen Lagerung zu sparen; er darf daher die Güter in die Leichter laden, ohne die gesicherte Erwartung zu haben, daß das Seeschiff ladebereit sein werde, sobald der Leichter beladen ist (HGZ. 1878 Nr. 143).

2. Soll die Gefahr bis zur „Empfangnahme am Löschplatz" laufen und werden die Güter am Quai gelöscht, so ist das Quairisiko mitversichert; die Gefahr endet erst mit der Entgegennahme vom Quai, nicht schon mit der Eintragung des Empfängers als Berechtigten bei der Lagerhausgesellschaft (HGZ. 1894 Nr. 34).

Anm. 11. **Beginn und Ende der Gefahr bei kombinierten See- und Landtransporten.**

Sind Güter für eine Reise versichert, die teils zur See, teils auf Binnengewässern oder zu Lande ausgeführt wird, so finden gemäß GVB. § 147 auf die Versicherung, auch soweit sie die Reise auf Binnengewässern oder zu Lande betrifft die Vorschriften des HGB. über die Seeversicherung entsprechende Anwendung, jedoch mit folgender Maßgabe:

a) eine vom Binnenschiffer aufgestellte Dispache ist für den Versicherer nur verbindlich, wenn er der Aufstellung durch den Schiffer zugestimmt hat (GVB. § 133 Abs. 2 Satz 2);

b) unter die Versicherung gegen die Gefahren der Beförderung von Gütern auf Eisenbahnen fällt auch die Beförderung zur Eisenbahn sowie die Beförderung von der Eisenbahn an den Empfänger, wenn sie durch die Eisenbahnverwaltung oder unter ihrer Verantwortlichkeit erfolgt (GVB. § 135);

c) die Versicherung beginnt mit dem Zeitpunkt, in welchem die Güter von dem Frachtführer zur Beförderung, oder wenn die Beförderung nicht sofort erfolgen kann, zur einstweiligen Verwahrung angenommen werden. Sie endigt mit dem Zeitpunkt, in welchem die Güter dem Empfänger am Ablieferungsort abgeliefert, oder wenn sich ein Ablieferungshindernis ergibt, rechtmäßig hinterlegt oder verkauft werden (GVB. § 134 Abs. 2).

Anm. 12. **Insbesondere der Beginn der Gefahr bei Mitversicherung einer Vorreise.**

a) Die Gefahr beginnt mit dem Zeitpunkt, in welchem die Güter von dem Frachtführer zur Beförderung angenommen werden, d. h. sobald dieser die Verfügungsgewalt über die Güter zum Zwecke des Transports erhält, also z. B. wenn ihm der Lagerschein über die in einem Lagerhause gelagerten Güter übergeben wird (HGZ. 1893 Nr. 45).

b) Kann die Beförderung nicht sofort erfolgen, so beginnt die Gefahr mit dem Zeitpunkt, in welchem die Güter von dem Frachtführer zur einstweiligen Verwahrung angenommen werden. Die Versicherung deckt daher auch die Gefahr einer Lagerung am Abgangsorte, aber nur solange bis die Beförderung erfolgen kann.

Anm. 13. **Insbesondere das Ende der Gefahr bei Mitversicherung einer Nachreise.**

a) Die Gefahr endet mit dem Zeitpunkt, in welchem die Güter dem Empfänger am Ablieferungsort abgeliefert werden. Der Begriff der Ablieferung ist derselbe wie in HGB. §§ 377 u. 429 (vgl. Staub, Anm. 16 zu § 377 und Anm. 7 zu § 429). Die Gefahr läuft bis zur Ablieferung am Ablieferungsort; werden die Güter von dort nach einem anderen Platz dirigiert, so trägt der Versicherer die Gefahr dieser Reise nicht.

b) Ergibt sich ein Ablieferungshindernis, so endigt die Gefahr mit dem Zeitpunkt, in welchem die Güter vom Frachtführer rechtmäßig hinterlegt oder verkauft werden; vgl. HGB. § 437, BinnenSchG. §§ 52—54, EisenbVerkO. § 70. Ein Ablieferungshindernis liegt z. B. vor, wenn der Empfänger des Gutes nicht zu ermitteln ist oder er die Annahme verweigert (HGB. § 437). Eine Verzögerung der Annahme durch den Empfänger begründet nicht eine frühere Beendigung der Gefahr, § 824 Abs. 2 findet hier keine Anwendung; die Gefahr endigt erst mit der rechtmäßigen Hinterlegung oder dem rechtmäßigen Verkaufe. Für den Eingang des Kaufpreises haftet der Versicherer nicht; die Vorschrift des § 877 Abs. 2 findet hier keine Anwendung. §825.

§ 825.

Bei der Versicherung der Fracht beginnt und endet die Gefahr in Ansehung der Unfälle, denen das Schiff und dadurch die Fracht ausgesetzt ist, mit demselben Zeitpunkt, in welchem die Gefahr bei der Versicherung des Schiffes für dieselbe Reise beginnen und enden würde, in Ansehung der Unfälle, denen die Güter und dadurch die Fracht ausgesetzt sind, mit demselben Zeitpunkt, in welchem die Gefahr bei der Versicherung der Güter für dieselbe Reise beginnen und enden würde.

Bei der Versicherung von Überfahrtsgeldern beginnt und endet die Gefahr mit demselben Zeitpunkt, in welchem die Gefahr bei der Versicherung des Schiffes beginnen und enden würde.

Der Versicherer von Fracht- und Überfahrtsgeldern haftet für einen Unfall, von dem das Schiff betroffen wird, nur insoweit, als Fracht- oder Überfahrtsverträge bereits abgeschlossen sind, und wenn der Reeder Güter für seine Rechnung verschifft, nur insoweit, als diese zum Zwecke der Einladung in das Schiff oder in die Leichterfahrzeuge bereits vom Lande geschieden sind.

Voigt § 74, Prot. S. 3260—3266, 4339—4345, 4467.

Ein Frachtverlust kann durch Unfälle, welche das Schiff oder die Ladung betreffen, verursacht werden. Beginn und Ende der Gefahr ist in beiden Fällen verschieden geregelt. Anm. 1.

I. Frachtversicherung.

A. Beginn der Gefahr.

1. **In Ansehung der Unfälle, denen das Schiff und dadurch die Fracht ausgesetzt ist.** Anm. 2.

Die Gefahr beginnt mit demselben Zeitpunkt, in welchem die Gefahr bei der Versicherung des Schiffes für dieselbe Reise beginnen würde, d. h. mit dem Zeitpunkt, in welchem mit der Einnahme der Ladung oder des Ballastes angefangen wird, oder, wenn weder Ladung noch Ballast einzunehmen ist, mit dem Zeitpunkt der Abfahrt des Schiffes (§ 823). In diesem Zeitpunkt beginnt die ganze Gefahr, sodaß z. B. ein Totalverlust vorliegt, wenn das Schiff verloren geht, nachdem ein Teil der Ladung an Bord gebracht ist.

Maßgebend ist der Zeitpunkt, in welchem die Gefahr bei einer Versicherung des Schiffes für dieselbe Reise beginnen würde, d. h. wenn das Schiff für dieselbe Reise versichert wäre, für welche die Fracht versichert ist. Daraus folgt: Anm. 3.

a) Muß das Schiff zwecks Einnahme der Ladung eine Zureise in Ballast machen, und ist die Fracht für die Reise vom Abladehafen aus versichert, so haftet der Versicherer nicht, wenn die Fracht dadurch verloren geht, daß das Schiff auf der Zureise untergeht oder so beschädigt wird, daß es die Frachtreise nicht ausführen kann (RG. Bd. 7 S. 27). Um die Haftung des Versicherers auch für solche Unfälle zu begründen, muß entweder die Fracht für die ganze kombinierte Zu- und Frachtreise versichert oder eine Zeitversicherung geschlossen werden (RG. 71 Nr. 99); die bloße Anzeige, daß das Schiff eine Zureise in Ballast mache, genügt nicht, um die Haftung des Versicherers zu begründen (RG. Bd. 7 S. 27). Durch Verbindung einer Versicherung des Schiffes auf behaltene Ankunft im Abladehafen mit der Frachtversicherung für die Reise vom Abladehafen wird der Versicherte nicht gegen Verlust der Fracht durch solche Unfälle geschützt, welche das Schiff von dem Zeitpunkt an, wo es im Abladehafen am gebräuchlichen oder gehörigen Platz den Anker hat fallen lassen oder befestigt ist (§ 850), bis zum Beginn der Beladung treffen. Anm. 4.

§ 825. b) Ist Frachtversicherung für die Reise genommen, auf welcher das Schiff mit Ladung fährt, so
Anm. 5. haftet der Versicherer nur für die Fracht dieser Reise, nicht zugleich für den Frachtverlust einer zukünftigen Reise, wenn auch diese Fracht bereits vertraglich gesichert ist (RG. aaO.).

Anm. 6. **Unfälle, denen das Schiff und dadurch die Fracht ausgesetzt ist.**

Ein Verlust der Fracht, für welchen der Versicherer haftet, tritt ein, wenn,

a) **vor Antritt der Reise,** aber nach Beginn der Beladung das Schiff verloren geht, insbesondere, wenn es verunglückt oder als reparaturunfähig oder reparaturunwürdig kondemniert (HGB. § 479) und in dem letzteren Falle unverzüglich öffentlich verkauft wird, wenn es geraubt wird, wenn es aufgebracht oder angehalten und für gute Prise erklärt wird (HGB. § 628 Nr. 1);

b) **nach Antritt der Reise** das Schiff verloren geht, insoweit nicht Distanzfracht verdient ist (HGB. § 630);

c) vor oder nach Antritt der Reise, aber nach Beginn der Beladung der Befrachter aus den im HGB. §§ 629, 634 genannten Gründen vom Frachtvertrage zurücktritt, soweit nicht Distanzfracht verdient ist; der Versicherer haftet nicht, wenn der Verfrachter vom Frachtvertrage zurücktritt, weil dann der Verlust durch den freiwilligen Entschluß des Versicherten verursacht wird;

d) die Fracht, obwohl verdient, durch Ansprüche von Dritten absorbiert wird und diese Ansprüche durch einen dem Versicherer zur Last fallenden Unfall verursacht sind.

Selbstverständlich ist in allen diesen Fällen die Verantwortlichkeit des Versicherers nur begründet, wenn der Verlust sich auf eine Gefahr gründet, welche der Versicherer trägt.

Anm. 7. **Vertraglich gesicherte Fracht.**

Abgesehen von dem Beginn der Gefahr ist die Haftung des Frachtversicherers davon abhängig, daß zur Zeit des Unfalls ein Frachtvertrag bereits abgeschlossen ist. Eine wenn auch noch so begründete Aussicht auf Abschluß eines Frachtvertrages genügt nicht (Prot. S. 4345). Dies ist insbesondere von Bedeutung, wenn das Schiff eine Zureise in Ballast macht, um Fracht zu sichern; die nur erhoffte Fracht kann nicht versichert werden, auch nicht durch Versicherung auf behaltene Ankunft des Schiffes im Bestimmungshafen der Zureise; über die entgegengesetzte Ansicht des RG. in HGZ. 1893 Nr. 20 vgl. Anm. 6 Nr. 4 zu § 778). Der Versicherer haftet ferner nur insoweit als das Schiff die Tragfähigkeit besitzt, um die im Frachtvertrage bestimmten Güter aufzunehmen (HGZ. 1872 Nr. 317).

Anm. 8. **Reeders Güter.**

Verschifft der Reeder eigene Güter, so kann die Voraussetzung vertraglich gesicherter Fracht nicht vorliegen. Um die Verantwortlichkeit des Versicherers zu begründen genügt es nicht, daß zu der Zeit, wo das Schiff von einem Unfall betroffen wurde, der Reeder die Absicht hatte, bestimmte Güter zu verladen. Diese Absicht muß vielmehr äußerlich in die Erscheinung getreten sein. Das Gesetz bestimmt daher, daß der Frachtversicherer bei Verschiffung eigener Güter durch den Reeder nur insoweit haftet als die Güter zum Zwecke der Einladung in das Schiff oder in die Leichterfahrzeuge bereits vom Lande geschieden sind. Es genügt nicht, daß die Güter bereits verladebereit sind.

Anm. 9. 2. **In Ansehung der Unfälle, denen die Güter ausgesetzt sind und dadurch die Fracht ausgesetzt ist,** beginnt die Gefahr mit demselben Zeitpunkt, in welchem die Gefahr bei der Versicherung der Güter für dieselbe Reise beginnen würde d. h. in welchem die Güter zum Zwecke der Einladung in das Schiff oder in die Leichterfahrzeuge vom Lande scheiden. Der Versicherer haftet, wenn infolge eines zu seiner Verantwortlichkeit stehenden Unfalls, welcher die Güter betrifft, entweder der Frachtvertrag gemäß HGB. § 628 außer Kraft tritt oder der Befrachter gemäß §§ 629, 634 vom Vertrage zurücktritt oder die Güter während der Reise verloren gehen (HGB. § 617).

Anm. 10. B. **Ende der Gefahr.**

1. In Ansehung der Unfälle, denen das Schiff und dadurch die Fracht ausgesetzt ist, endet die Gefahr mit demselben Zeitpunkt, in welchem sie bei der Versicherung des Schiffes für dieselbe

Reise enden würde, d. h. in welchem die Löschung der Ladung im Bestimmungshafen beendigt § 826.
ist, oder bei ungebührlicher Verzögerung ohne solchen Verzug beendigt sein würde, oder vor Beendigung der Löschung mit dem Beginn der Einnahme von Ladung oder Ballast für eine neue Reise (§ 823). Ist die Fracht für eine zusammengesetzte Reise einheitlich versichert, so endet die Gefahr erst im Bestimmungshafen des letzten Reiseabschnitts. Geht z. B. Fracht dem Versicherten infolge der Haftung für einen mittelbaren Kollisionsschaden verloren, so haftet der Versicherer für den Beitrag der gesamten Fracht ohne Rücksicht darauf, ob schon vorher in Zwischenhäfen Güter entlöscht sind (RG. Bd. 38 Nr. 19).

2. **In Ansehung der Unfälle, denen die Güter ausgesetzt sind** und dadurch die Fracht ausgesetzt Anm. 11.
ist, endet die Gefahr mit demselben Zeitpunkt, in welchem sie bei der Versicherung der Güter für dieselbe Reise enden würde, d. h. in welchem die Güter im Bestimmungshafen wieder an das Land gelangen oder, wenn die Löschung ungebührlich verzögert wird, in welchem die Löschung ohne solchen Verzug beendigt sein würde (§ 824).

Überfahrtsgelder. Anm. 12.

Die Gefahr beginnt und endet mit demselben Zeitpunkt, in welchem die Gefahr bei der Versichernng des Schiffes beginnen und enden würde. Voraussetzung für die Haftung des Versicherers ist, daß zur Zeit des Unfalls, von dem das Schiff betroffen wird, Überfahrtsverträge bereits abgeschlossen sind. Der Versicherer haftet nur insoweit, als die Überfahrtsgelder durch Vertrag gesichert sind.

§ 826.

Bei der Versicherung von Bodmerei- und Havereigeldern beginnt die Gefahr mit dem Zeitpunkt, in welchem die Gelder vorgeschossen sind, oder, wenn der Versicherte selbst die Havereigelder verausgabt hat, mit dem Zeitpunkt, in welchem sie verwendet sind; sie endet mit dem Zeitpunkt, in welchem sie bei einer Versicherung der Gegenstände, welche verbodmet oder auf welche die Havereigelder verwendet sind, enden würde.

Voigt § 75, Prot. S. 3266—3271, 3350—3352, 4467.

Über das Interesse bei der Versicherung von Bodmerei- und Havereigeldern vgl. Anm. 16—22 zu § 779.

Beginn der Gefahr. Anm. 1.

Es ist zu unterscheiden, ob ein Dritter oder der Versicherte selbst die Havereigelder hergibt. Der Dritte erhält mit dem Zeitpunkt der Hergabe ein Pfandrecht an den Gegenständen, für welche die Gelder hergegeben sind; von diesem Zeitpunkt an hat er ein versicherbares Interesse daran, daß die betreffenden Gegenstände die Gefahren der Seeschiffahrt bestehen. Ob die Gelder verwendet werden, ist für die Entstehung des Pfandrechts ohne Bedeutung. Gibt dagegen der Versicherte selbst die Gelder her, so hat er ein versicherbares Interesse erst von dem Zeitpunkt ab, in welchem die Gelder verausgabt sind.

Ende der Gefahr. Anm. 2.

Die Gefahr endet in dem Zeitpunkt, in welchem sie bei einer Versicherung der Gegenstände, für welche die Gelder hergegeben sind, enden würde; vgl. §§ 823—825.

§ 827.

Die begonnene Gefahr läuft für den Versicherer während der bedungenen Zeit oder der versicherten Reise ununterbrochen fort. Der Versicherer trägt insbesondere die Gefahr auch während des Aufenthalts in einem Not- oder

§ 827. Zwischenhafen und im Falle der Versicherung für die Hinreise und Rückreise während des Aufenthalts des Schiffes in dem Bestimmungshafen der Hinreise.

Müssen die Güter einstweilen gelöscht werden oder wird das Schiff zur Ausbesserung an das Land gebracht, so trägt der Versicherer die Gefahr auch für die Zeit, während welcher sich die Güter oder das Schiff am Lande befinden.

Voigt § 76, Prot. S. 3271—3276, 4345.

Anm. 1. **Ununterbrochener Lauf der Gefahr.**

Die Bedeutung des Paragraphen liegt darin, daß die Gefahr von ihrem Beginn bis zu ihrem Ende ohne Unterbrechung läuft, wenn auch die Fahrt des Schiffes oder der Transport der Güter zeitweilig unterbrochen wird. Bei einer Zeitversicherung läuft die Gefahr während des bedungenen Zeitraumes, bei einer Reiseversicherung von ihrem Beginn bis zu ihrem Ende (§§ 823—826) ununterbrochen fort. Mehrere aufeinanderfolgende Reisen (zusammengesetzte Reisen, Ballast- und Frachtreisen, Hin- und Rückreisen) können entweder gesondert oder einheitlich versichert werden; im ersteren Falle bestimmen sich Anfang und Ende der Gefahr für jede Reise besonders, so daß der Versicherte vom Ende der Gefahr der einen Reise bis zum Anfang der Gefahr der folgenden Reise nicht gedeckt ist; im zweiten Fall läuft die Gefahr ununterbrochen bis zum Ende der letzten Reise. Der Versicherer trägt die übernommenen Gefahren auch während des Aufenthalts in einem Not- oder Zwischenhafen. Nothafen kann auch der Abgangshafen sein, wenn das Schiff infolge erlittener Havarie gezwungen ist, in den Abgangshafen zurückzukehren (HGZ. 1899 Nr. 56).

Anm. 2. **Lagerrisiko.**

Müssen die Güter während des Laufes der Gefahr einstweilen gelöscht werden, so trägt der Versicherer die übernommenen Gefahren auch während der Lagerung am Lande, z. B. wenn die Güter zwecks Reparatur des Schiffes gelöscht werden, oder wenn ausnahmsweise im Abladehafen auf Anweisung des Seeschiffs die Güter aus den zur direkten Ablieferung bereiten Leichtern einstweilen auf den Pier gelegt werden (RG. 64 Nr. 7), oder wenn Güter in einem Hafen, in welchem sie umgeladen werden sollen, infolge Streiks einstweilen gelagert werden (HGZ. 1909 Nr. 7). Die Löschung muß eine e i n s t w e i l i g e sein, d. h. sie muß in der Absicht erfolgen, die Güter nach Beseitigung des Hindernisses weiterzubefördern; ist diese Absicht nicht vorhanden, so endet die Gefahr mit der Löschung (§ 828 Abs. 1). Die Ursache der einstweiligen Löschung ist nicht gleichgültig; hierüber entscheidet § 814, vgl. § 829.

Anm. 3. **Dockrisiko.**

Wird während des Laufes der Gefahr das Schiff zur Ausbesserung an das Land gebracht, so trägt der Versicherer die Gefahr auch für die Zeit, während welcher das Schiff sich am Lande befindet. Das Gleiche gilt, wenn das Schiff zur Reparatur ins Dock gebracht wird (Prot. S. 3275). Werden Teile des Schiffes z. B. Kessel zur Reparatur ans Land gebracht, so trägt der Versicherer die Gefahr für diese Teile, während sie sich am Lande befinden. Anders liegt der Fall, wenn eine Werft ein Schiff während des Baues bis zur Ablieferung versichert. Der Versicherer ist ohne besondere Vereinbarung nicht verpflichtet, den Schaden zu ersetzen, welcher daraus entsteht, daß Teile des Schiffes auf der Werft durch Feuer zerstört werden, wenn das Schiff außerhalb der Werft im Wasser liegt (Leipziger Zeitschrift 1909 S. 937).

Anm. 4. Die Vorschriften des § 827 gelten nur unbeschadet der Vorschriften des § 814 (§ 829) d. h. der Lauf der Gefahr hört auf, wenn von dem Versicherten oder in dessen Auftrag oder mit dessen Zustimmung der Antritt oder die Vollendung der Reise ungebührlich verzögert oder die Gefahr in anderer Weise vergrößert oder verändert wird mit den in § 814 genannten Ausnahmen.

§ 828.

§ 828.

Wird nach dem Beginne der Gefahr die versicherte Reise freiwillig oder gezwungen aufgegeben, so tritt in Ansehung der Beendigung der Gefahr der Hafen, in welchem die Reise beendigt wird, an die Stelle des Bestimmungshafens.

Werden die Güter, nachdem die Reise des Schiffes aufgegeben ist, in anderer Art als mit dem zur Beförderung bestimmten Schiffe nach dem Bestimmungshafen weiter befördert, so läuft in Betreff der Güter die begonnene Gefahr fort, auch wenn die Weiterbeförderung ganz oder zu einem Teile zu Lande geschieht. Der Versicherer trägt in solchen Fällen zugleich die Kosten der früheren Löschung, die Kosten der einstweiligen Lagerung und die Mehrkosten der Weiterbeförderung, auch wenn diese zu Lande erfolgt.

Voigt § 77, Prot. S. 3276—3280, 4345—4347, 4467.

Dieser Paragraph handelt von dem Aufgeben der versicherten Reise nach Beginn der Gefahr. Dieser Tatbestand ist von den] Fällen der §§ 813, 814 zu unterscheiden; die versicherte Reise wird nicht aufgegeben, wenn an ihre Stelle eine andere tritt oder wenn von dem der versicherten Reise entsprechenden Wege abgewichen wird (RG. Bd. 25 Nr. 23). Ein Aufgeben der versicherten Reise liegt vor, wenn sie vor Erreichung des Bestimmungshafens beendigt wird, insbesondere, wenn sie in einem Zwischenhafen, dessen Angehung nach der Police gestattet ist, beendigt wird. Wird die Unternehmung vor Beginn der Gefahr aufgegeben, so liegt der Fall des § 894 vor. Anm. 1.

Die Folge des Aufgebens der Reise ist, daß in Ansehung der Beendigung der Gefahr der Hafen, in welchem die Reise beendigt wird, an die Stelle des Bestimmungshafens tritt; dabei ist gleichgültig, ob die Reise gezwungen oder freiwillig aufgegeben wird. Diese Vorschrift findet uneingeschränkte Anwendung auf den Fall einer Versicherung von Schiff oder Fracht. Anm. 2.

Güterversicherung. Anm. 3.

Die Güterversicherung wird dadurch, daß die Reise des Schiffes aufgegeben wird, nicht beendigt; die Gefahr läuft weiter, wenn die Güter in anderer Art als mit dem zur Beförderung bestimmten Schiffe nach dem Bestimmungshafen weiter befördert werden, und zwar ohne Unterschied, ob die Weiterbeförderung ganz oder zum Teile zu Lande geschieht.

Ausnahmen. Anm. 4.

a) Diese Vorschrift gilt nur unbeschadet der Vorschrift des § 816 (§ 829). Demnach erfolgt die anderweitige Beförderung der Güter nicht auf Gefahr des Versicherers, wenn im Auftrage oder mit Zustimmung des Versicherten (z. B. durch Bewilligung entsprechender Konnossementsklauseln (RG. 25 Nr. 23) die Güter in anderer Art als mit dem zur Beförderung bestimmten Schiff weiter befördert werden, es sei denn, daß dies infolge eines Unfalls geschieht, welcher sich auf eine vom Versicherer zu tragende Gefahr gründet.

b) Der Versicherer hat das Recht, der Weiterbeförderung der Güter zu widersprechen und ihren Verkauf zu verlangen, wenn die anderweitige Weiterbeförderung unverhältnismäßige Kosten verursacht oder in angemessener Zeit nicht beschafft werden kann (ROHG. 24 Nr. 103). Anm. 5.

Läuft die Gefahr weiter, nachdem die Reise des Schiffes aufgegeben ist und die Güter in anderer Weise nach dem Bestimmungsort befördert werden, so trägt der Versicherer die Kosten der früheren Löschung, die Kosten der einstweiligen Lagerung und die Mehrkosten der Weiterbeförderung, auch wenn diese zu Lande erfolgt. Anm. 6.

§ 829. **Beweislast.**

§ 830. Der Versicherer, welcher behauptet, daß die Gefahr gemäß § 828 in einem anderen Hafen
Anm. 7. als dem Bestimmungshafen beendet ist, hat bei Versicherungen von Schiff oder Fracht zu beweisen, daß die Reise in dem anderen Hafen aufgegeben ist; bei Güterversicherungen, daß der Versicherte der Aufgabe der Reise zugestimmt oder sie genehmigt hat (RG. 25 Nr. 23).

§ 829.

Die Vorschriften der §§ 827, 828 gelten nur unbeschadet der Vorschriften der §§ 814, 816.

Voigt § 78, Prot. S. 4347.

Vgl. Anm. 4 zu § 827 und Anm. 4 zu § 828.

§ 830.

(In der Fassung des Gesetzes vom 30. Mai 1908.)

Ist die Dauer der Versicherung nach Tagen, Wochen, Monaten oder nach einem mehrere Monate umfassenden Zeitraume bestimmt, so beginnt die Versicherung am Mittage des Tages, an welchem der Vertrag geschlossen wird. Sie endigt am Mittage des letzten Tages der Frist.

Bei der Berechnung der Zeit ist der Ort, wo sich das Schiff befindet, maßgebend.

Anm. 1. Dieser Paragraph bestimmt Beginn und Ende der Gefahr bei einer für einen bestimmten Zeitraum geschlossenen Versicherung. Die Gefahr beginnt am Mittage des Tages, an welchem der Vertrag geschlossen wird, — also eventuell vor Abschluß des Vertrages, wenn dieser nach Mittag abgeschlossen wird; sie endigt am Mittage des letzten Tages der Frist, welche nach BGB. § 188 berechnet wird. Für das Datum des Abschlusses des Vertrages ist die Ausstellung der Police nicht maßgebend (vgl. Anm. 1 zu § 784).

Anm. 2. **Die Vorschrift des § 830 ist dispositiv**; sie gilt nur, wenn von den Parteien nichts anderes vereinbart ist. In der Regel wird bei Versicherungen auf Zeit Anfangs- und Schlußtag vereinbart, z. B. „für die Zeit von 12 Monaten beginnend am 1. Januar 1910 bis zum 31. Dezember 1910. In solchem Falle ist es nicht zweifelhaft, daß der Absicht der Parteien entsprechend Anfangs- und Schlußtag mitzuzählen sind und daß Beginn und Ende der Gefahr nicht auf den Mittag des Anfangs- und Schlußtages fallen.

Anm. 3. Für die Zeitberechnung ist der Ort, wo sich das Schiff befindet, maßgebend, so daß die Zeitrechnung des Journals entscheidet (Prot. § 3239).

Anm. 4. Die Gefahr läuft während des versicherten Zeitraumes ununterbrochen fort, so daß der Versicherte auch während der zwischen den einzelnen Reisen liegenden Zeiträume versichert ist; im übrigen behalten die einzelnen Reisen ihre selbständige Bedeutung, z. B. für die Gewähr der Seetüchtigkeit, für die Berechnung der Franchise bei besonderen Havereien (§ 845).

§ 831.

Ist im Falle der Versicherung des Schiffes auf Zeit das Schiff bei dem Ablaufe der im Vertrage festgesetzten Versicherungszeit unterwegs, so gilt die Versicherung in Ermangelung einer entgegenstehenden Vereinbarung als verlängert bis zur Ankunft des Schiffes im nächsten Bestimmungshafen und, falls in diesem gelöscht wird, bis zur Beendigung der Löschung (§ 823). Der Ver-

sicherte ist jedoch befugt, die Verlängerung durch eine dem Versicherer, solange §831.
das Schiff noch nicht unterwegs ist, kundzugebende Erklärung auszuschließen.

Im Falle der Verlängerung hat der Versicherte für deren Dauer und, wenn die Verschollenheit des Schiffes eintritt, bis zum Ablaufe der Verschollenheitsfrist die vereinbarte Zeitprämie fortzuentrichten.

Ist die Verlängerung ausgeschlossen, so kann der Versicherer, wenn die Verschollenheitsfrist über die Versicherungszeit hinausläuft, auf Grund der Verschollenheit nicht in Anspruch genommen werden.

Voigt § 80, Prot. S. 3239—3241, 3247—3257, 3415—3423, 4333.

Verlängerung der Zeitversicherung. Anm. 1.

Durch die Bestimmung, daß bei einer Zeitversicherung die Gefahr nicht mit dem Ablaufe der im Vertrage festgesetzten Versicherungszeit endigt, wenn das Schiff in diesem Zeitpunkt unterwegs ist, sondern daß die Versicherung bis zur Ankunft im nächsten Bestimmungshafen als verlängert gilt, wird dem Versicherten der volle Nutzen einer Zeitversicherung gewährt. Denn es würde ihm unter Umständen schwer fallen, im Anschluß an die ablaufende Zeitversicherung eine neue Versicherung abzuschließen, wenn er über den Aufenthalt des Schiffes keine bestimmten Nachrichten hat; und auch wenn eine neue Versicherung geschlossen wird, wird es unter Umständen schwer sein nachzuweisen, ob ein Schaden unter die eine oder die andere Versicherung fällt (Prot. S. 3239).

Unterwegs. Anm. 2.

Die Verlängerung der Versicherung tritt nur ein, wenn das Schiff bei Ablauf der Versicherungszeit unterwegs ist. Durch die Bezugnahme auf § 823 ist zum Ausdruck gebracht, daß das Schiff unterwegs ist, solange es sich auf der Reise befindet, d. h. von ihrem Beginn bis zu ihrem Ende. Das Schiff ist also unterwegs von dem Zeitpunkte ab, in welchem mit der Einnahme der Ladung oder des Ballastes begonnen wird, oder wenn weder Ladung noch Ballast einzunehmen ist, von dem Zeitpunkte der Abfahrt des Schiffes bis die Reise im nächsten Bestimmungshafen beendigt ist, d. h. bis die Löschung der Ladung oder des Ballastes im Bestimmungshafen beendet ist oder beendet sein würde, falls sie verzögert wird, oder bis für eine neue Reise Ladung oder Ballast eingenommen wird, wenn dies vor Beendigung der Löschung geschieht. Unterwegs bedeutet daher nicht, daß das Schiff auf der Fahrt sein muß; sondern der Begriff deckt sich mit dem Lauf der Gefahr derjenigen Reise, auf welcher es sich jeweilig befindet; bei zusammengesetzten Reisen entscheiden die Anfangs- und Endpunkte der verschiedenen Reiseabschnitte (RG. 12 Nr. 6).

Dauer der Verlängerung. Anm. 3.

Die Versicherung gilt als verlängert bis zur Ankunft des Schiffes im nächsten Bestimmungshafen, bei zusammengesetzten Reisen im Bestimmungshafen des Reiseabschnitts, auf welchem das Schiff sich bei Ablauf der im Vertrage festgesetzten Zeit befindet. Wird in diesem Hafen gelöscht, so gilt die Versicherung als verlängert bis zur Beendigung der Löschung. Aus dem Hinweis auf § 823 ergibt sich, daß die Verlängerung in dem Zeitpunkte endet, in welchem bei der Versicherung einer Reise nach dem Bestimmungshafen die Gefahr gemäß § 823 enden würde. Als Bestimmungshäfen im Sinne des § 831 sind nicht anzusehen Orderhäfen sowie Häfen, welche das Schiff zwecks Ausklarierung anläuft (RG. 12 Nr. 6).

Prämienzahlung. Anm. 4.

Bis zum Ablauf der verlängerten Versicherungszeit hat der Versicherte die vereinbarte Zeitprämie weiterzubezahlen. Über die Berechnung der Prämie entscheidet der Vertrag. Ist nichts vereinbart, so ist für die Dauer der Verlängerung die Prämie pro rata temporis zu bezahlen.

§ 832. **Ausschluß der Verlängerung.**

Anm. 5. Die Verlängerung der Versicherung tritt nicht ein,

a) wenn die Parteien eine entgegenstehende Vereinbarung getroffen haben, sei es von vornherein oder nachträglich z. B. durch Abschluß einer an die erste sich anschließenden Versicherung;

b) wenn der Versicherte die Verlängerung durch eine dem Versicherer kundzugebende Erklärung ausschließt. Der Versicherte kann unter Umständen ein Interesse daran haben, die Verlängerung auszuschließen, z. B. wenn die Versicherungszeit wenige Tage vor dem Ende der Entlöschung abläuft und im Falle der Verlängerung nach dem Vertrage für die Berechnung der Prämie ein angefangener Zeitabschnitt für voll gerechnet wird; oder wenn die Versicherungszeit wenige Tage nach dem Beginn einer neuen Reise abläuft, für welche der Versicherte eine neue Versicherung unter günstigeren Bedingungen schließen kann (Prot. S. 3248). Die Verlängerung wird ausgeschlossen durch eine dem Versicherer gegenüber abzugebende Erklärung des Versicherten. Die Erklärung muß dem Versicherer zugehen, solange das Schiff noch nicht unterwegs ist, also vor Beginn der Beladung;

c) wenn sich herausstellt, daß der versicherte Gegenstand vor Ablauf des versicherten Zeitraumes verloren gegangen ist.

Anm. 6. **Verschollenheit.**

a) **Wird die Versicherung nicht verlängert,** so haftet der Versicherer nur für die schädigenden Folgen solcher Unfälle, welche nachweislich vor dem Ablauf der Versicherungszeit eingetreten sind. Tritt Verschollenheit des Schiffes ein, so kann der Versicherte die Bezahlung der Versicherungssumme erst nach Ablauf der Verschollenheitsfrist (§ 862) verlangen. Läuft die Verschollenheitsfrist über die Versicherungszeit hinaus, so kann der Versicherer auf Grund der Verschollenheit nicht in Anspruch genommen werden.

b) **Wird die Versicherung verlängert** und tritt Verschollenheit des Schiffes ein, so kann der Versicherer auf Grund der Verschollenheit in Anspruch genommen werden; er hat andererseits Anspruch auf Fortentrichtung der vereinbarten Zeitprämie bis zum Ablauf der Verschollenheitsfrist.

§ 832.

Bei einer Versicherung nach einem oder dem anderen unter mehreren Häfen ist dem Versicherten gestattet, einen dieser Häfen zu wählen; bei einer Versicherung nach einem und einem anderen oder nach einem und mehreren anderen Häfen ist der Versicherte zum Besuch eines jeden der bezeichneten Häfen befugt.

Voigt § 81, Prot. S. 3281—3286, 3352—3353, 4347.

Anm. 1. **Alternativer Bestimmungsort** (Versicherung nach einem oder dem anderen unter mehreren Häfen).

Der Versicherte ist berechtigt, unter den genannten Häfen einen Bestimmungshafen zu wählen und ist an die einmal getroffene Wahl gebunden. Es kann fraglich erscheinen, in welchem Zeitpunkt die Wahl als getroffen gilt. Nach Prot. S. 3353 soll die Beantwortung dieser Frage nach allgemeinen Grundsätzen des Versicherungsrechts erfolgen. Bei den Beratungen ging man davon aus, „daß man die Wahl nicht füglich schon dann als getroffen ansehen könne, wenn der Versicherte den Entschluß, nach dem einen Hafen fahren zu wollen, in irgend einer Weise manifestiert habe, sondern wohl erst dann, wenn er von dem Punkte aus, an welchem sich die Wege nach beiden Häfen schieden, die Richtung nach dem einen Hafen eingeschlagen habe.“ Im Gegensatz hierzu wird jedoch anzunehmen sein, daß nach allgemeinen Grundsätzen des Versicherungsrechts die Wahl in dem Zeitpunkte erfolgt ist, in welchem der Entschluß, nach einem der Bestimmungshäfen zu fahren, zur Ausführung gebracht wird, sollten sich auch die Wege nach dem verschiedenen zur Wahl stehenden Bestimmungshäfen noch nicht geschieden haben (vgl. Lewis Anm. 1 zu Art. 836 und oben Anm. 7 zu § 813). § 833.

Kumulative Bestimmungshäfen. (Versicherung nach einem und einem anderen oder nach einem und mehreren anderen Häfen.) Anm. 2.

Der Versicherte ist befugt, alle genannten Häfen anzulaufen, und zwar auch, wenn in einem der Häfen bereits die ganze Ladung gelöscht ist. Über einen Fall, in welchem eine Versicherung genommen war von Hamburg nach einem oder mehreren Plätzen der Westküste Afrikas, valedierend bis zur Entlöschung des Schiffes am letzten Bestimmungsplatze der Ausreise vgl. HGZ. 1885 Nr. 76.

Ist eine Reise nach einem Lande, einer Küste oder Insel ohne nähere Bezeichnung des Bestimmungshafens versichert, so ist mangels besonderer Vereinbarung anzunehmen, daß eine Reise nach einem der Plätze des Landes, der Küste oder Insel nach Wahl des Versicherten versichert ist: Versicherung einer Reise nach alternativen, nicht genannten Bestimmungsplätzen. Es kommen also die in Anm. 1 erörterten Grundsätze zur Anwendung; a. M. Lewis Anm. 3 zu Art. 836: die versicherte Reise werde nicht dadurch bestimmt, daß der Versicherte den Entschluß, nach einem bestimmten Hafen zu gehen, zur Ausführung gebracht hat, sondern dadurch, daß das Schiff in diesem Hafen bereits eingetroffen ist. Anm. 3.

Mehrere Abgangshäfen. Anm. 4.

Die in Anm. 1—3 erörterten Grundsätze finden analoge Anwendung, wenn in der Police mehrere Abgangshäfen alternativ oder kumulativ genannt sind.

§ 833.

Ist die Versicherung nach mehreren Häfen geschlossen, oder dem Versicherten das Recht vorbehalten, mehrere Häfen anzulaufen, so ist dem Versicherten nur gestattet, die Häfen nach der vereinbarten oder in Ermangelung einer Vereinbarung nach der den Schiffahrtsverhältnissen entsprechenden Reihenfolge zu besuchen; er ist jedoch zum Besuch aller einzelnen Häfen nicht verpflichtet.

Die in der Police enthaltene Reihenfolge wird, soweit nicht ein anderes sich ergibt, als die vereinbarte angesehen.

Voigt § 82, Prot. S. 3286—3289, 4347—4348.

Dieser Paragraph behandelt die Reihenfolge, in welcher der Versicherte kumulativ bestimmte Bestimmungshäfen anzulaufen hat. Die Reihenfolge bestimmt sich: Anm. 1.

1. nach dem Versicherungsvertrage, wobei bis zum Beweise des Gegenteiles vermutet wird, daß die in der Police enthaltene Reihenfolge die vereinbarte ist;
2. falls eine bestimmte Reihenfolge nicht vereinbart ist, nach den Schiffahrtsverhältnissen, d. h. die Häfen sind in der auf solchen Reisen gewöhnlich eingehaltenen Reihenfolge anzulaufen.

Die kumulative Angabe von Bestimmungshäfen berechtigt den Versicherten, alle Häfen anzulaufen, sie verpflichtet ihn aber nicht dazu, er ist berechtigt, einzelne oder mehrere Häfen zu überschlagen, muß jedoch im übrigen die vorgeschriebene Reihenfolge einhalten. Anm. 2.

§ 834.

Dem Versicherer fallen zur Last:

1. die Beiträge zur großen Haverei mit Einschluß derjenigen, welche der Versicherte selbst wegen eines von ihm erlittenen Schadens zu tragen hat; die in Gemäßheit der §§ 635, 732 nach den Grund-

§ 834. sätzen der großen Haverei zu beurteilenden Beiträge werden den Beiträgen zur großen Haverei gleichgeachtet;

2. die Aufopferungen, welche zur großen Haverei gehören würden, wenn das Schiff Güter und zwar andere als Güter des Reeders an Bord gehabt hätte;
3. die sonstigen zur Rettung sowie zur Abwendung größerer Nachteile notwendig oder zweckmäßig aufgewendeten Kosten (§ 819), selbst wenn die ergriffenen Maßregeln erfolglos geblieben sind;
4. die zur Ermittelung und Feststellung des dem Versicherer zur Last fallenden Schadens erforderlichen Kosten, insbesondere die Kosten der Besichtigung, der Abschätzung, des Verkaufs und der Anfertigung der Dispache.

Voigt § 84, Prot. S. 3236—3238, 3299—3309, 3667, 4349—4351.

Anm. 1. I. **Beiträge zur großen Haverei.**

Die Beiträge zur großen Haverei fallen unter eine besondere Kategorie von Schäden, deren Ersatz dem Versicherer auf Grund des § 834 nach Maßgabe der Bestimmungen der §§ 835—839 obliegt. Voigt S. 514 Anm. 1 unterscheidet nur Total- und Partialschaden, für die Verbindlichkeit des Versicherers sei der Havariegrosse kein anderer Charakter beizulegen als irgend einem sonstigen partiellen Schaden. Die Richtigkeit dieser Ansicht scheint zweifelhaft. Soweit der Versicherte zu dem Havariegrosseschaden eines Dritten beitragen muß, liegt gewiß kein Partialschaden vor, sondern die gesetzliche Verpflichtung, den von einem Dritten erlittenen Schaden teilweise zu vergüten. Soweit der Versicherte einen selbst erlittenen Havariegrosseschaden tragen muß, bestimmt sich die Ersatzpflicht des Versicherers nicht nach den für Partialschäden geltenden Vorschriften, sondern nach den §§ 835—839, insbesondere mit Bezug auf den Umfang des Ersatzes nicht nach dem Versicherungswert, sondern nach den in der Dispache berechneten Werten; auch haftet der Versicherer für Havariegrosse- und ihnen gleichstehende Schäden, auch wenn sie weniger als 3% des Versicherungswerts betragen (§ 846). Es erscheint daher richtiger, die Havariegrossebeiträge als eine von den sonstigen Schäden (Total- und Partialschäden) gesonderte Kategorie von Schäden zu behandeln. Diese Scheidung ist insbesondere von Bedeutung für die Fälle, in denen mit der Klausel „frei von Beschädigung" versichert ist (vgl. § 836).

Anm. 2. In Fällen großer Haverei kann der Versicherte in dreifacher Weise Schaden erleiden:

a) durch seinen Beitrag zu dem von einem Dritten erlittenen Schaden;
b) durch den Beitrag zu einem eigenen Schaden;
c) dadurch, daß er die Beiträge Dritter zu seinem Schaden nicht erhält (§ 838).

Anm. 3. Ist die gemeinschaftliche Gefahr durch ein Verschulden des Versicherten oder bei einer Versicherung von Schiff oder Fracht durch ein Verschulden einer zur Schiffsbesatzung gehörigen Person herbeigeführt, so ist zu unterscheiden:

a) Hat ein Dritter den Schaden erlitten, so tritt zwar Havariegrosseverteilung ein, der Versicherte ist aber den Beitragspflichtigen für den Verlust verantwortlich, den sie dadurch erleiden, daß der Schaden als große Haverei zur Verteilung kommt (HGB. § 702); für diesen Schaden ist der Versicherer nicht verantwortlich (§ 821 Nr. 1 Abs. 2 und Nr. 4).
b) Hat der Versicherte den Schaden erlitten, so kann er von den Beteiligten keine Vergütung fordern und, wenn er selbst den Unfall verschuldet hat, auch nicht von seinem Versicherer. Bei einer Versicherung von Schiff und Fracht haftet dagegen der Versicherer für den vom Versicherten selbst erlittenen Schaden, auch wenn die gemeinschaftliche Gefahr durch Verschulden einer Person der Schiffsbesatzung herbeigeführt ist (§ 820 Nr. 1). Der Umstand, daß der Reeder z. B. dadurch, daß durch Verschulden des Schiffes die gemeinschaftliche Gefahr herbei-

geführt ist, seine Ersatzansprüche gegen die Havariegrosse-Beteiligten verliert, beeinträchtigt seinen Anspruch gegen den Versicherer nicht (vgl. § 838). § 834.

c) Ist durch Verschulden einer Person der Schiffsbesatzung nur dem versicherten Reeder ein Schaden entstanden, z. B. Abbringungskosten des durch Verschulden des Schiffers gestrandeten Schiffes, so liegt ein Havariegrossefall nicht vor, weil eine Verteilung des Schadens ausgeschlossen ist (HGZ. 1886 Nr. 39; a. M. Schaps Anm. 9 zu § 702 und Boyens 2, S. 481 Anm. 1). Es liegt ein Partialschaden vor, für welchen der Versicherer nach Maßgabe des Vertrages haftet (a. M. Voigt S. 417).

Zu den Beiträgen zur großen Haverei gehört auch der Beitrag des Schiffes zu den Kosten einer Hilfsleistung, wenn diese durch ein ebenfalls dem Versicherten gehöriges Schiff erfolgt (RG. 32 Nr. 2). Anm. 4.

II. **Den Beiträgen zur großen Haverei werden gleichgeachtet** die gemäß HGB. §§ 635, 732 nach den Grundsätzen der großen Haverei zu beurteilenden Beiträge: Anm. 5.

a) Nach § 635 sollen, falls das Schiff, nachdem es Ladung eingenommen hat, vor dem Antritt der Reise im Abladungshafen oder nach dem Antritt der Reise in einem Zwischen- oder Nothafen infolge eines der im § 629 erwähnten Ereignisse (Embargo, Handels- oder Ausfuhrverbot, Blokade, Verfügung von hoher Hand, Krieg) liegen bleiben muß, die Kosten des Aufenthalts nach den Grundsätzen der großen Haverei über Schiff, Fracht und Ladung verteilt werden.

b) Nach § 732 ist nach den Grundsätzen der großen Haverei von sämtlichen Ladungsbeteiligten derjenige Verlust zu tragen, den ein Ladungsbeteiligter dadurch erleidet, daß der Schiffer zur Fortsetzung der Reise, jedoch zum Zwecke einer nicht zur großen Haverei gehörenden Aufwendung die Ladung verbodmet oder über einen Teil der Ladung durch Verkauf oder Verwendung verfügt hat, und der Ladungsbeteiligte wegen seiner Ersatzansprüche aus Schiff und Fracht gar nicht oder nicht vollständig befriedigt werden kann.

c) Ist eine Versicherung nur gegen Havariegrosseschäden resp. -beiträge genommen, so haftet der Versicherer auch in den sub a und b genannten Fällen uneigentlicher Havariegrosse, weil sie den Fällen eigentlicher Havariegrosse gleichgeachtet werden.

III. **Aufopferungen, welche zur großen Haverei gehören würden, wenn das Schiff Güter und zwar andere als Güter des Reeders an Bord gehabt hätte.** Anm. 6.

Fährt das Schiff in Ballast oder nur mit Gütern des Reeders, so kann ein Havariegrossefall nicht vorliegen. Dem Versicherer sollen aber die Aufopferungen, welche zur großen Haverei gehören würden, wenn das Schiff fremde Güter an Bord gehabt hätte, zur Last fallen. Daraus ist zu folgern:

a) die Aufopferungen fallen den Versicherern aller beteiligten Werte und, soweit diese nicht versichert sind, dem Reeder zur Last;

b) die Aufopferungen sind den gesetzlichen Vorschriften über Havariegrosse entsprechend über die beteiligten Werte zu verteilen:

α) wenn das Schiff in Ballast fährt über das Schiff und die Ausrüstungskosten;

β) wenn das Schiff Güter des Reeders an Bord hat, über Schiff, Fracht und Ladung (Voigt S. 517).

c) Die Aufopferungen stehen nicht den Beiträgen zur großen Haverei gleich. Die §§ 835—839 finden daher keine Anwendung. Ist mit der Klausel „frei von Beschädigung außer im Strandungsfall" versichert, so findet § 851 Anwendung.

IV. **Die sonstigen zur Rettung sowie zur Abwendung größerer Nachteile notwendig oder zweckmäßig aufgewendeten Kosten (§ 819).** Anm. 7.

Vgl. die Erläuterungen zu § 819.

Die Ersatzpflicht des Versicherers ist begründet:

a) wenn er zu den Maßnahmen seine Zustimmung erteilt hat; in diesem Falle ohne Rücksicht darauf, ob sie notwendig oder zweckmäßig waren (HGZ. 1890 Nr. 98); oder

§ 835. b) wenn die Maßnahmen notwendig oder zweckmäßig waren (vgl. HGZ. 1890 Nr. 98) und
c) wenn es sich um Abwendung solcher Nachteile handelt, welche innerhalb des übernommenen Risikos liegen (HGZ. 1906 Nr. 4).

Liegen diese Voraussetzungen vor, so ist die Ersatzpflicht des Versicherers unabhängig davon, ob die ergriffenen Maßregeln erfolgreich gewesen sind oder nicht.

Sind von mehreren beteiligten Versicherern gemeinschaftliche Maßregeln beschlossen, so bestimmen sich die Rechtsverhältnisse der einzelnen Versicherer zu einander nach den Vorschriften über die Gesellschaft (BGB. §§ 705 fg.), soweit sich nicht aus besonderen Vereinbarungen oder Usancen ein anderes ergibt. So partizipieren die Versicherer an den Kosten in der Regel nicht nach Kopfteilen (BGB. § 706), sondern pro rata der Versicherungssummen (HGZ. 1888 Nr. 17). Auch wird meist vereinbart, daß alle beteiligten Versicherer an die mit Stimmenmehrheit gefaßten Beschlüsse gebunden sind.

Anm. 8. V. **Kosten der Ermittelung und Feststellung des Schadens.**

Diese Kosten sind vom Versicherer nur zu ersetzen:

a) wenn es sich um einen ihm zur Last fallenden Schaden handelt; fällt der Schaden dem Versicherer nur teilweise zur Last, so hat er nur einen verhältnismäßigen Teil der Kosten zu tragen;

b) soweit die Kosten zur Ermittelung und Feststellung des Schadens *erforderlich* sind; in Betracht kommen insbesondere die Kosten der Verklarung, Besichtigung, Abschätzung, des Verkaufs und der Anfertigung der Dispache. Zu den Kosten der Ermittelung und Feststellung des Schadens gehören nicht die Kosten eines wegen mittelbaren Kollisionsschadens geführten Prozesses (Anm. 34 zu § 820).

§ 835.

In Ansehung der Beiträge zur großen Haverei und der nach den Grundsätzen der großen Haverei zu beurteilenden Beiträge bestimmen sich die Verpflichtungen des Versicherers nach der am gehörigen Orte im Inland oder im Ausland, im Einklange mit dem am Orte der Aufmachung geltenden Rechte aufgemachten Dispache. Insbesondere ist der Versicherte, der einen zur großen Haverei gehörenden Schaden erlitten hat, nicht berechtigt, von dem Versicherer mehr als den Betrag zu fordern, zu welchem der Schaden in der Dispache berechnet ist; andererseits haftet der Versicherer für diesen ganzen Betrag, ohne daß namentlich der Versicherungswert maßgebend ist.

Auch kann der Versicherte, wenn der Schaden nach dem am Orte der Aufmachung geltenden Rechte als große Haverei nicht anzusehen ist, den Ersatz des Schadens von dem Versicherer nicht aus dem Grunde fordern, weil der Schaden nach einem anderen Rechte, insbesondere nach dem Rechte des Versicherungsorts, große Haverei sei.

Voigt § 86, Prot. S. 3525—3545, 4351, 4355—4359.

Anm. 1. **Die Verpflichtung des Versicherers, einen Havariegrosse-Schaden zu ersetzen, bestimmt sich nach der ordnungsgemäß aufgemachten Dispache.** Es muß eine Dispache aufgemacht sein und zwar

a) **am gehörigen Orte:**

Anm. 2. α) Wird die Dispache im *Inlande* aufgemacht, so ist der Bestimmungsort, und wenn dieser nicht erreicht wird, der Hafen, wo die Reise endet der gehörige Ort (HGB. § 727).

Soll die Ladung an verschiedenen Orten gelöscht werden, so gilt jeder Ort, wo Ladung gelöscht wird, für das Schiff und die dort gelöschten Güter als Bestimmungsort.

β) Für den Fall, daß die Dispache im Auslande aufzumachen ist, enthält das HGB. keine Bestimmung darüber, welcher Ort als der gehörige anzusehen ist. Auch hier kann analog der Vorschrift des § 727 nur der Bestimmungsort und wenn dieser nicht erreicht wird, derjenige Ort, wo die Reise endet, als der zur Aufmachung der Dispache gehörige Ort angesehen werden. Ist an dem nach Vorstehendem gehörigen Orte die Dispachierung nicht üblich, z. B. weil es an einer zur Aufmachung der Dispache geeigneten Person fehlt, so ist der nach dem Recht oder den Gebräuchen dieses Ortes übliche andere Ort als gehörig anzusehen. **§ 835.** Anm. 3.

b) **Im Einklange mit dem am Orte der Aufmachung geltenden Recht.** Damit ist nicht gesagt, daß die Dispache der am Orte der Aufmachung geltenden Havereiordnung entsprechen muß. Möglicherweise ist nach Gesetz oder Usance des Dispachierungsortes die Anwendung eines fremden Rechtes, z. B. des Abgangs- oder Bestimmungsortes, vorgeschrieben; alsdann muß die Dispache nach dem so vorgeschriebenen fremden Recht aufgemacht werden (ROHG. 8 Nr. 74). Anm. 4.

Liegt eine der in Anm. 1—4 genannten Voraussetzungen nicht vor, so ist zu unterscheiden: Anm. 5.

a) ist überhaupt keine Dispache aufgemacht, so findet § 839 Anwendung,

b) ist eine Dispache am ungehörigen Ort aufgemacht, so verliert deshalb der Versicherte nicht seine Ansprüche gegen den Versicherer. Die ordnungsmäßige Aufmachung der Dispache muß jedoch nachgeholt werden,

c) ist die Dispache nicht im Einklange mit dem am Orte der Aufmachung geltenden Rechte aufgemacht, so findet § 837 Anwendung.

Liegen die in Anm. 1—4 genannten Voraussetzungen vor, so ist die Dispache maßgebend für die Verpflichtung des Versicherers zum Ersatz der Beiträge zur großen Haverei und der nach den Grundsätzen der großen Haverei zu beurteilenden Beiträge. Unter Beiträgen zur großen Haverei sind zu verstehen Anm. 6.

1. die Beiträge des Versicherten zu fremdem Schaden;
2. der Teil des vom Versicherten selbst erlittenen Schadens, welcher nach der Dispache vom Versicherten zu tragen ist (Beitrag zum eigenen Schaden) vgl. Prot. S. 3541—3544.

Die Dispache ist allein für die Ersatzpflicht des Versicherers maßgebend; er muß die Dispache anerkennen, auch wenn sie nach einem anderen Recht aufgemacht ist als demjenigen, welches den Versicherungsvertrag beherrscht; denn sowohl der Ort wie die Art und Weise der Dispachierung ist eine Folge des Unfalls (Prot. S. 3526).

Insbesondere die Beiträge zum eigenen Schaden. Anm. 7.

a) **Ist ein vom Versicherten selbst erlittener Schaden in der Dispache als Havariegrosse-Schaden aufgenommen,** so hat der Versicherer den in der Dispache berechneten Beitrag des Versicherten diesem zu ersetzen. Daraus folgt:

α) Der Versicherte kann nicht mehr als den Betrag fordern, zu welchem sein Beitrag in der Dispache berechnet ist. Der Versicherungswert ist nicht maßgebend. Die Differenz zwischen dem letzteren und dem Wert, zu welchem der versicherte Gegenstand in der Dispache angesetzt ist, kann der Versicherte nicht verlangen. Der Cascoversicherer ist nicht verpflichtet, die Kosten der Sicherheitsleistung zu ersetzen, zu welcher der Reeder vor Fortsetzung der Reise von dem Havariegrosseberechtigten gezwungen wird (HGZ. 1911 Nr. 42). Anm. 8.

β) Der Versicherer haftet für den ganzen Betrag, ohne daß der Versicherungswert maßgebend ist. Sind z. B. zu 4000 versicherte Güter in großer Haverei geworfen und ist ihr Wert in der Dispache auf 6000 festgesetzt, so würde bei einem Beitrag von 20 % der Versicherte von den übrigen Interessenten 4800 und vom Versicherer 1200 zu fordern berechtigt sein; der Versicherer könnte nicht einwenden, daß der Versicherte von den übrigen Interessenten schon mehr als den Versicherungswert erhalten hat. Anm. 9.

γ) Für die Ersatzpflicht des Versicherers ist nur die Dispache maßgebend. Dies gilt auch dann, wenn der versicherte Gegenstand durch einen Havariegrosseakt beschädigt und die Versicherung mit der Klausel „frei von Beschädigung" geschlossen ist. Diese Klausel findet auf Havariegrossebeschädigungen keine Anwendung (Prot. S. 3545). Zwar ist es richtig, daß die Klausel Anm. 10.

§ 835. „frei von Beschädigung" nicht lediglich auf Partialschäden Anwendung findet (vgl. Anm. 1 zu § 851); ihre Unanwendbarkeit ergibt sich jedoch daraus, daß, wenn eine ordnungsmäßige Dispache vorliegt, diese allein den Grund der Ersatzpflicht des Versicherers bildet, d. h. die Verpflichtung des Versicherers gründet sich nicht auf die Beschädigung, sondern auf die durch die Dispache festgesetzte Beitragspflicht des Versicherten, wobei die Beiträge zum fremden und zum eigenen Schaden rechtlich gleichgestellt sind (Lewis, Anm. 2 zu Art. 840). Der Versicherer haftet daher auch trotz der Klausel für eine Beschädigung, welche der versicherte Gegenstand durch einen Havariegrosseakt erlitten hat (HGZ. 1868 Nr. 112, 1892 Nr. 59). Allerdings steht Voigt S. 546 auf dem entgegengesetzten Standpunkt mit der Begründung, daß dem Versicherer, welcher überhaupt für keine Beschädigung haften wolle, auch diejenige nicht zur Last gebracht werden dürfe, welche durch ein zur Havariegrosse führendes Ereignis verursacht werde.

Anm. 11. b) **Ist der vom Versicherten erlittene Schaden nicht als Havariegrosseschaden in die Dispache aufgenommen,** so soll nach § 835 der Versicherte den Ersatz des Schadens von dem Versicherer nicht aus dem Grunde fordern dürfen, weil der Schaden nach einem anderen Rechte, insbesondere nach dem Rechte des Versicherungsortes, große Haverei sei. Voigt S. 542 legt diese Vorschrift dahin aus, daß sie auf der Anerkennung des allgemeinen Grundsatzes beruhe, daß überhaupt kein durch Aufopferung zum allgemeinen Besten erlittener Schaden, welcher in die Havariegrosse nicht aufgenommen worden sei, dem Versicherer zur Last gebracht werden dürfe, und zwar weder als große noch als besondere Haverei; darüber, welchen Aufwendungen der Charakter beizulegen sei, um als unmittelbar oder mittelbar zum allgemeinen Besten gemacht angesehen werden zu können, entscheide das den Versicherungsvertrag beherrschende Recht. Ein zum allgemeinen Besten erlittener Schaden, welcher in die Havariegrosse nicht aufgenommen sei, könne dem Versicherer auch als besondere Haverei nicht zur Last gebracht werden, weil in jeder Gesetzgebung die Havariegrossebestimmungen, einerseits Vergütung gewährend, andererseits die Tragung von Lasten auflegend, ein Gesamtsystem bilden, bei dessen Feststellung die darin angeordneten Vergütungen und Belastungen gegen einander abgewogen und in ein dem Recht und der Billigkeit entsprechendes Verhältnis gebracht worden seien.

Diese Ansicht, so begründet sie sonst sein mag, findet im Gesetz keine Stütze. Es ist in den Beratungen zum ADHG. eingehend die Frage erörtert, ob der Versicherte, welcher einen nicht in die Havariegrosse aufgenommenen Schaden zum allgemeinen Besten erlitten habe, berechtigt sein solle, Ersatz dieses Schadens als besondere Haverei vom Versicherer zu verlangen. Diese Frage ist bejaht (Prot. S. 3527—3545, 4357—4359) und entsprechend das Gesetz dahin formuliert, daß der Ersatz solchen Schadens von dem Versicherer nicht aus dem Grunde gefordert werden könne, weil der Schaden nach einem anderen Rechte, insbesondere nach dem Rechte des Versicherungsorts, große Haverei sei. Nach der Absicht und dem Wortlaut des Gesetzes ist daher zu entscheiden, daß der Versicherte, welcher einen Schaden zum allgemeinen Besten erlitten hat, der nicht in Havariegrosse aufgenommen ist, Ersatz desselben vom Versicherer verlangen kann, wenn er besondere Haverei ist, d. h. wenn er ihn nach dem Versicherungsvertrage abgesehen von den Bestimmungen über den Ersatz von Havariegrosseschäden verlangen kann (vgl. HGZ. 1891 Nr. 97 S. 256).

Anm. 12. Hat der in Havariegrosse beschädigte oder aufgeopferte Gegenstand vorher eine besondere Havarie erlitten, so hat der Versicherer für diese nach den Bestimmungen des Versicherungsvertrages Ersatz zu leisten. Ist daher die Versicherung mit der Klausel „frei von Beschädigung" geschlossen und der versicherte Gegenstand durch eine Beschädigung völlig entwertet und dann in großer Haverei geworfen, so ist der Versicherer nicht zum Ersatz verpflichtet (HGZ. 1892 Nr. 59).

§ 836.

Der Versicherer haftet jedoch für die im § 835 erwähnten Beiträge nicht, soweit sie sich auf einen Unfall gründen, für den der Versicherer nach dem Versicherungsvertrage nicht haftet.

Voigt § 87, Prot. S. 3528, 3532, 3545.

Der Sinn dieser Vorschrift ist, daß der Versicherer für Havariegrosse-Beiträge oder -Aufwendungen dann nicht haftet, wenn die Haverei durch einen Unfall veranlaßt ist, für welchen der Versicherer nach dem Vertrage nicht aufzukommen hat. Ist z. B. Kriegsgefahr ausgenommen, so haftet der Versicherer nicht, wenn das Schiff wegen Kriegsgefahr einen Nothafen anläuft (Prot. S. 3532). Ist nur gegen Totalverlust versichert und wird das gestrandete Schiff abgebracht, so haftet der Versicherer nicht für die Kosten der Abbringung (HGZ. 1896 Nr. 105). Anm. 1.

Unter Unfall, auf welchen sich die Beiträge gründen, ist der zum Havariegrosseakt führende Unfall, nicht der Havariegrosseakt selbst oder dessen Folgen anzusehen. Es wäre daher unrichtig zu sagen, daß bei einer Versicherung mit der Klausel „frei von Beschädigung" der Versicherer nicht haftet für eine durch den Havariegrosseakt bewirkte Beschädigung des versicherten Gegenstandes (vgl. Anm. 10 zu § 836). Anm. 2.

§ 837.

Ist die Dispache von einer durch Gesetz oder Gebrauch dazu berufenen Person aufgemacht worden, so kann der Versicherer sie wegen Nichtübereinstimmung mit dem am Orte der Aufmachung geltenden Rechte und der dadurch bewirkten Benachteiligung des Versicherten nicht anfechten, es sei denn, daß der Versicherte durch mangelhafte Wahrnehmung seiner Rechte die Benachteiligung verschuldet hat.

Dem Versicherten liegt jedoch ob, die Ansprüche gegen die zu seinem Nachteile Begünstigten dem Versicherer abzutreten.

Dagegen ist der Versicherer befugt, in allen Fällen die Dispache dem Versicherten gegenüber insoweit anzufechten, als ein von dem Versicherten selbst erlittener Schaden, für den ihm nach dem am Orte der Aufmachung der Dispache geltenden Rechte eine Vergütung nicht gebührt hätte, gleichwohl als große Haverei behandelt worden ist.

Voigt § 88, Prot. S. 3530—3532, 4351—4354, 4472.

Aufmachung der Dispache seitens einer durch Gesetz oder Gebrauch dazu berufenen Person. Anm. 1.

Im Gebiete des HGB. wird gemäß § 729 die Dispache durch die ein für allemal bestellten oder in deren Ermangelung durch die vom Gerichte besonders ernannten Personen (Dispacheure) aufgemacht. Das formelle Dispacherecht ist in §§ 145 fg. des Reichsgesetzes über die Angelegenheiten der freiwilligen Gerichtsbarkeit geregelt. Vgl. Schaps, Erläuterungen und Zusatz zu § 729. Ist die Dispache nicht von einer durch Gesetz oder Gebrauch dazu berufenen Person aufgemacht, so ist sie für den Versicherer nicht verbindlich. Die Parteien können jedoch ein anderes vereinbaren; ist die Dispache im Einverständnis des Versicherers und der Havariegrosseinteressenten von einer anderen Person aufgemacht, so hat die Dispache dieselbe Wirkung, wie wenn sie von einer durch Gesetz oder Gebrauch dazu berufenen Person aufgemacht wäre. Dagegen genügt die Wahl der anderen Person durch die Havariegrosseinteressenten allein nicht, um den Versicherer gemäß § 837 zu binden. (HGZ. 1902 Nr. 19 u. 134.)

§ 837. Ist die Dispache von einer durch Gesetz oder Gebrauch dazu berufenen Person aufgemacht,
Anm. 2. so ist es grundsätzlich gleichgültig, ob sie mit dem am Orte der Aufmachung geltenden Rechte übereinstimmt; auch im Falle der Nichtübereinstimmung ist sie im Verhältnis des Versicherten zum Versicherer maßgebend. Der Versicherte ist jedoch verpflichtet, seine Ansprüche gegen diejenigen Havariegrosseinteressenten, welche zu seinem Nachteile begünstigt sind, abzutreten. Hierdurch nimmt der Versicherer dem Versicherten die Last ab, die Dispache den übrigen Beteiligten gegenüber anzufechten.

Anm. 3. Von dem Grundsatz, daß die von berufener Seite aufgemachte Dispache auch bei Nichtübereinstimmung mit dem am Orte der Aufmachung geltenden Rechte für den Versicherer maßgebend ist, werden im Gesetz zwei Ausnahmen gemacht:

1. der Versicherer kann die Dispache dem Versicherten gegenüber anfechten, d. h. sie ist für ihn nicht maßgebend, wenn durch die Nichtübereinstimmung mit dem am Orte der Aufmachung geltenden Rechte der Versicherte benachteiligt ist und dieser durch mangelhafte Wahrnehmung seiner Rechte die Benachteiligung verschuldet hat.

Anm. 4. a) Der Versicherte muß durch die Nichtübereinstimmung benachteiligt sein. Die Benachteiligung kann darin bestehen, daß der Versicherte zu dem Schaden anderer überhaupt oder zuviel beizutragen hat oder für einen selbst erlittenen Schaden keine oder eine zu geringe Vergütung erhält. Der Versicherte wird schon durch die Nichtübereinstimmung mit dem Rechte beeinträchtigt, weil er dadurch in die oft schwierige Lage versetzt wird, die Dispache den übrigen Beteiligten gegenüber anzufechten; es ist daher unrichtig und dem Sinne der Vorschrift widersprechend, wenn man eine Benachteiligung erst dann annimmt, wenn die Dispache anerkannt ist, die zu bezahlenden Beträge verrechnet oder bezahlt sind (HGZ. 1902 Nr. 134).

Anm. 5. b) Der Versicherte muß durch mangelhafte Wahrnehmung seiner Rechte die Benachteiligung verschuldet haben. Der Ausdruck „Wahrnehmung seiner Rechte" bezieht sich nur auf solche Maßregeln, welche dem Versicherten abgesehen von einer Prozeßführung zu Gebote stehen, um Unrichtigkeiten in der Dispache zu beseitigen oder deren Ausführung durch rechtzeitigen Widerspruch zu verhindern (Prot. S. 3530). Das Unterlassen einer solchen Maßregel ist dem Versicherten nicht präjudizierlich, wenn er beweist, daß sie ohne Erfolg geblieben wäre oder wenn der Versicherer mit dem Verhalten des Versicherten einverstanden gewesen ist (ROHG. 17 Nr. 43). Ein Verschulden des Versicherten ist nur dann anzunehmen, wenn die Rechtsverletzung so offenbar ist, daß sie ohne Nachlässigkeit nicht verkannt werden kann (ROHG. 17 Nr. 43, HGZ. 1876 Nr. 12). Es kann dem Versicherten nicht als Verschulden angerechnet werden, wenn er in komplizierten Fällen, insbesondere bei Anwendung ausländischen Rechts, eine unrichtige Rechtsauffassung nicht erkennt, z. B. wenn die Charterfracht zu einem Teile neben der Konnossementsfracht für beitragspflichtig erklärt wird (HGZ. 1902 Nr. 19). Immerhin darf der Versicherte die Dispache nicht anerkennen, wenn ihr Inhalt zu Zweifeln oder Bedenken Veranlassung gibt, da er sonst die Rechtsverfolgung gemäß Abs. 2 beeinträchtigen würde. Auch darf der Versicherte die seine Benachteiligung verursachende Unrichtigkeit nicht selbst veranlassen (HGZ. 1902 Nr. 134).

Anm. 6. 2. Eine Anfechtung der Dispache ist ferner in allen Fällen insoweit zulässig, als ein vom Versicherten selbst erlittener Schaden, für den ihm nach dem am Orte der Aufmachung der Dispache geltenden Rechte eine Vergütung nicht gebührt hätte, gleichwohl als große Haverei behandelt worden ist. Der Versicherte soll in einem solchen Falle nicht auf Grund der Dispache vom Versicherer Ersatz des auf ihn entfallenden Beitrages zu seinem eigenen Schaden verlangen dürfen. Ob er Ersatz des Schadens als besondere Haverei verlangen kann, hängt von dem Versicherungsvertrage ab; ist dies nicht der Fall, so soll er daraus, daß er von Dritten unrechtmäßiger Weise Beiträge erhält, kein Recht herleiten, von dem Versicherer vollen Ersatz zu verlangen. Hat umgekehrt der Versicherer den Schaden als besondere Haverei zu vergüten, so kommen die von den Dritten geleisteten Beiträge in Abzug; der Versicherer haftet gemäß § 822 primär. Ist infolge der Anfechtung die Dispache für den Versicherer nicht maßgebend, so haftet er auch nicht gemäß § 838 für die von den Dritten zu leistenden Beiträge.

Die Anfechtung gemäß Abs. 3 ist zulässig ohne Rücksicht darauf, ob die Unrichtigkeit von dem Versicherten verschuldet ist oder nicht. § 838. Anm. 7.

Der Versicherer, welcher die Dispache anfechten will, muß die einzelnen Positionen angeben, welche er für unrichtig hält. Es genügt nicht, daß er im allgemeinen die Dispache als unrichtig bestreitet (HGZ. 1890 Nr. 106). Anm. 8.

Beweislast. Anm. 9.

Nach der Fassung des Gesetzes ist der Versicherer beweispflichtig, wenn er die Dispache anfechten will; er hat in dem Falle des Abs. 1 zu beweisen:

1. daß die Dispache mit dem am Orte der Aufmachung geltenden Rechte nicht übereinstimmt;
2. daß der Versicherte durch die Nichtübereinstimmung benachteiligt ist;
3. daß der Versicherte durch mangelhafte Wahrnehmung seiner Rechte die Benachteiligung verschuldet hat.

Im Falle des Abs. 3 hat der Versicherer zu beweisen, daß und inwieweit dem Versicherten für einen selbst erlittenen Schaden, welcher als große Haverei behandelt worden ist, nach dem am Orte der Aufmachung geltenden Rechte eine Vergütung nicht gebührt hätte (Sb. 170, U. 250; a. M. HGZ. 1876 Nr. 60).

§ 838.

Wegen eines von dem Versicherten erlittenen, zur großen Haverei gehörenden oder nach den Grundsätzen der letzteren zu beurteilenden Schadens haftet der Versicherer, wenn die Einleitung des die Feststellung und Verteilung des Schadens bezweckenden ordnungsmäßigen Verfahrens stattgefunden hat, in Ansehung der Beiträge, welche dem Versicherten zu entrichten sind, nur insoweit, als der Versicherte die ihm gebührende Vergütung auch im Rechtswege, sofern er diesen füglich betreten konnte, nicht erhalten hat.

Voigt § 90, Prot. S. 3532—3536, 4354—4355, 4472—4473.

Hat der Versicherte einen Schaden erlitten, welcher zur großen Haverei gehört oder nach den Grundsätzen der großen Haverei zu beurteilen ist, so fallen dem Versicherer gemäß § 834 Nr. 1 die vom Versicherten selbst zu tragenden Beiträge zur Last. Darüber hinausgehend soll gemäß § 838 der Versicherer ferner auch die Gefahr tragen, daß der Versicherte die Beiträge der anderen Havariegrosseinteressenten nicht erhält; der Versicherer trägt diese Gefahr jedoch nur unter zwei Voraussetzungen: Anm. 1.

1. daß die Einleitung des die Feststellung und Verteilung des Schadens bezweckenden ordnungsmäßigen Verfahrens stattgefunden hat;
2. daß der Versicherte die ihm gebührende Vergütung auch im Rechtswege, sofern er diesen füglich betreten konnte, nicht erhalten hat.

Der Versicherte ist daher zunächst, bevor er den Versicherer in Anspruch nehmen kann, verpflichtet, mit aller Sorgfalt zu versuchen, die Vergütung von dem Dritten zu erlangen. Er muß nicht nur die zur Sicherung seines Anspruchs erforderlichen Maßnahmen treffen, z. B. Nichtauslieferung der Güter seitens des Schiffers, sondern auch wenn erforderlich den Dritten verklagen. Von der Prozeßführung abzusehen ist dem Versicherten nur dann gestattet, wenn er den Rechtsweg füglich nicht betreten konnte, d. h. wenn die Prozeßführung von vornherein aussichtslos erscheint, sei es daß der Prozeß bei unzivilisierten Völkern geführt werden müßte, oder daß die beitragspflichtigen Objekte später so beschädigt werden, daß eine Deckung der Beiträge ausgeschlossen erscheint, oder daß sie ganz verloren gehen (Prot. S. 3535). Anm. 2.

Der Versicherte muß zur Begründung seines Anspruchs gegen den Versicherer dartun, daß er trotz aller Sorgfalt die Beiträge von dem Dritten nicht erhalten hat. Überläßt der Versicherte die erforderlichen Maßnahmen einem Vertreter, so hat er für dessen Verschulden aufzukommen. Werden die Beiträge von dem Vertreter einkassiert, z. B. von dem legitimierten Anm. 3.

§ 839. § 840. Empfänger der Güter, welcher die Interessen des versicherten Absenders vertritt (HGZ. 1890 Nr. 10), so kann der Versicherte nicht deshalb Ersatz vom Versicherer verlangen, weil er die Auszahlung der Beiträge von seinem Vertreter nicht erlangen kann.

Anm. 4. § 838 behandelt eine besondere vom Versicherer zu tragende Gefahr; es liegt nicht der Tatbestand des § 822 vor, daß der Versicherte außer gegen den Versicherer einen Anspruch auf Vergütung desselben Schadens gegen einen Dritten hat. Daraus folgt erstens, daß die Haftung des Versicherers auf Grund § 838 nicht im Widerspruch steht mit der grundsätzlich primären Haftung gemäß § 822; zweitens daß der Versicherer, welcher, ohne daß die Voraussetzungen des § 838 vorliegen, den vom Dritten zu vergütenden Beitrag dem Versicherten bezahlt, hierzu nicht verpflichtet ist und daher nicht gemäß § 804 in die Rechte des Versicherten gegen den Dritten eintritt (HGZ. 1903 Nr. 69).

§ 839.

Ist die Einleitung des Verfahrens ohne Verschulden des Versicherten unterblieben, so kann er den Versicherer wegen des ganzen Schadens nach Maßgabe des Versicherungsvertrags unmittelbar in Anspruch nehmen.

Voigt § 91, Prot. S. 3532—3536, 4472—4473.

Anm. 1. Der Versicherer trägt die Gefahr, daß die Einleitung des Verfahrens überhaupt unterbleibt. Es folgt bereits aus § 821 Nr. 4 u. 5, daß das Unterbleiben des Verfahrens nicht Folge eines Verschuldens des Versicherten, seines Vertreters oder bei einer Versicherung von Gütern oder imaginären Gewinn der in § 821 Nr. 5 genannten Personen sein darf.

Anm. 2. **Der ganze Schaden ist,** wenn eine Dispache ohne Verschulden des Versicherten nicht aufgemacht ist:

1. **unmittelbar,** d. h. ohne daß es der nachträglichen Aufmachung einer Dispache bedarf,
2. **nach Maßgabe des Versicherungsvertrages** zu ersetzen. Hierdurch sollte zum Ausdruck gebracht werden, daß der Schaden so ersetzt werden müsse, wie wenn gar kein Fall der großen Haverei vorläge (Prot. S. 4473). Eine Havariegrossebeschädigung ist daher nicht zu ersetzen, wenn mit der Klausel „frei von Beschädigung" versichert ist (vgl. Anm. 10 zu § 835). Andererseits aber verliert ein Schaden dadurch, daß eine Dispache nicht aufgemacht ist, nicht seinen Charakter als Havariegrosseschaden; ein Versicherer, welcher nur gegen Havariegrosseschäden versichert hat, würde daher für den Schaden haften, auch wenn eine Dispache nicht aufgemacht ist.

§ 840.

Der Versicherer haftet für den Schaden nur bis zur Höhe der Versicherungssumme.

Er hat jedoch die im § 834 Nr. 3, 4 erwähnten Kosten vollständig zu erstatten, wenngleich die hiernach im ganzen zu zahlende Vergütung die Versicherungssumme übersteigt.

Sind infolge eines Unfalls solche Kosten bereits aufgewendet, zum Beispiel Loskaufs- oder Reklamekosten verausgabt, oder sind zur Wiederherstellung oder Ausbesserung der durch den Unfall beschädigten Sache bereits Verwendungen geschehen, zum Beispiel zu einem solchen Zwecke Havereigelder verausgabt, oder sind von dem Versicherten Beiträge zur großen Haverei bereits entrichtet oder ist eine persönliche Verpflichtung des Versicherten zur Entrichtung solcher Beiträge bereits entstanden und ereignet sich später ein neuer Unfall, so haftet der Versicherer für den durch den späteren Unfall entstehenden Schaden bis zur

Höhe der ganzen Versicherungssumme ohne Rücksicht auf die ihm zur Last fallenden früheren Aufwendungen und Beiträge. §841.

Voigt § 92, Prot. S. 3289—3294, 4359—4360.

Maximalgrenze der Haftung. Anm. 1.

Die Versicherungssumme bildet die Grenze, bis zu welcher der Versicherer auf Grund des Vertrages haftet. Bis zum Betrage der Versicherungssumme haftet der Versicherer für den Schaden, d. h. für den gesamten Schaden, welcher während des Laufes der Gefahr entsteht. Ob es sich um Reise- oder Zeitversicherungen handelt ist gleichgültig; auch bei Zeitversicherungen haftet der Versicherer grundsätzlich, wenn nicht das Gegenteil vereinbart ist, für sämtliche während des versicherten Zeitraumes entstehenden Schäden zusammen nur bis zur Höhe der Versicherungssumme.

Die Ausnahmen. Anm. 2.

Der Versicherer haftet in folgenden Fällen über die Versicherungssumme hinaus:

1. **im Falle eines einzelnen Unfalls** sind die zur Rettung, sowie zur Abwendung größerer Nachteile notwendig oder zweckmäßig aufgewendeten, ferner die zur Ermittelung und Feststellung des dem Versicherer zur Last fallenden Schadens erforderlichen Kosten (§ 834 Nr. 3, 4) vollständig zu erstatten. Sind die Rettungsmaßregeln erfolglos geblieben, so hat der Versicherer die dafür aufgewendeten Kosten außer dem Totalverlust zu bezahlen; übersteigt der Schaden die Versicherungssumme deshalb, weil Beiträge zur großen Haverei neben besonderer Haverei zu ersetzen sind, so haftet der Versicherer nur bis zur Höhe der Versicherungssumme (HGZ. 1891 Nr. 89).
2. **Im Falle mehrerer Unfälle** haftet der Versicherer für den durch den späteren Unfall entstehenden Schaden bis zur Höhe der ganzen Versicherungssumme ohne Rücksicht auf die ihm zur Last fallenden früheren Aufwendungen und Beiträge in folgenden Fällen:

a) wenn infolge des früheren Unfalles die in § 834 Nr. 3 u. 4 erwähnten Kosten bereits aufgewendet sind;

b) wenn zur Wiederherstellung oder Ausbesserung der durch den früheren Unfall beschädigten Sache bereits Verwendungen geschehen, z. B. zu einem solchen Zweck Havereigelder verausgabt sind, bevor der spätere Unfall sich ereignete;

c) wenn infolge des früheren Unfalles von dem Versicherten vor Eintritt des späteren Unfalles:

α) Beiträge zur großen Haverei bereits entrichtet sind oder

β) eine persönliche Verpflichtung des Versicherten zur Entrichtung solcher Beiträge bereits entstanden ist.

Mittelbarer Kollisionsschaden. Anm. 3.

Der Fall, daß infolge eines Zusammenstoßes der Schaden am Schiff durch Hinzutritt des mittelbaren Kollisionsschadens die Versicherungssumme übersteigt, unterliegt ebenfalls den in Anm. 1 u. 2 erörterten Vorschriften. Der Versicherer haftet daher nur bis zur Höhe der Versicherungssumme mit den in Anm. 2 genannten Ausnahmen. Dies gilt auch dann, wenn den Versicherten wie nach englischem Recht eine persönliche Verpflichtung zur Bezahlung des mittelbaren Kollisionsschadens trifft.

§ 841.

Der Versicherer ist nach dem Eintritt eines Unfalls berechtigt, sich durch Zahlung der vollen Versicherungssumme von allen weiteren Verbindlichkeiten aus dem Versicherungsvertrage zu befreien, insbesondere von der Verpflichtung, die Kosten zu erstatten, welche zur Rettung, Erhaltung und Wiederherstellung der versicherten Sachen erforderlich sind.

§ 842. War zur Zeit des Eintritts des Unfalls ein Teil der versicherten Sachen der vom Versicherer zu tragenden Gefahr bereits entzogen, so hat der Versicherer, welcher von dem Rechte des Abs. 1 Gebrauch macht, den auf jenen Teil fallenden Teil der Versicherungssumme nicht zu entrichten.

Der Versicherer erlangt durch Zahlung der Versicherungssumme keinen Anspruch auf die versicherten Sachen.

Ungeachtet der Zahlung der Versicherungssumme bleibt der Versicherer zum Ersatze derjenigen Kosten verpflichtet, welche auf die Rettung, Erhaltung oder Wiederherstellung der versicherten Sachen verwendet worden sind, bevor seine Erklärung, von dem Rechte Gebrauch zu machen, dem Versicherten zugegangen ist.

Voigt § 93, Prot. S. 3464—3470, 4399—4408.

Anm. 1. Die Vorschriften dieses Paragraphen enthalten die notwendige Ergänzung zu § 840. Sie ermöglichen es dem Versicherer seine Haftung auf den Betrag der Versicherungssumme dadurch zu beschränken, daß er nach Eintritt eines Unfalls die volle Versicherungssumme bezahlt. Hierdurch wird der Versicherer von allen weiteren Verbindlichkeiten befreit, insbesondere von der Verpflichtung, die Kosten zu erstatten, welche zur Rettung, Erhaltung und Wiederherstellung der versicherten Sachen erforderlich sind. Es handelt sich nicht etwa um Bezahlung eines Totalverlustes, sondern lediglich um die Beschränkung der Haftung des Versicherers auf die Versicherungssumme. Der Versicherer, welcher die volle Versicherungssumme bezahlt, hat daher keinen Anspruch auf die geretteten Sachen; diese verbleiben vielmehr dem Versicherten.

Anm. 2. Das Recht, seine Haftung auf den Betrag der Versicherungssumme zu beschränken, steht dem Versicherer uneingeschränkt nur re integra zu. Sobald von dem Versicherten notwendiger- oder zweckmäßiger Weise für die Rettung, Erhaltung oder Wiederherstellung der versicherten Sachen Kosten aufgewendet sind, oder was dem gleichsteht, eine persönliche Verpflichtung des Versicherten zur Bezahlung solcher Kosten entstanden ist, muß der Versicherer diese Kosten ersetzen und kann nur im übrigen für eventuell später entstehende Verbindlichkeiten seine Haftung auf die Versicherungssumme beschränken.

Anm. 3. **Der Versicherer muß, wenn er von dem Rechte, seine Haftung auf die Versicherungssumme zu beschränken, Gebrauch machen will, dies dem Versicherten innerhalb der im § 842 vorgeschriebenen Frist erklären.** Der Zeitpunkt, in welchem dem Versicherten diese Erklärung zugeht, ist dafür entscheidend, inwieweit der Versicherer seine Haftung beschränken kann. Die Beschränkung seiner Haftung bezieht sich nicht auf diejenigen Kosten, welche vor diesem Zeitpunkt für die Erhaltung, Rettung oder Wiederherstellung der versicherten Sachen verwendet sind.

Anm. 4. **Sind mehrere Sachen versichert,** von denen ein Teil zur Zeit des Eintritts des Unfalls der Gefahr bereits entzogen war, so hat der Versicherer, welcher von dem Rechte des § 841 Gebrauch machen will, nur den Teil der Versicherungssumme zu bezahlen, welcher auf den noch im Risiko befindlichen Teil der versicherten Sachen entfällt.

§ 842.

Der Versicherer muß seinen Entschluß, von dem im § 841 bezeichneten Rechte Gebrauch zu machen, bei Verlust dieses Rechtes dem Versicherten spätestens am dritten Tage nach dem Ablaufe desjenigen Tages erklären, an welchem ihm der Versicherte den Unfall unter Bezeichnung seiner Beschaffenheit und seiner unmittelbaren Folgen angezeigt und alle sonstigen auf den Unfall sich beziehenden Umstände mitgeteilt hat, soweit die letzteren dem Versicherten bekannt sind. §843. §844.

Voigt § 94, Prot. S. 3471, 4408—4411.

Das Recht des Versicherers, seine Haftung gemäß § 841 auf die Versicherungssumme zu beschränken, muß binnen einer Frist von drei Tagen ausgeübt werden, d. h. die betreffende Erklärung des Versicherers muß dem Versicherten innerhalb der drei Tage zugehen. Wird die Frist nicht innegehalten, so ist das Recht erloschen. Anm. 1.

Die dreitägige Frist beginnt mit dem Ablaufe desjenigen Tages, an welchem der Versicherte dem Versicherer den Unfall anzeigt. In der Anzeige muß der Versicherte den Unfall unter Bezeichnung seiner Beschaffenheit und seiner unmittelbaren Folgen angeben; er muß ferner alle ihm bekannten auf den Unfall sich beziehenden Umstände mitteilen. Die Anzeige muß daher derart sein, daß sie dem Versicherer ermöglicht, wenigstens im großen und ganzen die Sachlage zu übersehen. Anm. 2.

Der Versicherte ist gemäß § 818 verpflichtet, dem Versicherer den Unfall ohne Verzug mitzuteilen. Ebenso muß die gemäß § 842 zu erstattende Anzeige ohne Verzug erfolgen. Wird sie ohne Grund verzögert, so kann der Versicherer dem Anspruch auf Ersatz der inzwischen verausgabten Rettungs- und Erhaltungskosten, wenn der Schaden im ganzen die Versicherungssumme übersteigt, den Einwand entgegensetzen, daß er bei rechtzeitiger Anzeige von dem ihm in § 841 gegebenen Recht Gebrauch gemacht hätte, d. h. er kann den Ersatz des die Versicherungssumme übersteigenden Schadens verweigern. Anm. 3.

§ 843.

Ist nicht zum vollen Werte versichert, so haftet der Versicherer für die im § 834 erwähnten Beiträge, Aufopferungen und Kosten nur nach dem Verhältnisse der Versicherungssumme zum Versicherungswerte.

Voigt § 95, Prot. S. 4359, 4473.

Die pro rata-Haftung des Teilversicherers ist in § 792 nur für den Fall eines teilweisen Schadens vorgeschrieben. Es versteht sich nicht ohne weiteres von selbst und ist daher im § 843 ausdrücklich bestimmt, daß die pro rata-Haftung des Teilversicherers auch für die im § 834 erwähnten Beiträge, Aufopferungen und Kosten gelten soll.

§ 844.

Die Verpflichtung des Versicherers, einen Schaden zu ersetzen, wird dadurch nicht wieder aufgehoben oder geändert, daß später infolge einer Gefahr, die der Versicherer nicht zu tragen hat, ein neuer Schaden und selbst ein Totalverlust eintritt.

Voigt § 96, Prot. S. 4360—4361.

Einwirkung späterer Unfälle auf eine bereits entstandene Ersatzverpflichtung des Versicherers. Anm. 1.

Die Ersatzverpflichtung des Versicherers wird durch den Eintritt eines Schadens begründet und durch die weiteren Schicksale, welche den versicherten Gegenstand treffen, nicht mehr berührt. Ob der spätere Schaden Folge einer übernommenen oder ausgeschlossenen Gefahr ist, ist theoretisch gleichgültig. Ist z. B. zunächst ein teilweiser Schaden und später ein Totalverlust eingetreten und sind beide durch vom Versicherer übernommene Gefahren verursacht, so haftet dieser genau genommen 1. für den teilweisen Schaden, 2. für den Totalverlust abzüglich des teilweisen Schadens, so daß im Resultat die Haftung für letzteren durch den Totalverlust beseitigt wird. Anders gestaltet sich der Fall, wenn der Versicherer für die spätere Gefahr nicht aufzukommen hat. Ist z. B. ein Schiff bei A gegen Kriegsgefahr, bei B nur

§ 845. § 846. § 847. für Seegefahr versichert und erleidet zunächst einen Kriegsschaden und geht alsdann durch Seegefahr total verloren, so bleibt die Verpflichtung des Kriegsversicherers, den Kriegsschaden zu ersetzen unverändert.

Anm. 2. **Einwirkung früherer Unfälle auf eine später entstehende Ersatzverpflichtung des Versicherers.** Aus dem Grundsatz des § 844 folgt umgekehrt, daß eine Ersatzverpflichtung des Versicherers durch einen früheren Unfall, welcher auf einer nicht von ihm übernommenen Gefahr beruht, beeinflußt wird. In dem in Anm. 1 angeführten Beispiel würde der Versicherer B für den Totalverlust nur abzüglich des bereits entstandenen Kriegsschadens haften. Oder wenn ein Schiff nur gegen Totalverlust versichert ist und zunächst einen teilweisen Schaden erleidet und alsdann infolge eines späteren Unfalls total verloren geht, so hat der Versicherer den Totalschaden nur abzüglich des teilweisen Schadens zu bezahlen, vorausgesetzt, daß der Umfang des letzteren überhaupt festgestellt werden kann (Voigt S. 387, a. M. Ehrenberg, Rückversicherung S. 188).

§ 845.

Besondere Havereien hat der Versicherer nicht zu ersetzen, wenn sie ohne die Kosten der Ermittelung und Feststellung des Schadens (§ 834 Nr. 4) drei Prozent des Versicherungswerts nicht übersteigen; betragen sie mehr als drei Prozent, so sind sie ohne Abzug der drei Prozent zu vergüten.

Ist das Schiff auf Zeit oder auf mehrere Reisen versichert, so sind die drei Prozent für jede einzelne Reise zu berechnen. Der Begriff der Reise bestimmt sich nach § 757.

Voigt § 97, Prot. S. 3294—3296, 3667, 4361.

§ 846.

Die im § 834 unter Nr. 1 bis 3 erwähnten Beiträge, Aufopferungen und Kosten muß der Versicherer ersetzen, auch wenn sie drei Prozent des Versicherungswerts nicht erreichen. Sie kommen jedoch bei der Ermittelung der im § 845 bezeichneten drei Prozent nicht in Berechnung.

Voigt § 98, Prot. S. 3296—3297, 3299—3304, 3668, 4361.

§ 847.

Ist vereinbart, daß der Versicherer von bestimmten Prozenten frei sein soll, so kommen die Vorschriften der §§ 845, 846 mit der Maßgabe zur Anwendung, daß an die Stelle der dort erwähnten drei Prozent die im Vertrag angegebene Anzahl von Prozenten tritt.

Voigt § 99, Prot. S. 3320, 4361.

Es empfiehlt sich, die §§ 845—847 ihres Zusammenhanges wegen gemeinsam zu behandeln.

Anm. 1. Der Ausschluß der kleinen, drei Prozent des Versicherungswerts nicht übersteigenden Schäden von der Haftung des Versicherers (Franchise) beruht auf der Erwägung, daß es bei solchen kleinen Schäden oft schwer feststellbar ist, ob und inwieweit sie auf dem Versicherer zur Last fallenden Unfällen oder auf anderen Ursachen beruhen; auch würden oft die durch die Feststellung solcher Schäden verursachten Kosten unverhältnismäßig hoch sein. Daher ist es von Alters her üblich, daß der Versicherer seine Haftung für eine besondere Haverei ausschließt, welche einen gewissen Prozentsatz nicht übersteigt. Wird dieser Prozentsatz überschritten, so haftet der Versicherer für den ganzen Schaden.

Nur im Falle einer besonderen Haverei ist der Versicherer von der Haftung für die 3% nicht übersteigenden Schäden befreit. Unter besonderer Haverei sind alle Schäden an dem versicherten Gegenstande zu verstehen, welche weder Totalverlust noch Havariegrosseschäden sind; besondere Haverei liegt daher auch vor, wenn von mehreren, nicht separat versicherten Gegenständen eine Anzahl verloren gehen (Voigt S. 575). Beiträge zur großen Haverei und die nach den Grundsätzen der großen Haverei zu beurteilenden Beiträge (§ 834 Nr. 1 und 2), ferner die zur Rettung und Abwendung größerer Nachteile notwendig oder zweckmäßig aufgewendeten Kosten (§ 834 Nr. 3) sind vom Versicherer ohne Rücksicht auf ihre Höhe zu ersetzen. § 848. Anm. 2.

Feststellung des Prozentsatzes. Anm. 3.

Unberücksichtigt bleiben:

1. diejenigen Schäden, für welche der Versicherer nach dem Versicherungsvertrage nicht haftet, z. B. Schäden infolge Alters, inneren Verderbs, Schwinden usw. Hat der Versicherer mit der Klausel „frei von Beschädigung" gezeichnet, so wird ein aus einer Beschädigung entstandener Schaden (§ 851) nicht mitberechnet.
2. die in § 834 unter Nr. 1—4 erwähnten Beiträge, Aufopferungen und Kosten.

Beträgt der alsdann übrig bleibende Schaden mehr als 3% des Versicherungswertes oder wenn dieser taxiert ist, der Taxe, so ist er ganz vom Versicherer zu bezahlen; beträgt er 3% oder weniger, so erhält der Versicherte keinen Ersatz.

Bei einer Cascoversicherung auf Zeit oder für mehrere Reisen wird die Franchise für jede einzelne Reise berechnet. Als eine Reise wird diejenige angesehen, zu welcher das Schiff von neuem ausgerüstet, oder welche entweder auf Grund eines neuen Frachtvertrages oder nach vollständiger Löschung der Ladung angetreten wird (§ 757). Anm. 4.

Vereinbarung besonderer Taxen. Anm. 5.

Sind für einzelne von mehreren unter einer Versicherungssumme versicherten Gegenständen besondere Taxen vereinbart, so gelten diese Gegenstände als abgesondert versichert (§ 794). Die Franchise ist dann für jeden dieser Gegenstände besonders zu berechnen. Über die Feststellung der Franchise bei einer nach Nummern und Marken verschieden taxierten Ware, wenn Nummern und Marken ausgelöscht sind (vgl. HGZ. 1875 Nr. 161, 212, 1879 Nr. 176).

Besondere die Franchise betreffende Vereinbarungen. Anm. 6.

An Stelle der in § 845 festgesetzten Franchise von 3% wird in Versicherungsverträgen namentlich mit Bezug auf Beschädigungen häufig ein anderer Prozentsatz vereinbart. Auch in solchen Fällen sind für die Berechnung der Prozente die Vorschriften der §§ 845 und 846 maßgebend.

Ist der Vertrag mit der Klausel „frei von den ersten X% Beschädigung" abgeschlossen, so ist der Abzug von X% bei jedem Schaden, welcher durch eine Beschädigung verursacht ist, zu machen; der Versicherer hat also, wenn der Schaden z. B. 15% beträgt, nur 15—X% zu bezahlen. Dagegen ist jeder Schaden, welcher nicht durch Beschädigung verursacht ist, ohne Abzug zu bezahlen (HGZ. 1900 Nr. 42). Anm. 7.

§ 848.

Ist vereinbart, daß der Versicherer die Kriegsgefahr nicht übernimmt, auch die Versicherung rücksichtlich der übrigen Gefahren nur bis zum Eintritt einer Kriegsbelästigung dauern soll, so endet die Gefahr für den Versicherer mit dem Zeitpunkt, in welchem die Kriegsgefahr auf die Reise Einfluß zu üben beginnt, insbesondere also, wenn der Antritt oder die Fortsetzung der Reise durch Kriegsschiffe, Kaper oder Blokade behindert oder zur Vermeidung der Kriegsgefahr aufgeschoben wird, wenn das Schiff aus einem solchen Grunde

§ 849. von seinem Wege abweicht oder wenn der Schiffer durch Kriegsbelästigung die freie Führung des Schiffes verliert.

Eine Vereinbarung der im Abs. 1 bezeichneten Art wird namentlich angenommen, wenn der Vertrag mit der Klausel „frei von Kriegsmolest" abgeschlossen ist.

§ 849.

Ist vereinbart, daß der Versicherer zwar nicht die Kriegsgefahr übernimmt, alle übrigen Gefahren aber auch nach dem Eintritt einer Kriegsbelästigung tragen soll, so endet die Gefahr für den Versicherer erst mit der Kondemnation der versicherten Sache oder sobald sie geendet hätte, wenn die Kriegsgefahr nicht ausgenommen worden wäre; der Versicherer haftet aber nicht für die zunächst durch Kriegsgefahr verursachten Schäden, also insbesondere nicht:

für Konfiskation durch kriegführende Mächte;

für Nehmung, Beschädigung, Vernichtung und Plünderung durch Kriegsschiffe und Kaper;

für die Kosten, welche entstehen aus der Anhaltung und Reklamierung, aus der Blokade des Aufenthaltshafens oder der Zurückweisung von einem blokierten Hafen oder aus dem freiwilligen Aufenthalte wegen Kriegsgefahr;

für die nachstehenden Folgen eines solchen Aufenthalts: Verderb und Verminderung der Güter, Kosten und Gefahr ihrer Entlöschung und Lagerung, Kosten ihrer Weiterbeförderung.

Im Zweifel wird angenommen, daß ein eingetretener Schaden durch Kriegsgefahr nicht verursacht sei.

Eine Vereinbarung der im Abs. 1 bezeichneten Art wird namentlich angenommen, wenn der Vertrag mit der Klausel: „nur für Seegefahr" abgeschlossen ist.

Voigt §§ 100, 101, Prot. S. 3304—3314, 4361—4362.

Anm. 1. **Vorbemerkungen:**

Der Versicherer haftet gemäß § 820 für alle Gefahren, denen Schiff oder Ladung während der Dauer der Versicherung ausgesetzt sind; er trägt insbesondere die Gefahr des Krieges. Eine Versicherung kann auch ausschließlich gegen Kriegsgefahr genommen werden. Der Ausschluß der Kriegsgefahr kann auf zweierlei Art erfolgen:

a) derart, daß die Haftung des Versicherers mit dem Zeitpunkt überhaupt aufhört, in welchem die Kriegsgefahr auf die Reise Einfluß zu üben beginnt und der Versicherer außerdem für durch Kriegsgefahr entstandene Schäden nicht haftet. Diese Beschränkung der Haftung tritt ein, wenn die Versicherung entweder „unter Ausschluß der Kriegsgefahr" oder mit der gleichbedeutenden (Voigt S. 584) Klausel „frei von Kriegsmolest" geschlossen ist, oder

b) derart, daß der Versicherer nur für durch Kriegsgefahr zunächst verursachte Schäden nicht haftet, seine Haftung für die übrigen Gefahren aber nicht aus dem Grunde aufhört, weil der Krieg auf die Reise Einfluß zu üben beginnt. Eine derartige Beschränkung der Haftung liegt vor, wenn der Vertrag mit der Klausel „nur für Seegefahr" geschlossen ist.

Begriff der Kriegsgefahr. §849.

Ist eine Versicherung nur gegen Kriegsgefahr oder mit den Klauseln „frei von Kriegsmolest“ oder „nur für Seegefahr“ geschlossen, so ist es zunächst erforderlich festzustellen, was im Sinne des Versicherungsrechts unter Krieg zu verstehen ist. Der Begriff des Krieges im Sinne des Versicherungsrechts wie überhaupt des HGB. beschränkt sich nicht auf Kriege im völkerrechtlichen Sinne, d. h. auf Kriege zwischen völkerrechtlich anerkannten Staaten (Voigt S. 398, HGZ. 1868 Nr. 142, 145, 175, 1888 Nr. 75); vielmehr ist hier unter Krieg zu verstehen: Waffengewalt zweier oder mehrerer einander bekämpfender Mächte. Es gehören hierher insbesondere Kriege mit unzivilisierten Völkern, Bürgerkriege und revolutionäre Kämpfe. Nicht jeder Aufstand oder Aufruhr ist Krieg. Entscheidend dürfte sein, ob die Aufständischen als militärisch organisierte Macht kämpfen, um der Regierung gegenüber die Herrschaft zu erringen, ob die Bewegung diejenigen Grenzen überschritten hat, innerhalb deren sie mit den regelmäßigen Mitteln des Strafgesetzes bekämpft wird (vgl. Perels, Internationales Seerecht, § 32 u. HGZ. 1909 Nr. 107). Ob der Schaden durch die Aufständischen zugefügt ist, oder durch andere Personen, welche sich das Versagen der Staatsgewalt zu nutze machen, ist gleichgültig (HGZ. 1911 Nr. 23). Den zitierten Erkenntnissen, welche den Begriff der Kriegsgefahr feststellen, liegen allerdings die ASVB. von 1867 zu Grunde, welche in § 101 den Worten des HGB: „Nehmung, Beschädigung, Vernichtung und Plünderung durch Kriegsschiffe und Kaper“ hinzufügen: „mögen diese Kriegsschiffe oder Kaper anerkannten oder mögen sie nicht anerkannten Mächten angehören.“ Dieser Zusatz bezweckte jedoch nicht eine Abänderung, sondern eine Verdeutlichung des HGB. (Voigt S. 397). Ohne Bedeutung für den Versicherungsvertrag sind die zeitlichen Grenzen des Krieges. Auch vor der formellen Kriegserklärung oder nach dem Friedensschluß zugefügte Schäden sind Kriegsschäden, sofern nur der Schadenstifter als kriegführende Partei gehandelt hat. Ebenso ist es gleichgültig, ob ein Schaden unter Verletzung des völkerrechtlichen Kriegsrechts (z. B. der Bestimmungen der zweiten Haager Friedenskonferenz über die Legung von Minen) zugefügt wird (Kierulff IV S. 611). Anm. 2.

„Frei von Kriegsmolest.“ Anm. 3.

Durch diese Klausel wird die Haftung des Versicherers in doppelter Weise eingeschränkt:

1. er haftet nicht für die zunächst durch Kriegsgefahr verursachten Schäden (vgl. Anm. 5), auch wenn im übrigen die Kriegsgefahr auf die Reise keinen Einfluß geübt hat, z. B. wenn ein Schiff trotz Beschädigung durch ein feindliches Kriegsschiff seine Reise unverändert fortsetzt (Prot. S. 3306).
2. seine Haftung hört auf, sobald die Kriegsgefahr auf die Reise Einfluß zu üben beginnt, insbesondere wenn
   a) Antritt oder Fortsetzung der Reise durch Kriegsschiffe, Kaper oder Blokade behindert oder zur Vermeidung der Kriegsgefahr aufgeschoben wird,
   b) wenn das Schiff aus einem solchen Grunde von seinem Wege abweicht,
   c) wenn der Schiffer durch Kriegsbelästigung die freie Führung des Schiffes verliert.

Die Aufzählung dieser Fälle in § 848 ist nicht erschöpfend. Nicht jede wenn auch noch so unbedeutende Beeinflussung der Reise beendigt die Gefahr, sondern nur eine wesentliche Einwirkung (Voigt S. 584). Andererseits ist es gleichgültig ob die Veränderung oder Verzögerung der Reise oder die sonstige Einwirkung, falls sie nicht durch Kriegsgefahr verursacht wäre, durch die Bestimmungen des Versicherungsvertrages gestattet wäre; eine an sich zulässige Deviation beendet das Risiko, wenn sie durch Kriegsgefahr verursacht ist.

„Nur für Seegefahr.“ Anm. 4.

Durch diese Klausel wird die Haftung des Versicherers in doppelter Hinsicht beeinflußt und zwar:

1. *einschränkend* insofern als er nicht haftet für die zunächst durch Kriegsgefahr verursachten Schäden;
2. *erweiternd* insofern als er für alle übrigen Gefahren ohne Rücksicht darauf haftet, ob die Kriegsgefahr auf die Reise Einfluß geübt hat, insbesondere, ob die Gefahr infolge des Kriegs verändert oder vergrößert ist.

§ 849. **Der Versicherer haftet nicht für die zunächst durch Kriegsgefahr verursachten Schäden,** d. h. deren causa proxima Kriegsgefahr ist.

Anm. 5. **Beispiele:**

1. Ein Schiff war im Jahre 1870 versichert gegen Kriegsgefahr bzw. gegen alle Gefahr, welche nicht durch eine andere Versicherung auf das Casco des Schiffes, die nur für Seegefahr gilt, gedeckt ist. Das Schiff wurde von einem französischen Kriegsschiff genommen, bei Helgoland ohne Besatzung vor Anker gelegt und ging dort im Sturm unter. Das Gericht sah als nächste Ursache nicht den Sturm an, sondern die Kriegsgefahr, durch welche das Schiff in eine solche Lage gebracht war, daß der Sturm ihm verderblich werden mußte, so daß eine Rettung nur als glücklicher Zufall betrachtet werden könnte (HGZ. 1872 Nr. 6). Es kann im Einzelfall zweifelhaft sein, ob die feindliche Handlung lediglich eine Erhöhung der Gefahr oder eine Preisgabe des versicherten Gegenstandes einer mit Sicherheit eintretenden Zerstörung bedeutet. Eine Erhöhung der Gefahr würde z. B. vorliegen, wenn das Schiff ohne Besatzung an einen sicheren, oder mit ungenügender Besatzung an einen unsicheren Ankerplatz gelegt wäre. Nicht richtig scheint es zu sein, wenn in HGZ. 1868 Nr. 175 die Klausel „nur für Seegefahr" dahin ausgelegt wird, daß der Versicherer nicht nur von den Gefahren, welche durch den Krieg, sondern auch von denen, welche in Veranlassung des Krieges entstanden sind, frei sei. Diese Auslegung steht im Widerspruch mit der Vorschrift, daß der Versicherer nur für die zunächst durch Kriegsgefahr verursachten Schäden nicht haftet, daß aber im übrigen eine durch den Krieg verursachte Gefahrerhöhung die Haftung des Versicherers nicht beeinflußt.
2. Im russisch-japanischen Kriege war Fracht und Casco eines Schiffes auf Zeit nur für Seegefahr versichert. Das Schiff fuhr mit Kohlen von Cardiff nach Wladiwostok und erlitt bei der Durchfahrung der Kurilen schwere Eisbeschädigung, so daß es einen japanischen Nothafen anlaufen mußte. Auf der Fahrt zum Nothafen wurde es von einem japanischen Kreuzer genommen auch wurde eine japanische Besatzung an Bord gebracht. Da jedoch das Schiff der Eisbeschädigung wegen nicht lange gehalten werden konnte, wurde es von den Japanern auf den Strand gesetzt; Lloyd's surveyor erklärte Abbringungsversuche für aussichtslos. Später wurde es durch das Prisengericht kondemniert, von der Regierung verkauft und ging bei den durch den Käufer angestellten Abbringungsversuchen mit der Ladung total verloren. Es wurde erkannt, daß der Schaden nicht zunächst durch Kriegsgefahr, sondern durch die Eisbeschädigung und die dadurch veranlaßte Strandung verursacht und daß das Schiff durch die Strandung total verloren gegangen war (HGZ. 1908 Nr. 103); vgl. Anm. 10.

Weitere Beispiele s. HGZ. 1887 Nr. 125, 1888 Nr. 9 und 75, U. 214.

Anm. 6. **Minengefahr.**

Haftet der Versicherer für Schäden, welche nach Friedensschluß durch Minen verursacht werden? Handelt es sich um eine verankerte Mine, so ist nach den Grundsätzen des Völkerrechts die kriegführende Macht, welche die Mine gelegt hat, verpflichtet, nach Friedensschluß alle Vorkehrungen zu treffen, um die Handelsschiffe vor der Minengefahr zu schützen. Die Mine verliert mit dem Friedensschluß den feindlichen Charakter und ist nur ein Verkehrshindernis, zu dessen Beseitigung oder Unschädlichmachung die kriegführende Partei verpflichtet ist. Können die erforderlichen Abwehrmaßregeln nach Friedensschluß nicht so rechtzeitig erfolgen, daß ein Schaden durch Minenexplosion doch noch eintritt, so ist der Schaden zunächst durch Kriegsgefahr verursacht. Tritt aber ein Schaden ein, nachdem die notwendigen Maßregeln versäumt sind, so ist nicht der Krieg, sondern die pflichtwidrige Unterlassung des betreffenden Staates, die Minensperre zu beseitigen, die nächste Schadensursache. Handelt es sich um einen durch treibende Minen verursachten Schaden, so ist gleichfalls zu untersuchen, ob die Gefährlichkeit der Treibmine auf eine Verletzung völkerrechtlicher Pflichten nach Friedensschluß zurückzuführen ist (vgl. Sieveking, Seeversicherung gegen Minengefahr in der Zeitschrift für die gesamte Versicherungswissenschaft Bd. VIII Heft 1 vom 1. Januar 1908).

Anm. 7. **Ist es zweifelhaft,** ob die Kriegsgefahr oder eine andere Gefahr die nächste Schadensursache ist, so wird vermutet, daß der Schaden nicht durch Kriegsgefahr verursacht ist (§ 849 Abs. 2). Eine weitere Bedeutung hat die Vermutung nicht; insbesondere wird dadurch die

Verpflichtung des Versicherten nicht berührt, den Unfall darzutun, auf welchen er seinen Anspruch stützt (§ 882) (HGZ. 1888 Nr. 9 und 75). § 850.

Die Aufzählung der zunächst durch Kriegsgefahr verursachten Schäden in § 849 ist nicht erschöpfend. Im einzelnen ist zu bemerken Anm. 8.

1. **Konfiskation durch kriegführende Mächte**: d. h. Wegnahme in der Absicht definitiver Aneignung; sie erfolgt erst durch das rechtskräftige Urteil des Prisengerichts. Anm 9.

2. **Nehmung** ist die Beschlagnahme durch eine kriegführende Macht, nicht erst die durch rechtskräftige Entscheidung des Prisengerichts erfolgende definitive Aneignung. Der Versicherer haftet nicht für die durch die Nehmung selbst entstehenden Schäden; aber die Gefahr läuft trotz der Nehmung weiter für alte nicht zunächst durch Kriegsgefahr verursachte Schäden. Der Versicherer haftet z. B. wenn das Schiff nach der Nehmung durch Strandung verloren geht (HGZ. 1908 Nr. 103). Anm.10.

3. Beschädigung, Vernichtung und Plünderung durch Kriegsschiffe und Kaper.

4. **Kosten.** Anm.11.

Als zunächst durch Kriegsgefahr verursacht gelten Kosten, welche entstehen:

a) aus der Anhaltung;
b) aus der Reklamierung;
c) aus der Blokade des Aufenthaltshafens oder der Zurückweisung von einem blokierten Hafen;
d) aus dem freiwilligen Aufenthalt wegen Kriegsgefahr;
e) aus der Entlöschung, Lagerung und Weiterbeförderung von Gütern als Folge ihres durch Kriegsgefahr verursachten Aufenthalts.

5. **Verderb und Verminderung** der Güter während ihres durch Kriegsgefahr verursachten Aufenthalts.

6. **Gefahr der Entlöschung und Lagerung** wegen Kriegsgefahr, d. h. die gesamte mit der Entlöschung und Lagerung verbundene und während der letzteren laufende Gefahr z. B. auch die Gefahr des Diebstahls, des Feuers, Erdbebens usw., nicht nur die aus dem Zustande des Lagerns für die Güter entstehenden Gefahren (HGZ. 1888 Nr. 9). Anm.12.

Alle übrigen Gefahren, d. h. alle Gefahren mit Ausnahme der Kriegsgefahr trägt der Versicherer, und zwar auch, wenn die Kriegsgefahr auf die Reise Einfluß geübt hat. Die Gefahr endet daher nicht, wenn das Schiff infolge Kriegsgefahr von seinem Wege abweicht, die Ausführung der Reise verzögert wird, der Schiffer die freie Führung des Schiffes verliert. Der Versicherer haftet daher z. B. auch, wenn das Schiff vom Feinde genommen und von der feindlichen Besatzung geführt wird, für Unfälle, welche durch verkehrte nautische Maßregeln der Besatzung verursacht werden (HGZ. 1908 Nr. 103, RG. 67 Nr. 65). Anm.13.

Ende der Gefahr. Anm.14.

Die Gefahr endet entweder mit der Kondemnation der versicherten Sache d. h. mit dem rechtskräftigen Urteil des Prisengerichts. Dieses Urteil wirkt konstitutiv. Die Nehmung oder feindliche Beschlagnahme beendet die Gefahr nicht, auch wenn ein Reklameverfahren als aussichtslos anzusehen ist; denn die Wiedererlangung des Schiffes kann auch in anderer Weise als durch Freisprechung seitens des Prisengerichts z. B. durch freiwillige Freigabe, Friedensschluß, diplomatische Intervention, Wiedernahme durch die andere kriegführende Macht erfolgen (HGZ. 1908 Nr. 103). *Oder die Gefahr endet*, sobald sie geendet hätte, wenn die Kriegsgefahr nicht ausgenommen wäre, also nach Maßgabe der §§ 823 flg.

§ 850.

Ist der Vertrag mit der Klausel: „für behaltene Ankunft“ abgeschlossen, so endet die Gefahr für den Versicherer schon mit dem Zeitpunkt, in welchem das Schiff im Bestimmungshafen am gebräuchlichen oder gehörigen Platze den Anker hat fallen lassen oder befestigt ist.

§ 850. Auch haftet der Versicherer nur:

1. bei der auf das Schiff sich beziehenden Versicherung, wenn entweder ein Totalverlust eintritt oder wenn das Schiff abandonniert (§ 861) oder infolge eines Unfalls vor der Erreichung des Bestimmungshafens wegen Reparaturunfähigkeit oder wegen Reparaturunwürdigkeit verkauft wird (§ 873);
2. bei der auf Güter sich beziehenden Versicherung, wenn die Güter oder ein Teil der Güter infolge eines Unfalls den Bestimmungshafen nicht erreichen, insbesondere wenn sie vor der Erreichung des Bestimmungshafens infolge eines Unfalls verkauft werden. Erreichen die Güter den Bestimmungshafen, so haftet der Versicherer weder für eine Beschädigung noch für einen Verlust, der die Folge einer Beschädigung ist.

Überdies hat der Versicherer in keinem Falle die im § 834 erwähnten Beiträge, Aufopferungen und Kosten zu tragen.

Voigt § 102, Prot. S. 3314—3319, 3668—3672, 4362—4364.

I. **Das Interesse bei der Versicherung auf behaltene Ankunft:**

Anm. 1. Jedes versicherbare Interesse, d. h. jedes in Geld schätzbare Interesse, welches jemand daran hat, daß Schiff oder Ladung die Gefahren der Seeschiffahrt besteht (§ 778), kann auf behaltene Ankunft, sei es des Schiffes oder der Güter, versichert werden. In der Regel dient die Versicherung auf behaltene Ankunft weniger dazu, um Eigentumsinteressen als um Interessen anderer Art zu decken, welche geschädigt würden, wenn das Gelingen einer gewissen Seeunternehmung durch Unfälle vereitelt würde (Voigt S. 489); jedoch steht nichts im Wege, auch Eigentumsinteressen oder andere Interessen in Verbindung mit dem Eigentum auf behaltene Ankunft zu versichern.

Anm. 2. Das Interesse darf bei Abschluß der Versicherung nicht unrichtig bezeichnet werden. Es ist aber zulässig, die Bezeichnung des Interesses bei Abschluß der Versicherung ganz zu unterlassen, ein Verfahren, das in der Praxis vielfach geübt und durch die Rechtsprechung ständig gebilligt ist. In vielen Fällen wird sich das zu versichernde Interesse nicht immer leicht mit einem kurzen und unzweideutigen Ausdruck bezeichnen lassen, so daß die Gefahr besteht, daß bei verkehrter Bezeichnung des Interesses die Versicherung ungültig ist. Der hauptsächlichste Fall, in welchem die Bezeichnung des Interesses unterbleibt, ist die Versicherung auf behaltene Ankunft. Im Falle eines Schadens hat der Versicherte sein Interesse nachzuweisen. Polizenklauseln, durch welche der Versicherte von dieser Verpflichtung befreit wird, haben die Bedeutung, daß der Versicherte im Falle eines Schadens sein Interesse angeben muß, wogegen dem Versicherer der Beweis offen steht, daß das angegebene Interesse nicht besteht oder nicht bezw. nicht in der angegebenen Höhe versicherbar ist (vgl. Erläuterungen zu § 885). Es muß ein bestimmtes, wenn auch zunächst noch nicht genanntes, in Geld schätzbares Interesse vorliegen; es genügt nicht, daß irgend ein Interesse für den Fall der Nichtankunft des Schiffes oder der Güter versichert wird (HGZ. 1872 Nr. 29, 1889 Nr. 113, 1893 Nr. 20, ROHG. 8 Nr. 67).

Anm. 3. **Beispiele:**

1. **auf behaltene Ankunft des Schiffes.**

a) **Vorschußgelder:** Der Vorschußgeber rechnet darauf, daß er Rückzahlung des Vorschusses aus der Fracht erhält oder daß wenigstens das Schiff zu weiterem Frachtverdienst erhalten bleibt. Dementsprechend findet sich häufig eine Versicherung auf behaltene Ankunft mit einer Frachtversicherung verbunden; z. B.

„7500 M. taxierte Frachtgelder des Schiffes X für die Reise von Puerto Cabello nach Häfen Europas mit Ladung gleichviel welcher Art oder Ballast. Was der Frachtbetrag eventuell weniger ausmachen wird als der versicherte Betrag, valediert auf behaltene Ankunft des Schiffes und ist ohne weiteren Nachweis des Interesses mit 100% zu bezahlen, falls das Schiff wegen Seeschaden seinen Endbestimmungsplatz nicht erreicht oder kondemniert wird." (HGZ. 1889 Nr. 99 u. 107.) §850.

b) **Maklergewinn.** Anm. 4.

Der Schiffsmakler, dessen Verdienst von der Ankunft eines Schiffes abhängt, kann sein Interesse auf behaltene Ankunft des Schiffes versichern. Zur Versicherung dieses Interesses ist nicht erforderlich, daß der Makler ein Recht auf den Gewinn hat; es genügt die begründete Aussicht, daß er durch Besorgung der Geschäfte des Schiffes Kommission, Gebühr für Ausklarieren und Provision für Vermittlung einer neuen Charter verdient. Den Ersatz von Retourkommissionen, d. h. der ihm von den Schiffslieferanten für die Zuwendung der Aufträge zu zahlenden Provision, kann er nicht verlangen (HGZ. 1896 Nr. 110). Soll das Schiff seine Bestimmmung in einem Orderhafen erhalten und geht es vorher verloren, so hat der Versicherte zu beweisen, daß das Schiff nach dem Ort bestimmt wäre, wo er seinen Gewinn erzielt hätte (Nr. 66 S. 185).

c) **Reederinteressen** verschiedenster Art können auf behaltene Ankunft versichert werden z. B. Ausrüstungskosten, Werterhöhungen des Schiffes durch Reparaturen oder sonstige Umstände (ROHG. Bd. 8 Nr. 16, HGZ. 1883 Nr. 143). Über die Versicherbarkeit des Interesses am Behalten des Schiffes zum Erwerbe erhoffter, noch nicht kontraktlich gesicherter Fracht vgl. HGZ. 1893 Nr. 20, 1894 Nr. 96 und oben Anm. 6 Nr. 4 zu § 778. Häufig wird ein derartiges Interesse auf behaltene Ankunft zusammen mit Nettofracht versichert, z. B. Anm. 5.

„Versicherung von M. . . . auf behaltene Ankunft u/o Nettofrachtgelder. Sobald durch Einnahme von Ladung Nettofrachtgelder zur Tracht kommen, überträgt sich das Risiko stillschweigend von behaltener Fahrt auf Nettofrachtgelder, und was solche Nettofrachtgelder weniger als die versicherte Summe betragen sollten, dafür bleibt das Risiko auf behaltene Fahrt in Kraft."

Hierdurch ist zunächst Nettofracht versichert und die Differenz zwischen dieser und der Versicherungssumme, resp. wenn das Schiff in Ballast fährt die ganze Versicherungssumme auf behaltene Ankunft (HGZ. 1889 Nr. 99). Ist in solchem Falle ein definitiver Frachtvorschuß bezahlt, so ist zunächst die Nettofracht von der Taxe in Abzug zu bringen; die Differenz ist auf behaltene Ankunft versichert. Der Frachtvorschuß ist von der Bruttofracht abzuziehen; soweit er die Nettofracht deckt, ist diese nicht mehr im Risiko; der durch den Frachtvorschuß gedeckte Teil der Nettofracht erhöht nicht etwa den auf behaltene Ankunft versicherten Betrag (HGZ. 1894 Nr. 96).

d) **Versicherung auf behaltene Ankunft des Schiffes am Ladeplatze** deckt z. B. das Interesse desjenigen, welcher zur Erfüllung eines Vertrages das Schiff gechartert hat, an dem Eintreffen des Schiffes am Ladeplatz, z. B.: Anm. 6.

„Versicherung auf zu verdienende Kommission u/o imaginären Gewinn u/o sonstiges Interesse der in Brunswiek, Savannah u/v einem anderen Hafen der Ostküste Nordamerikas einzunehmenden Ladung Phosphat, valedierend auf die behaltene Ankunft des Schiffes am Ladeplatze, taxiert zu M. 10000.— ohne weiteren Beweis, im Dampfschiff H. von Sidney nach der Ostküste Nordamerikas."

Der Versicherte hatte in Florida Phosphat gekauft und mit der Bedingung „Juni/Juli Verschiffung per Dampfer" verkauft und zur Erfüllung des Kaufvertrages den Dampfer H. gechartert. Das Schiff ging auf der Fahrt zum Ladeplatz verloren, der Versicherte charterte nach Eintreffen der Nachricht von dem Unfall einen anderen Dampfer und erfüllte damit den Kaufvertrag. Das RG. (RG. Bd. 36 Nr. 34) wies die Klage des Versicherten ab, insoweit der Anspruch auf das Interesse an rechtzeitiger Verladung gestützt war, weil dieses Interesse nicht verloren gegangen war (vgl. HGZ. 1896 Nr. 29).

Anders liegt der Fall, wenn das Interesse daran versichert wird, daß die Ladung mit einem bestimmten Schiffe eintrifft (HGZ. 1893 Nr. 6 u. 64).

§ 850. e) **Versicherung auf behaltenen Zustand.**

Anm. 7. **Beispiel:** Der Versicherte hatte ein in Rio Grande do Sul löschendes Schiff gechartert, um Kaffee von Santos nach Europa zu befördern, und die Ladung für die Reise von Santos nach Europa versichert. Die Police enthielt die Bestimmung

„Durch Übereinkunft ist durch diese Polize ferner gedeckt: 50000 M. auf die behaltene Ankunft bezw. den behaltenen Zustand des Schiffes von Rio Grande do Sul, einschließlich des Aufenthaltes daselbst nach Santos und des Aufenthaltes dort bis zur Beladung."

Die Worte „auf behaltenen Zustand usw." beziehen sich auf die Zeit, für welche die Versicherung auf behaltene Ankunft nicht in Betracht kam, d. h. auf die Zeit, die das Schiff vor Antritt seiner Reise nach Santos in Rio Grande do Sul lag und die Zeit nach seinem Eintreffen in Santos bis zur Beladung; die Klausel bedeutet aber nicht, daß der Versicherer dafür aufzukommen habe, daß das Schiff im ladefähigen Zustand verbleibe (HGZ. 1903 Nr. 15 u. 100).

Anm. 8. 2. **Versicherung auf behaltene Ankunft der Güter** kann jeder nehmen, welcher von der Ankunft der Güter am Bestimmungsplatz einen Gewinn erwartet, z. B. der Verkäufer, der Käufer, der Kommissionär.

Anm. 9. 3. **Versicherung auf behaltene Ankunft der Güter mit einem bestimmten Schiff.**

In gewissen Fällen kann jemand ein Interesse daran haben, daß Güter in einem bestimmten Schiff den Bestimmungshafen erreichen, d. h. daß sie auf der Reise nicht von dem Schiffe getrennt werden. Ein solches Interesse ist vorhanden, wenn die mit einem bestimmten Schiff ankommende Ware oder Ware aus diesem Schiff oder Ware mit der Klausel „vessel lost contract to be void" oder „vessel prevented delivering cargo contract to be void" oder ähnlichen verkauft ist, ohne Unterschied ob der Kaufvertrag bei Abschluß der Versicherung schon abgeschlossen oder erst beabsichtigt ist (HGZ. 1895 Nr. 38). Bei der Versicherung solcher Interessen muß deutlich zum Ausdruck kommen, daß die Versicherung auch gegen die Gefahr genommen ist, daß die Güter in einem anderen Schiffe den Bestimmungsort erreichen z. B. „auf behaltene Ankunft der Ware mit dem Schiff X im Bestimmungshafen". In einem HGZ. 1892 Nr. 23 und 1893 Nr. 9 mitgeteilten Falle war versichert: „extraimaginärer Gewinn auf 1530 Tons loses Phosphat für behaltene Ankunft desselben, taxiert zu M. 12000.— im Dampfschiff M. von Sombrero Island nach Stettin". Obwohl der Versicherte ein Interesse daran hatte, daß die Ware mit dem Schiff den Bestimmungshafen erreichte, war dieses Interesse durch die Fassung der Police nicht gedeckt.

Anm. 10. **Zeitinteresse.**

Das Interesse daran, daß ein Schiff oder Güter in einem bestimmten Schiffe zu einer bestimmten Zeit, d. h. innerhalb der bei normalem Verlaufe der Fahrt mit annähernder Richtigkeit feststellbaren Zeit ankommen, wird durch Versicherung auf behaltene Ankunft eines Schiffes oder von Gütern in einem bestimmten Schiffe nicht gedeckt (HGZ. 1873 Nr. 193, 1893 Nr. 64, 1895 Nr. 38. Bolze in Goldschmidts Zeitschrift Bd. 42 S. 36; die entgegengesetzte Ansicht ist vertreten in HGZ. 1893 Nr. 59 und anscheinend auch in RG. Bd. 36 Nr. 34).

II. **Einfluß der Klausel „auf behaltene Ankunft"** auf den Umfang der Gefahr.

Anm. 11. **Übersicht.**

Die Klausel „auf behaltene Ankunft", welcher die Klausel „auf behaltene Fahrt" gleichsteht (HGZ. 1892 Nr. 67, 1894 Nr. 27) beschränkt den Umfang der Gefahr in doppelter Beziehung:

1. **Die Gefahr endet** schon mit dem Zeitpunkt, in welchem das Schiff im Bestimmungshafen am gebräuchlichen oder gehörigen Platze den Anker hat fallen lassen oder befestigt ist.

2. **Der Versicherer haftet nur:**

a) **bei der auf das Schiff sich beziehenden Versicherung,** d. h. bei allen Interessen, welche sich an die behaltene Ankunft des Schiffes knüpfen:

α) wenn ein Totalverlust eintritt;

β) wenn das Schiff abandonniert ist (§ 861); §850.
γ) wenn das Schiff vor Erreichung des Bestimmungshafens wegen Reparaturunfähigkeit oder -unwürdigkeit verkauft wird (§ 873).

b) **bei der auf Güter sich beziehenden Versicherung**, d. h. bei der Versicherung derjenigen Interessen, welche sich an die Ankunft der Güter überhaupt oder an deren Ankunft mit einem bestimmten Schiff knüpfen, wenn die Güter oder ein Teil derselben infolge eines Unfalls den Bestimmungshafen nicht bezw. nicht in dem bestimmten Schiffe erreichen.

Daraus, daß der Versicherer nur in den sub a und b genannten Fällen haftet, folgt, daß er nicht aufzukommen hat für die im § 834 erwähnten Beiträge zur Havariegrosse, Rettungskosten und Kosten der Schadensermittlung.

3. Im übrigen gelten auch für die Versicherung auf behaltene Ankunft die allgemeinen Grundsätze des Seeversicherungsrechts. Es dürfte jedoch zweifelhaft sein, ob dies mit Voigt, S. 591, dahin auszulegen ist, daß die Versicherung auf behaltene Ankunft, „je nachdem sie auf das Eintreffen des Schiffs oder der Güter gerichtet worden ist, unter den besonderen, resp. die Casco- oder die Güterversicherung betreffenden Vorschriften" steht. Da die verschiedenartigsten Interessen auf behaltene Ankunft des Schiffes oder der Güter versichert werden können, dürften nur diejenigen Vorschriften anwendbar sein, welche für die Versicherung des betreffenden Interesses gegeben sind; z. B. dürfte die Einrede bei Seeuntüchtigkeit dem Versicherer nur zustehen, wenn ein Casco- oder Frachtinteresse auf behaltene Ankunft versichert ist.

Beginn der Gefahr. Anm. 12.

Das Gesetz gibt in § 850 besondere Vorschriften nur bezüglich des Endes der Gefahr; der Beginn der Gefahr richtet sich daher nach den allgemeinen Vorschriften der §§ 823 fg.; je nachdem es sich um ein an die Ankunft des Schiffes oder der Güter knüpfendes Interesse handelt, kommen die Vorschriften des § 823 oder § 824 zur Anwendung. Ist Versicherung genommen auf behaltene Ankunft einer Ware mit einem bestimmten Schiff, so knüpft sich das Interesse an die Ware und nur durch diese ist ein an das Schiff sich knüpfendes Interesse vermittelt. Geht daher das Schiff verloren, nachdem ein Teil der Güter vom Lande geschieden ist, so haftet der Versicherer nur im Verhältnis der vom Lande geschiedenen zur ganzen Ladung (HGZ. 1892 Nr. 22 u. 30); anders wenn vereinbart ist, daß die Gefahr mit Anfang der Beladung beginnen solle (HGZ. 1895 Nr. 31).

Ende der Gefahr. Anm. 13.

Die Gefahr endet in allen Fällen, in welchen auf behaltene Ankunft des Schiffes oder der Güter Versicherung genommen ist, mit dem Zeitpunkt, in welchem das Schiff im Bestimmungshafen am gebräuchlichen oder gehörigen Platze den Anker hat fallen lassen oder befestigt ist. Insbesondere trägt der Versicherer nicht die Gefahr während der Entlöschung. Den Parteien steht es frei, eine andere Vereinbarung zu treffen, z. B. „auf behaltene Ankunft und Landung von Gütern" oder „auf behaltene Ankunft und Entlöschung des Schiffes". Durch solche Klauseln wird jedoch lediglich das Ende der Gefahr hinausgeschoben, im übrigen aber die Haftung des Versicherers in keiner Weise erweitert (HGZ. 1876 Nr. 91, 1888 Nr. 110, 1894 Nr. 27).

Umfang der Haftung. Anm. 14.

Der Versicherer haftet nur für bestimmte Unfälle, für diese Unfälle allerdings ohne Unterschied, auf welcher Gefahr sie beruhen, vorausgesetzt nur, daß es eine Gefahr der Seeschiffahrt ist (§ 778).

A. **Insbesondere die auf das Schiff sich beziehende Versicherung**: der Versicherer haftet nur:

1. **wenn ein Totalverlust**, d. h. ein Totalverlust des Schiffes eintritt. Der Begriff des Totalverlustes bestimmt sich nach § 854 (HGZ. 1901 Nr. 44 S. 98). Der Versicherer haftet nicht etwa schon dann, wenn ein Totalverlust des versicherten Interesses eintritt. Es ist gleichgültig, welcher Art das auf behaltene Ankunft des Schiffes versicherte Interesse ist; immer ist für die Haftung des Versicherers ein Totalverlust des Schiffes im Sinne des § 854 erforderlich, Anm. 15.

§ 850. also der Eintritt eines Unfalls, auf Grund dessen ein Cascoversicherer einen Totalverlust bezahlen müßte. Im Widerspruch hiermit steht das Urteil des RG. in HGZ. 1901 Nr. 44 (RG. 47 Nr. 40): Es war Versicherung genommen auf eine Forderung von 4000 M. für eine dem Schiffe „Mathilde Hennings" gelieferte Metallhaut valedierend auf die behaltene Ankunft und Entlöschung des von Kopenhagen nach Cardiff bestimmten Schiffes im Bestimmungshafen. Das Schiff erlitt auf der Reise Havarie und wurde schwer beschädigt in Frederikshaven eingebracht. Nach Vollendung der Reparatur wurde das Schiff für die Reparaturkosten arrestiert und versteigert. Der Erlös haftete für die Reparaturkosten und für eine Bodmereianleihe, welche schon vor Abschluß der Versicherung aufgenommen war; die versicherte Forderung blieb ungedeckt. Das RG. verurteilte den Versicherer, weil das Schiff dem Versicherten ohne Aussicht auf Wiedererlangung entzogen sei und daher ein Totalverlust vorliege; bei der Versicherung einer Forderung, für welche das Schiff hafte, bedeute „Wiedererlangung" eine solche Wiedererlangung, daß die Schiffsgläubigerrechte geltend gemacht werden könnten; der Totalverlust gründe sich auf den von den Gläubigern ausgebrachten Arrest, für welchen der Versicherer gemäß § 820 Nr. 3 hafte. Diese Entscheidung gibt Anlaß zu erheblichen Bedenken. Sie leidet zunächst an einem inneren Widerspruch; sie geht allerdings davon aus, daß die Haftung des Versicherers abgesehen von den übrigen hier nicht in Betracht kommenden Fällen auf den Totalverlust des Schiffes beschränkt ist. Die weitere Ausführung, daß ein Totalverlust des Schiffes aus dem Grunde vorliege, weil es dem versicherten Gläubiger derart entzogen sei, daß er seine Schiffsgläubigerrechte nicht geltend machen könne, setzt an Stelle des Totalverlustes des Schiffes den Totalverlust des versicherten Interesses, was sich insbesondere aus dem Hinweis auf den § 857 (Totalverlust in Ansehung der Bodmerei- und Havereigelder) ergibt. Die Analogie des § 857 würde nur dann zutreffen, wenn die Forderung ohne beschränkende Klausel versichert wäre. Auch mit dem Begriff des „ohne Aussicht auf Wiedererlangung entzogen" seins kann in diesem Falle nicht operiert werden, weil „entzogen sein" den früheren Besitz voraussetzt und daher auf den Schiffsgläubiger nicht anwendbar ist (Sieveking, Beitrag zur Lehre von der Versicherung auf behaltene Ankunft in der Zeitschrift für die gesamte Versicherungswissenschaft VI S. 592).

Die gleichen Grundsätze finden in solchen Fällen Anwendung, wo der Charterer Versicherung auf behaltene Ankunft des Schiffes im Ladehafen nimmt. Erreicht das Schiff den Ladehafen aus anderen als den in § 850 Nr. 1 genannten Gründen nicht, so haftet der Versicherer nicht, mag auch mit Bezug auf das Interesse des Versicherten ein Totalverlust vorliegen (HGZ. 1903 Nr. 15 u. 100). Oder ein Reeder verchartert sein Schiff mit der Maßgabe, daß der Charterer berechtigt sein soll, vom Vertrage zurückzutreten, wenn das Schiff nicht zu einer bestimmten Zeit im Ladeplatz eintrifft; der Reeder nimmt Versicherung auf behaltene Ankunft des Schiffes im Ladehafen mit der Klausel, daß die Versicherungssumme als Totalschaden zu bezahlen ist, falls das Schiff den Ladehafen nicht in der Art behalten erreicht, um laden zu können; wenn das Schiff infolge Havarie und vorzunehmender Reparatur die vereinbarte Zeit nicht einhalten kann und der Schiffer daher die Reise nach dem Ladehafen aufgibt, so haftet der Versicherer nicht (U. 301).

Anm. 16. 2. **Wenn das Schiff abandonniert wird** (§ 861).

Das Schiff darf abandonniert werden:

a) wenn es verschollen ist (§§ 862, 863);
b) wenn es unter Embargo gelegt, von einer kriegführenden Macht aufgebracht, auf andere Weise durch Verfügung von hoher Hand angehalten oder durch Seeräuber genommen und während der in § 861 genannten Fristen nicht freigegeben ist.

Anm. 17. 3. **Wenn das Schiff infolge eines dem Versicherer zur Last fallenden Unfalls vor Erreichung des Bestimmungshafens wegen Reparaturunfähigkeit oder Reparaturunwürdigkeit verkauft wird.** Die Reparaturunfähigkeit oder -unwürdigkeit (§ 479) muß durch das Ortsgericht nach Anhörung von Sachverständigen und mit Zuziehung des deutschen Konsuls, wo ein solcher vorhanden ist, festgestellt sein; ist keine Gerichtsbehörde und auch keine andere Behörde, welche die Untersuchung übernimmt, am Orte vorhanden, so hat der Schiffer das Gutachten von

Sachverständigen einzuholen und, wenn dies nicht möglich ist, sich mit anderen Beweisen zu versehen (§ 530). Das Schiff muß schließlich öffentlich verkauft werden (§ 873). Wenn unter den besonderen Umständen des Falles ein Verkauf des Schiffes nicht erfolgen kann, schadet auch eine andere Art der Verwertung nicht, z. B. das Schiff befindet sich in reparaturunfähigem Zustande an einer entlegenen Küste und wird vom Schiffer einem anderen Reeder gegen die Verpflichtung überlassen, die Mannschaft in Sicherheit zu bringen (HGZ. 1870 Nr. 372). Sonst aber ist die Befolgung der Vorschriften des § 530 notwendig, um den Anspruch gegen den Versicherer zu begründen (HGZ. 1876 Nr. 77). Daran wird auch nichts geändert durch die Klausel: §850.

„Das Interesse gilt als erwiesen und ist diese Police mit 100% zu bezahlen, falls das Schiff infolge Seeschadens seinen Bestimmungsort nicht erreicht."

Derartige Klauseln verfolgen nur den Zweck der Beweiserleichterung, bedeuten aber nicht, daß der Versicherer außer in den Fällen des Totalverlustes, Abandons und der Kondemnation wegen Reparaturunfähigkeit oder -unwürdigkeit in jedem Falle der Nichtankunft infolge irgend eines Seeschadens haften solle (HGZ. 1894 Nr. 27).

Der Versicherer haftet **nur** in den in § 850 Nr. 1 genannten Fällen und auch nur, wenn Anm. 18. der Schaden durch einen ihm zur Last fallenden Unfall verursacht ist. Hieran wird nichts geändert durch die sich häufig in Policen findende Klausel: „Sollte infolge Seeschadens oder Kondemnation das Schiff seine Bestimmung nicht erreichen, so ist der deklarierte Betrag als Totalschaden mit 100% zu bezahlen." Diese Klausel bedeutet lediglich: falls das Schiff durch Seeschaden untergeht und deshalb nicht ankommt oder falls es infolge Seeschadens kondemniert wird und deshalb nicht ankommt. Sie bedeutet aber nicht, daß der Versicherer in jedem Falle haftet, wo das Schiff infolge Seeschadens den Bestimmungsort nicht erreicht (HGZ. 1889 Nr. 113, 1894 Nr. 27, 1900 Nr. 84). Dabei ist gleichgültig, ob das Interesse des Reeders oder eines Dritten (Provision, Vorschüsse usw.) versichert ist (Seebohm Nr. 127, HH. Nr. 38, HGZ. 1968 Nr. 1, 1872 Nr. 129, 1888 Nr. 110). Wegen Seeschadens kondemnieren bedeutet, die Reparaturunfähigkeit oder Reparaturunwürdigkeit des Schiffes gemäß § 873 feststellen (RG. in HGZ. 1905 Nr. 72, wogegen das OLG. in HGZ. 1906 Nr. 113 die Erteilung der Befugnis zum Verkaufe des Schiffes als wesentliches Merkmal der Kondemnation ansieht).

B. **Insbesondere die auf Güter sich beziehende Versicherung.**

Der Versicherer haftet nur, wenn die Güter oder ein Teil der Güter den Bestimmungsort Anm. 19. infolge eines Unfalls nicht erreichen. Besonders in Betracht kommende Fälle sind, daß die Güter unterwegs total verloren gehen oder vor Erreichung des Bestimmungshafens infolge eines Unfalls verkauft werden, also z. B., daß sie wegen drohenden Totalverlusts oder zur Beschaffung der für die Fortsetzung der Reise notwendigen Geldmittel verkauft werden, oder auch wenn sich der Verkauf als eine unrechtmäßige Handlung des Schiffers darstellt.

Das Nichterreichen des Bestimmungshafens muß Folge eines dem Versicherer zur Last Anm. 20. **fallenden Unfalls sein,** d. h. es muß ein ursächlicher Zusammenhang zwischen dem Unfall und dem Nichterreichen des Bestimmungshafens vorliegen. Wenn z. B. der Versicherte die Güter mit der Klausel: „vessel lost contract to be void" gekauft hat und die Güter nach Untergang des Schiffes zwar nach dem Bestimmungshafen gebracht werden könnten, dies aber unterbleibt, weil der Verkäufer infolge obiger Klausel sein Dispositionsrecht über die Ware in anderer Weise ausübt, so haftet der Versicherer nicht. Denn das Nichterreichen des Bestimmungshafens ist nicht eine Folge des Untergangs des Schiffes, sondern der Aufhebung des Kaufvertrages und des Wegfalls des Rechts des Versicherten auf die Güter. Die Versicherung muß in solchen Fällen auf die behaltene Ankunft der Güter mit dem Schiffe gerichtet werden (Hans. OLG. in HGZ. 1884 Nr. 66; der entgegengesetzte Standpunkt des RG. ist in einer späteren Entscheidung (HGZ. 1893 Nr. 9) nicht mehr aufrecht erhalten). Ob der Unfall durch ein nautisches oder geschäftliches Verschulden des Schiffers herbeigeführt ist, ist gleichgültig (Voigt S. 592, HGZ. 1893 Nr. 6 u. 64).

Erreicht ein **Teil** der Güter infolge eines Unfalls den Bestimmungshafen nicht, so Anm. 21. haftet der Versicherer verhältnismäßig (Voigt S. 593).

§ 851. Anm. 22. Erreichen die Güter den Bestimmungshafen, so haftet der Versicherer nicht, ohne Rücksicht darauf, in welchem Zustande die Güter eintreffen. Er haftet daher nicht, wenn die Güter beschädigt oder infolge der Beschädigung in wertlosem Zustande eintreffen. Er haftet nicht, wenn die Güter im Bestimmungshafen infolge einer vom Schiffe aufgenommenen Bodmerei verkauft werden.

Anm. 23. C. **Insbesondere die Versicherung auf behaltene Ankunft der Güter mit einem Schiffe.**

Bei solchen Versicherungen übernimmt der Versicherer außer der Gefahr, daß die Güter den Bestimmungshafen nicht erreichen, die fernere Gefahr, daß sie infolge eines Unfalls vor Erreichung des Bestimmungshafens vom Schiffe getrennt werden. Das Interesse knüpft sich an die Güter; es ist daher gleichgültig, ob der Unfall zunächst das Schiff oder die Güter betrifft. Betrifft der Unfall zunächst das Schiff, so ist es gleichgültig, ob die Voraussetzungen des § 850 Nr. 1 vorliegen; der Versicherer haftet z. B. auch, wenn der Schiffer das reparaturfähige Schiff verkauft (HGZ. 1893 Nr. 6 u. 64). Der Versicherer haftet auch, wenn es dem Versicherten gelingt, die Güter in einem anderen Schiffe zum Bestimmungshafen zu befördern, auch wenn dort ein höherer Gewinn als der versicherte erzielt wird (HGZ. aaO.).

Anm. 24. **Die Trennung von Schiff und Ladung muß Folge eines Unfalls sein.**

Ein Unfall liegt z. B. nicht vor, wenn das Schiff seines Tiefgangs wegen den Bestimmungshafen nicht erreichen kann, so daß die Ladung in Leichtern an Land gebracht werden muß (HGZ. 1885 Nr. 44).

Anm. 25. Der Versicherte darf nicht selbst die Trennung von Schiff und Ladung veranlassen, z. B. um die Beförderung der Güter nach dem Bestimmungshafen zu beschleunigen (HGZ. 1895 Nr. 38).

Anm. 26. **Die Klausel: „Umladung jeglicher Art eingeschlossen"** beseitigt nicht die Haftung des Versicherers für die Trennung der Güter von dem Schiffe. Sie bezieht sich auf Fälle, wo die Ladung im Nothafen aus dem Schiffe ans Land und wieder in dasselbe Schiff geladen wird, oder bei einer Versicherung in durchstehendem Land- und Wassertransportrisiko auf die Umladung der Güter bis zum und vom Seeschiff (HGZ. 1893 Nr. 59).

§ 851.

Ist der Vertrag mit der Klausel: „frei von Beschädigung außer im Strandungsfall" abgeschlossen, so haftet der Versicherer nicht für einen Schaden, der aus einer Beschädigung entsteht, ohne Unterschied, ob der Schaden in einer Wertsverringerung oder in einem gänzlichen oder teilweisen Verlust und insbesondere darin besteht, daß die versicherten Güter gänzlich verdorben und in ihrer ursprünglichen Beschaffenheit zerstört den Bestimmungshafen erreichen oder während der Reise wegen Beschädigung und drohenden Verderbs verkauft worden sind, es sei denn, daß das Schiff oder das Leichterfahrzeug, in welchem sich die versicherten Güter befanden, gestrandet ist. Der Strandung werden folgende Seeunfälle gleichgeachtet: Kentern, Sinken, Zerbrechen des Rumpfes, Scheitern und jeder Seeunfall, durch den das Schiff und das Leichterfahrzeug reparaturunfähig geworden ist.

Hat sich eine Strandung oder ein dieser gleichzuachtender Seeunfall ereignet, so haftet der Versicherer für jede drei Prozent (§ 845) übersteigende Beschädigung, die infolge eines solchen Seeunfalls entstanden ist, nicht aber für eine sonstige Beschädigung. Es wird vermutet, daß eine Beschädigung, die möglicherweise Folge des eingetretenen Seeunfalls sein kann, infolge des Unfalls entstanden sei.

Für jeden Schaden, der nicht aus einer Beschädigung entsteht, haftet der Versicherer, ohne Unterschied, ob sich eine Strandung oder ein anderer der erwähnten Unfälle zugetragen hat oder nicht, in derselben Weise, als wenn der Vertrag ohne die Klausel abgeschlossen wäre. Jedenfalls haftet er für die im § 834 unter Nr. 1, 2, 4 erwähnten Beiträge, Aufopferungen und Kosten, für die im § 834 unter Nr. 3 erwähnten Kosten aber nur dann, wenn sie zur Abwendung eines ihm zur Last fallenden Verlustes verausgabt worden sind. § 851.

Eine Beschädigung, die ohne Selbstentzündung durch Feuer oder durch Löschung eines solchen Feuers oder durch Beschießen entstanden ist, wird als eine solche Beschädigung, von welcher der Versicherer durch die Klausel befreit wird, nicht angesehen.

Voigt §§ 103, 104, Prot. S. 3320—3331, 3338—3340, 3342—3344, 4365—4372.

I. **Begriff der Beschädigung.** Anm. 1.

Der Ausschluß der Haftung für Beschädigung rechtfertigt sich dadurch, daß bei Waren, welche leicht der Beschädigung ausgesetzt sind, oft schwer festzustellen ist, ob die Beschädigung Folge eines Unfalls oder nur der gewöhnlichen Einwirkungen des Transportes ist. Der Ausschluß der Haftung für Beschädigung überhaupt durch die Klausel „frei von Beschädigung" findet sich nur sehr selten. Dagegen wird die Haftung des Versicherers häufig durch die Klauseln „frei von gewissen (oder gewissen ersten) Prozenten Beschädigung" oder „frei von Beschädigung außer im Strandungsfall" beschränkt. Für alle Fälle ist es zunächst erforderlich, den Begriff der Beschädigung festzustellen. Ein Unfall kann entweder einen Totalverlust oder einen teilweisen Schaden zur Folge haben; ob das eine oder das andere der Fall ist, richtet sich nach den Vorschriften des HGB. §§ 854 fg. über den Umfang des Schadens. Aus diesen Vorschriften ist jedoch für den Begriff der Beschädigung nichts zu entnehmen. Unter Beschädigung ist nicht der an dem versicherten Gegenstand entstandene Schaden zu verstehen. Beschädigung ist vielmehr eine Schadensursache (RG. 56 Nr. 98); dies ergibt sich aus den Worten: „der Versicherer haftet nicht für einen Schaden, der aus einer Beschädigung entsteht". Andererseits muß aber die Ursache eines Schadens, für welchen der Versicherer haftet, ein Unfall sein und es erscheint nicht angängig, die Beschädigung als einen Unfall aufzufassen. Vielmehr beruht die Beschädigung auf einem Unfall. Soweit das nicht der Fall ist, die Beschädigung z. B. auf Abnutzung im gewöhnlichen Gebrauch, auf innerem Verderb beruht, kommt eine Haftung des Versicherers überhaupt nicht in Frage, folglich auch nicht ein Ausschluß der Haftung durch die Klausel „frei von Beschädigung" (HGZ. 1892 Nr. 111). Beschädigung ist die unmittelbare Folge eines Unfalls, welcher die versicherte Sache in ihrer Qualität beeinträchtigt, ohne sie unmittelbar in ihrer Existenz zu vernichten. Man kann daher sagen, daß die Klausel „frei von Beschädigung" die Wirkung hat, daß der Versicherer für die Unfälle nicht haften will, durch deren unmittelbare Einwirkung die versicherte Sache in ihrer Qualität beeinträchtigt, aber nicht zerstört wird. Die Klausel betrifft daher den Umfang der Gefahr, nicht den Umfang des Schadens.

Der Versicherer haftet auf Grund der Klausel für keinen Schaden, der aus einer Beschädigung entsteht, welcher Art und welchen Umfangs er auch sein mag; er haftet insbesondere auch dann nicht, wenn der versicherte Gegenstand infolge der Beschädigung gänzlich oder teilweise verloren geht, wenn die versicherten Güter gänzlich verderben oder in ihrer ursprünglichen Beschaffenheit zerstört den Bestimmungshafen erreichen. Im letzteren Fall würde nach § 854 Totalverlust der Güter vorliegen; aber der Versicherer haftet nicht, weil er die Ursache des Totalverlustes, die Beschädigung von seiner Haftung ausgeschlossen hat. „Es handelt sich bei der Klausel für den Versicherer darum, von den Folgen gewisser schadenbringender Ursachen frei zu bleiben" (Voigt S. 598, RG. 56 Nr. 98). Wenn es in HGZ. Anm. 2.

§ 851. 1899 Nr. 44 heißt, Beschädigung sei jeder Schaden, welcher weder Totalverlust noch Havariegrosse sei, so ist dies insofern mißverständlich als Beschädigung nicht eine Schadensart, sondern eine Schadensursache ist, daher nicht ein mit Totalverlust gleichartiger Begriff ist, ferner als Beschädigung sich nicht mit Partialschaden deckt, da dieser auch in teilweisem Verlust bestehen kann, welcher keine Beschädigung ist. Die obige Definition ist daher so zu verstehen, daß Beschädigung vorliegt, wenn die unmittelbare Folge eines Unfalls nicht in teilweisem oder gänzlichem Verlust des versicherten Gegenstandes besteht (HGZ. 1900 Nr. 42) und wenn es sich nicht um einen Havariegrosseschaden handelt.

Anm. 3. Aus dem Begriff der Beschädigung folgt, daß zu unterscheiden sind die der Zeit nach nächste, die unmittelbare Wirkung eines Unfalls und die aus dieser sich ergebenden Folgewirkungen. Sind leicht schmelzende Güter versichert, z. B. Salz, Zucker, Salpeter, so haftet der Versicherer nicht, wenn die Ware durch eindringendes Seewasser schmilzt, auch wenn im Bestimmungshafen nichts mehr als die Umhüllung übrig geblieben ist (Voigt S. 600, HGZ. 1887 Nr. 71). Die unmittelbare Folge des Unfalls, des Eindringens von Seewasser, ist die Durchnässung der Ware, die weitere Folge dieser Beschädigung ist das Schmelzen und der gänzliche Verderb. Würde dagegen das mit Salpeter beladene Schiff auf einen Felsen stoßen und versinken, so würde die unmittelbare Wirkung des Unfalls in dem Totalverlust der Ware bestehen. Es kann unter Umständen sehr zweifelhaft sein, wo die Grenze zwischen der unmittelbaren, nächsten Folge eines Unfalls und deren Weiterwirkungen zu ziehen sind, wie sich aus folgenden Beispielen ergibt:

1. Das mit Salpeter beladene Schiff strandet, der Salpeter wird durch das eindringende Seewasser geschmolzen, das Schiff geht nach vergeblichen Bergungsversuchen verloren.
2. Das Schiff wird unterwegs leck; der durch das eindringende Seewasser geschmolzene Salpeter wird beim Lenzhalten des Schiffes über Bord gepumpt und a) das Schiff erreicht den Nothafen oder b) es geht unterwegs unter.

In allen diesen Fällen ist durch das eindringende Wasser die Ware zunächst nur beschädigt und erst infolge der Beschädigung verloren gegangen. Hierfür haftet der Versicherer nicht, auch wenn später ein Unfall sich ereignet, dessen unmittelbare Folge der Totalverlust der Güter ist (HGZ. 1892 Nr. 59). Wenn dagegen ein Unfall in dauernder unmittelbarer Folge zunächst eine Beschädigung und alsdann den Totalverlust der Güter bewirkt, so haftet der Versicherer, auch wenn gleichzeitig infolge der Beschädigung eine Entwertung des Gutes herbeigeführt wird. Der Versicherer haftet daher, wenn die Mannschaft des eindringenden Seewassers nicht Herr werden kann, mag auch die Ware bereits vor dem eigentlichen Untergange des Schiffes geschmolzen sein.

Anm. 4. Der aus einer Beschädigung entstehende Schaden kann bestehen:

a) in einer Wertsverringerung;
b) in einem gänzlichen oder teilweisen Verlust, insbesondere
   α) darin, daß die versicherten Güter gänzlich verdorben und in ihrer ursprünglichen Beschaffenheit zerstört den Bestimmungshafen erreichen oder
   β) während der Reise wegen Beschädigung und drohenden Verderbs verkauft worden sind.

Diese vom Gesetz aufgezählten Fälle sind nur als Beispiele anzusehen, wie sich aus dem Worte „insbesondere" ergibt. Der Versicherer haftet auch nicht, wenn die wertlosen Überreste den Bestimmungshafen nicht erreichen (HGZ. 1903 Nr. 114).

Anm. 5. **Leckage.**

Ein aus einer Beschädigung entstehender Schaden liegt auch vor, wenn flüssige Waren aus ihren Behältnissen infolge Beschädigung der letzteren auslecken, z. B. wenn Korken in Flaschen durch Würmer ausgefressen werden und die Flüssigkeit ausfließt; es ist gleichgültig, ob die Flüssigkeit allmählich oder dadurch plötzlich ausfließt, daß das Gefäß durch den Unfall zertrümmert wird; das Auslaufen der Flüssigkeit ist immer nur eine Folge der Beschädigung der Behältnisse (HGZ. 1887 Nr. 71, 1903 Nr. 114, 1904 Nr. 57).

Anm. 6. **Verlust durch Diebstahl** oder Beraubung ist nicht Beschädigung (HGZ. 1895 Nr. 77), sondern Totalverlust oder teilweiser Verlust. Diebstahl kann mit einer Beschädigung verbunden sein, z. B. wenn aus einem Fasse Wein ein Teil des Inhalts gestohlen wird, liegt teilweiser **§ 851.** Verlust vor; läuft infolge Beschädigung des Fasses der Rest des Weines aus, so liegt insoweit ein aus einer Beschädigung entstandener Schaden vor (Voigt S. 621, HGZ. 1870 Nr. 95, 1887 Nr. 125, 1888 Nr. 9 u. 75).

Havariegrosseschäden. Anm. 7.

Auch wenn die Versicherung mit der Klausel „frei von Beschädigung" geschlossen ist, fallen dem Versicherer zur Last (§ 834 Nr. 1, 2):

1. die Beiträge zur großen Haverei mit Einschluß derjenigen, welche der Versicherte selbst wegen eines von ihm erlittenen Schadens zu tragen hat; die in Gemäßheit der §§ 635, 732 nach den Grundsätzen der großen Haverei zu beurteilenden Beiträge werden den Beiträgen zur großen Haverei gleich geachtet;
2. die Aufopferungen, welche zur großen Haverei gehören würden, wenn das Schiff Güter und zwar andere als Güter des Reeders an Bord gehabt hätte.

Havariegrosseschäden, auch wenn durch eine Beschädigung verursacht, werden daher durch die Klausel nicht berührt (vgl. Anm. 10 zu § 835).

Schadensfeststellungskosten. Anm. 8.

Der Versicherer hat die zur Ermittelung und Feststellung des ihm zur Last fallenden Schadens erforderlichen Kosten zu bezahlen, nicht also eines Schadens, welcher aus einer Beschädigung entstanden ist.

Die zur Rettung sowie zur Abwendung größerer Nachteile notwendig oder zweckmäßig aufgewendeten Kosten hat der Versicherer nur zu ersetzen, wenn sie zur Abwendung eines ihm zur Last fallenden Verlustes verausgabt sind. Dem Versicherer fallen daher nicht die zur Abwendung eines aus einer Beschädigung drohenden Schadens verausgabten Kosten, z. B. für Trocknen von feucht gewordenem Getreide, zur Last (Prot. S. 3323). Anm. 9.

Feuerschaden. Anm. 10.

Schäden, welche ohne Selbstentzündung durch Feuer oder durch Löschung eines solchen Feuers oder durch Beschießen entstanden sind, werden nicht als solche Schäden angesehen, welche aus einer Beschädigung entstanden sind; über Einschluß der Selbstentzündungsgefahr vgl. RG. Bd. 31 Nr. 24 (HGZ. 1893 Nr. 102). Der Schaden muß aber die unmittelbare Folge einer dieser Ursachen sein. Der Versicherer haftet z. B. nicht, wenn infolge eines Feuers ein Nothafen angelaufen wird, die Güter zwecks Reparatur des Schiffes einstweilen gelagert werden müssen und während der Lagerung einen Schaden durch Beschädigung erleiden, oder wenn das Schiff leck geschossen wird und die Güter durch das eindringende Seewasser beschädigt werden (Prot. S. 4370).

Berechnung der Franchise. Anm. 11.

Ist der Vertrag mit der Klausel „frei von gewissen Prozenten der Beschädigung" geschlossen, so kommt für die Berechnung des Prozentsatzes nur die Beschädigung und der aus ihr entstehende Schaden, nicht aber ein außerdem etwa erlittener teilweiser Verlust in Betracht (Voigt S. 575).

II. Bedeutung der Klausel „frei von Beschädigung außer im Strandungsfall".

Bei einer mit dieser Klausel abgeschlossenen Versicherung haftet der Versicherer: Anm. 12.

1. für alle Schäden, welche nicht aus einer Beschädigung entstehen, ohne Rücksicht darauf, ob ein Strandungsfall vorliegt oder nicht;
2. für alle Schäden, welche aus einer Beschädigung entstehen, wenn sie
   a) Folge einer Strandung oder eines der Strandung gleichgeachteten Unfalls sind und
   b) ohne die Kosten der Ermittelung und Feststellung des Schadens 3% des Versicherungswerts übersteigen.

§ 851. Über den Begriff der Strandung vgl. § 853. **Der Strandung werden gleichgeachtet:**

Anm. 13. 1. **Kentern.**

2. **Sinken,** d. h. Sinken des Schiffes unter die Wasseroberfläche. Das Deck des Schiffes muß unter Wasser sein; es genügt, wenn dies nur während der Flut geschieht; es ist nicht erforderlich, daß auch die Masten mit versinken (RG. Bd. 10 Nr. 4, HGZ. 1882 Nr. 68). Ein Unter-Wasser-geraten der Ladung in dem Schiff z. B. durch eindringendes Seewasser, begründet die Haftung des Versicheres nicht (HGZ. 1875 Nr. 116).

3. **Zerbrechen des Rumpfes.**

4. **Scheitern.**

5. **Jeder Seeunfall, durch den das Schiff oder das Leichterfahrzeug reparaturunfähig geworden ist.**

Bei einer Güterversicherung muß die Strandung oder der dieser gleichzuachtende Unfall das Schiff oder das Leichterfahrzeug betroffen haben, in welchem sich die versicherten Güter zur Zeit des Unfalls befinden.

Anm. 14. Die Beschädigung muß Folge der Strandung oder des dieser gleichzuachtenden Unfalls sein. Zwischen dem Schaden und dem Unfall muß daher ein Kausalzusammenhang vorliegen. Es scheiden daher aus:

a) **vor der Strandung** erlittene Beschädigungen, z. B. wenn das Schiff leck springt und zur Rettung auf den Strand gesetzt wird (HGZ. 1877 Nr. 33, 81, 177);

b) **nach der Strandung** durch einen neuen Unfall erlittene Beschädigungen, auch wenn der neue Unfall im mittelbaren Zusammenhang mit der Strandung steht, z. B. wenn das Schiff infolge der Strandung einen Nothafen anläuft und die Güter bei der Entlöschung oder Lagerung beschädigt werden (Seebohm S. 484, ROHG. 18 Nr. 103).

Anm. 15. **Zu Gunsten des Versicherten wird vermutet,** daß ein Kausalzusammenhang zwischen dem Unfall und der Beschädigung besteht, wenn sich aus den Umständen des Falles ergibt, daß die Beschädigung möglicherweise Folge des Unfalls sein kann. Liegt diese Möglichkeit vor, so haftet der Versicherer, wenn er nicht beweist, daß die Beschädigung Folge eines anderen Unfalls gewesen ist (HGZ. 1877 Nr. 33, 81, 177). Es genügt nicht der Nachweis, daß die Beschädigung Folge eines anderen Unfalls gewesen sein kann (L. 2, 65). Die Vermutung besteht nicht, wenn sich aus den Umständen des Falles ergibt, daß die Beschädigung nicht die Folge der Strandung gewesen ist, z. B. wenn die Güter nach der Strandung besichtigt und unversehrt gefunden sind, aber am Bestimmungsplatz eine Beschädigung zeigen, welche an sich möglicherweise auch durch die Strandung verursacht sein kann. Hat die nach der Strandung erfolgte Besichtigung der Güter einen Schaden von 2% ergeben und zeigt sich am Bestimmungsort ein 3% übersteigender Schaden, so haftet der Versicherer, wenn möglicherweise die durch die Strandung verursachte Beschädigung aus sich selbst zugenommen hat und den Versicherten kein Vorwurf wegen unterlassener Vorbeugungsmaßregeln trifft (HGZ. 1876 Nr. 75).

Anm. 16. Sind Güter für einen kombinierten Land- und Seetransport in durchstehendem Risiko mit der Klausel „frei von Beschädigung außer im Strandungsfall" versichert, so findet diese Klausel auf den Landtransport keine Anwendung; für diesen gelten die naturalia einer Landtransportversicherung, sofern sich nicht aus dem Vertrage ein anderes ergibt (HGZ. 1873 Nr. 269, ROHG. Bd. 13 Nr. 50).

Anm. 17. **Bedeutung der englischen Klausel: „Warranted free from average unless general or the ship be stranded."**

Die Tragweite dieser Klausel weicht in mehrfacher Beziehung von der Klausel „frei von Beschädigung außer im Strandungsfall" ab.

1. **Free from average** bedeutet: der Versicherer haftet nur für Totalverlust, und zwar absolute oder constructive total loss. Er haftet daher nicht, wenn ein Teil der versicherten Güter verloren geht, z. B. von 100 Ballen 50 über Bord gespült werden, es sei denn, daß jeder Ballen separat taxiert ist, oder daß es sich um mehrere ungleichartige, zusammen versicherte Gegenstände handelt, z. B. Instrumente des Kapitäns. Der Versicherer haftet ferner nicht,

wenn die Güter im beschädigten Zustande den Bestimmungshafen erreichen. Er haftet aber, wenn die Güter infolge Beschädigung in ihrer ursprünglichen Beschaffenheit zerstört den Bestimmungshafen erreichen, wenn sie infolge einer Seegefahr beschädigt unterwegs als wertlos über Bord geworfen oder im Nothafen wegen drohenden Verderbs verkauft werden, in welchem Falle der Verkaufserlös dem Versicherer zukommt. § 852.

2. **unless general:** der Versicherer hat für Havariegrosseschäden wie nach deutschem Recht aufzukommen.

3. **or the ship be stranded:**

Es ist nicht erforderlich, daß zwischen der Strandung und der Beschädigung ein Kausalzusammenhang besteht. Hat sich während des Laufes der Gefahr ein Strandungsfall ereignet, so haftet der Versicherer für jeden Schaden, gleichgültig ob er vor oder nach der Strandung eingetreten ist. Strandung liegt vor, wenn das Seeschiff (nicht der Leichter) auf Grund gerät und dort sitzen bleibt. Ein bloßes Berühren des Grundes genügt nicht; andererseits ist es gleichgültig, ob das Schiff kürzere oder längere Zeit festsitzen bleibt, ob es durch gewöhnliche oder ungewöhnliche Mittel wieder abkommt, ob es durch die Strandung Schaden erleidet oder nicht. Eine Strandung liegt aber nicht vor, wenn das Schiff im gewöhnlichen Lauf der betreffenden Reise auf Grund gerät, z. B. wenn es nach einem Hafen fährt, wo die Schiffe bei Ebbe auf dem Trockenen liegen. Gerät das Schiff derart im gewöhnlichen Lauf der Reise auf Grund, so haftet der Versicherer nicht, auch wenn Schiff oder Güter durch das Auf-Grund-geraten noch so sehr beschädigt werden. Die Strandung muß in ungewöhnlicher Weise erfolgen; das ist z. B. auch dann der Fall, wenn das Schiff im Hafen bei Ebbe zwar im regelmäßigen Verlauf der Reise auf Grund gerät, der Grund sich aber in ungewöhnlicher Weise geändert hat, z. B. sich eine Höhlung gebildet hat, in welche das Schiff in gefährdender Weise hineingerät.

Im einzelnen vgl. Arnould Bd. II sect. 882 fg., 1065 fg., 1082 fg., auch HGZ. 1869 Nr. 195. In einem Urteil des RG. vom 30. Sept. 1908 (RG. 69 Nr 52) ist ausgeführt, die englische Klausel habe grundsätzlich dieselbe Bedeutung wie die deutsche; insbesondere sei der Versicherer nicht durch die englische Klausel geschützt, wenn von zusammen versicherten Gegenständen, welche nicht abgesondert taxiert sind, mehrere total verloren gehen, ohne daß ein Strandungsfall vorliegt. Diesem Urteil kann nicht beigestimmt werden, da sich das Gegenteil aus Arnould l. z. ergibt.

§ 852.

Wenn der Vertrag mit der Klausel: „frei von Bruch außer im Strandungsfall" abgeschlossen ist, so finden die Vorschriften des § 851 mit der Maßgabe Anwendung, daß der Versicherer für Bruch insoweit haftet, als er nach § 851 für Beschädigung aufzukommen hat.

Voigt § 103, Prot. S. 3340—3342, 4372.

Bruch ist der durch Zerbrechen zerbrechlicher Gegenstände entstehende Schaden. Der Schaden kann ein teilweiser sein oder in der völligen Zerstörung des versicherten Gegenstandes bestehen. Ist die Haftung für Bruch ausgeschlossen, so haftet der Versicherer für keinen durch Bruch entstehenden Schaden, auch wenn infolge des Unfalls der versicherte Gegenstand unmittelbar durch Bruch völlig zerstört ist, mithin unmittelbar ein Totalverlust eingetreten ist. Es ist daher nicht ganz korrekt zu sagen, daß Beschädigung im Sinne des Seeversicherungsrechts den Bruch umfaßt (HGZ. 1899 Nr. 71); denn die Klausel „frei von Beschädigung" befreit den Versicherer nicht von den Folgen solcher Unfälle, welche die unmittelbare Vernichtung des Gegenstandes bewirken, also z. B. nicht wenn eine Kiste Porzellanwaren durch Sturz in den Schiffsraum in einen Haufen Scherben verwandelt wird. Dagegen ist ein solcher Schaden durch die Klausel „frei von Bruch" von der Haftung des Versicherers ausgeschlossen. Anm. 1.

§ 853. Auf die Klausel „frei von Bruch außer im Strandungsfall" finden die Erläuterungen
Anm. 2. zu § 851 entsprechende Anwendung. Der Versicherer haftet daher für einen Bruchschaden:

1. wenn er Folge einer Strandung oder eines der Strandung gleichgeachteten Unfalls ist;
2. wenn er ein Havariegrosseschaden ist;
3. wenn er durch Feuer, wozu z. B. auch Zerspringen von Glas infolge der Hitze gehört, oder durch Beschießen entstanden ist.

§ 853.

Eine Strandung im Sinne der §§ 851, 852 ist vorhanden, wenn das Schiff unter nicht gewöhnlichen Verhältnissen der Seeschiffahrt auf den Grund festgerät und nicht wieder flott wird oder zwar wieder flott wird, jedoch entweder

1. nur unter Anwendung ungewöhnlicher Maßregeln, wie Kappen der Masten, Werfen oder Löschung eines Teiles der Ladung und dergleichen, oder durch den Eintritt einer ungewöhnlich hohen Flut, nicht aber ausschließlich durch Anwendung gewöhnlicher Maßregeln, wie Winden auf den Anker, Backstellen der Segel und dergleichen, oder
2. erst nachdem das Schiff durch das Festgeraten einen erheblichen Schaden am Schiffskörper erlitten hat.

Voigt § 104, Prot. S. 3331—3338, 4372.

Anm. 1. **Das Schiff muß auf den Grund festgeraten.** Es genügt daher nicht, wenn es den Grund lediglich berührt, mag der dadurch entstehende Schaden auch noch so groß sein; möglicherweise kann aber ein der Strandung gleichgeachteter Unfall vorliegen z. B. wenn das Schiff durch den Stoß reparaturunfähig wird. Ein Festgeraten auf den Grund liegt nicht nur dann vor, wenn das Schiff auf dem natürlichen Grund (Sandbank, Felsen usw.), sondern auch, wenn es auf einem auf dem Grund liegenden Gegenstand, z. B. auf einem versunkenen Wrack, festgerät.

Anm. 2 **Das Schiff muß unter nicht gewöhnlichen Verhältnissen der Seeschiffahrt auf den Grund festgeraten.** Bringt es der gewöhnliche Verlauf der Reise mit sich, daß das Schiff auf Grund gerät, wenn es z. B. in einem Hafen ankert, in welchem Schiffe seines Tiefgangs regelmäßig auf den Grund geraten, so ist das keine Strandung im Sinne des § 853. Aber auch unter solchen Umständen kann das Auf-Grund-geraten in ungewöhnlicher Weise erfolgen, z. B. wenn das Schiff bei eintretender Ebbe auf einen bis dahin unbekannten Felsen zu liegen kommt oder in eine neu entstandene Höhlung des Bodens fällt. Dann erfolgt das Auf-Grund-geraten unter ungewöhnlichen Verhältnissen.

Anm. 3. Liegen die in Anm. 1, 2 erwähnten Voraussetzungen vor, so ist eine Strandung immer dann vorhanden, wenn das Schiff nicht wieder flott wird. Wird es aber wieder flott, so muß ferner eine der folgenden Voraussetzungen vorliegen, um einen Strandungsfall zu begründen:

1. **das Schiff muß nur unter Anwendung ungewöhnlichen Maßregeln oder durch der Eintritt einer ungewöhnlich hohen Flut abgekommen sein.** Was unter ungewöhnlichen Maßregeln zu verstehen ist, hängt von den Umständen des Falles ab. Auch die im Gesetz beispielsweise aufgezählten gewöhnlichen Maßregeln können unter Umständen ungewöhnliche sein, z. B. das Winden auf den Anker, wenn es besonders erschwerender Umstände wegen nur mit fremder Hilfe ausführbar ist (L. 2, 65). *Nur* unter Anwendung ungewöhnlicher Maßregeln muß das Schiff abgekommen sein; es genügt nicht, daß ungewöhnliche Maßregeln getroffen sind, wenn das Schiff auch ohne solche wieder flott geworden wäre. Die Benutzung fremder Hilfe begründet daher nur dann einen Strandungsfall, wenn die Kräfte der eigenen Mannschaft

zur Abbringung des Schiffes nicht genügt hätten (L. 2, 65). Eine gewöhnliche Maßregel ist § 854.
z. B. auch das Vor- und Rückwärtsarbeiten der Maschine (HGZ. 1896 Nr. 65). Ein Strandungsfall liegt nicht vor, wenn die Abbringung ausschließlich durch Anwendung gewöhnlicher Maßregeln gelingt, wohl aber wenn das Schiff nur durch Zusammenwirken gewöhnlicher und ungewöhnlicher Maßregeln wieder flott wird.

2. **oder das Schiff muß durch das Festgeraten einen erheblichen Schaden am Schiffskörper erlitten haben.** Ist dies der Fall, so liegt ein Strandungsfall vor, auch wenn das Schiff durch gewöhnliche Maßregeln wieder flott geworden ist. Anm. 4.

Es macht keinen Unterschied, ob die Strandung ein zufälliges Ereignis oder absichtlich herbeigeführt ist. Der Versicherer haftet im letzteren Falle, auch wenn ein Havariegrossefall nicht vorliegt, weil z. B. das Schiff nicht gerettet ist (HGZ. 1877 Nr. 33, 81, 177). Anm. 5.

Fünfter Titel.

Umfang des Schadens.

§ 854.

Ein Totalverlust des Schiffes oder der Güter liegt vor, wenn das Schiff oder die Güter zu Grunde gegangen oder dem Versicherten ohne Aussicht auf Wiedererlangung entzogen sind, namentlich wenn sie unrettbar gesunken oder in ihrer ursprünglichen Beschaffenheit zerstört oder für gute Prise erklärt sind. Ein Totalverlust des Schiffes wird dadurch nicht ausgeschlossen, daß einzelne Teile des Wrackes oder des Inventars gerettet sind.

Voigt S. 631, Prot. S. 3321, 3345—3348, 3354—3356, 3359—3376, 4382 bis 4390.

Totalverlust des Schiffes oder der Güter liegt vor, wenn das Schiff oder die Güter zu Grunde gegangen sind, d. h. wenn sie aufgehört haben zu existieren, z. B. wenn Schiff oder Güter durch Feuer völlig zerstört oder auf hoher See untergegangen sind oder wenn im Wasser schmelzende Güter über Bord fallen und schmelzen. In Fällen solcher Art kann über das Vorliegen eines Totalverlustes kein Zweifel sein. Anm. 1.

Ein Totalverlust der Güter liegt vor, wenn sämtliche versicherten Güter zu Grunde gegangen sind. Der Untergang eines Teiles der versicherten Güter ist nicht Totalverlust, sondern teilweiser Verlust, also besondere Haverei (HGB. § 876). Dies ergibt sich aus der Disposition des HGB., welches in den §§ 854—860 den Totalverlust, in §§ 861—871 den Abondon und in §§ 872—881 den teilweisen Schaden behandelt. Sind z. B. 500 Sack Kaffee versichert, so ist ein Verlust von 15 Säcken kein Totalverlust und daher, weil unter 3%, gemäß § 845 vom Versicherer nicht zu ersetzen. Der Wille der Parteien kann aber auch dahin gehen, daß mehrere in einem Vertrage zusammen versicherte Gegenstände als einzeln versichert gelten sollen, sodaß der Untergang jedes einzelnen Gegenstandes als Totalverlust anzusehen ist. Dies ist z. B. gemäß § 794 der Fall, wenn für einzelne der zusammen versicherten Gegenstände besondere Taxen vereinbart sind. Die Absicht die einzelnen Gegenstände abgesondert zu versichern wird auch anzunehmen sein, wenn die Gegenstände im Vertrage einzeln aufgeführt sind, auch wohl dann, wenn verschiedenartige Gegenstände, z. B. die nautischen Instrumente des Schiffers, zusammen versichert sind. Nach Lewis, Anm. 5 zu Art. 858 liegt ein Totalverlust auch dann vor, wenn zwar nicht sämtliche versicherte Güter, aber die zur Zeit des Unfalls den Gefahren der See ausgesetzten Güter sämtlich zu Grunde gegangen sind, also wenn ein Teil der versicherten Güter noch nicht vom Lande geschieden oder bereits wieder an das Land gelangt ist, die übrigen aber sämtlich zu Grunde gehen. Anm. 2.

§ 854. Dieser für den Abondon geltende Grundsatz (§ 866) ist bei den Beratungen zum ADHGB. zunächst auch für den Totalverlust angenommen (Prot. 4382—4387) in letzter Lesung aber wieder gestrichen (Prot. S. 4403), allerdings mit dem Bemerken, daß er sich aus den allgemeinen Prinzipien des Versicherungsrechts von selbst ergebe. Dem kann jedoch nicht beigestimmt werden; es macht keinen Unterschied, ob ein Teil der versicherten Güter untergeht, während für den Rest die Gefahr noch nicht begonnen oder bereits beendet ist, oder ob alle Güter zur Zeit des Unfalls der Seegefahr ausgesetzt sind; man müßte sonst annehmen, daß die der Gefahr noch nicht ausgesetzten oder bereits entzogenen Güter noch nicht oder nicht mehr zu den versicherten Gütern gehören. Eine Ausnahme dürfte nur für den Fall gerechtfertigt sein, daß mit Bezug auf den noch nicht der Gefahr ausgesetzten Teil der Güter die Versicherung ristorniert wird.

Anm. 3. **Totalverlust des Schiffes oder der Güter liegt ferner vor, wenn das Schiff oder die Güter in ihrer ursprünglichen Beschaffenheit zerstört sind:**

a) **Das Schiff** ist in seiner ursprünglichen Beschaffenheit zerstört, wenn es zum Wrack geworden ist und daher nicht mehr als Schiff angesehen werden kann, z. B. wenn es zerschellt ist, so daß nur noch Trümmer vorhanden sind. Davon ist der Fall zu unterscheiden, daß das Schiff als solches noch vorhanden ist, die erlittenen Beschädigungen aber so bedeutend sind, daß es nicht repariert werden kann; in einem solchen Falle liegt nicht Totalverlust, sondern besondere Haverei vor. Dies ergibt sich einmal aus dem Begriff des Totalverlustes, sodann auch aus dem Umstande, daß der Fall eines Verkaufes wegen Reparaturunfähigkeit im HGB. unter den vom teilweisen Schaden um Schiffe handelnden Vorschriften (§§ 872—874) sich findet; in § 884 Nr. 4 sind die Fälle der §§ 872, 873 geradezu als Fälle teilweisen Schadens am Schiffe bezeichnet. Im Resultat wird es allerdings auf dasselbe hinauskommen, ob der Erlös des Geretteten von der Versicherungssumme in Abzug kommt (§ 859 Abs. 1) oder ob der vom Versicherer zu bezahlende Schaden in dem Unterschiede zwischen dem Reinerlös und dem Versicherungswert besteht. Die Gleichheit des Resultats berechtigt aber nicht dazu, beide Fälle auch begrifflich gleichzustellen. Von praktischer Bedeutung ist der Unterschied, wenn eine Versicherung nur gegen Totalverlust genommen ist; der Versicherer haftet dann nicht, wenn das Schiff wegen Reparaturunfähigkeit verkauft wird (HH. 51). Es kann daher der von Voigt (S. 640) geäußerten Ansicht nicht beigestimmt werden, daß in einem solchen Falle das Schiff zwar nur partiell beschädigt sei, die Beschädigung aber den Charakter eines Totalschadens annehme und den Havariefall daher unter die Regeln vom Totalverlust bringe.

Anm. 4. b) **Die Güter** sind in ihrer ursprünglichen Beschaffenheit zerstört, wenn sie nach der Auffassung des Verkehrs in ein Gut anderer Art verwandelt sind. Dabei ist nicht erforderlich, daß sie völlig wertlos geworden sind (Prot. S. 4387). So können z. B. Fische, welche infolge Eindringens von Seewasser verfault sind, noch als Dünger wert haben; sie sind aber in ihrer ursprünglichen Eigenschaft als Fische zerstört und daher total verloren. Die Ursache des Schadens ist gleichgültig für den Begriff des Totalverlusts, nicht aber für die Haftung des Versicherers. Dieser haftet nicht, wenn leicht verderbliche Güter infolge inneren Verderbs in ihrer ursprünglichen Beschaffenheit zerstört sind; er haftet nicht, wenn er „frei von Beschädigung" gezeichnet hat und die Güter infolge einer Beschädigung in ihrer ursprünglichen Beschaffenheit zerstört sind.

Anm. 5. Wenn das Schiff oder die Güter in ihrer ursprünglichen Beschaffenheit zerstört sind, so ist der Wert der übrig gebliebenen Gegenstände von der vom Versicherer zu zahlenden Summe in Abzug zu bringen (§ 859).

Anm. 6. **Totalverlust des Schiffes oder der Güter liegt ferner vor, wenn das Schiff oder die Güter zwar nicht aufgehört haben überhaupt oder als solche zu existieren, aber dem Versicherten ohne Aussicht auf Wiedererlangung entzogen sind.** Schiff oder Güter können dem Versicherten in mannigfacher Weise entzogen werden z. B. wenn das Schiff versinkt, wenn es von der Mannschaft auf hoher See oder nach einer Strandung verlassen wird, wenn Schiff oder Güter vom Feinde genommen oder wenn Güter gestohlen werden. Die Tatsache der Entziehung genügt aber nicht zur Begründung eines Totalverlustes; *es muß die Aussicht auf Wiedererlangung fehlen.*

Unter Aussicht auf Wiedererlangung ist nur eine begründete greifbare Aussicht zu verstehen. Es genügt nicht etwa jede entfernte Möglichkeit oder die Hoffnung, daß die verlorene Sache durch glückliche Zufälle wieder in den Besitz des Versicherten gelangen könnte (HGZ. 1880 Nr. 21), auch nicht die Möglichkeit, unter Anwendung außergewöhnlicher Mittel das Schiff oder die Güter zu retten. Das Vorliegen einer solchen Möglichkeit beseitigt den Totalverlust nicht, sondern ist als eine den Umfang des Schadens mildernde, verkäufliche spes anzusehen (HGZ. 1890 Nr. 63, 1910 Nr. 120). § 854. Anm. 7.

Die Aussicht auf Wiedererlangung muß objektiv fehlen. Eine wenn auch begründete subjektive Ansicht des Versicherten, daß eine Aussicht auf Wiedererlangung nicht bestehe, genügt nicht, um Bezahlung eines Totalverlustes zu verlangen (HGZ. 1904 Nr. 113). Es genügt nicht, wenn die dem Versicherten zu Gebote stehenden Mittel nicht ausreichen, um den versicherten Gegenstand wiederzuerlangen; wenn z. B. eine versicherte Kiste Waren sich in einem im flachen Wasser gesunkenen Schiffe befindet, so würde der Versicherte vielleicht nicht in der Lage sein, ohne Anwendung außergewöhnlicher Maßregeln den versicherten Gegenstand zu retten, während gemeinschaftliche Maßregeln aller Interessierten unschwer zur Rettung führen können. Wenn das Gesetz das Vorliegen eines Totalverlustes davon abhängig macht, daß die Güter dem Versicherten ohne Aussicht auf Wiedererlangung entzogen sind, so ist damit nicht gesagt, daß es unter allen Umständen genügen solle, wenn der Versicherte allein nicht imstande ist, ohne Anwendung außergewöhnlicher Mittel die Rettung zu versuchen. Der Umstand, daß der Versicherer durch von ihm getroffene Maßregeln den Eintritt des Totalverlustes verhindert, berechtigt den Versicherten nicht, gemäß § 162 BGB. den Fall so anzusehen, als wenn der Totalverlust eingetreten wäre, weil der Eintritt des Totalverlustes nicht wider Treu und Glauben verhindert wird (HGZ. 1904 Nr. 113). Anm. 8.

Die Höhe der Rettungskosten ist grundsätzlich ohne Einfluß bei Beantwortung der Frage, ob ein Totalverlust vorliegt. Insbesondere liegt ein Totalverlust nicht etwa deshalb vor, weil die Rettungskosten den Wert des versicherten Gegenstandes nach der Rettung übersteigen würden (ROHG. Bd. 18 Nr. 79, HGZ. 1904 Nr. 113). Die Höhe der Rettungskosten kann aber ein Anhaltspunkt für die Entscheidung der Frage sein, ob eine Aussicht auf Wiedererlangung vorhanden ist oder ob die Rettungsmaßnahmen sich nur als ein schwieriger und zweifelhafter Versuch darstellen (HGZ. 1886 Nr. 7). „Der Gedanke, daß unter normalen Verhältnissen man nicht dazu schreiten wird, ein Schiff zu heben, wenn man erwartet, daß der Betrag der Bergungskosten und der Betrag der Reparaturkosten zusammen den Wert des reparierten Schiffes übersteigen werden, liegt so nahe, daß die Tatsache, daß ein solches Ergebnis zu gewärtigen sein würde, unter Umständen ausreichen wird, um die Überzeugung zu begründen, daß in dem gegebenen Falle die Wiedererlangung des Schiffes durchaus unwahrscheinlich sei, so daß dann solchen Falles Totalverlust als vorhanden anzusehen sein wird" (HGZ. 1904 Nr. 113). Anm. 9.

Zeitpunkt des Totalverlustes. Anm. 10.

Totalverlust ist mit dem Augenblick vorhanden, in welchem die Unwahrscheinlichkeit der Wiedererlangung feststeht. „Der Versicherte braucht die Unwahrscheinlichkeit nicht erst durch Belege zu beweisen, wenn sie aus den konkreten Umständen von den Beteiligten und dem Gericht auf Grund eigener Würdigung ohne weitere sachverständige Begutachtung entnommen werden kann" (RG. Bd. 15 Nr. 33). Dadurch, daß der Gegenstand später zufällig gerettet wird, wird der Totalverlust nicht wieder beseitigt (§ 859).

Einzelne Fälle der Entziehung. Anm. 11.

1. **Ein gesunkenes Schiff** ist nur dann total verloren, wenn es unrettbar, d. h. ohne Aussicht auf Wiedererlangung gesunken ist; erfahrungsgemäß können gesunkene Schiffe unter Umständen ohne Anwendung außergewöhnlicher Mittel wieder gehoben werden. Ist ein Schiff gesunken, so spricht auch nicht eine Vermutung dafür, daß es total verloren ist; es muß erst feststehen, daß die Rettung in hohem Maße unwahrscheinlich ist; absolute Unmöglichkeit der Hebung braucht nicht vorzuliegen (HGZ. 1886 Nr. 7 u. 42, RG. Bd. 15 Nr. 33). Unabhängig von

§854. der Frage, ob ein gesunkenes Schiff total verloren ist, ist die Frage zu entscheiden, ob die in dem Schiff befindlichen Güter ohne Aussicht auf Wiedererlangung dem Versicherten entzogen sind. Können die Güter ohne Anwendung außergewöhnlicher Mittel geborgen werden, so liegt nicht etwa deshalb Totalverlust vor, weil der Schiffer sie auf Anraten von Sachverständigen verkauft, um das Risiko der Bergung von den Ladungseigentümern auf den Käufer abzuwälzen (HGZ. 1884 Nr. 64 u. 141).

Anm. 12. 2. **Ein gestrandetes Schiff** ist total verloren, wenn keine begründete Aussicht vorhanden ist, daß es abgebracht werden kann. Kann es abgebracht werden, so liegt kein Totalverlust vor (ROHG. Bd. 18 Nr. 79). Eine andere Frage ist es, ob das abgebrachte Schiff reparaturfähig ist oder nicht (HGZ. 1890 Nr. 63).

Anm. 13. 3. **Ist ein Schiff auf hoher See von der Mannschaft verlassen,** so kann die Aussicht auf Wiedererlangung begründet sein oder nicht, je nach dem Zustande, in welchem, und dem Orte, wo es verlassen ist. Ein Totalverlust liegt z. B. vor, wenn das Schiff auf hoher See in sinkendem Zustand von der Mannschaft verlassen wird, auch wenn das Versinken des Schiffes nicht mehr wahrgenommen ist (HH. 28, 108; Nr. 64 S. 369, HGZ. 1904 Nr. 73). Auch wenn die Möglichkeit besteht, daß das Schiff noch einige Tage sich auf der Oberfläche des Wassers halten konnte, ist es total verloren, „wenn es in weiter Entfernung von jedem Lande und in einer Lage verlassen wird, in der eine planmäßige Aufsuchung durch Schleppdampfer wegen der geringen Möglichkeit des Wiederauffindens ausgeschlossen erscheint" (HGZ. 1904 Nr. 73). In einem solchen Falle wird der Totalverlust auch nicht dadurch beseitigt, daß das Schiff später auf der Oberfläche treibend gesehen ist (HGZ. 1880 Nr. 21). Ist dagegen Aussicht auf Wiedererlangung vorhanden, so liegt kein Totalverlust vor, besonders wenn das Schiff bald, nachdem es verlassen ist, geborgen wird (HGZ. 1879 Nr. 85).

Anm. 14. **Totalverlust des Schiffes oder der Güter liegt vor, wenn sie für gute Prise erklärt sind.** Auch hier ist jedoch erforderlich, daß keine Aussicht auf Wiedererlangung besteht, in der Regel also, daß sie rechtskräftig prisengerichtlich kondemniert sind; es genügt nicht, daß die Kondemnation mit Sicherheit zu erwarten ist (HGZ. 1908 Nr. 103). Dagegen wird der Totalverlust nicht dadurch wieder beseitigt, daß Schiff oder Ladung nach rechtskräftiger Kondemnation im Gnadenwege oder infolge Friedensschlusses wieder freigegeben werden.

Anm. 15. **Verkauf des Schiffes.**

Das Schiff kann dem Versicherten durch Verkauf entzogen werden, sei es, daß es vom Kapitän wegen Geldmangels oder auf Betreiben von Gläubigern verkauft wird. In solchen Fällen liegt ein Totalverlust nicht vor (Voigt S. 369, U. 113, HH. 51, HGZ. 1879 Nr. 85 1890 Nr. 50). Denn der Umstand, daß das Schiff wegen Geldmangels zum Verkauf gebracht wird, ist nicht eine Gefahr der Seeschiffahrt. Der entgegengesetzte Standpunkt ist in HGZ. 1910 Nr. 47 vom Hans. OLG. vertreten. Es handelte sich darum, daß das versicherte Schiff wegen einer dessen Wert erheblich übersteigenden Kollisionsforderung zwecks Vermeidung persönlicher Haftung dem italienischen Gläubiger abandonniert war und daß dieser das Schiff zum Verkauf brachte. Unter Bezugnahme auf die Entscheidung des RG. in HGZ. 1901 Nr. 44 (vgl. Anm. 15 zu § 850) wurde der Fall eines Totalverlustes als vorliegend erachtet. Der Begriff des Totalverlustes sei auch auf solche Fälle erstreckt, wo durch juristische Vorgänge der Wert des Gegenstandes dem Versicherten völlig entzogen sei. Die Entziehung sei durch die Gefahr des Zusammenstoßes mittelbar verursacht. Entscheidend für die Haftung des Versicherers sei, daß der Versicherte, indem er das Schiff abandonnierte, nach den Umständen des Falles so gehandelt habe, wie er als verständiger Reeder hätte handeln müssen. Diese Entscheidung gibt Veranlassung zu erheblichen Bedenken. Zunächst hat der Versicherer nach § 820 Nr. 7 nicht jeden durch einen Zusammenstoß von Schiffen mittelbar verursachten Schaden zu ersetzen, sondern nur den Schaden, welchen der Versicherte mittelbar dadurch erleidet, daß er den einem Dritten zugefügten Schaden zu ersetzen hat. Dieser Schaden ist vom Versicherer bis zur Höhe der Versicherungssumme zu ersetzen. Deshalb liegt aber noch kein Totalverlust des Schiffes vor (vgl. den gleichartigen Fall bei Voigt S. 369). Durch den Umstand, daß der Reeder verständigerweise das Schiff dem Gläubiger abandonniert, wird ein

Totalverlust ebensowenig begründet, wie wenn der Versicherte die mögliche Rettung des ver- **§ 855.**
sicherten Gegenstandes deshalb unterläßt, weil die Rettungskosten den Wert des geretteten Gegenstandes übersteigen. Schließlich kann auch der Satz nicht als richtig anerkannt werden, daß Totalverlust vorliegt, wenn durch juristische Vorgänge der Wert des Gegenstandes dem Versicherten völlig entzogen ist. Dieser Satz findet abgesehen von den beiden oben erwähnten Urteilen keine Stütze in der Rechtsprechung oder Literatur; er würde zu der dem deutschen Recht fremden Auffassung des englischen Rechts vom constructive total loss führen. Im Falle eines mittelbaren Kollisionsschadens hat der Versicherte die Höhe desselben zu beweisen und der Versicherer hat den Schaden bis zur Höhe der Versicherungssumme zu ersetzen (LG. in HGZ. 1910 Nr. 47).

Vermischung von Gütern. Anm. 16.

Sind versicherte Güter mit andersartigen Gütern untrennbar vermischt, so daß durch die Mischung ein Gut anderer Art entsteht, so sind die versicherten Güter in ihrer ursprünglichen Beschaffenheit zerstört und daher total verloren. Wenn aber Güter gleicher Art vermischt werden, z. B. Baumwollballen, infolge Auslöschens der Marken, so liegt kein Totalverlust vor, auch nicht wenn es sich um Güter verschiedener Qualität handelt oder wenn die vermischten Güter im Einverständnis aller Empfänger verkauft werden (RG. Bd. 4 Nr. 9, HGZ. 1880 Nr. 124); a. M. HGZ. 1868 Nr. 234, 1869 Nr. 225; vgl. auch HGZ. 1902 Nr. 69).

Verkauf der versicherten Güter auf der Reise wegen drohenden Verderbs begründet keinen Anm. 17.
Totalverlust (L. 3 Nr. 9); auf einen solchen Fall findet HGB. § 877 Anwendung.

Ein Totalverlust des Schiffes wird dadurch nicht ausgeschlossen, daß einzelne Teile des Anm. 18.
Wracks oder des Inventars gerettet sind. Der Erlös derselben kommt von der Versicherungssumme in Abzug (§ 114). Ist ein Dampfschiff versichert und geht dasselbe zu einer Zeit total verloren, wo die Maschine zwecks Reparatur sich am Lande befindet, so wird man annehmen müssen, daß ein Totalverlust vorliegt, da das Schiff als solches aufgehört hat, zu existieren; der Erlös der Maschine ist von der Versicherungssumme in Abzug zu bringen. Bei separater Taxierung der Maschine würde nur bezüglich des Schiffes ohne Maschine Totalverlust vorliegen.

§ 855.

Ein Totalverlust in Ansehung der Fracht liegt vor, wenn die ganze Fracht verloren gegangen ist.

Voigt § 110, Prot. S. 3399—3400, 4392—4393.

Totalverlust der Fracht liegt vor, wenn die ganze Fracht verloren gegangen ist. Der Anm. 1.
Versicherer ist für den Verlust haftbar, wenn der Verlust durch einen zu seiner Verantwortlichkeit stehenden Unfall verursacht ist.

Die ganze Fracht muß verloren sein; ob darunter das Frachtergebnis einer Reise oder Anm. 2.
eine bestimmte Frachtforderung zu verstehen ist, hängt von dem Inhalt des Versicherungsvertrages ab.

Die ganze Fracht muß verloren sein, d. h. der Anspruch des Versicherten auf Bezahlung Anm. 3.
der Fracht muß infolge eines Unfalls verloren gegangen sein, sei es daß die Güter unterwegs verloren gegangen sind (§ 617) oder daß der Frachtvertrag infolge eines durch den Versicherungsvertrag gedeckten Unfalls ipso jure außer Kraft tritt, ohne daß ein Teil zur Entschädigung des anderen verpflichtet ist (§ 628). Ereignet sich ein Unfall, auf Grund dessen der Verfrachter und Befrachter vom Vertrage zurücktreten können, ohne zur Entschädigung verpflichtet zu sein, so haftet der Versicherer nicht, wenn der Versicherte zurückgetreten ist, da der Verlust dann nicht Folge des Unfalls, sondern des freien Entschlusses des Versicherten ist. Der Umstand, daß das Schiff nicht mit voller Ladung fährt, ist ohne Belang, wenn die Fracht en rouche bestimmt ist (HGZ. 1880 Nr. 127).

Ist die Fracht verdient, aber von Schiffsgläubigern beschlagnahmt, so haftet der Ver- Anm. 4.
sicherer, wenn die Schiffsschuld auf einem Unfall beruht, welcher durch die Police gedeckt ist.

§ 856. Abgesehen hiervon liegt kein Totalverlust der Fracht vor, wenn der Versicherte unter Verpfändung der Fracht Geld aufnimmt und der Gläubiger zwecks Rückzahlung die Fracht mit Beschlag belegt; denn der Versicherte hat den Gegenwert der Fracht in dem dargeliehenen Gelde erhalten (HGZ. 1891 Nr. 22 und 71).

Anm. 5. Versendet der Reeder eigene Güter, so liegt Totalverlust der Fracht vor, wenn der Reeder infolge eines Unfalls keinen Anspruch auf Fracht hätte, falls die Güter einem Dritten gehörten.

Anm. 6. **Frachtvorschuß.**

Totalverlust eines definitiv bezahlten Frachtvorschusses liegt vor, wenn ein Unfall sich ereignet, infolgedessen die Fracht nicht bezahlt zu werden brauchte, falls sie nicht schon vorausbezahlt wäre. Ist die Fracht verbodmet, so hat der Charterer einen Regreßanspruch gegen den Reeder; dieser haftet jedoch nur mit seinem fortune de mer, und soweit dieses zur Zahlung nicht ausreicht, ist der Frachtvorschußversicherer zum Ersatz verpflichtet (HGZ. 1891 Nr. 71).

Anm. 7. **Nettofracht.**

Ist Nettofracht versichert, so liegt Totalverlust vor, wenn von der Fracht soviel verloren gegangen ist, daß der gerettete Teil nicht mehr beträgt, als die Unkosten der Reise. Ist daher die Nettofracht durch Vertrag auf einen bestimmten Teil z. B. zwei Drittel der Bruttofracht festgesetzt, so ist die Nettofracht total verloren, wenn der gerettete Teil nicht mehr als ein Drittel der Bruttofracht beträgt (HGZ. 1870 Nr. 81, 1894 Nr. 96).

§ 856.

Ein Totalverlust in Ansehung des imaginären Gewinns oder in Ansehung der Provision, welche von der Ankunft der Güter am Bestimmungsort erwartet werden, liegt vor, wenn die Güter den Bestimmungsort nicht erreicht haben.

Voigt § 111, Prot. S. 3402, 4394.

Anm. 1. Der Versicherer von imaginärem Gewinn übernimmt nur die Gefahren des versicherten Transportes insofern, als die glückliche Ankunft am Bestimmungsort eine Vorbedingung der Realisierung des Gewinnes ist. Er haftet dagegen nicht, wenn ein Gewinn infolge von Konjunkturveränderung nicht erzielt wird, insbesondere nicht, falls nicht ein anderes vereinbart ist, wenn ein Gewinn deshalb nicht erzielt wird, weil die Güter nicht zu einer bestimmten Zeit im Bestimmungsort eintreffen.

Anm. 2. Totalverlust des imaginären Gewinns oder der von der Ankunft der Güter erwarteten Provision liegt vor, wenn die Güter infolge eines Unfalls den Bestimmungsort nicht erreichen, insbesondere wenn sie unterwegs verloren gehen oder verkauft werden (vgl. § 860). Totalverlust liegt auch vor, wenn die Güter infolge eines Unfalls in ihrer ursprünglichen Beschaffenheit zerstört den Bestimmungsort erreichen. Erreichen die Güter den Bestimmungsort derart, daß sie infolge von Vermischung mit anderen Gütern nicht identifizierbar sind, so liegt kein Totalverlust des imaginären Gewinns vor. Dies gilt jedoch nur, wenn gleichartige vertretbare Güter vermischt werden, z. B. Baumwollballen, und der Versicherte sich in der Lage befindet, als Surrogat der für ihn verladenen speziellen Güter ein entsprechendes Quantum gleichartiger Güter in genere annehmen zu müssen (RG. Bd. 4 Nr. 9, HGZ. 1902 Nr. 69). Ist vereinbart, daß Totalverlust des imaginären Gewinns schon dann vorliegen solle, wenn die Güter wegen Seeschadens nicht zur Ablieferung gelangen, so haftet der Versicherer, auch wenn die Güter den Bestimmungshafen erreichen, der Käufer aber die Annahme wegen der Beschädigung verweigern darf und die Ablieferung deshalb nicht erfolgt (HGZ. 1876 Nr. 118).

§ 857. §857. §858.

Ein Totalverlust in Ansehung der Bodmerei- und Havereigelder liegt vor, wenn die Gegenstände, welche verbodmet oder für welche die Havereigelder vorgeschossen oder verausgabt sind, entweder von einem Totalverlust oder dergestalt von anderen Unfällen betroffen sind, daß infolge der dadurch herbeigeführten Beschädigungen, Verbodmungen oder sonstigen Belastungen zur Deckung jener Gelder nichts übrig geblieben ist.

Voigt § 112, Prot. S. 3403—3406, 4394.

Totalverlust von Bodmerei- oder Havereigeldern liegt in zwei Fällen vor: Anm. 1.

1. wenn die Gegenstände, welche verbodmet oder für welche die Havereigelder vorgeschossen oder verausgabt sind, total verloren gehen (§ 854);
2. wenn sie infolge von späteren Unfällen derart beschädigt oder mit Schiffsgläubigerrechten belastet sind, daß zur Deckung der Bodmereiforderung oder der Havereigelder nichts mehr übrig bleibt.

Über die Frage, ob der Versicherer zu einem Abzuge berechtigt ist, wenn er beweist, daß der betreffende Gegenstand von Anfang an weniger wert gewesen ist als die Bodmerei- oder Havereiforderung, vgl. Anm. 18 zu § 779.

Die Bestimmungen dieses Paragraphen gelten uneingeschränkt nur, wenn die Versicherung ohne beschränkende Bedingungen geschlossen ist. Ist die Versicherung auf behaltene Ankunft des Schiffes oder der Güter geschlossen, so haftet der Versicherer nur unter den Voraussetzungen des § 850, also nicht, wenn infolge vorgehender Schiffsgläubigerrechte zur Deckung der Bodmerei- oder Havereigelder nichts mehr übrig geblieben ist; vgl. Anm. 15 zu § 850. Anm. 2.

§ 858.

Im Falle des Totalverlustes hat der Versicherer die Versicherungssumme zum vollen Betrage zu zahlen, jedoch unbeschadet der nach § 800 etwa zu machenden Abzüge.

Voigt § 113, Prot. S. 3344, 4382—4387, 4402—4403.

Liegt in Ansehung des versicherten Interesses Totalverlust vor, so hat der Versicherer die Versicherungssumme zu bezahlen. Von der Versicherungssumme sind in folgenden Fällen Abzüge zu machen: Anm. 1.

1. Sind die Ausrüstungskosten oder die Heuer selbständig oder durch Versicherung der Bruttofracht versichert oder sind bei der Versicherung von Gütern die Fracht oder die Kosten während der Reise und am Bestimmungsorte versichert, so leistet der Versicherer für denjenigen Teil der Kosten, der Heuer oder der Fracht keinen Ersatz, welcher infolge des Totalverlustes erspart wird (§ 800). Eine entgegenstehende Vereinbarung ist, weil gegen das Verbot der Wettassekuranz verstoßend, nichtig.
2. Abzuziehen ist der Erlös des vor Zahlung der Versicherungssumme Geretteten (§ 859). Anm. 2.
3. Abzuziehen sind die nach § 860 sich ergebenden Überschüsse.

Ist nicht zum vollen Werte versichert, so sind die in Anm. 1 genannten Abzüge verhältnismäßig zu machen.

Mehr als die Versicherungssumme hat der Versicherer in den Fällen des § 840 zu bezahlen. Anm. 3.

§ 859.

Ist im Falle des Totalverlustes vor der Zahlung der Versicherungssumme etwas gerettet, so kommt der Erlös des Geretteten von der Versicherungssumme in Abzug. War nicht zum vollen Werte versichert, so wird nur ein verhältnismäßiger Teil des Geretteten von der Versicherungssumme abgezogen.

§ 859. Mit der Zahlung der Versicherungssumme gehen die Rechte des Versicherten an der versicherten Sache auf den Versicherer über.

Erfolgt erst nach der Zahlung der Versicherungssumme eine vollständige oder teilweise Rettung, so hat auf das nachträglich Gerettete nur der Versicherer Anspruch. War nicht zum vollen Werte versichert, so gebührt dem Versicherer nur ein verhältnismäßiger Teil des Geretteten.

Voigt § 114, Prot. S. 3344, 3376—3383, 4382—4387, 4402—4403.

Anm. 1. **Rettung vor Zahlung der Versicherungssumme.**

Mit dem Begriff des Totalverlustes ist es vereinbar, daß der versicherte Gegenstand ganz oder teilweise gerettet wird. Ist der versicherte Gegenstand zu Grunde gegangen oder in seiner ursprünglichen Beschaffenheit zerstört, so wird der Totalverlust dadurch, daß mehr oder weniger wertvolle Teile oder Trümmer gerettet werden, nicht beseitigt, sondern nur gemildert. Auch wenn der versicherte Gegenstand dem Versicherten ohne Aussicht auf Wiedererlangung entzogen ist, wird der Totalverlust dadurch nicht beseitigt, daß der Gegenstand nachher zufällig wiedererlangt wird (Anm. 10 u. 18 zu § 854). Bis zur Zahlung der Versicherungssumme hat der Versicherte Anspruch auf das Gerettete. Der Erlös des Geretteten kommt von der Versicherungssumme in Abzug. Unter Erlös ist der Nettoerlös zu verstehen, d. h. von dem Bruttoerlös sind die zum Zweck der Erzielung des Erlöses aufgewendeten Kosten abzuziehen. Sind solche Kosten für die Verwertung von Schiff und Ladung gemeinsam gemacht, so ist von dem Bruttoerlöse der Ladung nur ein verhältnismäßiger Teil abzuziehen (HGZ. 1884 Nr. 17).

Das Gesetz enthält keine Bestimmung darüber, auf welche Weise der Erlös zu erzielen ist. Der Versicherte hat daher in dieser Beziehung freie Hand. Immerhin erfolgt die Verwertung im Interesse des Versicherers, der Versicherte ist verpflichtet, dieses Interesse nach Möglichkeit zu wahren; er muß bei der Verwertung die Sorgfalt eines ordentlichen Kaufmannes anwenden. Im Falle einer teilweisen Versicherung wird ein verhältnismäßiger Teil des Erlöses von der Versicherungssumme in Abzug gebracht.

Anm. 2. **Mit der Zahlung der Versicherungssumme gehen die Rechte des Versicherten an der versicherten Sache auf den Versicherer über.** Der Übergang der Rechte ist abhängig von der Zahlung der vollen Versicherungssumme gemäß § 858; sie erfolgt daher noch nicht, wenn der Versicherer gemäß § 893 einen Einschuß auf die Versicherungssumme bezahlt. Mit der Zahlung der Versicherungssumme gehen außerdem gemäß § 804 auf den Versicherer über die obligatorischen Rechte des Versicherten gegen einen Dritten, von welchem der Versicherte Erstattung des Schadens zu fordern befugt ist. Auch die an die versicherte Sache geknüpften Pflichten gehen auf den Versicherer über, der Güterversicherer z. B. hat als Empfänger der geborgenen Güter die geschuldete Distanzfracht zu bezahlen (HGZ. 1903 Nr. 102).

Anm. 3. **Rettung des versicherten Gegenstandes nach Zahlung der Versicherungssumme.**

Wird der versicherte Gegenstand nach Zahlung der Versicherungssumme ganz oder teilweise gerettet, so ist der Versicherte nicht zur Rückzahlung verpflichtet; vielmehr hat der Versicherer Anspruch auf das Gerettete. Ist nicht zum vollen Werte versichert, so gebührt dem Versicherer nur ein verhältnismäßiger Teil des Geretteten; die Verwertung erfolgt alsdann für gemeinschaftliche Rechnung; derjenige, welcher die Verwertung betreibt, ist dem anderen gegenüber verpflichtet, dabei die Sorgfalt eines ordentlichen Kaufmannes anzuwenden.

Anm. 4. **Mehrwertversicherung.**

Ist ein Gegenstand zum vollen Werte versichert und wird alsdann wegen eingetretener Preissteigerung eine Mehrwertversicherung bei einem anderen Versicherer genommen, so haben nach Bezahlung eines Totalverlustes beide Versicherer Anspruch auf das Gerettete und zwar der Mehrwertversicherer zu einem verhältnismäßigen Teile. Um den hierdurch entstehenden Konflikt zu vermeiden, ist es ratsam, das Recht des Mehrwertversicherers auf das Gerettete vertraglich auszuschließen (Entgegengesetzt RG. in Sachen Düsseldorfer Allgemeine VG. gegen Walsec & Hagen, Urteil vom 15. Nov. 1911 I 410/10).

§ 860.

§ 860. § 861.

Sind bei einem Totalverlust in Ansehung des imaginären Gewinns (§ 856) die Güter während der Reise so günstig verkauft, daß der Reinerlös mehr beträgt als der Versicherungswert der Güter, oder ist für die Güter, wenn sie in Fällen der großen Haverei aufgeopfert worden sind oder wenn dafür nach Maßgabe der §§ 611, 612 Ersatz geleistet werden muß, mehr als jener Wert vergütet, so kommt von der Versicherungssumme des imaginären Gewinns der Überschuß in Abzug.

Voigt § 115.

Totalverlust des imaginären Gewinns liegt vor, wenn die Güter den Bestimmungsort deshalb nicht erreichen, weil sie infolge eines Unfalls während der Reise verkauft sind. Beträgt der Reinerlös mehr als der Versicherungswert der Güter (§ 799), so kommt der Überschuß von der Versicherungssumme des imaginären Gewinns in Abzug, weil insoweit der Versicherte am imaginären Gewinn keinen Schaden erleidet. Unter Reinerlös ist zu verstehen der nach Abzug der Fracht, Zölle und Verkaufskosten sich ergebende Erlös; denn der Bruttoerlös enthält die zu bezahlende Fracht und den Zoll, und nur insoweit der Erlös den Versicherungswert einschließlich Fracht und Zoll übersteigt, würde der Versicherte einen ihm nicht zukommenden Vorteil erlangen, wenn er außerdem den ganzen imaginären Gewinn erhielte. Der Verkauf der Güter muß die direkte Folge eines Unfalls sein. Ist z. B. imaginärer Gewinn auf behaltene Ankunft der Güter mit einem Schiffe versichert und tritt Totalverlust des imaginären Gewinns infolge Trennung von Schiff und Ladung ein, so ist der Versicherer zu einem Abzuge nicht aus dem Grunde berechtigt, weil es dem Versicherten gelingt, die Güter unter günstigen Bedingungen nach dem Bestimmungsorte zu verkaufen; an dem Gewinn oder Verlust derartiger selbständiger Unternehmungen des Versicherten ist der Versicherer nicht beteiligt (HGZ. 1893 Nr. 6 u. 64). Anm. 1.

Aus dem in Anm. 1 erörterten Grunde ist von der Versicherungssumme des total verlorenen imaginären Gewinns ein Abzug zu machen, wenn die Güter in Havariegrosse aufgeopfert werden; bei Berechnung des Überschusses kommt es auf die Brutto-Vergütung an (HGZ. 1904 Nr. 31, OLG. gegen LG.). Anm. 2.

Ein Abzug von der Versicherungssumme ist ferner zu machen, wenn der Verfrachter gemäß HGB. §§ 611, 612 für verloren gegangene Güter Ersatz leisten muß und die Vergütung den Versicherungswert übersteigt. Der Verfrachter kann aber umgekehrt nicht von dem von ihm zu leistenden Ersatz in Abzug bringen, was der Versicherer für imaginären Gewinn bezahlt hat (RG. Bd. 15 Nr. 20). Anm. 3.

§ 861.

Der Versicherte ist befugt, die Zahlung der Versicherungssumme zum vollen Betrage gegen Abtretung der in Ansehung des versicherten Gegenstandes ihm zustehenden Rechte in folgenden Fällen zu verlangen (Abandon):

1. wenn das Schiff verschollen ist;
2. wenn der Gegenstand der Versicherung dadurch bedroht ist, daß das Schiff oder die Güter unter Embargo gelegt, von einer kriegführenden Macht aufgebracht, auf andere Weise durch Verfügung von hoher Hand angehalten oder durch Seeräuber genommen und während einer Frist von sechs, neun oder zwölf Monaten nicht freigegeben sind, je nachdem die Aufbringung, Anhaltung oder Nehmung geschehen ist:

§ 862. a) in einem europäischen Hafen oder in einem europäischen Meere einschließlich aller Häfen oder Teile des Mittelländischen, Schwarzen und Azowschen Meeres oder

b) in einem anderen Gewässer, jedoch diesseits des Vorgebirges der guten Hoffnung und des Kap Horn, oder

c) in einem Gewässer jenseits des einen jener Vorgebirge.

Die Fristen werden von dem Tage an berechnet, an welchem dem Versicherer der Unfall durch den Versicherten angezeigt wird (§ 818).

Voigt § 116, Prot. S. 3356—3359, 3387—3402, 3474—3476, 4394.

Anm. 1. Unter „Abandon" ist das Recht des Versicherten zu verstehen, in bestimmten Fällen Bezahlung der vollen Versicherungssumme gegen Abtretung der ihm an dem versicherten Gegenstande zustehenden Rechte zu verlangen. Es handelt sich um solche Fälle, in denen der versicherte Gegenstand dem Versicherten entzogen und der Eintritt des Totalverlustes im hohen Grade wahrscheinlich ist.

Anm. 2. **Der Abandon ist nur in den im Gesetz genannten speziellen Fällen statthaft.** Diese Fälle sind

1. daß das Schiff verschollen ist; die Voraussetzungen der Verschollenheit sind in §§ 862, 863 bestimmt. Die Verschollenheit des Schiffes berechtigt bei Versicherungen jeglichen Interesses zum Abandon, vorausgesetzt, daß das Interesse sich noch an das verschollene Schiff oder die in demselben befindliche Ladung knüpft;
2. daß der Gegenstand der Versicherung, d. h. das versicherte Interesse dadurch bedroht ist, daß das Schiff oder die Güter unter Embargo gelegt, von einer kriegführenden Macht aufgebracht, auf andere Weise durch Verfügung von hoher Hand angehalten oder durch Seeräuber genommen und während der im § 861 bestimmten Fristen nicht freigegeben sind. Der Gegenstand der Versicherung muß durch eines der genannten Ereignisse *bedroht* sein, d. h. es muß dem versicherten Gegenstand infolge des Ereignisses irgend eine Gefahr drohen; nicht erforderlich ist, daß die Gefahr im Eigentumsverlust besteht; es genügt die Gefahr des Verderbs oder der Beschädigung (Prot. S. 3475). Ein Privatarrest begründet den Abandon nicht; a. M. Ritter in Zeitschrift für Versicherungswissenschaft Band XI S. 780.

Anm. 3. Durch die Vorschriften des § 861 wird nicht ausgeschlossen, daß der Versicherte vor Ablauf der Fristen einen Totalverlust geltend machen kann, wenn dessen Voraussetzungen vorliegen (HGZ. 1872 Nr. 13).

Anm. 4. Im Falle einer Doppelversicherung hat der Versicherte die ihm an dem versicherten Gegenstand zustehenden Rechte demjenigen Versicherer abzutreten, von welchem er Zahlung erlangt hat. Nimmt der Versicherer gegen seinen Mitversicherer Regreß, so hat er diesem einen verhältnismäßigen Teil der Rechte abzutreten.

Anm. 5. Die Fristen werden von dem Tage an berechnet, an welchem der Versicherte gemäß § 818 den Unfall dem Versicherer anzeigt. Die Berechnung der Fristen erfolgt gemäß BGB. § 188.

§ 862.

Ein Schiff, welches eine Reise angetreten hat, ist als verschollen anzusehen, wenn es innerhalb der Verschollenheitsfrist den Bestimmungshafen nicht erreicht hat, auch innerhalb dieser Frist den Beteiligten keine Nachrichten über das Schiff zugegangen sind.

Die Verschollenheitsfrist beträgt:

1. wenn sowohl der Abgangshafen als der Bestimmungshafen ein europäischer Hafen ist, bei Segelschiffen sechs, bei Dampfschiffen vier Monate;

2. wenn entweder nur der Abgangshafen oder nur der Bestimmungshafen ein außereuropäischer Hafen ist, falls er diesseits des Vorgebirges der Guten Hoffnung und des Kap Horn belegen ist, bei Segel- und Dampfschiffen neun Monate, falls er jenseits des einen jener Vorgebirge belegen ist, bei Segel- und Dampfschiffen zwölf Monate; §863.
3. wenn sowohl der Abgangs- als der Bestimmungshafen ein außereuropäischer Hafen ist, bei Segel- und Dampfschiffen sechs, neun oder zwölf Monate, je nachdem die Durchschnittsdauer der Reise nicht über zwei oder nicht über drei oder mehr als drei Monate beträgt.

Im Zweifel ist die längere Frist abzuwarten.

Voigt § 117, Prot. S. 3407—3413, 3415, 3472—3474. 4394.

Damit ein Schiff als verschollen anzusehen ist, müssen zwei Voraussetzungen vorliegen: Anm. 1.

1. das Schiff darf innerhalb der Verschollenheitsfrist den Bestimmungshafen nicht erreicht haben. Bei zusammengesetzten Reisen ist unter Bestimmungshafen der Bestimmungshafen des jeweiligen Reiseabschnitts, bei Zeitversicherungen derjenigen Reise zu verstehen, auf welcher das Schiff verschollen ist.
2. Innerhalb der Verschollenheitsfrist darf den Beteiligten keine Nachricht über das Schiff zugegangen sein. Unter „Beteiligten" sind zunächst die Vertragsparteien zu verstehen, dann aber auch die übrigen Schiffs- und Ladungsinteressenten (Prot. S. 3473, Voigt S. 654). Auf die Kenntnis des Versicherten kommt es nicht an, wenn er mit dem Schiff verschollen ist (HGZ. 1893 Nr. 38 u. 73). Zugegangen ist einem Beteiligten die Nachricht, wenn er sie gleichwohl auf welche Weise, z. B. durch Schiffahrtsberichte, in glaubhafter Weise erlangt hat; sie braucht nicht an ihn gerichtet zu sein (Voigt S. 653). Anm. 2.

§ 863.

Die Verschollenheitsfrist wird von dem Tage an berechnet, an welchem das Schiff die Reise angetreten hat. Sind jedoch seit dessen Abgange Nachrichten von ihm angelangt, so wird von dem Tage an, bis zu welchem die letzte Nachricht reicht, diejenige Frist berechnet, welche maßgebend sein würde, wenn das Schiff von dem Punkte, an welchem es sich nach sicherer Nachricht zuletzt befunden hat, abgegangen wäre.

Voigt § 118, Prot. S. 3413—3415.

Für den Beginn der Verschollenheitsfrist kommt zunächst der Tag in Betracht, an welchem das Schiff die Reise angetreten hat. Unter Reiseantritt ist nach Sinn und Zweck des Paragraphen der Fahrtbeginn zu verstehen; der Tag des Reiseantritts wird bei Berechnung der Frist nicht mitgezählt (BGB. § 187). Anm. 1.

Die Verschollenheitsfrist wird unterbrochen und beginnt neu zu laufen, sobald seit dem Abgange des Schiffes Nachrichten von ihm anlangen. Die neue Frist wird dann von dem Tage an berechnet, bis zu welchem die letzte Nachricht reicht, z. B. von dem Tage an, wo das Schiff auf See gesichtet ist. Nicht die ursprüngliche Frist, sondern eine neue fängt an zu laufen, und zwar diejenige, welche maßgebend wäre, wenn das Schiff von demjenigen Punkte abgegangen wäre, an welchem es sich sicherer Nachricht nach zuletzt befunden hat: Anm. 2.

Ist z. B. ein Dampfschiff von New-York nach Hamburg versichert, so läuft von der Abfahrt aus New-York ab eine Frist von neun Monaten. Wird das Schiff im Kanal gesichtet, so beginnt von diesem Tage an eine neue Frist von vier Monaten zu laufen.

§ 864.
§ 865.

§ 864.

Die Abandonerklärung muß dem Versicherer innerhalb der Abandonfrist zugegangen sein.

Die Abandonfrist beträgt sechs Monate, wenn im Falle der Verschollenheit (§ 861 Abs. 1 Nr. 1) der Bestimmungshafen ein europäischer Hafen ist und wenn im Falle der Aufbringung, Anhaltung oder Nehmung (§ 861 Abs. 1 Nr. 2) der Unfall sich in einem europäischen Hafen oder in einem europäischen Meere einschließlich aller Häfen oder Teile des Mittelländischen, Schwarzen und Azowschen Meeres zugetragen hat. In den übrigen Fällen beträgt die Abandonfrist neun Monate. Die Abandonfrist beginnt mit dem Ablaufe der in den §§ 861, 862 bezeichneten Fristen.

Bei der Rückversicherung beginnt die Abandonfrist mit dem Ablaufe des Tages, an welchem dem Rückversicherten von dem Versicherten der Abandon erklärt worden ist.

Voigt § 119, Prot. S. 3428—3437, 4394—4395.

Anm. 1. **Zur Geltendmachung des Abandon ist eine von dem Versicherten an den Versicherer zu richtende Erklärung erforderlich**, deren Inhalt und Wirkung sich aus den §§ 861, 866—868 ergibt. Die Erklärung muß innerhalb der Abandonfrist dem Versicherer zugegangen sein; über den Fall der Fristversäumnis vgl. § 865.

Anm. 2. **Dauer der Abandonfrist.**

a) **Sechs Monate,**

1. wenn das Schiff verschollen und der Bestimmungshafen ein europäischer Hafen ist;
2. wenn der Gegenstand der Versicherung durch Aufbringung, Anhaltung oder Nehmung in einem europäischen Hafen oder Meere einschließlich aller Häfen und Teile des Mittelländischen, Schwarzen und Azowschen Meeres bedroht ist.

b) **Neun Monate** in allen übrigen Fällen.

Anm. 3. **Beginn der Abandonfrist.**

Die Abandonfrist beginnt mit dem Ablauf des Tages, an welchem die in den §§ 861, 862 bezeichneten Fristen endigen, bei einer Rückversicherung mit dem Ablauf des Tages, an welchem dem Rückversicherten die Abandonerklärung des Versicherten zugegangen ist.

§ 865.

Nach dem Ablaufe der Abandonfrist ist der Abandon unstatthaft, unbeschadet des Rechtes des Versicherten, nach Maßgabe der sonstigen Grundsätze Vergütung eines Schadens in Anspruch zu nehmen.

Ist im Falle der Verschollenheit des Schiffes die Abandonfrist versäumt, so kann der Versicherte zwar den Ersatz eines Totalschadens fordern; er hat jedoch, wenn die versicherte Sache wieder zum Vorscheine kommt und sich dabei ergibt, daß ein Totalverlust nicht vorliegt, auf Verlangen des Versicherers gegen Verzicht des letzteren auf die infolge der Zahlung der Versicherungssumme nach § 859 ihm zustehenden Rechte die Versicherungssumme zu erstatten und sich mit dem Ersatz eines etwa erlittenen teilweisen Schadens zu begnügen.

Voigt § 120, Prot. S. 3437—3439, 4395.

Der Abandon muß während der Abandonfrist geltend gemacht werden; nach Ablauf der Frist ist der Abandon unzulässig und der Versicherte darauf beschränkt, Ersatz des Total- oder Partialschadens zu verlangen, welchen der Versicherer nach dem Vertrage zu bezahlen verpflichtet ist. § 866. Anm. 1.

Die Verschollenheit des Schiffes insbesondere. Anm. 2.

Der Versicherte kann nach Ablauf der Abandonfrist zwar nicht mehr abandonnieren, wohl aber, wenn das Schiff verschollen ist, den Ersatz eines Totalschadens fordern. Die Bezahlung des Totalschadens bewirkt, daß gemäß § 859 Abs. 2 die Rechte des Versicherten an der versicherten Sache auf den Versicherer übergehen. Dem Versicherer steht es frei, wenn die versicherte Sache wieder zum Vorschein kommt, und zwar in einem solchen Zustande, daß sie nicht als total verloren anzusehen ist, Rückzahlung der Versicherungssumme zu verlangen. Der Versicherte ist zur Rückzahlung nur Zug um Zug gegen Verzicht des Versicherers auf die infolge der Zahlung der Versicherungssumme nach § 859 ihm zustehenden Rechte verpflichtet und berechtigt, einen etwa erlittenen Partialschaden geltend zu machen.

§ 866.

Die Abandonerklärung muß, um gültig zu sein, ohne Vorbehalt oder Bedingung erfolgen und sich auf den ganzen versicherten Gegenstand erstrecken, soweit dieser zur Zeit des Unfalls den Gefahren der See ausgesetzt war.

Wenn jedoch nicht zum vollen Werte versichert war, so ist der Versicherte nur den verhältnismäßigen Teil des versicherten Gegenstandes zu abandonnieren verpflichtet.

Die Abandonerklärung ist unwiderruflich.

Voigt § 121, Prot. S. 3439—3444, 4395.

Zu einer gültigen Abandonerklärung ist erforderlich, daß sie Anm. 1.

1. **rechtzeitig,** d. h. innerhalb der Abandonfrist (§ 864) dem Versicherer zugeht,
2. **vorbehaltlos und bedingungslos** ist;
3. **sich auf den ganzen versicherten Gegenstand erstreckt, soweit dieser zur Zeit des Unfalls den Gefahren der See ausgesetzt war.** Anm. 2.

a) Sind mehrere Gegenstände in einem Vertrage versichert, so ist zu unterscheiden, ob sie als einheitlich oder separat versichert anzusehen sind. Ist ersteres der Fall, so muß sich die Abandonerklärung auf alle einheitlich versicherten Gegenstände beziehen, z. B. wenn Schiff und Fracht oder Güter und imaginärer Gewinn einheitlich versichert sind (Prot. S. 3440). Sind mehrere Gegenstände separat versichert, z. B. wenn sie separat taxiert sind (§ 794), so muß sich die Abandonerklärung auf diejenigen Gegenstände erstrecken, welche von dem zum Abandon berechtigenden Unfall bedroht sind, z. B. wenn ein Teil der versicherten Güter unter Embargo gelegt oder genommen ist.

b) Die Abandonerklärung erstreckt sich auf den versicherten Gegenstand nur insoweit als dieser zur Zeit des Unfalls den Gefahren der See ausgesetzt war; war z. B. ein Teil der versicherten Ladung bereits gelöscht, so braucht dieser Teil nicht abandonniert zu werden (Prot. S. 3440). Die Berechnung der vom Versicherer zu zahlenden Summe erfolgt gemäß § 876.

Bei teilweiser Versicherung muß sich die Abandonerklärung auf einen verhältnismäßigen Teil des versicherten Gegenstandes erstrecken. Anm. 3.

Die Abandonerklärung ist eine einseitige empfangsbedürftige Willenserklärung. Sie ist formlos und unwiderruflich; dagegen ist die Erklärung des Versicherten, nicht abandonnieren zu wollen nicht unwiderruflich, es sei denn, daß er sich vertraglich an die Erklärung gebunden hat. Anm. 4.

§ 867.

Die Abandonerklärung ist ohne rechtliche Wirkung, wenn die Tatsachen, auf welche sie gestützt wird, sich nicht bestätigen oder zur Zeit der Mitteilung der Erklärung nicht mehr bestehen. Dagegen bleibt sie für beide Teile verbindlich, auch wenn sich später Umstände ereignen, deren früherer Eintritt das Recht zum Abandon ausgeschlossen haben würde.

Voigt § 122, Prot. S. 3444—3446, 4395.

Anm. 1. Es ist zu unterscheiden, ob der Tatbestand, auf welchen die Abandonerklärung gestützt wird, sich nicht bestätigt, oder ob er zwar vorhanden war, sich aber später geändert hat. Wenn die Tatsachen, auf welche die Abandonerklärung gestützt wird, sich nicht bestätigen, d. h. wenn sich herausstellt, daß die Voraussetzungen des Abandon nicht vorhanden waren, so ist die Abandonerklärung ohne rechtliche Wirkung, z. B. wenn sich herausstellt, daß das Schiff während der Verschollenheitsfrist den Bestimmungshafen erreicht hat.

Anm. 2 **Spätere Änderung des Tatbestandes.**

Der Zeitpunkt, in welchem die Abandonerklärung dem Versicherer zugeht, ist maßgebend für die Frage, ob der Abandon begründet ist. Der Versicherte macht auf seine Gefahr von der Abandonfrist Gebrauch. Daraus folgt:

Anm. 3. 1. Die Abandonerklärung ist ohne rechtliche Wirkung, wenn die Voraussetzungen des Abandon zwar vorlagen, aber vor Abgabe der Abandonerklärung wieder beseitigt sind, also z. B. wenn der versicherte Gegenstand zwar während der in § 861 Nr. 2 genannten Frist sich unter Embargo befand, aber nach Ablauf der Frist und vor Abgabe der Abandonerklärung wieder freigegeben ist; oder wenn nach Ablauf der Verschollenheitsfrist, aber vor der Abandonerklärung das verschollene Schiff entweder den Bestimmungshafen erreicht oder einem Beteiligten Nachricht über das Schiff zugegangen ist. Dagegen dürfte es nicht genügen, daß das Schiff vor der Erklärung irgendwo mit Havarie eingelaufen ist (Voigt S. 659). Denn die Tatsache des Einlaufens in einem Hafen, ohne daß einem Beteiligten hiervon Nachricht zukommt, genügt nicht, um den Abandon zu beseitigen. Es ist gleichgültig, ob die Änderung des Tatbestandes den Parteien bekannt war.

Anm. 4. Der Abandon bleibt wirksam, wenn sich, nachdem die Abandonerklärung dem Versicherer zugegangen ist, Umstände ereignen, welche das Recht zu abandonnieren ausgeschlossen haben würden, wenn sie vor der Erklärung eingetreten wären, wenn z. B. nach der Erklärung der Gegenstand der Versicherung wieder freigegeben wird oder über das verschollene Schiff einem Beteiligten Nachricht zukommt.

§ 868.

Durch Abandonerklärung gehen auf den Versicherer alle Rechte über, die dem Versicherten in Ansehung des abandonnierten Gegenstandes zustanden.

Der Versicherte hat dem Versicherer Gewähr zu leisten wegen der auf dem abandonnierten Gegenstande zur Zeit der Abandonerklärung haftenden dinglichen Rechte, es sei denn, daß sich diese auf Gefahren gründen, für die der Versicherer nach dem Versicherungsvertrag aufzukommen hat.

Wird das Schiff abandonniert, so gebührt dem Versicherer des Schiffes die Nettofracht der Reise, auf welcher sich der Unfall zugetragen hat, soweit die Fracht erst nach der Abandonerklärung verdient ist. Dieser Teil der Fracht wird nach den für die Ermittelung der Distanzfracht geltenden Vorschriften berechnet.

Den hiernach für den Versicherten entstehenden Verlust hat, wenn die Fracht selbständig versichert ist, der Versicherer der Fracht zu tragen. § 868.

Voigt § 123, Prot. S. 3383—3385, 3446—3456, 4395—4399.

Die §§ 868 und 869 führen die Wirkung des Abandon, welche bereits im § 861 bestimmt ist, näher aus, und zwar § 868 mit Bezug auf den Übergang der Rechte auf den Versicherer. Durch den Abandon überträgt der Versicherte alle Rechte, welche ihm an dem versicherten Gegenstande zustehen, auf den Versicherer. Dadurch wird der Versicherer legitimiert, nach eigenem Ermessen über den versicherten Gegenstand zu verfügen. Sollte der Versicherer nach dem Abandon in Konkurs geraten, so kann der Versicherte bezüglich der Versicherungssumme nur die Konkursdividende verlangen (Prot. S. 3384, 3446). Anm. 1.

Im Falle einer teilweisen Versicherung, oder wenn das Interesse bei mehreren Versicherern versichert ist, bestimmt sich das Verhältnis der Parteien nach den Vorschriften des BGB. §§ 741—758 über die Gemeinschaft. Anm. 2.

Dingliche Rechte. Anm. 3.

Der Versicherer ist berechtigt anzunehmen, daß auf dem versicherten Gegenstande keine dinglichen Rechte Dritter ruhen. Der Versicherte ist verpflichtet, hierfür Gewähr zu leisten d. h. Kaution zu bestellen (Prot. S. 3448 fg.). Diese Verpflichtung erleidet eine doppelte Beschränkung:

a) sie bezieht sich nicht auf dingliche Rechte, welche nach dem Abandon entstehen;
b) sie bezieht sich nicht auf vor dem Abandon entstandene Rechte, deren Entstehung sich auf eine vom Versicherer zu tragende Gefahr gründet.

Frachtverdienst. Anm. 4.

Wird das versicherte Schiff abandonniert, so hat der Versicherer vom Zeitpunkt des Abandon an die Lasten der Sache zu tragen, aber andererseits ein Recht auf die Nutzungen, m. a. W. vom Abandon ab geht die Reise auf Gefahr und für Rechnung des Versicherers. Er hat daher Anspruch auf die nach dem Abandon etwa verdiente Nettofracht, d. h. auf die Bruttofracht abzüglich der zu ihrem Verdienst notwendigen Unkosten, beides vom Tage des Abandon ab berechnet. Die Berechnung soll nach den für die Ermittelung der Distanzfracht geltenden Regeln (§ 631) erfolgen. Diese Berechnung wird nach billigem Ermessen zu erfolgen haben, da sowohl die Distanzbruttofracht wie die Distanzunkosten nur annähernd geschätzt werden können.

Die dem Cascoversicherer gebührende Distanznettofracht ist als ein dem Frachtversicherer zu belastender Schaden anzusehen, wenn die Fracht selbständig versichert ist. Ohne diese gesetzliche Bestimmung würde der Frachtversicherer hierfür nicht aufzukommen haben, da der Verlust nicht Folge eines Unfalls, sondern einer geschäftlichen Disposition des Versicherten ist. Die Vorschrift ist beschlossen, weil der Abandon in Veranlassung des Unfalls erfolgt (Prot. S. 4395 fg.). Aus der Vorschrift folgt, daß, wenn der Cascoversicherer auch die Fracht versichert hat, er keinen Anspruch auf die Nettodistanzfracht hat, es sei denn, daß auch die Fracht abandonniert ist. Ist die Fracht bei einem anderen als dem Cascoversicherer versichert und abandonniert, so hat der Frachtversicherer die ganze versicherte Fracht zu bezahlen und erhält dagegen die Fracht, soweit sie noch im Risiko, d. h. im Risiko des Versicherten ist. Daraus folgt, daß der Versicherte, welcher das Schiff abandonniert, die nach dem Abandon zu verdienende Nettodistanzfracht dem Frachtversicherer nicht abandonniert, weil sie im Risiko des Cascoversicherers ist. Dies gilt auch dann, wenn erst die Fracht und dann das Schiff abandonniert wird, weil der Frachtversicherer stets den Verlust zu tragen hat, welchen der Versicherte dadurch erleidet, daß der Cascoversicherer die Nettodistanzfracht erhält. Anm. 5.

§ 869.
§ 870.

§ 869.

Die Zahlung der Versicherungssumme kann erst verlangt werden, nachdem die zur Rechtfertigung des Abandons dienenden Urkunden dem Versicherer mitgeteilt sind und eine angemessenene Frist zu deren Prüfung abgelaufen ist. Wird wegen Verschollenheit des Schiffes abandonniert, so gehören zu den mitzuteilenden Urkunden glaubhafte Bescheinigungen über die Zeit, in welcher das Schiff den Abgangshafen verlassen hat, und über die Nichtankunft des Schiffes im Bestimmungshafen während der Verschollenheitsfrist.

Der Versicherte ist verpflichtet, bei der Abandonerklärung, soweit er dazu imstande ist, dem Versicherer anzuzeigen, ob und welche andere den abandonnierten Gegenstand betreffende Versicherungen genommen sind, sowie ob und welche Bodmereischulden oder sonstige Belastungen darauf haften. Ist die Anzeige unterblieben, so kann der Versicherer die Zahlung der Versicherungssumme solange verweigern, bis die Anzeige nachträglich geschehen ist; wenn eine Zahlungsfrist bedungen ist, so beginnt diese erst mit dem Zeitpunkt, in welchem die Anzeige nachgeholt wird.

Voigt § 124, Prot. S. 3457—3458, 4399.

Die Zahlungspflicht des Versicherers ist bei einem rechtmäßigen Abandon abhängig davon, daß

1. der Versicherte die zur Rechtfertigung des Abandon dienenden Urkunden (vgl. § 884) dem Versicherer mitteilt;
2. eine zur Prüfung dieser Urkunden angemessene Frist verstrichen ist; die Zahlungsfrist ändert nichts daran, daß der Zeitpunkt der Abandonerklärung für das Rechtsverhältnis der Parteien maßgebend ist;
3. der Versicherte, soweit er dazu imstande ist, dem Versicherer anzeigt, ob und welche andere den abandonnierten Gegenstand betreffende Versicherungen genommen sind, damit der Versicherer in die Lage gesetzt wird, mit den anderen Versicherern über die eventuell zu ergreifenden Maßregeln zu beraten;
4. der Versicherte, soweit er dazu imstande ist, dem Versicherer anzeigt, ob und welche Bodmereischulden oder sonstige Belastungen auf dem abandonnierten Gegenstande haften.

§ 870.

Der Versicherte ist verpflichtet, auch nach der Abandonerklärung für die Rettung der versicherten Sachen und für die Abwendung größerer Nachteile nach § 819 und zwar solange zu sorgen, bis der Versicherer selbst dazu imstande ist.

Erfährt der Versicherte, daß ein für verloren erachteter Gegenstand wieder zum Vorscheine gekommen ist, so muß er dies dem Versicherer sofort anzeigen und ihm auf Verlangen die zur Erlangung oder Verwertung des Gegenstandes erforderliche Hilfe leisten.

Die Kosten hat der Versicherer zu ersetzen; auch hat er den Versicherten auf Verlangen mit einem angemessenen Vorschusse zu versehen.

Voigt § 125, Prot. S. 3459—3462, 4399.

Nach erfolgtem Abandon liegen dem Versicherten folgende Pflichten ob: §871.

1. Er hat für die Rettung der versicherten Sachen und die Abwendung größerer Nachteile tunlichst zu sorgen, und zwar, wenn tunlich, nach Rücksprache mit dem Versicherer (§ 819). Diese Verpflichtung besteht solange, bis der Versicherer selbst dazu imstande ist. Anm. 1.
2. Er hat dem Versicherer sofort Anzeige zu erstatten, wenn der versicherte, für verloren erachtete Gegenstand wieder zum Vorschein kommt.
3. Er hat dem Versicherer die zur Erlangung oder Verwertung des Gegenstandes erforderliche Hilfe zu leisten, wenn der Versicherer es verlangt. Dies bezieht sich auf die Geltendmachung derjenigen Rechte, welche der Versicherte bei Cascoversicherungen aus seinem kontraktlichen Verhältnis zum Schiffer oder bei Ladungsversicherungen gegenüber dem Verfrachter und dem Schiffer als seinem Vertreter hat und welche durch den Abandon nicht auf den Versicherer übergehen, z. B. durch Beschaffung und Vorlegung von Konnossementen, durch Erteilung geeigneter Order an den Schiffer, durch entsprechende Korrespondenz mit den Behörden, welche den versicherten Gegenstand in ihren Gewahrsam genommen haben (Prot. S. 3460).

Die Kosten der Maßregeln hat der Versicherer zu ersetzen. Er hat dem Versicherten auf Anm. 2. dessen Verlangen einen angemessenen Vorschuß zu bezahlen. Unter Umständen ist das Verlangen nach Vorschuß überhaupt als unangemessen anzusehen, wenn z. B. der Versicherte die Vornahme einer wichtigen, keinen großen Kostenaufwand erfordernden Maßregel von der Bezahlung eines Vorschusses abhängig machen wollte (Prot. S. 3461).

Steht dem Versicherten wegen seiner Mühewaltung nach der Abandonerklärung ein Anm. 3. Anspruch auf Provision zu (HGB. § 354)? Bei den Beratungen des ADHGB. wurde beantragt, dieses ausdrücklich zu bestimmen; der Antrag wurde aber mit Rücksicht auf die allgemeinen Vorschriften des HGB. abgelehnt; aus diesen ergebe sich, ob der Anspruch auf Provision im Einzelfall begründet sei (Prot. S. 3462). Gegen den Provisionsanspruch könnte man einwenden, die Mühewaltung des Versicherten sei eine ihm durch das Gesetz auferlegte Vertragspflicht, für welche eine besondere Vergütung nicht beansprucht werden könne. Es ist aber nicht zu verkennen, daß der Versicherte, nachdem durch die Abandonerklärung alle Rechte an dem abandonnierten Gegenstande auf den Versicherer übergegangen sind, in Ausübung der ihm durch § 870 auferlegten Fürsorge Geschäfte besorgt, welche an sich dem Versicherer obliegen würden, falls er dazu imstande wäre. Der Versicherte besorgt daher im Sinne der §§ 354, 344 Geschäfte für den Versicherer. Daß er die Geschäfte auf Grund gesetzlicher Verpflichtung besorgt, ist für den Provisionsanspruch gleichgültig (Ritter § 354 Nr. 4).

Hat der Versicherte für die von ihm getroffenen Maßregeln Gelder verauslagt, so kann er deren Verzinsung verlangen (§ 354).

§ 871.

Der Versicherte muß dem Versicherer, wenn dieser die Rechtmäßigkeit des Abandons anerkennt, auf dessen Verlangen und auf dessen Kosten über den nach § 868 durch die Abandonerklärung eingetretenen Übergang der Rechte eine öffentlich beglaubigte Anerkennungsurkunde (Abandonrevers) erteilen und die auf die abandonnierten Gegenstände sich beziehenden Urkunden ausliefern.

Voigt § 126, Prot. S. 3462—3463, 4399.

Der Abandonrevers ist eine öffentlich beglaubigte Urkunde, in welcher der Versicherte Anm. 1. anerkennt, daß die ihm in Ansehung des abandonnierten Gegenstandes zustehenden Rechte auf den Versicherer übergegangen sind. Der Revers dient zur Legitimation des Versicherers.

Die Verpflichtung des Versicherten, dem Versicherer einen Abandonrevers zu erteilen und Anm. 2. die sich auf die abandonnierten Gegenstände beziehenden Urkunden auszuliefern, ist davon abhängig, daß der Versicherer

1. die Rechtmäßigkeit des Abandon anerkennt,
2. die Erteilung des Reverses und die Auslieferung der Urkunden verlangt.

Die Kosten des Abandonreverses hat der Versicherer zu tragen. Anm. 3.

§ 872.

§ 872.

Bei einem teilweisen Schaden am Schiffe besteht der Schaden in dem nach den §§ 709, 710 zu ermittelnden Betrage der Ausbesserungskosten, soweit diese die Beschädigungen betreffen, welche dem Versicherer zur Last fallen.

Voigt S. 666 fg., Prot. S. 3501—3502, 3594—3602, 3608—3610, 4411—4414.

Anm. 1. **Vorbemerkung.**

Das HGB. behandelt in den §§ 872—881 die Art und Weise der Feststellung partieller Schäden, und zwar betreffen §§ 872—874 teilweise Schäden am Schiffe, §§ 875—877 teilweise Schäden an Gütern, § 878 teilweisen Frachtverlust, § 879 teilweisen Verlust von imaginärem Gewinn und Provision, § 880 teilweisen Verlust von Bodmerei- und Havereigeldern, § 881 allgemeine Bestimmungen über teilweise Versicherungen. Die §§ 872—881 finden nur auf teilweisen Schaden oder teilweisen Verlust, nicht auf Totalverlust und Havariegrosseschäden Anwendung.

Anm. 2. Für die Feststellung eines teilweisen Schadens am Schiffe kommen außer § 872 folgende Bestimmungen in Betracht:

§ 709.

Der an dem Schiffe oder dem Zubehöre des Schiffes entstandene, zur großen Haverei gehörige Schaden ist, wenn die Ausbesserung während der Reise erfolgt, am Orte der Ausbesserung und vor dieser, sonst an dem Orte, wo die Reise endet, durch Sachverständige zu ermitteln und zu schätzen. Die Taxe muß die Veranschlagung der erforderlichen Ausbesserungskosten enthalten. Sie ist, wenn während der Reise ausgebessert wird, für die Schadensberechnung insoweit maßgebend, als nicht die Ausführungskosten unter den Anschlagssummen bleiben. War die Aufnahme einer Taxe nicht ausführbar, so entscheidet der Betrag der auf die erforderlichen Ausbesserungen wirklich verwendeten Kosten.

Soweit die Ausbesserung nicht während der Reise geschieht, ist die Abschätzung für die Schadensberechnung ausschließlich maßgebend.

§ 710.

Der nach Maßgabe des § 709 ermittelte volle Betrag der Ausbesserungskosten bestimmt die zu leistende Vergütung, wenn das Schiff zur Zeit der Beschädigung noch nicht ein volles Jahr zu Wasser war.

Dasselbe gilt von der Vergütung für einzelne Teile des Schiffes, namentlich für die Metallhaut, sowie für einzelne Teile des Zubehörs, wenn solche Teile noch nicht ein volles Jahr in Gebrauch waren.

In den übrigen Fällen wird von dem vollen Betrage wegen des Unterschieds zwischen alt und neu ein Dritteil, bei den Ankerketten ein Sechsteil, bei den Ankern jedoch nichts abgezogen.

Von dem vollen Betrage kommen ferner in Abzug der volle Erlös oder Wert der noch vorhandenen alten Stücke, welche durch neue ersetzt sind oder zu ersetzen sind.

Findet ein solcher Abzug und zugleich der Abzug wegen des Unterschieds zwischen alt und neu statt, so ist zuerst dieser letztere und sodann von dem verbleibenden Betrage der andere Abzug zu machen.

Aus § 884 Nr. 4.

In Ansehung eines teilweisen Schadens am Schiffe (§§ 872, 873) genügen jedoch die Besichtigungs- und Abschätzungsurkunden sowie die Kostenanschläge nur dann, wenn die etwaigen Schäden, die sich auf Abnutzung, Alter, Fäulnis oder Wurmfraß gründen, gehörig ausgeschieden sind und wenn zugleich, soweit es ausführbar war, solche Sachverständige zugezogen worden sind, die entweder ein- für allemal obrigkeitlich bestellt oder von dem Ortsgericht oder dem deutschen Konsul und, in deren Ermangelung oder sofern deren Mitwirkung sich nicht erlangen ließ, von einer anderen Behörde besonders ernannt waren.

Die Bestellung der Sachverständigen. §872.

Zur Feststellung des Schadens sind hinzuzuziehen in erster Linie Anm. 3.

a) solche Sachverständige, welche ein- für allemal obrigkeitlich bestellt sind;

ferner

b) solche, welche vom Ortsgericht oder vom deutschen Konsul für den besonderen Fall ernannt sind; das Ortsgericht ist im Geltungsgebiet des HGB. das Amtsgericht (Ges. betr. die Angelegenheiten der freiw. Ger. §§ 145, 146), die Ernennung durch den Konsul ist unzulässig, wenn dieser als Eigentümer oder Miteigentümer des Schiffes an der Versicherung interessiert ist; dagegen schadet es nicht, wenn er Geschäftsangestellter, z. B. Faktoreileiter des Versicherten ist (HGZ. 1879 Nr. 36);

eventuell

c) falls die Mitwirkung des Ortsgerichts oder des Konsuls sich nicht erlangen läßt, solche, welche von einer anderen Behörde für den besonderen Fall ernannt sind.

Die Vorschriften sub. a—c sind nur maßgebend, soweit sie ausführbar sind; anderenfalls sind geeignete Sachverständige in anderer Weise hinzuzuziehen, z. B. durch Mitwirkung von Lloyd's agent.

Ort der Schadensermittlung. Anm. 4.

a) wenn während der Reise ausgebessert wird, der Ort der Ausbesserung;

b) sonst der Ort, wo die Reise endet.

Zeit der Schadensermittlung. Anm. 5.

Die Ermittlung und Schätzung der Schäden hat vor der Ausführung der Reparatur zu erfolgen. Es ist im Gesetze nicht ausdrücklich gesagt, versteht sich aber von selbst, daß die Besichtigung tunlichst beschleunigt werden muß, damit der Schaden nicht vergrößert und die Entstehungsursache nicht durch Eintritt neuer Unfälle verunklart wird (Voigt S. 668).

Inhalt des Gutachtens. Anm. 6.

Das Gesetz enthält über den Inhalt des Gutachtens nur die Vorschrift (§ 884), daß die Besichtigungs- und Abschätzungsurkunden sowie die Kostenanschläge nur dann genügen, wenn die auf Abnutzung, Alter, Fäulnis oder Wurmfraß sich gründenden Schäden gehörig ausgeschieden sind. Daraus ergibt sich, daß die vorgefundenen Schäden einzeln unter Bezeichnung ihrer Entstehungsursache behandelt werden müssen. Nur dann ist die Ausscheidung der Altersschäden usw. nicht erforderlich, wenn sich aus den Umständen des Falles unzweifelhaft ergibt, daß die vorgefundenen Schäden auf Seeunfälle zurückzuführen sind, z. B. wenn das Schiff kurz vor Antritt der Reise vollständig repariert ist und die einzeln aufgeführten Schäden die Möglichkeit des Vorliegens von Altersschäden ausschließen (ROHG. Bd. 4 Nr. 18, HGZ. 1879 Nr. 65, 1895 Nr. 31, 1897 Nr. 58 und 106).

Maßgeblichkeit des Gutachtens. Anm. 7.

Das Gutachten der Sachverständigen ist, wenn es in formell tadelloser Weise aufgemacht ist, für die Parteien bindend, ausgenommen wenn Betrug vorliegt oder wenn die Sachverständigen von einer Partei zu Ungunsten der anderen beeinflußt sind (HGZ. 1897 Nr. 58, RG. Bd. 44 Nr. 8, ROHG. Bd. 4 Nr. 18, 12 Nr. 114, 16 Nr. 31). Es kann z. B. dem Versicherten nicht eine nachträgliche Ergänzung des Gutachtens gestattet werden, um die Reparaturunfähigkeit oder -unwürdigkeit darzutun (HGZ. 1872 Nr. 172, ROHG. 16 Nr. 31).

Entspricht das Gutachten nicht den Anforderungen des Gesetzes, so hat sich der Versicherte mit anderen Beweisen zu versehen; ob diese ausreichen, ist nach den Grundsätzen der freien Beweiswürdigung zu beurteilen (Prot. S. 4414). Anm. 8.

Hat in dem Verfahren ein Vertreter des Versicherers mitgewirkt und Abweichungen von dem Verfahren, z. B. mit Bezug auf die Ernennung der Sachverständigen genehmigt, so ist der Versicherer hieran gebunden, vorausgesetzt, daß der Vertreter bevollmächtigt war oder nach den Umständen des Falles als bevollmächtigt gelten mußte (Voigt S. 683). Die Handlungsweise des Vertreters bindet den Versicherer jedoch nur mit Bezug auf die Art und Anm. 9.

§ 872. Weise der Schadensfeststellung, nicht aber für die Frage, ob der Versicherer den festgestellten Schaden zu bezahlen hat (ROHG. 14 Nr. 117, 16 Nr. 31, Voigt S. 685).

Anm. 10. Für den **Umfang der Schadensersatzpflicht** ist die Taxe der Sachverständigen maßgebend,

a) wenn die Ausbesserung nicht während der Reise erfolgt, also

α) wenn am Bestimmungsort,

β) wenn überhaupt nicht repariert wird. Der Versicherte ist nicht zur Reparatur verpflichtet, es steht ihm frei, das Schiff zu verkaufen. Der Verkauf ist aber nur im Falle der Reparaturunfähigkeit oder Reparaturunwürdigkeit zu Lasten des Versicherers; in anderen Fällen hat der Versicherer nur die Kosten zu bezahlen, welche für die Reparatur nach Maßgabe des Gutachtens erforderlich gewesen wären, abzüglich des Unterschiedes zwischen alt und neu.

b) Wenn die Ausbesserung während der Reise erfolgt und die Kosten den Anschlag übersteigen; dagegen sind die wirklich verwendeten Ausbesserungskosten zu ersetzen, wenn sie die Taxe nicht erreichen.

c) War die Aufnahme einer Taxe nicht ausführbar, so ist der Betrag der auf die erforderlichen Ausbesserungen wirklich verwendeten Kosten zu ersetzen.

Anm. 11. **Kosten der Versegelung nach einem Reparaturhafen.**

Zu den Reparaturkosten gehören unzweifelhaft die Kosten der Verbringung des Schiffes in das Dock, z. B. die dafür erforderlichen Schleppkosten. Zweifelhaft ist, ob auch die Kosten einer Reparaturreise zu den Reparaturkosten gehören, wenn das Schiff in dem Hafen in welchem es sich befindet, nicht repariert werden kann. Die Frage dürfte zu bejahen sein. Zu den Kosten der Reparatur im weiteren Sinne gehören alle Kosten, welche aufgewendet werden müssen, um die Reparatur auszuführen; es liegt kein Grund vor, in dieser Beziehung die Kosten einer Reparaturreise anders zu behandeln als die Kosten der Verbringung des Schiffes ins Dock. Für die Haftung des Versicherers ist zu unterscheiden, ob die Reparaturreise vom Bestimmungshafen oder von einem Nothafen aus erfolgt; im ersteren Falle trägt der Versicherer die Kosten der Reparaturreise nicht, weil der Versicherte den Bestimmungshafen selbst gewählt hat (HGZ. 1886 Nr. 85). Aus dem gleichen Grunde dürften diese Kosten dem Versicherer dann nicht zur Last fallen, wenn das Schiff während einer zusammengesetzten Reise von einem Bestimmungshafen einer der Reiseabschnitte aus eine Reparaturreise antreten muß.

Anm. 12. **Die Kosten der Anschaffung der Reparaturgelder** gehören nicht zu den Kosten der Reparatur (ROHG. 12 Nr. 114). Der Versicherer ist aber möglicherweise auf Grund § 834 Nr. 3 zu ihrer Erstattung verpflichtet (Voigt S. 700).

Anm. 13. **Abzüge.**

Die Ausbesserungskosten sind zu ihrem vollen Betrage zu ersetzen, wenn das Schiff zur Zeit der Beschädigung noch nicht ein volles Jahr zu Wasser war. Die Kosten der Reparatur einzelner Teile des Schiffes, namentlich der Metallhaut, sowie einzelner Teile des Zubehörs (§ 478) sind zu ihrem vollen Betrage zu ersetzen, wenn solche Teile noch nicht ein volles Jahr in Gebrauch waren. In allen anderen Fällen sind folgende Abzüge zu machen:

a) **ein Dritteil wegen des Unterschiedes zwischen alt und neu**; bei Ankerketten wird ein Sechsteil, bei Ankern nichts abgezogen. Streitig ist, ob das Dritteil von den gesamten Reparaturkosten, also auch von Schlepplöhnen, Dockkosten, Kosten einer Reparaturreise abzuziehen ist; dafür ist die herrschende Ansicht (vgl. Schaps Anm. 2 zu § 710 und die dort zitierten). Dagegen dürfte sprechen, daß im Gesetz ausdrücklich hervorgehoben wird, der Abzug werde *wegen des Unterschiedes* zwischen alt und neu gemacht. Es liegt nahe, hieraus zu folgern, daß kein Abzug zu machen ist bei solchen Kosten, bei denen von einem Unterschiede zwischen alt und neu nicht die Rede ist wie z. B. bei den Kosten einer Reparaturreise und unter Umständen bei einer provisorischen Reparatur (HGZ. 1897 Nr. 58). Andererseits ist aber nicht zu verkennen, daß für die Berechnung der Werterhöhung die gesamten für die Reparatur notwendigen Aufwendungen maßgebend sind (HGZ. 1904 Nr. 136 Slipkosten). Hebungskosten eines gesunkenen Schiffes sind Rettungs- und nicht Ausbesserungskosten und daher ohne Abzug zu ersetzen (Leipziger Zeitschrift 1909 S. 782).

b) der volle Erlös oder Wert der noch vorhandenen alten Stücke, welche durch neue ersetzt sind oder zu ersetzen sind. § 873.

Kommen beide Abzüge in Frage, so wird zunächst der Abzug wegen des Unterschiedes zwischen alt und neu gemacht; denn der Erlös oder Wert der alten Stücke muß naturgemäß zu voll abgezogen werden.

Ausführung der Reparatur. Anm. 14.

Der Versicherte hat Anspruch darauf, daß das Schiff durch die Reparatur in den Zustand versetzt wird, in dem es sich vor dem Unfall befand, insbesondere, daß das Schiff die Klasse behält, die es vor dem Unfall gehabt hat. Der Versicherte braucht sich nicht damit zu begnügen, daß das Schiff durch die Reparatur wieder in seetüchtigen Zustand versetzt wird (HGZ. 1897 Nr. 58). Bei der Übertragung der Reparaturarbeiten ist der Versicherte resp. der Schiffer nicht verpflichtet, unbedingt den Weisungen des Versicherers oder dessen Vertreters zu folgen; er ist auch nicht verpflichtet, die billigste Offerte anzunehmen, sondern hat nach verständigem Ermessen die Ausführung der Reparaturarbeiten demjenigen zu übertragen, welcher die beste Garantie für eine zuverlässige Arbeit bietet (HGZ. 1879 Nr. 124).

Der Versicherer hat die Ausbesserungskosten zu erstatten, s o w e i t s i e i h m z u r L a s t f a l l e n d e B e s c h ä d i g u n g e n b e t r e f f e n. Anm. 15. Daraus folgt, daß, wenn die Ausbesserungskosten Schäden betreffen, welche teils dem Versicherer, teils dem Versicherten zur Last fallen, die Kosten nur zum Teil vom Versicherer zu ersetzen sind. Dies bezieht sich insbesondere auf Dockkosten, wenn z. B. der Versicherer während der Reparatur von Seeschäden Altersschäden ausbessern läßt. Die Verteilung der Kosten wird nach billigem Ermessen zu erfolgen haben, wobei zu bemerken ist, daß der Versicherte die Kosten insoweit allein zu tragen hat, als sie durch Mitausbesserung der Altersschäden erhöht sind. In England ist die Frage gemäß den Rules of Practice Nr. 52 der Association of Average Adjusters wie folgt entschieden:

> That where repairs on owner's account which are immediately necessary to make the vessel seaworthy and which can only be effected in dry dock are executed concurrently with other repairs, for the cost of which the underwriters are liable, and which also can only be effected in dry dock, the cost of entering and leaving the dry dock in addition to so much of the dock dues as is common to both repairs, shall be divided equally between the shipowner and the underwriters.

§ 873.

Ist die Reparaturunfähigkeit oder Reparaturunwürdigkeit des Schiffes (§ 479) auf dem im § 530 vorgeschriebenen Wege festgestellt, so ist der Versicherte dem Versicherer gegenüber befugt, das Schiff oder das Wrack zum öffentlichen Verkaufe zu bringen; im Falle des Verkaufs besteht der Schaden in dem Unterschiede zwischen dem Reinerlös und dem Versicherungswerte.

Die übernommene Gefahr endet für den Versicherer erst mit dem Verkaufe des Schiffes oder des Wrackes; auch haftet der Versicherer für den Eingang des Kaufpreises.

Bei der zur Ermittelung der Reparaturunwürdigkeit erforderlichen Feststellung des Wertes des Schiffes im unbeschädigten Zustande bleibt dessen Versicherungswert, gleichviel ob er taxiert ist oder nicht, außer Betracht.

Voigt § 131, Prot. S. 3359—3364, 3394—3399, 3502—3505, 3594—3602, 3608—3610, 4415—4416.

Reparaturunfähigkeit und Reparaturunwürdigkeit des Schiffes sind Fälle besonderer Haverei. Anm. 1. Die Frage, ob ein Schiff reparaturunfähig oder -unwürdig ist, kann nur gestellt werden, wenn das Schiff nicht total verloren ist; dies ergibt sich auch aus der Anordnung

§ 873. des Stoffes im Gesetze. Ein teilweiser Schaden am Schiffe kann auf zweierlei Weise festgestellt werden, entweder dadurch, daß die Kosten der Reparatur durch Taxe oder Ausbesserung ermittelt werden oder dadurch, daß das Schiff verkauft und der Erlös vom Werte des Schiffes im unbeschädigten Zustand abgezogen wird. Den letzteren Weg gestattet das Gesetz nur, wenn Reparaturunfähigkeit oder -unwürdigkeit vorliegt. Daraus, daß in solchem Falle der Versicherte ebenso gestellt wird als wenn ein Totalverlust des Schiffes vorliegt und der Erlös des Geretteten von der Versicherungssumme in Abzug kommt (§ 859), ist nicht zu folgern, wie es in irreführender Weise in HGZ. 1887 Nr. 52, 1905 Nr. 72 geschieht, daß in den Fällen des § 873 Totalverlust des Schiffes vorliegt. Vgl. Anm. 3 zu § 854 und HH. 51.

Anm. 2. **Reparaturunfähig** ist gemäß § 479 ein seeuntüchtig gewordenes Schiff, wenn die Reparatur überhaupt nicht möglich ist (absolute Reparaturunfähigkeit), oder an dem Orte, wo sich das Schiff befindet, nicht bewerkstelligt, das Schiff auch nicht nach dem Hafen, wo die Reparatur auszuführen wäre, gebracht werden kann, und zwar auch nicht nach vorheriger Notreparatur (relative Reparaturunfähigkeit vgl. Schaps Anm. 1—6 zu § 479). Reparaturunfähigkeit liegt nicht schon dann vor, wenn das Schiff nicht so repariert werden kann, daß es seine frühere Klasse wiedererhält; es genügt, wenn es durch die Reparatur wieder vollkommen seetüchtig wird (Voigt S. 722). Der Umstand, daß die Reparatur an dem Orte, wo sich das Schiff befindet, zur Zeit unmöglich oder nur unter Aufwendung außergewöhnlicher Kosten möglich ist, begründet die relative Reparaturunfähigkeit nicht. Muß das Schiff aber zur Reparatur nach einem anderen Hafen gebracht werden, und kann dies nicht in angemessener Zeit (HGZ. 1890 Nr. 68, 1891 Nr. 17) oder nur unter Aufwendung ganz außergewöhnlicher Mittel geschehen, so liegt relative Reparaturunfähigkeit vor (RG. 21 Nr. 18).

Anm. 3. **Reparaturunwürdig** ist gemäß § 479 ein seeuntüchtig gewordenes Schiff, wenn die Kosten der Reparatur ohne Abzug für den Unterschied zwischen alt und neu mehr betragen würden als drei Vierteile seines früheren Wertes. Zu den Kosten der Reparatur gehören nicht die Kosten der Bergung, jedenfalls dann nicht, wenn die Bergung vom Versicherer auf seine Kosten bewerkstelligt ist (HGZ. 1904 Nr. 113). In diesem Erkenntnis ist dahingestellt, ob das Gleiche gelten würde, wenn nicht die Bergung für Rechnung des Versicherers durchgeführt, sondern das geborgene Schiff mit einem Pfandrecht wegen der Bergungskosten belastet dem Versicherten angeboten würde. Es wird jedoch anzunehmen sein, daß auch in solchem Falle die Bergungskosten nicht den Reparaturkosten hinzuzurechnen sind, da letztere erst dann in Frage kommen, wenn das Schiff geborgen ist; vgl. auch die Unterscheidung von Rettungs- und Wiederherstellungskosten in § 841 Abs. 4 und Prot. S. 3372, HGZ. 1906 Nr. 120. Als früherer Wert gilt, wenn die Seeuntüchtigkeit während einer Reise eingetreten ist, derjenige, welchen das Schiff bei dem Antritte der Reise gehabt hat, in den übrigen Fällen derjenige, welchen das Schiff, bevor es seeuntüchtig geworden ist, gehabt hat oder bei gehöriger Ausrüstung gehabt haben würde (vgl. Schaps Anm. 7fg. zu § 479).

Anm. 4. Der Verkauf des Schiffes wegen Reparaturunfähigkeit oder Reparaturunwürdigkeit ist nur dann zu Lasten des Versicherers, wenn sie auf solchen Schäden beruht, für welche der Versicherer haftet. Bei der Beratung des HGB. ist diese Voraussetzung als selbstverständlich angesehen, ein diesbezüglicher Zusatz, wie in § 872 enthalten, jedoch nicht in das Gesetz aufgenommen, um dem Versicherer nicht in jedem Falle die Anfechtung des Gutachtens wegen nicht erfolgter Ausscheidung von Altersschäden und dgl. zu ermöglichen; es genüge die Bestimmung (§ 821 Nr. 1), daß der Versicherer für keinen Schaden hafte, welcher aus dem nicht seetüchtigen Zustande des Schiffes entstehe (Prot. S. 3599, ROHG. 12 Nr. 114).

Anm. 5. **Die Reparaturunfähigkeit oder Reparaturunwürdigkeit des Schiffes muß auf dem im § 530 vorgeschriebenen Wege festgestellt sein,** d. h. durch das Ortsgericht nach Anhörung von Sachverständigen und mit Zuziehung des deutschen Konsuls, falls ein solcher vorhanden ist. Ist keine Gerichtsbehörde und auch keine andere Behörde, welche die Untersuchung übernimmt, am Orte vorhanden, so hat der Schiffer zur Rechtfertigung seines Verfahrens das Gutachten von Sachverständigen einzuholen und, wenn dies nicht möglich ist, sich mit anderen Beweisen zu versehen. Zur Begutachtung müssen, soweit es ausführbar ist, solche Sachverständige zugezogen werden, die entweder ein- für allemal obrigkeitlich bestellt oder von dem

Ortsgericht oder dem deutschen Konsul und in deren Ermangelung oder, sofern deren Mitwirkung sich nicht erlangen läßt, von einer anderen Behörde besonders ernannt werden (§ 884 Nr. 4). Die Besichtigungs- und Abschätzungsurkunden sowie die Kostenanschläge sind nur dann genügend, wenn die etwaigen Schäden, die sich auf Abnutzung, Alter, Fäulnis oder Wurmfraß gründen, gehörig ausgeschieden sind. Ein diesen Vorschriften entsprechendes, formell tadelloses Gutachten ist abgesehen vom Falle des Betruges für die Parteien maßgebend; ein Gegenbeweis ist nicht zulässig. Dagegen unterliegt die Frage, ob die Reparaturunfähigkeit oder -unwürdigkeit, insbesondere die sie begründenden Schäden zu Lasten des Versicherers sind, der Nachprüfung des Gerichts (Voigt S. 715, ROHG. Bd. 4 Nr. 18, HGZ. 1889 Nr. 120, 1891 Nr. 86). Ist der Vertrag mit der Klausel geschlossen, daß der versicherte Betrag mit 100% als Totalschaden bezahlt werden solle, falls das Schiff nach den Bestimmungen des HGB. wegen Seeschaden kondemniert würde, so ist unter Kondemnation die obrigkeitliche Feststellung der Reparaturunfähigkeit oder -unwürdigkeit zu verstehen, nicht die Erteilung der Verkaufsbefugnis (RG. in HGZ. 1905 Nr. 72 entg. Hanseat. OLG. in HGZ. 1904 Nr. 113, Lewis S. 472). Nach RG. 21 Nr. 18 ist unter Kondemnation der Ausspruch des Ortsgerichts resp. der Ortsbehörde zu verstehen, durch welchen ein Fall dringender Notwendigkeit das Schiff zu verkaufen festgestellt wird. Die Feststellung, ob Reparaturunfähigkeit oder -unwürdigkeit vorliege, brauche der Ausspruch nicht zu enthalten; dies zu entscheiden, sei Sache des Prozeßrichters. § 874.

Zur Feststellung der Reparaturunwürdigkeit ist der Wert des Schiffes im unbeschädigten Zustande zu ermitteln; dabei bleibt der Versicherungswert, mag er taxiert sein oder nicht, außer Betracht, weil die Voraussetzungen für die Verkaufsbefugnis dem Befrachter (§ 628) und dem Versicherer gegenüber die gleichen sein müssen (Prot. S. 4416). Immerhin ist der Versicherungswert in der Regel ein wichtiger Faktor für die Feststellung des Wertes im unbeschädigten Zustande (HGZ. 1891 Nr. 103). Anm. 6.

Ist die Reparaturunfähigkeit oder -unwürdigkeit ordnungsmäßig festgestellt, so ist der Versicherte dem Versicherer gegenüber befugt, das Schiff oder das Wrack zum öffentlichen Verkauf zu bringen. Dabei können die Parteien mitbieten (Prot. S. 3596). Der öffentliche Verkauf ist aber für den Versicherer nicht maßgebend, wenn erhellt, daß der Versicherte zum Nachteil des Versicherers Kauflustige von der Versteigerung ferngehalten hat. Ein Verkauf des Schiffes, ohne daß dessen Reparaturunfähigkeit oder -unwürdigkeit vorliegt oder ordnungsmäßig festgestellt ist, ist nicht zu Lasten des Versicherers; der Versicherte kann in solchem Falle nur den taxierten Betrag der Reparaturkosten unter Berücksichtigung des Unterschiedes zwischen alt und neu verlangen. Ein ordnungswidriger Verkauf ist auch nicht etwa deshalb zu Lasten des Versicherers, weil er auf ein Verschulden des Schiffers zurückzuführen ist; denn der Schiffer handelt in dieser Beziehung als geschäftlicher Vertreter des Reeders (ROHG. 18 Nr. 79). Anm. 7.

Die Gefahr endet für den Versicherer erst mit dem Verkaufe des Schiffes oder des Wrackes. Anm. 8.

Umfang der Ersatzpflicht. Anm. 9.

a) Der Versicherer hat den Unterschied zwischen dem Reinerlös und dem Versicherungswert resp. der Taxe zu bezahlen.

b) Der Versicherer haftet für den Eingang des Kaufpreises; dabei wird jedoch vorausgesetzt, daß der Versicherte resp. der Schiffer als sein Vertreter die erforderliche Sorgfalt angewendet hat, um in den Besitz des Kaufgeldes zu gelangen; der Versicherer haftet nicht, wenn der Versicherte durch eigenes oder seiner Vertreter Verschulden den Kaufpreis nicht erhalten hat, z. B. wenn er ihn gestundet hat (Prot. S. 4415).

§ 874.

Der Beginn der Ausbesserung schließt die Ausübung des im § 873 dem Versicherten eingeräumten Rechtes nicht aus, wenn erst später erhebliche Schäden entdeckt werden, die dem Versicherten ohne sein Verschulden unbekannt geblieben waren.

§ 875. Macht der Versicherte von dem Rechte nachträglich Gebrauch, so muß der Versicherer die bereits aufgewendeten Ausbesserungskosten insoweit besonders vergüten, als durch die Ausbesserung bei dem Verkaufe des Schiffes ein höherer Erlös erzielt worden ist.

Voigt § 132, Prot. S. 3682—3687, 4418.

Anm. 1. Durch den Beginn der Reparatur gibt der Versicherte zu erkennen, daß er von dem ihm nach § 873 zustehenden Verkaufsrecht keinen Gebrauch machen will. Trotzdem kann er nachträglich das Schiff für Rechnung des Versicherers verkaufen, wenn

a) sich später erhebliche Schäden zeigen und
b) diese Schäden auf Unfällen beruhen, für welche der Versicherer haftet (Voigt S. 728) und
c) dem Versicherten ohne sein Verschulden unbekannt geblieben waren.

Anm. 2. Zwei Fälle sind möglich: entweder die Reparaturunwürdigkeit des Schiffes stand vor Beginn der Ausbesserung fest oder die Reparaturunfähigkeit oder -unwürdigkeit stellt sich erst nach Beginn der Ausbesserung infolge nachträglich entdeckter Schäden heraus. In beiden Fällen kann der Versicherte nach Beginn der Ausbesserung unter den in Anm. 1 genannten Voraussetzungen das Schiff für Rechnung des Versicherers verkaufen.

Anm. 3. Macht der Versicherte von seinem Verkaufsrecht nachträglich Gebrauch, so hat der Versicherer die bereits aufgewendeten Ausbesserungskosten insoweit zu ersetzen, als durch die Ausbesserung bei dem Verkauf ein höherer Erlös erzielt worden ist. Der Versicherte hat hierfür Beweis zu erbringen.

§ 875.

Bei Gütern, die beschädigt im Bestimmungshafen ankommen, ist durch Vergleichung des Bruttowerts, den sie daselbst im beschädigten Zustande haben, mit dem Bruttowerte, welchen sie dort im unbeschädigten Zustande haben würden, zu ermitteln, wie viele Prozente des Wertes der Güter verloren sind. Ebensoviele Prozente des Versicherungswerts sind als der Betrag des Schadens anzusehen.

Die Ermittelung des Wertes, welchen die Güter im beschädigten Zustande haben, erfolgt durch öffentlichen Verkauf oder, wenn der Versicherer einwilligt, durch Abschätzung. Der Wert, welchen die Güter im unbeschädigten Zustande haben würden, bestimmt sich nach § 611 Abs. 1.

Der Versicherer hat außerdem die Besichtigungs-, Abschätzungs- und Verkaufskosten zu tragen.

Voigt § 133, Prot. S. 3507—3516, 4418.

Anm. 1. Die §§ 875—877 behandeln die Partialschäden an Gütern, und zwar § 875 den Fall, daß die Güter beschädigt den Bestimmungshafen erreichen, § 876, daß ein Teil der Güter auf der Reise verloren geht und § 877, daß die Güter auf der Reise infolge eines Unfalls verkauft werden.

Anm. 2. **Erreichen die Güter beschädigt den Bestimmungshafen,** so sind für die Berechnung des vom Versicherer zu bezahlenden Schadens drei Faktoren maßgebend:

1. der Bruttowert im unbeschädigten,
2. der Bruttowert im beschädigten Zustande,
3. der Versicherungswert.

Anm. 3. **Der Bruttowert im unbeschädigten Zustande.**

Maßgebend ist gemäß § 611 Abs. 1 der gemeine Handelswert, welchen Güter derselben Art und Beschaffenheit am Bestimmungsorte bei Beginn der Löschung des Schiffs haben.

Dieser Wert ist durch Sachverständige zu schätzen. Zu diesem Zwecke ist eine Untersuchung der Güter nicht in jedem Falle erforderlich, da der Gesamtwert auch durch Proben, Fakturen usw. festgestellt werden kann (RG. 4 Nr. 9). §876.

Der Bruttowert im beschädigten Zustande. Anm. 4.

Um diesen festzustellen, ist zunächst das Beschädigte vom Unbeschädigten zu trennen; das Gesetz sagt das allerdings nicht ausdrücklich; es ist aber selbstverständlich (Prot. S. 3508) und auch dadurch genügend zum Ausdruck gebracht, daß § 875 nur von den beschädigt angekommenen Gütern handelt. Die Trennung darf nur dann unterbleiben, wenn sie nicht tunlich oder den Verkehrsanschauungen im Bestimmungshafen nicht entsprechend ist (Sb. S. 533, HGZ. 1879 Nr. 114, 1895 Nr. 15). Um festzustellen, wieviel Güter beschädigt sind, müssen alle Güter besichtigt werden; Stichproben genügen in der Regel nicht (ROHG. 20 Nr. 18). Es ist ferner die Ursache der Beschädigung festzustellen, damit der Versicherte der ihm nach § 882 obliegenden Beweispflicht genügen kann. Die Ermittelung des Bruttowertes der beschädigten Güter erfolgt durch öffentlichen Verkauf oder, wenn der Versicherer einwilligt, durch Abschätzung.

Mitbieten der Parteien bei der Versteigerung ist zulässig. Jedoch ist ein Gebot des Versicherten dann nicht maßgebend, wenn er in irgend einer Weise, z. B. durch Fernhalten von Kauflustigen, bewirkt hat, daß der ohne solche Einwirkung zu erzielende Preis nicht erzielt wurde. Andererseits ist das Höchstgebot des Versicherers dann nicht zu berücksichtigen, wenn es sich darum handelt, ob die vertragsmäßige Schadensfranchise erreicht ist; in solchem Falle entscheiden nur die Gebote unbeteiligter Dritter. Der Versicherer ist daher nur mit dem Beweise zuzulassen, daß ein Dritter ein gleich hohes Gebot gemacht hätte. Es genügt nicht der Beweis, daß der Versicherer sein Gebot bona fide gemacht habe oder daß die Ware wirklich soviel wert gewesen sei. Macht der Versicherer auf die Güter das erste Gebot und wird ihm daraufhin der Zuschlag erteilt, so ist es so anzusehen, als ob auf die Güter kein Gebot zu erzielen war (HGZ. 1878 Nr. 41 u. 85). Anm. 5.

Die vom Versicherer zu leistende Vergütung besteht nicht in der Differenz der Bruttowerte im beschädigten und unbeschädigten Zustande. Vielmehr ist durch Vergleichung dieser Werte der Prozentsatz des Schadens festzustellen. Der Versicherer hat alsdann den gleichen Prozentsatz des Versicherungswerts resp. der Taxe zu bezahlen. Ist z. B. die Versicherungstaxe 3000, der Wert im unbeschädigten Zustande 4000, im beschädigten Zustande 2000, so hat der Versicherer 1500 zu bezahlen. Daraus ergibt sich, daß der Versicherte verliert oder gewinnt, je nachdem der Gesamtwert am Bestimmungsorte höher oder niedriger als die Taxe ist. Da die Werte im beschädigten und unbeschädigten Zustande nur Vergleichswerte sind, müssen sie auf gleicher Basis festgestellt werden; sind z. B. die beschädigten Güter inkl. Zoll verkauft, so ist auch der Wert im unbeschädigten Zustande inkl. Zoll festzustellen. Diese Berechnung ist nur dann fehlerlos, wenn eine der Beschädigung entsprechende Zollermäßigung stattfindet. Wird für beschädigte und unbeschädigte Güter der gleiche Zoll erhoben, so erhöht sich dadurch der Prozentsatz der Beschädigung. Im übrigen kommt für das Verhältnis des Versicherten zum Versicherer ein Zollnachlaß nur in Betracht, wenn der Zoll mitversichert ist (RG. Bd. 44 Nr. 8). Anm. 6.

Der Versicherer hat außerdem die Kosten der Besichtigung, der Abschätzung und des Verkaufs zu tragen, d. h. selbstverständlich nur, wenn der festgestellte Schaden ihm zur Last fällt. Anm. 7.

§ 876.

Geht ein Teil der Güter auf der Reise verloren, so besteht der Schaden in ebensovielen Prozenten des Versicherungswerts, als Prozente des Wertes der Güter verloren gegangen sind.

Voigt § 135, Prot. S. 3516, 4418.

Verlust eines Teiles der Güter liegt vor, wenn von mehreren zusammen, aber nicht unter Separattaxen versicherten Gütern mehrere verloren gehen. Sind z. B. von 100 Säcken Kaffee Anm. 1.

§ 877. 99 verloren gegangen, so liegt teilweiser Verlust vor; ist aber jeder Sack eine Taxe versichert,
§ 878. so ist Verlust jedes einzelnen Sackes Totalverlust.

Anm. 2. Der vom Versicherer zu ersetzende Schaden besteht in ebensovielen Prozenten des Versicherungswertes resp. der Taxe, als Prozente des Wertes der Güter verloren gegangen sind. Es ist also zunächst der Wert der versicherten Güter am Bestimmungsorte (§ 611 Abs. 1) festzustellen; denn nur dieser kann im Gegensatz zum Versicherungswert verstanden werden. Alsdann ist der Prozentsatz des Verlustes vom Wert am Bestimmungsort festzustellen und auf den Versicherungswert resp. die Taxe zu berechnen.

§ 877.

Sind Güter auf der Reise infolge eines Unfalls verkauft worden, so besteht der Schaden in dem Unterschiede zwischen dem nach Abzug der Fracht, der Zölle und Verkaufskosten sich ergebenden Reinerlöse der Güter und deren Versicherungswerte.

Die übernommene Gefahr endet für den Versicherer erst mit dem Verkaufe der Güter; auch haftet der Versicherer für den Eingang des Kaufpreises.

Die Vorschriften der §§ 834 bis 838 bleiben unberührt.

Voigt § 136, Prot. S. 3516, 4418.

Anm. 1. § 877 behandelt den Umfang der Ersatzpflicht des Versicherers, wenn die versicherten Güter infolge eines Unfalls auf der Reise verkauft werden. Voraussetzung ist also, daß die Güter unterwegs verkauft werden und daß der Versicherte dem Versicherer gegenüber zum Verkauf berechtigt ist. Es kommen namentlich in Betracht die Fälle des § 819, wenn der Verkauf zur Abwendung größerer Nachteile erfolgt, z. B. wenn Gefahr besteht, daß die durch einen Unfall beschädigten Güter im Falle der Weiterbeförderung verderben würden oder wenn die Weiterbeförderung unverhältnismäßige Kosten verursacht oder in angemessener Zeit nicht zu bewirken ist (Voigt S. 747; vgl. Erläuterungen zu § 819); ferner wenn die Güter in einem gestrandeten oder gesunkenen Schiff verkauft werden (RG. 13 Nr. 31).

Anm. 2. Der vom Versicherer zu ersetzende Schaden besteht in dem Unterschied zwischen dem Reinerlös und dem Versicherungswert resp. der Taxe. Eine verhältnismäßige Regulierung auf den Versicherungswert resp. die Taxe wie im § 875 findet also nicht statt. Von dem Versicherungswert resp. der Taxe ist der Reinerlös abzuziehen, d. h. der Verkaufserlös abzüglich Fracht, Zölle und Verkaufskosten. Ist die Fracht bis zum Bestimmungsort in der Taxe mitenthalten, so ist von dieser der etwa ersparte Teil gemäß § 800 zu kürzen (R. 1864 S. 217).

Anm. 3. Die übernommene Gefahr läuft bis zum Verkauf der Güter weiter; der Versicherer haftet auch für den Eingang des Kaufpreises, vorausgesetzt, daß der Versicherte bei der Einziehung des Kaufpreises mit der erforderlichen Sorgfalt vorgegangen ist (R. 1862 S. 331).

Anm. 4. Liegt ein Fall der Havariegrosse oder was dem gleich steht vor, so finden die für solche Fälle geltenden §§ 834 bis 838 Anwendung.

§ 878.

Bei einem teilweisen Verluste der Fracht besteht der Schaden in demjenigen Teile der bedungenen oder in deren Ermangelung der üblichen Fracht, welcher verloren gegangen ist.

Ist die Fracht taxiert und die Taxe nach § 793 Abs. 4 in Bezug auf einen von dem Versicherer zu ersetzenden Schaden maßgebend, so besteht der Schaden in ebensovielen Prozenten der Taxe, als Prozente der bedungenen oder üblichen Fracht verloren sind.

Voigt § 137, Prot. S. 3519, 4418.

Ein teilweiser Verlust der Fracht liegt vor, wenn infolge von durch die Versicherung gedeckten Unfällen der Verfrachter seinen Anspruch auf die Fracht teilweise verliert. Ist der Anspruch auf die Fracht rechtlich begründet, so haftet der Versicherer nicht, wenn auch der Verfrachter tatsächlich die Fracht nicht erhält, sei es, daß der Schiffer die Güter ohne Frachtzahlung ausliefert (HGZ. 1875 Nr. 46, 1884 Nr. 118), sei es, daß er infolge Beschädigung der Güter kein ausreichendes Pfandobjekt für seine Forderung hat. In einzelnen Policen findet sich eine Klausel, wonach der Ausfall versichert ist, welchen der Verfrachter dadurch erleidet, daß die abzuliefernde Ladung infolge einer Gefahr der Seeschiffahrt die auf derselben ruhenden Forderungen für Fracht oder Kosten nicht deckt. Ein teilweiser Frachtverlust liegt ferner vor, wenn die Fracht zwar verdient, aber durch Beiträge für Havariegrosse oder Haftung für mittelbaren Kollisionsschaden dem Verfrachter verloren geht. Ein Frachtverlust liegt nur vor, wenn die Fracht rechtlich verloren ist. Gibt der Versicherte den Frachtanspruch auf, ohne rechtlich dazu genötigt zu sein, so hat der Versicherer für den Verlust nicht aufzukommen. Dies gilt auch, wenn der Frachtanspruch zweifelhaft und der Versicherte die Kosten eines gerichtlichen Verfahrens im Auslande nicht auf sich nehmen will. Der Versicherte hat in solchem Falle den Versicherer von der Sachlage in Kenntnis zu setzen und ihm die Gelegenheit zu bieten auf eigene Kosten den Verlust abzuwenden (HGZ. 1896 Nr. 73, RG. 38 Nr. 38). § 879. Anm. 1.

Ist die Fracht einer bestimmten Reise versichert und müssen die Güter wegen Havarie des Schiffes auf andere Weise weiterbefördert werden, so haftet der Versicherer auch, wenn das Schiff nach beendigter Reparatur im Nothafen eine neue Fracht findet (HH. 66).

Ist die Fracht nicht taxiert, so besteht der vom Versicherer zu bezahlende Schaden in dem Teile der bedungenen oder üblichen Fracht, welcher verloren gegangen ist. Anm. 2.

Ist die Fracht taxiert und bedungen, daß die Taxe in bezug auf einen von dem Versicherer zu ersetzenden Schaden maßgebend sein soll (§ 793 Abs. 4), so hat der Versicherer eben so viele Prozente der Taxe zu bezahlen als Prozente der bedungenen oder üblichen Fracht verloren gegangen sind (vgl. Anm. 11 zu § 793). Anm. 3.

Ist **Frachtvorschuß** versichert, so ist der die ganze Fracht treffende Schaden im Verhältnis der ganzen Fracht zum Frachtvorschuß zu reduzieren (HGZ. 1891 Nr. 22). Über Versicherung von Frachtvorschuß vgl. Anm. 8 zu § 779. Anm. 4.

Ist **Nettofracht** versichert, so ist die etwa verdiente Distanzfracht, sowie ein endgültig bezahlter Frachtvorschuß zunächst auf die Unkosten der Reise zu verrechnen (HGZ. 1889 Nr. 99). Anm. 5.

§ 879.

Bei einem imaginären Gewinn oder einer Provision, die von der Ankunft der Güter erwartet werden, besteht der Schaden, wenn die Güter in beschädigtem Zustand ankommen, in ebensovielen Prozenten des als Gewinn oder Provision versicherten Betrags, als der nach § 875 zu ermittelnde Schaden an den Gütern Prozente des Versicherungswerts der letzteren beträgt.

Erreicht ein Teil der Güter den Bestimmungshafen nicht, so besteht der Schaden in ebensovielen Prozenten des als Gewinn oder Provision versicherten Betrags, als der Wert des in dem Bestimmungshafen nicht angelangten Teiles der Güter Prozente des Wertes aller Güter beträgt.

Sind bei der Versicherung des imaginären Gewinns in Ansehung des nicht angelangten Teiles der Güter die Voraussetzungen des § 860 vorhanden, so kommt von dem Schaden der im § 860 bezeichnete Überschuß in Abzug.

Voigt § 138, Prot. S. 3522, 4418, 4488.

Teilweiser Schaden an imaginärem Gewinn oder von der Ankunft der Güter erwarteter Provision entsteht, Anm. 1.

§ 880. 1. wenn die Güter in beschädigtem Zustande ankommen. Es ist dann gemäß § 875 festzustellen, wie viele Prozente des Versicherungswerts der Güter der Schaden an den Gütern beträgt; die Gütertaxe kommt, wenn Güter und imaginärer Gewinn resp. Provision bei verschiedenen Versicherern versichert sind, nicht in Betracht, weil sie nur dem Güterversicherer gegenüber maßgebend ist. Der vom Versicherer zu ersetzende Schaden besteht in ebensovielen Prozenten des als imaginären Gewinn oder als Provision versicherten Betrages.

Anm. 2. 2. Teilweiser Schaden am imaginären Gewinn oder an der Provision kann auch vorliegen, wenn die Güter infolge Auslöschens der Marken am Bestimmungsorte nicht indentifizierbar sind. Der Schadensprozentsatz ist alsdann durch Vergleichung des Werts des an Stelle der Güter gelieferten Surrogats mit dem Gesamtwert festzustellen (RG. Bd. 4 Nr. 9).

Anm. 3. 3. Teilweiser Schaden liegt ferner vor, wenn ein Teil der Güter den Bestimmungsort nicht erreicht. Die Feststellung des Schadens erfolgt durch Vergleichung des Wertes der nicht angelangten Güter mit dem Werte aller Güter (§ 876). Der Versicherer hat den gleichen Prozentsatz des als imaginären Gewinn oder Provision versicherten Betrages zu bezahlen.

Anm. 4. Ist ein Teil der Güter infolge eines durch die Versicherung gedeckten Unfalls während der Reise so günstig verkauft, daß der Reinerlös mehr beträgt als der Versicherungswert der Güter, oder ist für einen Teil der Güter, welcher in Fällen der großen Haverei aufgeopfert worden ist oder für welchen gemäß §§ 611, 612 Ersatz geleistet werden muß, mehr als der Versicherungswert vergütet, so ist der Überschuß von dem auf den imaginären Gewinn zu bezahlenden Schaden abzuziehen. Das Gleiche gilt, wenn ein Teil der Güter in Havariegrosse beschädigt und im Bestimmungshafen verkauft wird, falls der Verkaufserlös und die Havariegrossevergütung zusammen den Versicherungswert der Güter übersteigen. Es folgt dies aus dem allgemeinen Grundsatz des § 838; denn der Schaden am imaginären Gewinn gehört zur Havariegrosse, weil die Vergütung für in Havariegrosse beschädigte Güter durch den Unterschied zwischen dem Verkaufswert der beschädigten Güter und dem Marktpreise gleichartiger unbeschädigter Güter am Bestimmungsorte bestimmt wird (HGZ. 1903 Nr. 69). In Betracht kommt die Bruttohavariegrossevergütung ohne Abzug des Havariegrossebeitrags. Denn der imaginäre Gewinn ist an dem Havariegrossebeitrag nicht beteiligt (HGZ. 1904 Nr. 31, OLG. gegen LG.).

§ 880.

Bei Bodmerei- oder Havereigeldern besteht im Falle eines teilweisen Verlustes der Schaden in dem Ausfalle, welcher sich darauf gründet, daß der Gegenstand, der verbodmet oder für den die Havereigelder vorgeschossen oder verausgabt sind, zur Deckung der Bodmerei- oder Havereigelder infolge späterer Unfälle nicht mehr genügt.

Voigt § 139, Prot. S. 3522, 4418, 4488.

Anm. 1. Ein Verlust an Bodmerei- oder Havereigeldern entsteht, wenn der gerettete Wert des Gegenstandes, welcher verbodmet oder für welchen die Havereigelder vorgeschossen oder verausgabt sind, infolge späterer Unfälle zur Deckung der Gelder nicht genügt. Ist zur Deckung nichts mehr übrig, so liegt Totalverlust vor (§ 857); genügt die Deckung nur teilweise, so liegt teilweiser Verlust vor.

Anm. 2. Der Ausfall muß verursacht sein durch spätere, d. h. nach der Verbodmung oder der Hergabe der Havereigelder sich ereignende Unfälle, für welche der Versicherer nach dem Vertrage aufzukommen hat.

Anm. 3. Über das versicherbare Interesse an Bodmerei- oder Havereigeldern vgl. Anm. 16 fg. zu § 779, insbesondere über den Fall, daß die Bodmerei- oder Havereigelder den Wert des betreffenden Gegenstandes zur Zeit der Hergabe des Geldes übersteigen, vgl. Anm. 18 zu § 779.

Anm. 4. Der vom Versicherer zu ersetzende Schaden besteht in der Differenz zwischen den versicherten und versicherbaren (HGZ. 1890 Nr. 106) Bodmerei- oder Havereigeldern einerseits

und dem geretteten Wert derjenigen Gegenstände, welche verbodmet oder für welche die Haverei- § 881.
gelder vorgeschossen oder verausgabt sind, andrerseits. Bei Berechnung dieses Wertes ist der § 882.
Versicherungswert der betreffenden Gegenstände nicht maßgebend (HGZ. 1890 Nr. 106).

§ 881.

Der Versicherer hat den nach den §§ 872 bis 880 zu berechnenden Schaden vollständig zu vergüten, wenn zum vollen Werte versichert war, jedoch unbeschadet der Vorschrift des § 800; war nicht zum vollen Werte versichert, so hat er nach Maßgabe des § 792 nur einen verhältnismäßigen Teil dieses Schadens zu vergüten.

Voigt § 141, Prot. S. 3522, 4418.

Zum vollen Wert ist versichert, auch wenn der Versicherungswert zu niedrig taxiert und voll gezeichnet ist; denn die Taxe ist unter den Parteien für den Versicherungswert maßgebend und die Anfechtung einer zu niedrigen Taxe ist im Gesetz nicht zugelassen. Es folgt daraus, daß der Versicherer bei Cascoteilschäden verhältnismäßig um so mehr bezahlen muß, je mehr die Taxe unter dem wirklichen Versicherungswert bleibt. Ist z. B. ein Schiff 200000 Wert und zu 100000 taxiert und beträgt der Schaden 100000, so hat der Versicherer ebensoviel zu bezahlen als wenn ein Totalverlust vorläge (vgl. Anm. 6 zu § 793). Anm. 1.

Sind Heuer oder Ausrüstungskosten oder bei der Versicherung von Gütern die Fracht oder die Kosten während der Reise und am Bestimmungsort versichert, so ist von dem vollen Schadensbetrage in Abzug zu bringen, was infolge eines Unfalls an der Heuer, den Kosten oder der Fracht erspart ist. Anm. 2.

Ist nicht zum vollen Wert versichert, so ersetzt der Versicherer den Schaden im Verhältnis der Versicherungssumme zum Versicherungswert (vgl. Erläuterungen zu § 792). Anm. 3.

Sechster Titel.

Bezahlung des Schadens.

§ 882.

Der Versicherte hat, um den Ersatz eines Schadens fordern zu können, eine Schadensberechnung dem Versicherer mitzuteilen.

Er muß zugleich durch genügende Belege dem Versicherer dartun:

1. sein Interesse;
2. daß der versicherte Gegenstand den Gefahren der See ausgesetzt worden ist;
3. den Unfall, auf den der Anspruch gestützt wird;
4. den Schaden und dessen Umfang.

Voigt S. 377—395, § 144, Prot. 3523—3525, 3548, 4429, 4431.

Voraussetzung der Fälligkeit des Anspruchs des Versicherten gegen den Versicherer ist: Anm. 1.

1. **eine Schadensberechnung** (Dispache), d. h. eine Aufstellung der dem Versicherer zur Last fallenden Schäden. Ob eine Schadensberechnung des Versicherten genügt, oder ob die Beibringung der Berechnung eines Dispacheurs erforderlich ist, hängt von den Umständen des

§ 882. Falles, insbesondere davon ab, ob es sich um eine einfache oder komplizierte Berechnung handelt. Auch ist zu prüfen, ob im Einzelfall die Berechnung durch einen Dispacheur als üblich anzusehen ist.

2. Es müssen **genügende Belege** (§ 884) beigebracht werden, um das Interesse des Versicherten, den Unfall, den Schaden und dessen Umfang sowie den Umstand, daß der versicherte Gegenstand den Gefahren der See ausgesetzt worden ist, zu beweisen.

Solange diese beiden Voraussetzungen nicht erfüllt sind, wird der Versicherer durch eine Zahlungsaufforderung nicht in Verzug gesetzt.

Anm. 2. **Sein Interesse muß der Versicherte dartun**, d. h. er muß durch genügende Belege klarstellen:

1. daß er ein Interesse hat (ROHG. 14 Nr. 43);
2. **welcher Art** sein Interesse ist, d. h. welches Interesse er daran hat, daß Schiff oder Ladung die Gefahren der Seeschiffahrt bestanden; dies ist von besonderer Bedeutung, wenn der Vertrag ohne Bezeichnung des Interesses geschlossen ist, wie z. B. bei der Versicherung auf behaltene Ankunft.

Anm. 3. Der Versicherte muß durch genügende Belege dartun, daß der versicherte Gegenstand, d. h. der Gegenstand, an welchen sich sein Interesse knüpft, den Gefahren der See ausgesetzt ist, richtiger, daß er den Gefahren der versicherten Reise ausgesetzt ist, welche unter Umständen z. B. bei kombinierten Transporten mit einem Landrisiko beginnen kann.

Anm. 4. **Der Unfall, auf den der Anspruch gestützt wird,** muß dargetan werden. Das heißt, der Versicherte muß beweisen:

1. daß sich ein Unfall ereignet hat (Anm. 5—7);
2. daß er infolge dieses Unfalls einen Schaden an dem versicherten Gegenstande erlitten hat (Anm. 8—10);
3. daß der Unfall ein solcher ist, für welchen der Versicherer nach dem Vertrage haftet, so daß ein Anspruch darauf gestützt werden kann (Anm. 11).

Anm. 5. **Der Versicherte muß einen Unfall nachweisen.** Das ist nun nicht so zu verstehen, daß der Versicherte einen strikten Beweis erbringen müßte dafür, daß ein nach Zeit und Ort genau bestimmter Unfall einen bestimmten Schaden herbeigeführt hat; dieser Beweis würde in den meisten Fällen nicht zu erbringen sein. Ist z. B. ein Schiff infolge andauernd schweren Arbeitens in stürmischer See leck geworden, und ist die Möglichkeit vorhanden, daß der Schaden durch Sturm und Wellen herbeigeführt sein kann, daß z. B. durch das Hin- und Herarbeiten des Schiffs sich die Verbände allmählich gelöst haben können, so ist der Unfall genügend dargetan; „es ist nicht notwendig, daß ein genau begrenzter Vorgang, z. B. die Einwirkungen von Sturm oder außerordentlichem Seegang während eines einzelnen Zeitpunkts nachgewiesen wird" (HGZ. 1889 Nr. 43). Überhaupt ist es ausreichend, wenn Umstände dargetan werden, aus welcher mit hoher Wahrscheinlichkeit auf einen Unfall als Ursache des erlittenen Schadens geschlossen werden kann. Es ist in solchen Fällen die Aufgabe des Richters unter Würdigung aller vorgebrachten Umstände nach freier Überzeugung zu entscheiden (ZPO. §§ 286, 287). Dies gilt insbesondere bei Güterversicherungen, wo es dem Versicherten meist nicht möglich ist, einen bestimmten Unfall nachzuweisen. Ergibt sich, daß die Güter in unbeschädigtem Zustand die versicherte Reise angetreten haben, und zeigt sich am Bestimmungsort eine Beschädigung, aus deren Art auf die Natur des Unfalls mit hoher Wahrscheinlichkeit geschlossen werden kann, so bedarf es in der Regel eines weiteren Beweises nicht. So z. B. wenn die versicherten Güter durch Seewasser beschädigt ankommen; kommt das Gut in feuchtem Zustand an, und ergibt die Untersuchung, daß die Feuchtigkeit auf Süßwasser zurückzuführen ist, so ist der Nachweis eines bestimmten Unfalls nicht erforderlich, wenn die Möglichkeit vorliegt, daß das Gut auf der Reise mit Süßwasser in Berührung gekommen ist und eine Beschädigung durch Schiffsdunst oder inneren Verderb nachgewiesenermaßen nicht vorliegt (HGZ. 1896 Nr. 86, 1897 Nr. 32). Liegt eine hohe Wahrscheinlichkeit dafür vor, daß die Güter beim Umladen während der versicherten Reise durch Regen gelitten haben, so ist die abstrakte Möglichkeit, daß die Beschädigung auch auf andere Ursachen, für welche der Versicherer nicht haften würde, zurückgeführt werden könne, nicht zu berücksichtigen, z. B. daß das Stroh der Verpackung während der langen Reisedauer allmählich in feuchter Luft und in feuchten Räumen unter Hinzutritt des Schiffsdunstes feucht geworden sein könne (HGZ. 1895 Nr. 2). Zeigen sich bei Ankunft im Bestimmungsort deutliche Zeichen der Beraubung oder des Diebstahls an den versicherten Gütern und ergibt sich aus den Umständen, daß die Beraubung oder der Diebstahl sich nur während der versicherten Reise ereignet haben können, so brauchen weitere Beweise über die näheren Umstände des Unfalls nicht beigebracht zu werden. Andererseits ist aber daran festzuhalten, daß es nicht genügt, wenn bewiesen wird, die Ware sei verladen, aber nicht oder mit einem Manko angekommen (HGZ. 1875 Nr. 263); es genügt nicht, wenn nur vermutet werden kann, daß das Manko oder Abhandenkommen auf diese oder jene Ursache zurückgeführt werden könne (HGZ. 1909 Nr. 80), z. B. auf Diebstahl oder Spillage; es ist vielmehr erforderlich, daß es sich aus den nachgewiesenen Umständen wenigstens bis zu einem hohen Grade der Wahrscheinlichkeit ergibt, daß die in Betracht kommenden Ursachen dem versicherten Gegenstand einen Schaden und zwar einen dem Umfang nach feststellbaren Schaden zugefügt haben (Voigt S. 383, HGZ. 1889 Nr. 81; in diesem Falle kam eine versicherte Koprahladung mit erheblichem Mindergewicht im Bestimmungshafen an; der Versicherte behauptete, der Verlust sei durch Spillage während des Löschens und Wiedereinladens im Nothafen und während des Trimmens auf hoher See, eventuell auch durch Diebstahl entstanden, ohne jedoch irgend welche Anhaltspunkte dafür geben zu können, wie groß der durch Spillage entstandene Schaden sei). Der Versicherte ist von dem Beweise, daß und durch welchen Unfall die Güter auf der versicherten Reise beschädigt sind, befreit, wenn der Versicherer nach Feststellung des Schadens gestattet, daß der Versicherte über die Ware verfügt und sie verarbeitet und dadurch der sonst mögliche Beweis unmöglich gemacht wird (HGZ. 1901 Nr. 120). §882.

Der Umstand, daß aus dem Zustand der Güter bei Ankunft im Bestimmungsort auf einen Unfall bestimmter Art geschlossen werden kann, ist nur dann ausreichend, wenn die Versicherung gegen alle Gefahren genommen ist. Anders ist zu entscheiden, wenn die Haftung des Versicherers von bestimmten Unfällen abhängig ist; ist z. B. das „frei von Beschädigung außer im Strandungsfall" versicherte Gut seewasserbeschädigt angekommen, so muß der Versicherte beweisen, daß die Beschädigung Folge eines Strandungsfalles ist. Hat der Versicherer nicht alle Gefahren übernommen, z. B. die Kriegsgefahr ausgeschlossen, so ist ein Rückschluß aus der Natur des Schadens auf dessen Ursache dann nicht ausreichend, wenn der Schaden ebensogut auf einen Unfall zurückgeführt werden kann, für welchen der Versicherer nicht haftet. Sind z. B. Güter „nur für Seegefahr" versichert und auf der versicherten Reise beraubt, steht aber nicht fest, ob die Beraubung während der Seereise oder infolge Krieges während einer Lagerung erfolgt ist, so muß der Versicherte beweisen, das der Unfall sich während des Seetransports ereignet hat (HGZ. 1888 Nr. 75, 1896 Nr. 86). Anm. 6.

Der Nachweis eines nach Zeit und Ort genau bestimmten Unfalls ist in der Regel nicht erforderlich. Jedoch kann sich aus dem Vertrage ein anderes ergeben. Bei Zeitversicherungen muß nachgewiesen werden, daß der Unfall sich während der Versicherungszeit ereignet hat; der Versicherer haftet dann für die Folgen des Unfalls (vgl. Anm. 8), auch wenn diese erst nach Ablauf der Versicherungszeit eintreten (HGZ. 1899 Nr. 56). Hat der Versicherer die Haftung nur für solche Unfälle übernommen, welche sich in einem bestimmten Bezirk ereignen, so muß der Versicherte nachweisen, daß der Unfall innerhalb dieses Bezirkes entstanden ist. Was speziell Feuerschäden betrifft, so muß nachgewiesen werden, daß das Feuer innerhalb des bezeichneten Bezirks zum Ausbruch gekommen ist; ist das Feuer schon vorher an dem versicherten Gegenstande sichtbar ausgebrochen, so haftet der Versicherer nicht, wenn es auch gelungen ist, eine Weiterausbreitung des Feuers zunächst dadurch zu verhindern, daß der Laderaum unter Dampf gehalten wurde, dann aber nach Einlaufen in den versicherten Bezirk das Feuer neu ausgebrochen ist. Ist die Schadensursache vor Einlaufen in den Bezirk entstanden, so haftet der Versicherer nicht für die sich aus dem Unfall innerhalb des Bezirks entwickelnden Folgen; der Feuerschaden ist also nicht in die vor und nach Überschreitung der Bezirksgrenze entstehenden Schäden zu teilen (HGZ. 1898 Nr. 108). Ist umgekehrt das Anm. 7.

§ 882. Feuer erst innerhalb des Bezirks sichtbar ausgebrochen, so kommt es nicht darauf an, ob die Vorbedingungen für den Ausbruch des Feuers schon vorher vorhanden waren, z. B. wenn in dem versicherten Schiff Feuer infolge von Selbstentzündung der Ladung ausbricht und die Ladung schon vor Einlaufen in den versicherten Bezirk erhitzt war oder zu glimmen angefangen hatte.

Anm. 8. **Ursächlicher Zusammenhang.**

Der Versicherte muß nachweisen, daß der Schaden durch einen Unfall verursacht ist, für welchen der Versicherer haftet, d. h. er muß den Kausalzusammenhang zwischen Unfall und Schaden dartun. Das Reichsgericht (Bd. 10 Nr. 13) unterscheidet den Kausalzusammenhang im natürlichen Sinne, welcher dadurch bedingt ist, daß der Schaden ohne das beschädigende Ereignis nicht eingetreten wäre, und den Kausalzusammenhang im rechtlichen Sinne, welcher nicht nur erfordert, daß der Schaden ohne das beschädigende Ereignis nicht eingetreten wäre, sondern außerdem, daß der Schaden nicht zugleich durch eine selbständige, von dem beschädigenden Ereignis unabhängige Ursache bewirkt ist. Ist der Schaden auf mehrere Ursachen zurückzuführen, so entsteht die unter Umständen außerordentlich schwer zu beantwortende Frage, welches Ereignis den Schaden verursacht hat. Diese Frage ist dann ohne Bedeutung, wenn die verschiedenen schadenstiftenden Ereignisse sämtlich zu Lasten des Versicherers sind. Wenn aber die verschiedenen Gefahren, z. B. See- und Kriegsgefahr von verschiedenen Versicherern übernommen sind, oder der Versicherte gegen einzelne Gefahren nicht gedeckt ist, wie bei der Versicherung „nur für Seegefahr", so bedarf es einer Entscheidung der Frage, welchem Versicherer ein durch Zusammenwirken der verschiedenen Gefahren entstandener Schaden zur Last zu legen ist, resp. ob der Schaden durch eine Gefahr verursacht ist, für welche der Versicherer die Haftung nicht übernommen hat. Diese Frage wird bei der Seeversicherung vor allem in den Fällen praktisch, wenn die Kriegs- oder Feuergefahr ausgeschlossen ist. Ist z. B. der Versicherer, welcher ein Schiff nur gegen Feuer versichert hat, ersatzpflichtig, wenn das versicherte Schiff im schwerlecken Zustande vom Feuer ergriffen wird und die Mannschaft das Schiff verläßt, weil sie das eindringende Wasser und das Feuer nicht zugleich bekämpfen kann? Läßt sich die Wirkung der schadenstiftenden Ursachen trennen, so ist jedem Versicherer nur der Betrag des Schadens zur Last zu legen, welcher durch die von ihm übernommene Gefahr verursacht ist, wie z. B. wenn ein Teil der versicherten Ladung von Kriegführenden konfisziert und ein anderer Teil nachher durch einen Seeunfall verloren gegangen ist; oder ist eine Ware „frei von Beschädigung" versichert, und erleidet eine Beschädigung und wird im Bestimmungshafen von der Zollbehörde konfiziert, so hat der Versicherer nur den Wert zu ersetzen, welcher bei der Konfiskation noch vorhanden war.

Dagegen ist eine Sonderung der Schäden dann nicht möglich, wenn ein Schaden durch Zusammenwirken verschiedener Ursachen entstanden ist. Zur Entscheidung der Frage, welchem Versicherer der Schaden zur Last gelegt werden muß, hat man, und zwar zuerst im englischen Versicherungsrecht den Satz aufgestellt: „causa proxima, non causa remota spectatur"; nur diejenige Ursache solle in Betracht kommen, welche den Schaden letzten Endes herbeigeführt hat. Dieser Satz kann jedoch nach dem Stande der jetzigen Rechtsprechung nicht als richtig anerkannt werden. Abgesehen von dem Parteiwillen, auf welchen es in erster Reihe ankommt, ist von folgenden Grundsätzen auszugehen. Es kommt nicht auf die dem Ort oder der Zeit nach nächste Ursache an. Maßgebend ist nur die vorwiegend wirksame Ursache, welche mit Notwendigkeit die anderen Ursachen in Wirksamkeit setzt oder welche erfahrungsgemäß die Tendenz hat, die in Frage stehenden weiteren Wirkungen zu erzeugen (Prinzip der adäquaten Verursachung (vgl. Ehrenberg in Zeitschrift Bd. 6 S. 374). Die Ursachen oder Umstände, deren sich eine vorwiegend wirksame Ursache bedient, oder umgekehrt, welche den nach der Erfahrung des Lebens und nach vernünftigem Ermessen zu erwartenden Erfolg der vorwiegenden Ursache herbeiführen, sind nicht die eigentliche Schadensursache, wenn sie auch unmittelbar den schädigenden Erfolg herbeiführen. Dagegen ist es unrichtig zu sagen, daß eine Ursache auch dann die eigentliche Schadensursache ist, wenn sie die Wirkung anderer selbständiger Ursachen erleichtert oder ermöglicht hat, oder wenn nur der Schaden nicht oder doch nicht in dem Umfange eingetreten wäre, wenn die Ursache nicht vorhanden gewesen wäre § 882. und anderen schadenstiftenden selbständigen Ereignissen den Weg geebnet hätte. Derartige sogenannte Gelegenheitsursachen sind nicht die vorwiegend wirksamen, allein in Betracht kommenden Ursachen (RG. Bd. 42 S. 293, ROHG. Bd. 18 S. 409). Im übrigen hängt es von den Umständen des einzelnen Falles ab, welche Ursache als die vorwiegend wirksame anzusehen ist.

Beispiele. Anm. 9.

1. Güter sind während der Lagerung am Lande gegen Feuer versichert; der Lagerschuppen brennt ab, aber die Güter werden gerettet. Der Schaden, welcher durch die Ausräumung und Umlagerung und während der hierzu nach den Umständen des Falles erforderlichen zeitweiligen Lagerung im Freien entsteht, ist Folge des Feuers. Sind aber durch das Feuer alle Lagerschuppen des Ortes vernichtet und können die Güter wegen Überlastung der Eisenbahnen nicht an einen andern Ort gebracht werden, und werden nach längerer Lagerung im Freien durch Regen beschädigt, so ist das nicht eine vernünftigerweise voraussehbare Folge des Feuers; ebensowenig würde es eine Folge des Feuers sein, wenn die Güter bei der Fortschaffung aus dem Orte auf der Eisenbahn beschädigt würden (Ehrenberg, Zeitschrift 6 S. 374).
2. Ein Schiff ist nur für Seegefahr versichert, wird vom Feinde genommen und ohne Besatzung auf offener See vor Anker gelegt und geht dann im Sturm unter: die eigentliche Schadensursache ist die feindliche Nehmung und nicht der Sturm (HGZ. 1872 Nr. 6 u. 45).
3. Ein „nur für Seegefahr" versichertes Schiff wurde vom Feinde genommen; der Versicherte machte geltend die feindliche Nehmung sei durch Verrat des Kapitäns (Barraterie) verursacht. Diese Argumentation wurde verworfen, da der Krieg die hauptsächliche, unerläßliche und unmittelbare Veranlassung des Schadens gewesen sei (HGZ. 1868 Nr. 142, 145 u. 175).
4. Ein gegen Feuer versichertes Schiff wurde leck, konnte aber von der Besatzung über Wasser gehalten werden, bis ein Feuer ausbrach, welches die Besatzung zum Verlassen des Schiffes zwang. Da nach den Umständen des Falles die Möglichkeit bestand, das eindringende Wasser zu bewältigen, wenn nicht das Feuer ausgebrochen wäre, so war das Feuer als die eigentliche Schadensursache anzusehen (N. 1863 S. 252).
5. Frachtversicherung „nur für Seegefahr": nachdem ein großer Teil der Ladung eingenommen war, mußte das Schiff seines Tiefgangs wegen auf die Reede hinauslegen. Dort wurde es leck und mußte zur Reparatur in den Hafen zurück. Während der Reparatur wurde die Ware infolge Krieges von einem Ausfuhrverbot betroffen. Schadensursache war der Krieg und nicht der Leck (U. 214).
6. Güterversicherung mit der Klausel „frei von Bruch außer im Strandungsfall". Das Schiff strandete, ohne daß dadurch die Güter beschädigt wurden. Zwecks Reparatur wurden die Güter im Nothafen gelöscht und erlitten Bruchschaden. Dieser Schaden war nicht durch die Strandung verursacht (ROHG. Bd. 18 S. 409).
7. Versicherung von imaginärem Gewinn auf behaltene Ankunft von Gütern in dem Segler X vom Kanal nach Hamburg. Das Schiff strandet bei Nieuwediep; die Ladung wird mit zwei Dampfern nach Hamburg befördert, der Segler zur Reparatur nach London gebracht. Durch die Löschung ex Dampfer entstanden höhere Kosten als durch die Löschung ex Segler. Dieser Schaden war durch die Strandung verursacht. Der Kausalzusammenhang ist nicht dadurch unterbrochen, daß das Schiff zur Reparatur nach London gebracht wurde, anstatt in Holland zu reparieren und alsdann die Güter zum Bestimmungsort zu befördern. Dagegen wäre der Schaden nicht durch die Strandung verursacht, wenn der Versicherte, um die Güter schneller zu erhalten, die Umladung derselben in Dampfer veranlaßt hätte (HGZ. 1895 Nr. 38 a. E.).
8. Güterversicherung mit der Klausel, daß der Versicherer hafte für allen Schaden, welchen der versicherte Gegenstand durch einen Schiffahrtsunfall erleidet, nicht aber für Schaden, entstanden durch fehlerhafte Verladung und Lagerung im Schiffe. Die Güter wurden zum großen Teil auf Deck verladen; infolge der Deckladung kentert das Schiff bei einem heftigen Windstoß. Das RG. erkannte im Gegensatz zu den unteren Instanzen, daß der Schaden durch einen Schiffahrtsunfall und nicht durch fehlerhafte Verladung verursacht sei (HGZ. 1903 Nr. 54).

§ 882. 9. Versicherung einer Barkasse gegen alle Gefahren auf der Elbe bis abwärts nach Brunshausen, sowie der Maschine mit der Klausel: „frei von Beschädigung außer im Strandungsfall“. Die Barkasse wurde in Hamburg gestohlen und strandete unterhalb Brunshausen. Um das Schiff flott zu machen wurden alle loslösbaren Teile des Schiffes und der Maschine von den Dieben über Bord geworfen. Erkannt, daß der Schaden am Schiff, sowie der durch Überbordwerfen von Maschinenteilen entstandene Schaden als Folge des Diebstahls zu Lasten des Versicherers sei. Die Strandung sei kein Unfall, sondern ein glücklicher Zufall, ohne welchen wahrscheinlich das Schiff in die offene See getrieben und untergegangen wäre (HGZ. 1910 Nr. 10).

10. Schiffsversicherung „nur für Seegefahr“. Das Schiff wurde durch Eis schwer leck, dann von einem Kriegsschiff genommen und zur Rettung auf den Strand gesetzt, wo es unrettbar verloren ging. Der Verlust war nicht durch Kriegsgefahr, sondern durch den infolge Eisbeschädigung entstandenen Leck verursacht (HGZ. 1908 Nr. 103).

Anm. 10. Zu erheblichen Zweifeln können solche Fälle führen, in denen zwar der Schaden auf eine dem Versicherer zur Last fallende Ursache zurückzuführen ist, wo aber der versicherte Gegenstand vorher von einem dem Versicherer nicht zur Last fallenden Unfall derart betroffen ist, daß infolge dieses Unfalles der versicherte Gegenstand mit Sicherheit zu Grunde gegangen wäre wenn der Untergang nicht schon infolge des späteren Unfalls eingetreten wäre, z. B. wenn gewiß ist, daß ein leck gewordenes Schiff nicht von der Besatzung über Wasser gehalten werden kann und dann durch Feuer zerstört wird (vgl. Anm. 9 Nr. 4). In einem solchen Falle wird anzunehmen sein, daß der Feuerversicherer nicht haftet, da das Feuer das bereits sicher dem Untergang verfallene und daher wertlose Schiff betroffen hat (vgl. N. 1863 S. 255 sub III).

Anm. 11. **Die Beweislast.**

Der Versicherte hat den Unfall darzutun, auf welchen er seinen Anspruch stützt, er muß also einen den Anspruch begründenden Unfall beweisen. Daraus folgt, daß wenn der Versicherer nicht alle Gefahren übernommen hat, der Versicherte beweisen muß, daß der Schaden auf einer übernommenen Gefahr beruht (Voigt S. 381; Annalen des gesamten Versicherungswesens Nr. 32 vom 8. August 1907; HGZ. 1888 Nr. 75; dagegen Gerhard S. 256: der Versicherer, welcher einen größeren Komplex von Gefahren übernommen habe, aus denen die eine oder andere besonders ausgeschlossen sei, sei dafür beweispflichtig, daß der Schaden aus einer ausgenommenen Gefahr entstanden sei. Dagegen ist der Versicherer beweispflichtig, wenn er einwendet, der Schaden sei nicht auf einen Unfall, sondern auf Fehler oder Eigenschaften der versicherten Sache (Seeuntüchtigkeit, innerer Verderb usw.) oder auf Verschulden des Versicherten zurückzuführen (Voigt S. 447, 455, 465; N. 1866 S. 276; ROHG. Bd. 5 Nr. 44).

Anm. 12. Der Versicherte hat schließlich den Schaden und dessen Umfang zu beweisen.

Die Versicherungsbedingungen enthalten häufig, insbesondere für Casco- und Güterversicherungen genaue Vorschriften für die Feststellung des Schadens, deren Innehaltung Voraussetzung des Ersatzanspruchs des Versicherten ist. Derartige Vorschriften stehen nicht im Widerspruch mit dem Grundsatz der freien Beweiswürdigung im Prozesse; sie enthalten lediglich die Verabredung, daß nur in vorgeschriebener Weise konstatierte Schäden vergütet werden sollen (HGZ. 1887 Nr. 57, 1888 Nr. 37).

Anm. 13. **Direkter und mittelbarer Schaden.**

Außer dem Schiff oder Güter direkt betreffenden Schaden kann ein Unfall noch weitere, mittelbare Schäden für den Versicherten verursachen. Gehen z. B. die versicherten Güter verloren, so kann der Versicherte auf Grund vertraglicher Verpflichtungen in die Lage kommen, Schadensersatz oder eine Vertragsstrafe bezahlen zu müssen. Gegen derartige Schäden kann Versicherung genommen werden; sie gehören aber, wenn nicht ein anderes ausdrücklich vereinbart ist, nicht zu den Schäden, für welche der Seeversicherer Vergütung zu leisten hat (Voigt S. 378; Ritter in Zeitschrift für Versicherungs-Wissenschaft XI S. 771 fg.).

Durch den Unfall verursachter Gewinn. §883.

Hat der einen Schaden verursachende Unfall gleichzeitig einen Gewinn für den Versicherten verursacht, so ist der Gewinn von dem Schaden in Abzug zu bringen; denn insoweit ein durch den Unfall verursachter Gewinn vorliegt, ist ein Schaden nicht entstanden. Auf diesem Gedanken beruht die Vorschrift, daß bei Versicherung von Bruttofracht infolge des Unfalls ersparte Heuer oder Ausrüstungskosten von dem Schaden in Abzug zu bringen sind (HGB. § 800), ferner die Vorschrift, daß wenn bei Totalverlust des imaginären Gewinns die Güter während der Reise so günstig verkauft sind, daß der Reinerlös mehr beträgt als der Versicherungswert der Güter oder wenn in Havariegrosse oder auf Grund der Entschädigungspflicht des Verfrachters (HGB. §§ 611, 612) mehr als der Versicherungswert der Güter vergütet wird, der Überschuß von der Versicherungssumme des imaginären Gewinns in Abzug zu bringen ist (§ 860). Voraussetzung des Gewinnabzugs ist aber zunächst, daß Gewinn und Verlust dasselbe Versicherungsinteresse betreffen muß. Sind z. B. die versicherten Güter beschädigt und wird infolgedessen dem Versicherten ein Zollnachlaß gewährt, so hat der Versicherer, welcher den Zoll nicht mit versichert hat, keinen Anspruch auf Berücksichtigung des Zollnachlasses (RG. Bd. 44 Nr. 8, HGZ. 1898 Nr. 120, 126, 1899 Nr. 6, 13, 96). Anm. 14.

Eine weitere Voraussetzung ist, daß der Unfall selbst die Ursache und zwar die unmittelbare Ursache des Gewinns gewesen sein muß. Ist aber der Unfall nur die Veranlassung dafür gewesen, daß dem Versicherten eine neue Unternehmung ermöglicht wurde, so ist der aus dieser sich ergebende Gewinn nicht von dem Schaden in Abzug zu bringen. Ist z. B. Fracht versichert und geht infolge Havarie des Schiffes die Fracht verloren, so ist der Gewinn, den der Reeder dadurch erzielt, daß er sein Schiff früher zu weiteren Frachtreisen benutzen kann, als wenn die versicherte Reise ohne Unfall verlaufen wäre, nicht zu berücksichtigen (Voigt S. 144); das Gleiche gilt, wenn bei Versicherung auf behaltene Ankunft von Gütern in einem bestimmten Schiff infolge Havarie dieses Schiffes die Güter in einem anderen Schiffe zum Bestimmungshafen befördert werden und der Versicherte die Güter dort mit mehr Gewinn verkauft, als wenn sie mit dem im Versicherungsvertrage genannten Schiff angekommen wären. Es handelt sich in diesen Fällen nicht um Gewinn, welcher durch den Unfall verursacht ist, sondern welcher sich auf selbständige lediglich durch den Unfall ermöglichte kaufmännische Unternehmungen gründet, deren glücklicher oder unglücklicher Verlauf den Versicherer in keiner Weise berührt (HGZ. 1893 Nr. 6 u. 64). Den Beweis dafür, daß der Unfall gleichzeitig dem Versicherten einen Vorteil gebracht habe, hat der Versicherer zu erbringen (HGZ. 1893 Nr. 64). Der Versicherer kann sich ferner auch nicht darauf berufen, daß der Versicherte infolge des Unfalls auf Grund anderweitiger obligatorischer Beziehungen einen Anspruch gegen einen Dritten erworben habe. Nur insoweit der Versicherte Ersatz des Schadens von einem Dritten definitiv erhalten hat, mindert sich die vom Versicherer zu leistende Vergütung.

§ 883.

Bei der Versicherung für fremde Rechnung hat sich außerdem der Versicherte darüber auszuweisen, daß er dem Versicherungsnehmer zum Abschlusse des Vertrags Auftrag erteilt hat. Ist die Versicherung ohne Auftrag geschlossen, so muß der Versicherte die Umstände dartun, aus welchen hervorgeht, daß die Versicherung in seinem Interesse genommen ist.

(Fassung des Gesetzes vom 30. Mai 1908 unter X.)

Voigt § 145, Prot. S. 3657—3663, 4431—4432.

Über die Versicherung für fremde Rechnung vgl. Erläuterungen zu §§ 781, 782. Der Versicherte, für dessen Rechnung ein Dritter die Versicherung genommen hat, muß, um die Fälligkeit seiner Forderung gegen den Versicherer zu begründen: Anm. 1.

§ 884. a) die Voraussetzungen des § 882 erfüllen;

b) durch genügende Belege (z. B. Orderbrief oder -Telegramm) dartun, daß er zum Abschluß des Vertrages Auftrag erteilt hat; ein stillschweigender Vertrag ist durch Darlegung der Verhältnisse, auf denen er beruht, zu erweisen;

c) wenn der Vertrag ohne Auftrag geschlossen ist, durch genügende Belege nachweisen, daß der Vertrag in seinem Interesse geschlossen ist.

Anm. 2. Es ist nicht erforderlich, daß der Versicherungsnehmer bei dem Abschlusse des Vertrages gerade den Versicherten im Auge gehabt hat, welcher den Ersatzanspruch geltend macht. Bei einer Versicherung für fremde Rechnung braucht der Versicherungsnehmer oder sein Auftraggeber von der individuellen Person des Versicherten keine Vorstellung zu haben; erforderlich ist nur, daß er der Disponent des Geschäfts ist (Voigt S. 31). Nimmt z. B. jemand Versicherung auf Güter, welche er zu verkaufen beabsichtigt, so bringt er eventuell das Interesse des Käufers unter Versicherung, auch wenn er diesen noch nicht kennt, oder wenn die Güter von seinem Agenten verkauft und eventuell vom Käufer weiter verkauft sind, vorausgesetzt natürlich, daß der Käufer, welcher die Versicherung geltend macht, ein versicherbares Interesse hat (a. M. Ehrenberg, Jahrbücher für Dogmatik Bd. 30 S. 447). Dies gilt auch, wenn die Police nicht an Order gestellt ist.

§ 884.

Als genügende Belege sind im allgemeinen solche Belege anzusehen, die im Handelsverkehre, namentlich wegen der Schwierigkeit der Beschaffung anderer Beweise, nicht beanstandet zu werden pflegen, insbesondere

1. zum Nachweise des Interesses:

   bei der Versicherung des Schiffes die üblichen Eigentumsurkunden;

   bei der Versicherung von Gütern die Fakturen und Konnossemente, sofern nach deren Inhalt der Versicherte zur Verfügung über die Güter befugt erscheint;

   bei der Versicherung der Fracht die Chartepartien und Konnossemente;

2. zum Nachweise der Verladung der Güter die Konnossemente;

3. zum Nachweise des Unfalls die Verklarung und das Tagebuch, in Kondemnationsfällen das Erkenntnis des Prisengerichts, in Verschollenheitsfällen glaubhafte Bescheinigungen über die Zeit, in welcher das Schiff den Abgangshafen verlassen hat, und über die Nichtankunft des Schiffes im Bestimmungshafen während der Verschollenheitsfrist;

4. zum Nachweise des Schadens und dessen Umfanges die den Gesetzen oder Gebräuchen des Ortes der Schadensermittelung entsprechenden Besichtigungs-, Abschätzungs- und Versteigerungsurkunden, sowie die Kostenanschläge der Sachverständigen, ferner die quittierten Rechnungen über die ausgeführten Ausbesserungen und andere Quittungen über geleistete Zahlungen; in Ansehung eines teilweisen Schadens am Schiffe (§§ 872, 873) genügen jedoch die Besichtigungs- und Abschätzungsurkunden sowie die Kostenanschläge nur dann, wenn die etwaigen Schäden, die sich auf Abnutzung, Alter, Fäulnis oder

Wurmfraß gründen, gehörig ausgeschieden sind und wenn zugleich, §884.
soweit es ausführbar war, solche Sachverständige zugezogen worden sind, die entweder ein- für allemal obrigkeitlich bestellt oder von dem Ortsgericht oder dem deutschen Konsul und, in deren Ermangelung oder sofern deren Mitwirkung sich nicht erlangen ließ, von einer anderen Behörde besonders ernannt waren.

Voigt § 146, Prot. S. 3553—3570, 4432, 4488, 4489.

Der § 884 gibt allgemeine Vorschriften darüber, welche Belege in der Regel als ge- Anm. 1.
nügend anzusehen sind. Daraus folgt, daß die Vorschriften in besonderen Fällen keine Anwendung finden; d. h. wenn besondere Gründe vorliegen, können

a) vom Versicherer genauere Beweise verlangt werden oder
b) die Ansprüche des Versicherten ohne Beibringung der in § 884 genannten Belege oder auf Grund anderer Beweise für begründet erachtet werden (Prot. S. 3554, 3555).

Das Interesse soll erwiesen werden:

a) **bei Cascoversicherungen** durch Beibringung der üblichen Eigentumsurkunden, z. B. Auszüge Anm. 2.
aus dem Schiffsregister. Will demgegenüber der Versicherer geltend machen, daß der Versicherte zur Zeit des Unfalls kein oder nicht mehr das volle Interesse gehabt habe wegen Verkaufs oder Verpfändung des Schiffes, so ist er für diese Behauptung beweispflichtig; denn die Fortdauer des Eigentums wird präsumiert. Der Versicherte ist mit dem Beweise seines Eigentums auch dann zuzulassen, wenn ein anderer als Eigentümer im Schiffsregister eingetragen ist (HGZ. 1878 Nr. 137);
b) **bei Güterversicherungen** durch Fakturen und Konnossemente, jedoch mit der Maßgabe, daß der Versicherte nach Inhalt dieser Dokumente zur Verfügung über die Güter berechtigt erscheinen muß; das bedeutet:

1. daß nicht jeder, welcher die Police mit Konnossement und Faktura beibringt, zur Geltendmachung des Anspruchs gegen den Versicherer berechtigt ist, sondern nur derjenige, welcher durch Konnossement und Faktura zur Verfügung über die Güter legitimiert ist;
2. daß nicht das Eigentum, sondern nur eine Verfügungsberechtigung nachgewiesen zu werden braucht.

Unter Umständen genügt auch die Beibringung der Konnossemente allein (Prot. S. 3558), z. B. bei taxierten Policen (HGZ. 1882 Nr. 35). Andrerseits können Fälle eintreten, in denen die Beibringung von Konnossement und Faktura nicht genügt, z. B. wenn die Ladung dem Schiffer gehört und besondere Verdachtsgründe die Zulänglichkeit der Urkunden zweifelhaft erscheinen lassen (Prot. S. 3555).

Bei taxierten Policen kann der Versicherer Vorlegung der Faktura fordern, um die Richtigkeit der Taxe zu kontrollieren (Voigt S. 101; vgl. Anm. 5 zu § 793; a. M. HGZ. 1882 Nr. 35).

c) **Bei der Versicherung der Fracht** die Chartepartien und Konnossemente; auch hier kann in besonderen Fällen die Beibringung des Konnossements oder der Chartepartie genügen.

Die Verladung der Güter wird in der Regel durch das Konnossement bewiesen; ebenso Anm. 3.
ist das Konnossement als genügender Beweis dafür anzusehen, daß die Güter nicht unterwegs ausgeladen sind (Kierulff IV S. 61). Es könnten jedoch Ausnahmefälle vorliegen, in welchen das Konnossement nicht genügt, z. B. wenn wichtige Verdachtsgründe gegen den Schiffer vorliegen (U. 85). Der Umstand allein, daß die Güter dem Reeder gehören, genügt nicht, um dem Konnossement die Beweiskraft zu entziehen, es sei denn, daß der Verdacht eines Betruges vorliegt (HGZ. 1874 Nr. 177). Auch wenn das Konnossement vorgelegt wird, steht dem Versicherer der Gegenbeweis offen, daß die Güter nicht verladen oder zur Zeit des Unfalls nicht mehr an Bord gewesen sind (HGZ. 1869 Nr. 169). Ein ohne Vorbehalt gezeichnetes Konnossement, in welchem der Schiffer bekennt, die Güter in guter Beschaffenheit erhalten zu haben, kann als Beweismittel dafür dienen, daß die Güter in unbeschädigtem

§ 885. Zustand abgeladen sind, z. B. für die Frage, ob trockene gesalzene Häute schon bei der Verladung wasserbeschädigt waren (HGZ. 1876 Nr. 58). In der Regel wird aber das reine Konnossement nur einen tatsächlichen Anhalt dafür geben, daß die Güter im unbeschädigten Zustand verladen sind, aber zum Beweise dieser Tatsache nicht genügen (HGZ. 1910 Nr. 89). Ein Konnossement, welches gemäß § 642 Abs. 5 über Güter ausgestellt ist, die zur Beförderung übernommen, aber noch nicht abgeladen sind, ist naturgemäß kein genügender Beweis für die Verladung. Werden Güter als Passagiergut versichert, so kann der Versicherer keine Einreden daraus herleiten, daß ihm im Schadensfall kein Konnossement vorgelegt werden kann (HGZ. 1875 Nr. 283). Zum Beweise des abgeladenen Gewichts oder der Quantität genügt ein Konnossement nicht, welches die Klausel „Gewicht oder Zahl unbekannt" enthält; bei solchem Konnossement ist es erforderlich, den Beweis in anderer Weise zu ergänzen, z. B. durch die Gewichtsangaben der Zollbehörde, Zeugnis des Abladers (HGZ. 1909 Nr. 80).

Anm. 4. **Der Unfall** wird in der Regel durch Verklarung und Tagebuch, in Kondemnationsfällen (d. h. Kondemnation durch eine kriegführende Macht) durch das Erkenntnis des Prisengerichts erwiesen. Die Verklarung muß, um beweiskräftig zu sein, den gesetzlichen Bestimmungen entsprechen. Wird sie im Geltungsgebiet des HGB. belegt, so muß sie den Vorschriften der §§ 522—525 genügen; sie muß insbesondere unter Vorlegung des Journals (HGZ. 1878 Nr. 137) und darf nicht verspätet belegt sein (HGZ. 1872 Nr. 171 und 319). Im Binnenschiffahrtsverkehr sind nicht so strenge Anforderungen zu stellen (HGZ. 1895 Nr. 91). Bei einer im Ausland belegten Verklarung genügt die Befolgung der ausländischen Vorschriften (HGZ. 1871 Nr. 6 und 56, 1874 Nr. 177). Kann die Verklarung oder das Tagebuch nicht beigebracht werden, z. B. bei Güterversicherungen oder, wenn das Schiff mit der Mannschaft untergegangen ist, so hat sich der Versicherte mit anderen Beweisen zu versehen; z. B. genügt ein ausführlicher Zeitungsbericht über den Untergang (HGZ. 1871 Nr. 6 und 56, 1882 Nr. 126, 1884 Nr. 3). Wenn versicherte Güter seewasserbeschädigt im Bestimmungshafen ankommen, so braucht der Versicherte einen speziellen Unfall als Ursache des Schadens nicht nachzuweisen (HGZ. 1882 Nr. 35). Häufig verzichten die Versicherer durch Policenklausel ausdrücklich auf Beibringung der Verklarung.

Anm. 5. **In Verschollenheitsfällen** genügen glaubhafte Bescheinigungen über die Zeit, in welcher das Schiff den Abgangshafen verlassen hat, und über die Nichtankunft des Schiffes im Bestimmungshafen während der Verschollenheitsfrist. Der Versicherte braucht nicht außerdem zu beweisen, daß während der Verschollenheitsfrist keinem Beteiligten eine Kunde über das Schiff zugekommen ist (Prot. S. 3566).

Anm. 6. **Zum Nachweise des Schadens und dessen Umfanges** sind beizubringen:

a) die Besichtigungs-, Abschätzungs- und Versteigerungsurkunden. Diese müssen den Gesetzen oder Gebräuchen des Ortes der Schadensermittelung entsprechen; es genügt, wenn sie den Gebräuchen entsprechen, auch wenn diese mit den Gesetzen in Widerspruch stehen (Prot. S. 3568);
b) die Kostenanschläge der Sachverständigen; über die Feststellung von teilweisen Schäden an Schiffen vgl. Anm. 3 fg. zu § 873;
c) die quittierten Rechnungen über die ausgeführten Ausbesserungen;
d) andere Quittungen über geleistete Zahlungen.

§ 885.

Eine Vereinbarung, durch die der Versicherte von dem Nachweise der im § 882 erwähnten Umstände oder eines Teiles dieser Umstände befreit wird, ist gültig, jedoch unbeschadet des Rechtes des Versicherers, das Gegenteil zu beweisen.

Die bei der Versicherung von Gütern getroffene Vereinbarung, daß das Konnossement nicht vorzulegen ist, befreit nur von dem Nachweise der Verladung.

Voigt § 148, Prot. S. 3570—3573, 4432.

Befreiung von dem Nachweise des Interesses. §885.

Zu diesem Zweck dient die Klausel: „im Schadensfall bedarf es keines weiteren Nachweises des Interesses als nur diese Police". Durch diese Klausel wird der Versicherte aber auch von dem Nachweise der Höhe des Interesses befreit, weil dieser Nachweis den Beweis der Existenz des Interesses einschließt (HGZ. 1893 Nr. 6 und 59). Sie befreit aber nicht von dem Nachweise der Höhe des Schadens, es sei denn, daß nur ein Totalschaden in Frage kommt wie z. B. bei der Versicherung auf behaltene Ankunft (HGZ. 1893 Nr. 59). Der Ausschluß des Nachweises des Interesses muß deutlich zum Ausdruck gebracht sein; es genügt z. B. nicht die Klausel: „taxiert zu M . . . ohne weiteren Beweis" (HGZ. 1895 Nr. 97). Über die Verpflichtung des Versicherten, sein Interesse trotzdem zu bezeichnen, vgl. Anm. 8. Anm. 1.

Befreiung von dem Nachweise der Höhe des Interesses. Anm. 2.

Diesem Zwecke dienen Klauseln wie: „ohne weiteren Nachweis hinsichtlich der Taxe" (HGZ. 1872 Nr. 29) oder „taxiert zu M . . . ohne weiteren Beweis" (HGZ. 1895 Nr. 38 u. 97) oder „der Betrag von M . . . soll auf Basis gegenseitiger Übereinkunft ohne weiteren Beweis als Versicherungswert gelten" (RG. 36 Nr. 34); ferner die Klauseln, welche den Nachweis der Art des Interesses ausschließen (vgl. Anm. 1).

Zur Befreiung von dem Nachweise des Schadensumfanges dienen folgende Klauseln: Anm. 3.

a) „Im Fall von Totalverlust des Schiffes oder Kondemnation desselben ist die versicherte Summe als Totalschaden zum vollen zu bezahlen" (HGZ. 1892 Nr. 67, 1894 Nr. 96).

b) „Sollte infolge Seeschadens oder Kondemnation das Schiff seine Bestimmung nicht erreichen, so ist die versicherte Summe mit 100% als Totalschaden zu bezahlen" (HGZ. 1895 Nr. 97; nach 1889 Nr. 113 soll diese Klausel den Versicherten auch von dem Nachweise des Interesses befreien; dem kann nicht beigestimmt werden, vgl. RG. 36 Nr. 34).

c) „Im Schadensfalle gilt diese Police als alleiniger Nachweis der Versicherungssumme, welche mit 100% zu bezahlen ist, falls die Ladung ihre Bestimmung nicht erreichen sollte" (HGZ. 1893 Nr. 59).

Befreiung von dem Nachweise des Unfalls. Anm. 4.

Zu diesem Zwecke dient die Klausel „Das Fehlen der Verklarung präjudiziert nicht", womit gesagt sein soll, daß der Versicherer auf Beibringung der Verklarung und damit insbesondere bei Güterversicherungen auf eine nähere Darlegung des Unfalls verzichtet (HGZ. 1882 Nr. 35). Insbesondere bei Güterversicherungen ist es auch ohne die Klausel nicht erforderlich, den speziellen Unfall nachzuweisen, wenn der Versicherer für alle Gefahren haftet und feststeht, daß die Güter unbeschädigt abgeladen sind und sich am Bestimmungsort als see- oder süßwasser-beschädigt erweisen, vorausgesetzt, daß die Möglichkeit vorhanden ist, daß sie durch See- oder Süßwasser auf der Reise beschädigt sein können (HGZ. 1896 Nr. 86).

Zur Befreiung von dem Nachweise der Verladungen bei Güterversicherungen dient die Vereinbarung, daß das Konnossement nicht vorzulegen ist. Das Gesetz schreibt ausdrücklich vor, daß eine solche Vereinbarung nur diese Bedeutung hat. Anm. 5.

Die bei Rückversicherungen sich regelmäßig findende Klausel: Anm. 6.

„im Schadensfalle bedarf es zur Einkassierung der Rückversicherung nur der Quittung über den geleisteten Ersatz" ist weitergehender als die Klauseln, welche bezwecken, den Versicherten von dem Nachweise einzelner oder mehrerer der im § 882 erwähnten Umstände zu befreien. Ihre Bedeutung ergibt sich aus folgenden Darlegungen des ROHG. (Bd. 24 Nr. 103): „Diese in gleicher oder ähnlicher Fassung in Rückversicherungspolicen fast regelmäßig angetroffene Klausel ist dazu bestimmt, dem Rückversicherten bei der Beurteilung desjenigen, was er als Versicherer nach Recht und Billigkeit dem Versicherten gegenüber im Schadensfalle zu leisten habe, einen freien Standpunkt zu verschaffen. Er wird hierdurch in die Lage gebracht, bei einer im Schadensfalle erforderlichen Abmachung mit dem Versicherten sich des beengenden Gedankens zu entschlagen, daß er für die Gesamtheit oder eine Quote des Belaufs seinen Regreß an den Rückversicherer zu nehmen und möglicherweise sein Verfahren diesem gegenüber zu rechtfertigen habe: der Rückversicherer wird durch jene Klausel an die Schadensregulierung

§ 886. des Rückversicherten gebunden, selbstverständlich mit Ausnahme doloser oder grob-kulposer Abmachungen; dem Rückversicherten aber soll sie es ermöglichen, im Verhältnis zu dem Versicherten demjenigen zu folgen, was er im guten Glauben, und ohne offenbare Fehlgriffe für recht und billig hält. Es wohnt ihr also eine um vieles weiter reichende Wirksamkeit bei als der im Art. 890 (jetzt § 885) des HGB. erwähnten Vereinbarung, durch welche „der Versicherte von gewissen Beweisen in betreff des Schadensanspruchs befreit" wird. Denn solche Vereinbarung erweitert nicht den Umfang der materiellen Rechte des Versicherten; trotz ihrer steht dem Versicherer der Beweis des Gegenteils aller Behauptungen des Versicherten frei, welche dieser zur Begründung seines Schadensanspruchs vorzubringen hat, und die er beweisen müßte, wenn er nicht vertragsmäßig von der Beweislast entbunden worden wäre. Den Rückversicherer hingegen, welcher mit der hier in Rede stehenden Klausel gezeichnet hat, befreit nicht schon der Beweis, daß gewisse tatsächliche Voraussetzungen des von dem Rückversicherten anerkannten Schadensanspruchs nicht vorhanden gewesen seien, sondern nur die Nachweisung, daß dieser sie mala fide oder culpa lata dem Versicherten gegenüber habe gelten lassen. Die Klausel kann indessen dadurch in gewissen Beziehungen außer Kraft gesetzt werden, daß der Rückversicherte sich mit dem Rückversicherer über das einzuhaltende Verfahren in Beziehung setzt und dessen Ansichten und Willensmeinung einholt. Er ist jedenfalls dann, wenn der gesamte Risiko rückversichert worden ist, verbunden, den Kundgebungen des Rückversicherers soweit zu folgen, als dieser nichts Rechtswidriges, Unbilliges oder einer von ihm, dem Rückversicherten gehegten wohlbegründeten Überzeugung Widersprechendes verlangt."

Anm. 7. Ist das versicherte Interesse bei mehreren Versicherern versichert, so wird häufig in die Police eine Klausel aufgenommen, welche die Versicherer verpflichtet, sich den Maßnahmen eines Versicherers, meist des sogenannten Vorzeichners anzuschließen, z. B. „die Versicherer verpflichten sich, etwaige Havarien in gleicher Weise zu regulieren wie . . ."; d. h. das tatsächliche Handeln des betreffenden Versicherers soll für die übrigen Versicherer maßgebend sein. Die Vorschriften der §§ 317—319 BGB., insbesondere die Anfechtung wegen Irrtums aus § 318 Abs. 2 BGB. findet keine Anwendung (HGZ. 1905 Nr. 61). Die Maßnahmen der führenden Gesellschaft sind auch dann maßgebend, wenn sie ein anderes Interesse versichert hat als die folgenden Gesellschaften, z. B. die führende Gesellschaft ist Cascoversicherer, während die folgenden Gesellschaften auf behaltene Ankunft versichert haben (HGZ. 1911 Nr. 105).

Anm. 8. Eine Vereinbarung, durch welche der Versicherte von dem Nachweise der in § 882 erwähnten Umstände oder eines Teiles desselben befreit wird, hat nicht etwa die Bedeutung, daß der Versicherer das Vorliegen des betreffenden Umstandes nicht mehr bestreiten kann; dem Versicherer steht vielmehr der Gegenbeweis zu und der Versicherte hat auf Verlangen des Versicherers die zur Begründung seines Anspruchs erforderlichen Tatsachen anzugeben. Der Versicherte ist daher, z. B. auch wenn die Police als alleiniger Beweis des Interesses genügen soll, verpflichtet, auf Verlangen des Versicherers anzugeben, worin sein Interesse besteht, und es steht alsdann dem Versicherer frei zu beweisen, daß das angegebene Interesse entweder nicht für den Versicherten besteht oder nicht versicherbar ist (RG. 25 Nr. 19, 36 Nr. 34; HGZ. 1892 Nr. 67, 1896 Nr. 110, 1897 Nr. 7).

§ 886.

(In der Fassung des Gesetzes vom 30. Mai 1908.)

Bei der Versicherung für fremde Rechnung stehen die Rechte aus dem Versicherungsvertrage dem Versicherten zu. Die Aushändigung einer Police kann jedoch nur der Versicherungsnehmer verlangen.

Der Versicherte kann ohne Zustimmung des Versicherungsnehmers über seine Rechte nur verfügen und diese Rechte nur gerichtlich geltend machen, wenn er im Besitz einer Police ist.

Voigt § 149.

Die §§ 886—890 enthalten Vorschriften, durch welche bei einer Versicherung für fremde Rechnung das Verhältnis der Parteien, des Versicherers zum Versicherungsnehmer und zum Versicherten geregelt wird. Der leitende Grundsatz ist die zwingende Rechtsbestimmung, daß die Rechte aus dem Versicherungsvertrage dem Versicherten zustehen. Dieser macht also die Rechte aus dem Vertrage nicht als Zessionar des Versicherungsnehmers, sondern aus eigenem Rechte geltend. Dies kann er aber nur unter bestimmten Voraussetzungen, welche vom Gesetz vorgeschrieben sind, um das Interesse des Versicherungsnehmers zu schützen. Das Interesse des letzteren besteht darin, daß er für seine Forderungen gegen den Versicherten in Bezug auf den versicherten Gegenstand, insbesondere wegen Prämie, sonstigen Auslagen und Provision gesichert sein soll. § 887. Anm. 1.

Das Verfügungsrecht des Versicherten ist in doppelter Weise beschränkt: Anm. 2.

a) er kann von dem Versicherer nicht die Aushändigung der Police verlangen; dieses Recht hat vielmehr nur der Versicherungsnehmer;

b) er kann über seine Rechte nur verfügen und sie gerichtlich nur geltend machen, wenn entweder

1. der Versicherungsnehmer zustimmt oder
2. der Versicherte im Besitz der Police ist.

Den gleichen Beschränkungen wie das Verfügungsrecht unterliegt das Recht des Versicherten, einseitige Willenserklärungen des Versicherers z. B. eine Kündigung zu empfangen (Begründung zu § 76 des Versicherungs-Vertrags-Gesetzes).

Kreditgeber, welche im Besitz der Police sind, sind nicht geschützt, wenn der Versicherte mit Zustimmung des Versicherungsnehmers die Versicherungssumme erhebt. Dieser Gefahr läßt sich nur dadurch vorbeugen, daß mit dem Versicherer vereinbart wird, daß eine Zahlung auf Grund des Vertrages nur gegen Rückgabe der Police erfolgen kann (vgl. Begründung aaO.). Anm. 3.

Das Recht des Versicherungsnehmers auf Aushändigung der Police ist in doppelter Beziehung von Bedeutung: Anm. 4.

a) der Besitz der Police schützt den Versicherungsnehmer mit Bezug auf die ihm gemäß § 887 Abs. 2 und § 888 zustehenden Rechte;

b) der Versicherte hat gegen den Versicherungsnehmer, soweit das Zurückbehaltungsrecht des § 888 nicht in Betracht kommt, jederzeit einen Anspruch auf Herausgabe der Police und ist dadurch in der Lage, dem Versicherungsnehmer die diesem gemäß § 887 zustehende gesetzliche Vollmacht zu entziehen (vgl. Ehrenberg in Jahrbücher für Dogmatik Bd. 30 S. 460).

§ 887.

(In der Fassung des Gesetzes vom 30. Mai 1908.)

Der Versicherungsnehmer kann über die Rechte, welche dem Versicherten aus dem Versicherungsvertrage zustehen, im eigenen Namen verfügen.

Ist eine Police ausgestellt, so ist der Versicherungsnehmer ohne Zustimmung des Versicherten zur Annahme der Zahlung sowie zur Übertragung der Rechte des Versicherten nur befugt, wenn er im Besitze der Police ist.

Der Versicherer ist zur Zahlung an den Versicherungsnehmer nur verpflichtet, wenn dieser ihm gegenüber nachweist, daß der Versicherte seine Zustimmung zu der Versicherung erteilt hat.

Voigt § 149.

Der vorstehende § regelt die Beziehungen des Versicherers zum Versicherungsnehmer. Grundsatz ist, daß der Versicherungsnehmer im eigenen Namen und kraft eigenen Rechtes über die Rechte verfügen kann, welche dem Versicherten aus Anm. 1.

§ 887. dem Versicherungsvertrage zustehen. Dieses Verfügungsrecht steht dem Versicherungsnehmer unbeschränkt zu, wenn eine Police nicht ausgestellt ist, er ist insbesondere berechtigt, ohne Zustimmung des Versicherten Zahlung anzunehmen; der Versicherer ist berechtigt, an den Versicherungsnehmer zu zahlen, verpflichtet ist er aber dazu nur, wenn der Versicherungsnehmer nachweist, daß der Versicherte seine Zustimmung zu der Versicherung erteilt hat (Abs. 3) und wenn die Voraussetzungen des § 882 erfüllt sind.

Anm. 2. **Ist eine Police ausgestellt,** so ist das Verfügungsrecht des Versicherungsnehmers beschränkt:

1. **Zur Annahme der Zahlung und Übertragung der Rechte** des Versicherten ist er nur befugt entweder

a) **wenn er im Besitz der Police ist**; in diesem Falle wird vermutet, daß der Versicherte den Versicherungsnehmer auch mit der Erhebung der Versicherungsgelder beauftragt hat. Es ist ein Fall einer gesetzlichen Vollmacht, welche aber auch zur Realisation eigener Rechte des Versicherungsnehmers dient (Retentionsrecht, vorzugsweise Befriedigungsrecht § 888; vgl. HGZ. 1892 Nr. 29).

b) **oder mit Zustimmung des Versicherten** ohne Vorlage der Police; der Versicherungsnehmer muß die Zustimmung des Versicherten nachweisen.

Anm. 3. 2. **Zu anderen Verfügungen** ist der Versicherungsnehmer auch ohne Zustimmung des Versicherten und ohne im Besitz der Police zu sein befugt. In Betracht kommen:

a) Verhandlungen mit dem Versicherer über die Folgen einer Gefahrerhöhung;

b) Ermittelung und Feststellung der Höhe eines Schadens, insbesondere

α) Wahl und Anerkennung von Sachverständigen für die Besichtigung und Schätzung der versicherten Sachen,

β) Entscheidung über den Verkauf der versicherten Sache;

c) Anerkennung von Schiedsrichtern;

d) Klageerhebung; der Versicherer kann verlangen, daß im Urteilstenor zum Ausdruck gebracht wird, daß er zur Zahlung nur gegen Vorlegung der Police oder Nachweis der Zustimmung des Versicherten zur Versicherungsnahme und zur Annahme der Zahlung verurteilt wird (Gerhard S. 358).

e) **Zum Verzicht** auf die Rechte des Versicherten ist der Versicherungsnehmer ebenfalls für befugt zu erachten; allerdings verneint das RG. (Bd. 11 S. 222) das Recht des Versicherungsnehmers, nach Eintritt eines Schadensfalles vom Vertrage zurückzutreten. Das Gesetz gewährt dem Versicherungsnehmer jedoch abgesehen von den Fällen des Abs. 2 ein unbeschränktes Verfügungsrecht; es ist daher anzunehmen, daß er auch auf die Rechte aus dem Vertrage verzichten darf (Ehrenberg, Versicherungsrecht S. 192, a. M. Gerhard S. 358).

f) Abschluß von Vergleichen (ROHG. 14 S. 137).

Anm. 4. Das Verfügungsrecht des Versicherungsnehmers entspricht dem Interesse des Versicherten, welches nicht genügend geschützt werden könnte, wenn der Versicherungsnehmer zu den im Interesse des Versicherten notwendigen oder zweckmäßigen Verfügungen jedesmal die Zustimmung des Versicherten einholen müßte. Der Versicherte ist, wenn er im Besitz der Police ist, jederzeit berechtigt, den Verfügungen des Versicherungsnehmers zu widersprechen.

Anm. 5. Wenn eine Police ausgestellt ist, ist die Verpflichtung des Versicherers, an den Versicherungsnehmer zu zahlen, von folgenden Voraussetzungen abhängig:

1. der Versicherungsnehmer hat entweder die Police vorzulegen oder die Zustimmung des Versicherten dazu, daß er die Gelder in Empfang nimmt nachzuweisen;
2. der Versicherungsnehmer hat ferner nachzuweisen, daß der Versicherte seine Zustimmung zu der Versicherung gegeben hat; dies ist erforderlich, um dem Abschluß von Wettassekuranzen vorzubeugen;
3. es müssen die Voraussetzungen des § 882 erfüllt sein.

Anm. 6. Hat der Versicherer an den Versicherungsnehmer eine Zahlung geleistet, zu welcher er nicht verpflichtet war, so kann er nach den Grundsätzen der ungerechtfertigten Bereicherung

Rückzahlung von dem Versicherungsnehmer verlangen, solange der Versicherungsnehmer das Gezahlte noch nicht an den Versicherten abgeführt hat. Gegen den Versicherten hat der Versicherer einen Anspruch auf Rückzahlung nur, wenn der Versicherte den nicht geschuldeten Betrag von dem Versicherungsnehmer erhalten hat (HGZ. 1896 Nr. 85, vgl. jedoch ROHGZ. 2, 92). § 888.

Anm. 7. Über die Verpflichtung des Versicherungsnehmers zur Prämienzahlung vgl. Erläuterungen zu § 812; über das Verhältnis des Versicherungsnehmers zum Versicherten vgl. Erläuterungen zu § 781.

§ 888.

Der Versicherungsnehmer ist nicht verpflichtet, die Police dem Versicherten oder den Gläubigern oder der Konkursmasse des Versicherten auszuliefern, bevor er wegen der gegen den Versicherten in Bezug auf den versicherten Gegenstand ihm zustehenden Ansprüche befriedigt ist. Im Falle eines Schadens kann der Versicherungsnehmer sich wegen dieser Ansprüche aus der Forderung, welche gegen den Versicherer begründet ist, und nach Einziehung der Versicherungsgelder aus den letzteren vorzugsweise vor dem Versicherten und vor dessen Gläubigern befriedigen.

Voigt § 150, Prot. S. 4433—4437.

Anm. 1. Das Gesetz gewährt dem Versicherungsnehmer ein Zurückbehaltungsrecht an der Police gegenüber dem Versicherten, dessen Gläubigern und Konkursmasse. Das Zurückbehaltungsrecht besteht nicht nur wegen der Prämie und der sonstigen Auslagen, welche der Versicherungsnehmer auf Grund des Versicherungsverhältnisses gemacht hat, z. B. Havereigelder, Beiträge zur Havariegrosse, sondern wegen aller seiner, auch der noch nicht fälligen Ansprüche, welche ihm mit den Bezug auf den versicherten Gegenstand gegen den Versicherten zustehen, z. B. wegen Verwendungen, welche er auf die versicherte Sache gemacht hat (Gerhard Anm. 1 zu § 77). Außer diesem besonderen Zurückbehaltungsrecht steht dem Versicherungsnehmer gegebenen Falles auch das Zurückbehaltungsrecht gemäß BGB. § 273 und HGB. §§ 369—372 zu.

Anm. 2. Der Versicherungsnehmer hat wegen der in Anm. 1 genannten Ansprüche im Falle eines Schadens ein Vorwegbefriedigungsrecht vor dem Versicherten und dessen Gläubigern:

a) aus der gegen den Versicherer begründeten Forderung;
b) aus den Versicherungsgeldern nach Einziehung derselben. Das Vorzugsrecht besteht auch, wenn der Versicherte selbst die Versicherungsgelder eingezogen hat (Gerhard, Anm. 3 zu § 77); es kommen jedoch nur die Fälle in Betracht, daß der Versicherer dem Versicherten zahlt, ohne daß dieser im Besitz der Police ist oder daß der Versicherte zu Unrecht in den Besitz der Police gelangt ist. Hat der Versicherungsnehmer die Police dem Versicherten ausgehändigt oder seine Zustimmung dazu gegeben, daß der Versicherte die Gelder einzieht, so ist anzunehmen, daß er auf sein Zurückbehaltungs- und Vorwegbefriedigungsrecht verzichtet. Ist der Versicherte aber zu Unrecht in den Besitz der Police gelangt und wußte das der Versicherer, so macht er sich dem Versicherungsnehmer verantwortlich, wenn er trotzdem dem Versicherten zahlt (vgl. Anm. 1 zu § 889).

Anm. 3. Das Recht auf vorzugsweise Befriedigung besteht gegenüber dem Versicherten und dessen Gläubigern. Zu den letzteren kann auch der Versicherer gehören; daraus folgt, daß der Versicherer dem Versicherungsnehmer gegenüber nicht mit Forderungen aufrechnen kann, welche ihm gegen den Versicherten zustehen, insoweit durch die Aufrechnung das Vorwegbefriedigungsrecht des Versicherungsnehmers beeinträchtigt würde (Gerhard, Anm. 3 zu § 77).

§ 889.
§ 890.

§ 889.

Der Versicherer macht sich dem Versicherungsnehmer verantwortlich, wenn er, während sich dieser noch im Besitze der Police befindet, durch Zahlungen, die er dem Versicherten oder den Gläubigern oder der Konkursmasse des Versicherten leistet, oder durch Verträge, die er mit ihnen schließt, das im § 888 bezeichnete Recht des Versicherungsnehmers beeinträchtigt.

Inwiefern sich der Versicherer einem Dritten, welchem Rechte aus der Police eingeräumt sind, dadurch verantwortlich macht, daß er über diese Rechte Verträge schließt oder Versicherungsgelder zahlt, ohne sich die Police zurückgeben zu lassen oder sie mit der erforderlichen Bemerkung zu versehen, bestimmt sich nach den Vorschriften des bürgerlichen Rechtes.

Voigt § 150, Prot. S. 4433—4437.

Anm. 1. Der Versicherer ist nach § 886 nicht verpflichtet, ohne Zustimmung des Versicherungsnehmers dem Versicherten Zahlung zu leisten, wenn dieser sich nicht im Besitz der Police befindet. Gemäß § 889 ist er auch nicht berechtigt dem Versicherten, dessen Gläubigern oder Konkursmasse Zahlung zu leisten, wenn der Versicherungsnehmer noch im Besitz der Police ist und wenn durch die Zahlung das im § 888 bezeichnete Recht des Versicherungsnehmers beeinträchtigt würde. Leistet der Versicherer trotzdem an den Versicherten Zahlung, so hat er dem Versicherungsnehmer den Schaden zu ersetzen, welcher daraus entsteht, daß der Versicherungsnehmer sein Vorwegbefriedigungsrecht nicht ausüben kann oder daß die Zurückbehaltung der Police keinen Wert mehr hat. Ebensowenig darf der Versicherer das Recht des Versicherungsnehmers durch Verträge beeinträchtigen, welche er mit dem Versicherten, dessen Gläubigern oder mit dem Konkursverwalter schließt. Der Versicherungsnehmer muß sich noch im Besitze der Police befinden. Die Verantwortlichkeit des Versicherers ist aber auch begründet, wenn der Versicherte widerrechtlich in den Besitz der Police gelangt ist und der Versicherer die Widerrechtlichkeit kannte.

Anm. 2. **Dritten Personen**, welchen Rechte aus der Police resp. aus dem Versicherungsvertrage eingeräumt sind, macht sich der Versicherer dadurch, daß er über diese Rechte Verträge schließt oder Versicherungsgelder zahlt, verantwortlich, wenn er die Rechte in Kenntnis derselben verletzt. Dies gilt namentlich, wenn der Versicherte seine Rechte aus dem Versicherungsvertrage abgetreten hat und der Versicherer bei der Zahlung oder dem Abschluß des Vertrages von der Abtretung Kenntnis hatte (BGB. § 407), oder wenn der Versicherte seine Rechte aus dem Versicherungsvertrage verpfändet und die Verpfändung dem Versicherer angezeigt hat (BGB. § 1280). Ist die Police an Order gestellt, so darf der Versicherer nur an den durch Indossament Legitimierten (HGB. § 365) zahlen.

§ 890.

(In der Fassung des Gesetzes vom 30. Mai 1908.)

Der Versicherer kann gegen die Entschädigungsforderung eine Forderung, die ihm gegen den Versicherungsnehmer zusteht, insoweit aufrechnen, als sie auf der für den Versicherten genommenen Versicherung beruht.

Voigt § 151.

Die Regel.

Anm. 1. Für die Aufrechnungsbefugnis des Versicherers ist entscheidend, daß die Rechte aus dem Versicherungsvertrage dem Versicherten zustehen. Daraus folgt, daß der Versicherer gegen die Entschädigungsforderung nur solche Forderungen zur Aufrechnung bringen kann, welche ihm gegen den Versicherten zustehen. Diese Aufrechnungsbefugnis darf aber nicht das Recht des Versicherungsnehmers auf vorzugsweise Befriedigung aus den Versicherungsgeldern beeinträchtigen und erleidet daher insoweit eine Einschränkung, wenn der Versicherungsnehmer die Entschädigungsforderung geltend macht (vgl. Anm. 3 zu § 888). Forderungen gegen den Versicherungsnehmer kann der Versicherer abgesehen von der in Anm. 2 genannten Ausnahme nicht zur Aufrechnung bringen ohne Unterschied, ob die Entschädigungsforderung vom Versicherten oder vom Versicherungsnehmer geltend gemacht wird. § 891.

Die Ausnahme. Anm. 2.

Gegen die Entschädigungsforderung können die dem Versicherer gegen den Versicherungsnehmer zustehenden, auf der für den Versicherten genommenen Versicherung beruhenden Forderungen aufgerechnet werden. In Betracht kommt vor allem der Anspruch auf die Prämie; hiermit kann der Versicherer dem Versicherten gegenüber auch dann aufrechnen, wenn der Versicherte sie dem Versicherungsnehmer bereits bezahlt hatte. Ferner kommen in Frage Ansprüche auf Schadensersatz, welche der Versicherer auf Grund des Versicherungsvertrages gegen den Versicherungsnehmer hat. Die Ansprüche müssen auf der für den Versicherten genommenen Versicherung beruhen. Hat z. B. ein Spediteur eine laufende Police auf Güter verschiedener Personen genommen, so sind gegen die Entschädigungsforderung eines des Versicherten nur diejenigen Forderungen aufrechenbar, welche auf der für diesen Versicherten genommenen Versicherung beruhen.

§ 891.

Der Versicherte ist befugt, nicht nur die aus einem bereits eingetretenen Unfall ihm zustehenden, sondern auch die künftigen Entschädigungsansprüche einem Dritten abzutreten. Ist die Police nach § 363 Abs. 2 an Order gestellt, so ist bei der Versicherung für fremde Rechnung zur Gültigkeit der ersten Übertragung das Indossament des Versicherungsnehmers genügend.

Voigt § 151, Prot. S. 3579—3582, 3666, 4443.

Abtretung der Entschädigungsansprüche. Anm. 1.

Der Versicherte kann die Entschädigungsansprüche einem Dritten abtreten und zwar:

a) solche, welche ihm aus einem bereits eingetretenen Unfall zustehen;
b) solche, welche ihm auf Grund des Vertrages künftig zustehen werden.

Wichtig ist, daß die Abtretung dem Versicherer mitgeteilt wird, und zwar: Anm. 2.

a) **für die Aufrechnung**; denn der Versicherer kann dem neuen Gläubiger gegenüber mit einer ihm gegen den Versicherten zustehenden Forderung nicht aufrechnen, wenn er bei dem Erwerbe dieser Forderung von der Abtretung Kenntnis hatte, oder wenn die Forderung nach Erlangung der Kenntnis und später als die abgetretene Forderung fällig geworden ist (BGB. § 406);
b) **für Leistungen und Rechtsgeschäfte** in Ansehung der abgetretenen Forderung: Leistungen des Versicherers an den Versicherten nach der Abtretung sowie Rechtsgeschäfte, welche nach der Abtretung zwischen dem Versicherer und dem Versicherten vorgenommen werden, muß der neue Gläubiger gegen sich gelten lassen, es sei denn, daß der Versicherer bei der Leistung oder der Vornahme des Rechtsgeschäfts die Abtretung kennt (BGB. § 407 Abs. 1);
c) **Rechtskräftige Urteile** zwischen dem Versicherer und dem Versicherten in Rechtsstreitigkeiten, welche nach der Abtretung anhängig geworden sind, muß der neue Gläubiger gegen sich gelten lassen, es sei denn, daß dem Versicherer bei dem Eintritt der Rechtshängigkeit die Abtretung bekannt war (BGB. § 407 Abs. 2).

Der Versicherer kann im übrigen dem neuen Gläubiger gegenüber alle Einreden geltend machen, welche ihm gegen den Versicherten zustehen, also z. B. die Einrede der Deviation, der Seeuntüchtigkeit, der vertragswidrigen Schadensfeststellung usw. Anm. 3.

§ 892. **Orderpolicen.**

Anm. 4. Über ihre Bedeutung vgl. Anm. 2 zu § 784. Daß bei der Versicherung für fremde Rechnung zur Gültigkeit der ersten Übertragung das Indossament des Versicherungsnehmers genügend ist, folgt bereits am § 887 Abs. 2.

Anm. 5. **Zur Verpfändung der Entschädigungsansprüche** ist erforderlich:

a) die Einigung zwischen dem Versicherten und dem Gläubiger;

b) die Anzeige der Verpfändung durch den Versicherten an den Versicherer (BGB. § 1280).

Ist die Police an Order gestellt, so ist zur Bestellung des Pfandrechts an der Police die Einigung zwischen dem Versicherten und dem Gläubiger und die Übergabe der indossierten Police genügend (BGB. § 1292).

§ 892.

Wenn nach dem Ablaufe von zwei Monaten seit der Anzeige des Unfalls die Schadensberechnung (§ 882) ohne Verschulden des Versicherten noch nicht vorgelegt, wohl aber durch ungefähre Ermittelung die Summe festgestellt worden ist, welche dem Versicherer mindestens zur Last fällt, so hat der letztere diese Summe in Anrechnung auf seine Schuld vorläufig zu zahlen, jedoch nicht vor dem Ablaufe der etwa für die Zahlung der Versicherungsgelder bedungenen Frist. Soll die Zahlungsfrist mit dem Zeitpunkte beginnen, in welchem dem Versicherer die Schadensberechnung mitgeteilt ist, so wird sie in dem bezeichneten Falle von der Zeit an berechnet, in welcher dem Versicherer die vorläufige Ermittelung mitgeteilt ist.

Voigt § 152, Prot. S. 4443—4445, 4489.

Anm. 1. Die Voraussetzungen der vorläufigen Zahlungsverpflichtung des Versicherers sind:

1. der Ablauf von zwei Monaten nach der Anzeige des Unfalls;
2. der Ablauf der etwa im Vertrage bedungenen Zahlungsfrist; falls die Frist mit dem Tage beginnen soll, an welchem dem Versicherer die Schadensberechnung mitgeteilt ist, so tritt an die Stelle der Mitteilung der Schadensberechnung die Mitteilung der vorläufigen Ermittelung;
3. daß die definitive Schadensberechnung (§ 882) ohne Verschulden des Versicherten innerhalb zweier Monate nach Anzeige des Unfalls nicht vorgelegt werden kann;
4. daß durch ungefähre Ermittelung die Summe festgestellt worden ist, welche dem Versicherer mindestens zur Last fällt. Es handelt sich hierbei nicht um Feststellung des liquiden und des illiquiden Teiles der Schadensforderung, sondern um die vorläufige Schätzung des Betrages, welchen der Versicherer von der der Höhe nach noch nicht feststellbaren Schadensforderung mindestens zu zahlen haben wird (Prot. S. 4443).

Anm. 2. **Die Zahlung des Versicherers ist eine vorläufige,** d. h. sie präjudiziert in keiner Weise der definitiven Berechnung. Ergibt diese daher, daß die vorläufige Zahlung zu gering war, so hat der Versicherer den Rest nachzuzahlen; umgekehrt hat der Versicherte, wenn die vorläufige Schätzung zu hoch war, die Differenz dem Versicherer zurückzuzahlen; ergibt sich, daß der Versicherer zur Zahlung überhaupt nicht verpflichtet war, so hat der Versicherte den ganzen Einschuß zurückzuzahlen (Sb. S. 616). Rückzahlungspflichtig ist der Versicherte; hat bei einer Versicherung für fremde Rechnung der Versicherungsnehmer die vorläufige Zahlung erhalten und an den Versicherten noch nicht weitergegeben, so ist der Versicherungsnehmer rückzahlungspflichtig. Der Anspruch auf Rückzahlung entsteht, wenn auch bedingt, mit der vorläufigen Zahlung, nicht erst in dem Zeitpunkt, in welchem sich herausstellt, daß die Zahlung dem Versicherten nicht oder doch nicht zur vollen Höhe gebührt; es folgt dies aus dem Begriff der vorläufigen Zahlung (HGZ. 1902 Nr. 77, OLG. gegen LG.).

Beweislast. §893.

Der Versicherte hat den Umfang des Schadens zu beweisen. Daran wird durch die vorläufige Zahlung des Versicherers nichts geändert. Der Versicherte hat die definitive Abrechnung und die Belege dafür beizubringen. Wenn aber der Versicherer auf die vorläufige Berechnung hin bezahlt hat und später Rückzahlung verlangt, weil er für den Unfall nicht hafte oder bei der Schadensfeststellung gegen Vorschriften des Vertrages verstoßen sei, so trägt er hierfür die Beweislast. Ist z. B. vom Versicherten Totalverlust behauptet und mit Rücksicht hierauf eine vorläufige Zahlung erfolgt, und verlangt der Versicherer Rückzahlung mit der Behauptung, ein Totalverlust liege nicht vor und der Versicherte habe die Vorschriften über die Feststellung eines Partialschadens nicht innegehalten, so hat der Versicherer zu beweisen, daß kein Totalverlust vorliegt. Anm. 3.

Nicht um Rückzahlung des Einschusses handelt es sich, wenn der Versicherte gemäß § 822 für Rechnung des Versicherers einen Dritten auf Ersatz des Schadens belangt und der Dritte den Schaden bezahlt. In solchen Fällen hat vielmehr der Versicherte das auszukehren, was er auf Grund der auftraggemäßen Prozeßführung erlangt. Der Anspruch des Versicherers gegen den Versicherten entsteht, sobald dieser den Schadensersatz vom Dritten erhalten hat, nicht schon mit der Erteilung des Auftrags (HGZ. 1902 Nr. 77, 1903 Nr. 49, RG. gegen OLG.). Der Zeitpunkt der Entstehung des Anspruchs ist insbesondere von Bedeutung, wenn über das Vermögen des Versicherers der Konkurs eröffnet wird, für die Frage, ob der Versicherte gegen den Anspruch mit einer Konkursforderung aufrechnen kann. Anm. 4.

§ 893.

Der Versicherer hat

1. in Havereifällen zu den für die Rettung, Erhaltung und Wiederherstellung der versicherten Sache nötigen Ausgaben in Anrechnung auf seine später festzustellende Schuld zwei Dritteile des ihm zur Last fallenden Betrags,
2. bei Aufbringung des Schiffes oder der Güter den vollen Betrag der ihm zur Last fallenden Kosten des Reklameprozesses, sowie sie erforderlich werden, vorzuschießen.

Voigt § 153, Prot. S. 3591—3593, 4445.

Im Gegensatz zur vorläufigen Zahlungspflicht des § 892 wird im § 893 bestimmt, in welchen Fällen der Versicherer einen Vorschuß zu bezahlen hat. Diese Fälle sind: Anm. 1.

1. **Havereifälle.**

a) Ist die versicherte Sache beschädigt, so ist der Versicherte verpflichtet, für die Rettung und für die Abwendung größerer Nachteile tunlichst zu sorgen (§ 819). Die hierfür erforderlichen Ausgaben hat der Versicherer vorzuschießen; da es sich jedoch nur um eine vorläufige Schätzung handelt, hat der Versicherer nur zwei Drittel des erforderlichen Betrages vorzuschießen. Anm. 2.

b) Nur von dem ihm zur Last fallenden Betrage hat der Versicherer zwei Dritteile vorzuschießen. Es kommen daher die Beträge nicht in Betracht, welche zur Ausbesserung eines nicht gedeckten Schadens erforderlich sind, z. B. Schäden am Schiff infolge Seeuntüchtigkeit oder Alter. Anm. 3.

Vorschußpflichtig ist nicht nur der Versicherer der beschädigten Sache, d. h. des Schiffes oder der Güter, sondern jeder Versicherer, welchem der Schaden zur Last fällt, z. B. bei Havariegrosseschäden auch der Frachtversicherer (Prot. S. 3591). Anm. 4.

Der Vorschuß ist zu zahlen in Anrechnung auf die später festzustellende Schuld (vgl. Anm. 2 zu § 892). Anm. 5.

§ 894. 2. **Aufbringung des Schiffes oder der Güter.**

Anm. 6. Die Kosten des Reklameprozesses sind in der Höhe, in welcher sie jeweilig erforderlich werden, vom Versicherer vorzuschießen, selbstverständlich unter der Voraussetzung, daß ihm diese Kosten überhaupt zur Last fallen.

Siebenter Titel.

Aufhebung der Versicherung und Rückzahlung der Prämie.

§ 894.

Wird die Unternehmung, auf welche sich die Versicherung bezieht, ganz oder zu einem Teile von dem Versicherten aufgegeben oder wird ohne sein Zutun die ganze versicherte Sache oder ein Teil dieser Sache der von dem Versicherer übernommenen Gefahr nicht ausgesetzt, so kann die Prämie ganz oder zu dem verhältnismäßigen Teile bis auf eine dem Versicherer gebührende Vergütung zurückgefordert oder einbehalten werden (Ristorno).

Die Vergütung (Ristornogebühr) besteht, sofern nicht ein anderer Betrag vereinbart oder am Orte der Versicherung üblich ist, in einem halben Prozente der ganzen oder des entsprechenden Teiles der Versicherungssumme, wenn aber die Prämie nicht ein Prozent der Versicherungssumme erreicht, in der Hälfte der ganzen oder des verhältnismäßigen Teiles der Prämie.

Voigt § 154, Prot. S. 3602—3608, 3612, 3633—3635, 3638, 4445.

Anm. 1. **Unter Ristorno ist das Recht des Versicherten zu verstehen, unter bestimmten, im Gesetz oder Vertrag vorgesehenen Voraussetzungen ganz oder zum Teil vom Vertrage zurückzutreten und entsprechend die Prämie ganz oder zum Teil zurückzufordern oder einzubehalten gegen eine dem Versicherer zu zahlende Vergütung (Ristornogebühr).**

Anm. 2. § 894 sieht folgende Ristornofälle vor:

1. Wenn die Unternehmung, auf welche sich die Versicherung bezieht ganz oder teilweise von dem Versicherten aufgegeben wird, z. B. wenn der Versicherte die versicherten Güter nicht versendet oder das versicherte Schiff auf eine andere als die im Vertrage bezeichnete Reise schickt. Teilweise wird die Unternehmung aufgegeben, wenn der Versicherte einen Teil des versicherten Interesses der versicherten Gefahr nicht ausgesetzt, z. B. einen Teil der versicherten Güter nicht versendet, oder wenn die Gefahr zu einem Teile nicht gelaufen wird, wenn z. B. das Schiff von mehreren versicherten Reiseabschnitten nur einen Teil derselben zurücklegen soll. In solchen Fällen findet jedoch ein Ristorno nicht statt, wenn nach dem Beginne der Gefahr das Unternehmen teilweise aufgegeben wird (§ 897), z. B. wenn nach Beginn eines Reiseabschnittes die Unternehmung aufgegeben wird.

Anm. 3. 2. Wenn die ganze versicherte Sache oder ein Teil dieser Sache der vom Versicherer übernommenen Gefahr ohne Zutun des Versicherten nicht ausgesetzt wird, z. B. wenn der Verfrachter die zu versendenden Güter nicht mitnimmt. Jedoch darf der Lauf der Gefahr noch nicht begonnen haben; ein Ristorno findet daher nicht statt, wenn z. B. bei Versicherung von Haus zu Haus die Güter aus den Lokalitäten des Absenders bereits geschieden sind.

Anm. 4. Der Fall der Aufgebung des Unternehmens wird genau genommen auch durch den Tatbestand gedeckt, daß die versicherte Sache der übernommenen Gefahr nicht ausgesetzt wird. Durch die Unterscheidung sollte jedoch hervorgehoben werden, „daß ein Rücktritt vom Vertrag mit der Wirkung, daß die Prämie zurückzugeben sei, sowohl dann statthaft erscheine, wenn der Versicherer infolge eines freien Entschlusses des Versicherten ohne Rücksicht auf die Art seiner Motive keine Gefahr zu tragen habe, wie z. B. wenn der Versicherte die versicherten Güter habe versenden wollen, sie aber gleichviel aus welchem Grunde nunmehr am Abladungsorte zu verwerten sich entschließe, oder wenn das Schiff statt auf die versicherte Reise auf eine ganz andere gesandt werde, als auch in dem Fall, wenn die versicherte Sache ohne Zutun des Versicherten, ja vielleicht ohne sein Wissen und Wollen, der übernommenen Gefahr nicht ausgesetzt werde, wie z. B. wenn der Schiffer die versicherten Güter aus Versehen im Abladungsorte zurücklasse, oder wenn sie der Gefahr, gegen welche die Versicherung genommen worden, gar nicht ausgesetzt werden könne, weil sie nicht existiere, wie z. B. wenn die Versicherung gegen die Gefahr eines bestimmten Krieges genommen und noch vor Antritt der Reise der betreffende Krieg durch einen definitiven Frieden beendigt worden sei (Prot. S. 3607, 3608). § 895.

Das Recht auf Rückforderung resp. Einbehaltung der Prämie hat derjenige, welcher die Prämie schuldet, also der Versicherungsnehmer, nicht der Versicherte. Daraus folgt, daß, wenn der Versicherte die Prämie dem Versicherungsnehmer, dieser sie aber, z. B. weil er in Konkurs geraten, dem Versicherer noch nicht bezahlt hat, der Versicherte keinen Anspruch auf Rückerstattung der Prämie gegen den Versicherer hat (HGZ. 1898 Nr. 87). Anm. 5.

Die Höhe der Ristornogebühr bestimmt sich in erster Linie nach dem Vertrage. Häufig findet sich in Policen die Klausel „Ristorno franko", welche bedeutet, daß in den Fällen, in welchen ein Ristorno stattfindet, eine Ristornogebühr nicht zu bezahlen ist (RG. 23 Nr. 15). Enthält der Vertrag keine Bestimmung über die Höhe der Ristornogebühr, so bestimmt sie sich nach dem am Orte der Versicherung üblichen Satze. Ist auch ein solcher nicht vorhanden, so beträgt die Ristornogebühr ein halb Prozent des ganzen oder des entsprechenden Teiles der Versicherungssumme, wenn aber die Prämie nicht ein Prozent der Versicherungssumme erreicht, in der Hälfte der ganzen oder des verhältnismäßigen Teiles der Prämie. Anm. 6.

Der Ristorno ist ein besonderes versicherungsrechtliches Rücktrittsrecht. Daneben und unabhängig davon besteht das Recht des Versicherten, den Vertrag auf Grund der allgemeinen Vorschriften des BGB. anzufechten. Anm. 7.

§ 895.

(In der Fassung des Gesetzes vom 30. Mai 1908.)

Ist die Versicherung wegen Mangels des versicherten Interesses (§ 778) oder wegen Überversicherung (§ 786) unwirksam und hat sich der Versicherungsnehmer bei dem Abschlusse des Vertrags und im Falle der Versicherung für fremde Rechnung auch der Versicherte bei der Erteilung des Auftrags in gutem Glauben befunden, so kann die Prämie gleichfalls bis auf die im § 894 bezeichnete Ristornogebühr zurückgefordert oder einbehalten werden.

Voigt § 155, Prot. S. 3617, 3633, 3639, 4445—4446.

§ 895 bestimmt zwei weitere Ristornofälle:

1. wenn die Versicherung wegen Mangels des versicherten, d. h. des im Vertrage bezeichneten, Interesses,
2. soweit sie wegen Überversicherung unwirksam ist.

In beiden Fällen ist jedoch Voraussetzung des Ristorno, daß

a) der Versicherungsnehmer beim Abschluß des Vertrages,
b) im Falle der Versicherung für fremde Rechnung auch der Versicherte bei der Erteilung des Auftrags in gutem Glauben sich befunden haben. Ist also wissentlich das Interesse unrichtig bezeichnet, oder ist wissentlich über den Versicherungswert hinaus versichert, so findet kein Ristorno statt.

§ 896.

§ 896.

Die Anwendung der Vorschriften der §§ 894, 895 wird dadurch nicht ausgeschlossen, daß der Versicherungsvertrag für den Versicherer wegen Verletzung der Anzeigepflicht oder aus anderen Gründen unverbindlich ist, selbst wenn der Versicherer ungeachtet dieser Unverbindlichkeit auf die volle Prämie Anspruch hätte.

Voigt § 156, Prot. S. 3617—3633, 4446—4449.

Anm. 1. Liegt eine der Voraussetzungen der §§ 894, 895 vor, so ist der Ristorno unbedingt zulässig. Ob außerdem ein anderer Grund vorliegt, welcher die Unverbindlichkeit des Vertrages zur Folge hat, ist gleichgültig. Es ist auch nicht von Belang, ob der Versicherte mit Bezug auf den anderen Grund im guten Glauben gewesen ist. Die Vorschrift des § 896 ist in den Beratungen mit der Begründung beschlossen, „daß sich der Versicherer in allen Fällen, in denen ein Ristornofall vorliege, einfach mit Zahlung der Ristornogebühr zu begnügen habe, und daß nicht erst noch eine Untersuchung darüber zugelassen werden dürfe, ob der Versicherte in irgend einer anderen Beziehung etwas verfehlt habe oder nicht, ob ihn bezüglich der Tatsache, aus welcher die Unverbindlichkeit des Vertrags folge, bloß ein Verschulden oder der Vorwurf betrüglicher Absicht treffe usw." (Prot. S. 4449).

Anm. 2. Das Gesetz erwähnt zunächst den Fall, daß der Versicherungsvertrag für den Versicherer wegen Verletzung der Anzeigepflicht unverbindlich ist. Richtiger wäre es gewesen, diese Bestimmung in Einklang zu bringen mit den durch das Gesetz vom 30. Mai 1908 vorgeschriebenen Änderungen der Bestimmungen über die Anzeigepflicht. Denn die Verletzung der Anzeigepflicht hat nicht die Unverbindlichkeit des Vertrages für den Versicherer, sondern dessen Recht, vom Vertrage zurückzutreten, zur Folge. Die Vorschrift des § 896 wird sinngemäß dahin auszulegen sein, daß der Versicherer, wenn er gemäß §§ 808, 809 vom Vertrage zurücktritt und außerdem ein Ristornofall vorliegt, nicht gemäß § 811 Abs. 2 Anspruch auf die ganze Prämie, sondern nur auf die Ristornogebühr hat.

Anm. 3. Der Ristorno ist auch dann zulässig, wenn der Versicherungsvertrag aus irgend einem anderen Grunde für den Versicherer unverbindlich ist. Diese Bestimmung läßt nicht klar erkennen, welche anderen Gründe gemeint sind. Von versicherungsrechtlichen Gründen kam vor Geltung des Gesetzes vom 30. Mai 1908 der Fall des § 782 in Betracht (Unterlassung der Anzeige von dem Mangel eines Auftrags zur Versicherungsnahme). Die Gründe des bürgerlichen Rechts, z. B. Anfechtung wegen Irrtums, waren nach der Absicht des Gesetzgebers nicht gemeint. Daß diese Fälle von der Vorschrift des § 896 unberührt blieben, sollte durch den Zusatz zum Ausdruck gebracht werden „selbst wenn der Versicherer ungeachtet dieser Unverbindlichkeit auf die volle Prämie Anspruch hätte" (Prot. S. 4448). Ob durch diesen Zusatz die nötige Klarheit geschaffen ist, mag zweifelhaft sein. Die in Anm. 1 wiedergegebene Begründung, welche auch im Wortlaut des Gesetzes zum Ausdruck gelangt ist, läßt jedenfalls die Auffassung als durchaus vertretbar erscheinen, daß der Versicherer, wenn ein Ristornofall vorliegt, nur Anspruch auf die Ristornogebühr hat, auch wenn er den Vertrag wegen Betruges anficht und nach den Vorschriften des bürgerlichen Rechts Anspruch auf Schadensersatz hat. Der Ristorno ist ein Recht des Versicherten. Daraus folgt, daß dieser, wenn der Versicherer den Vertrag wegen Irrtums anficht, nicht gehindert ist, gemäß BGB. § 122 Schadensersatz zu verlangen.

§ 897.

Ein Ristorno findet nicht statt, wenn die Gefahr für den Versicherer bereits zu laufen begonnen hat.

Voigt § 157, Prot. S. 3635—3637.

§ 897 stellt den **Grundsatz der Unteilbarkeit der Gefahr** auf. Hat die Gefahr zu laufen begonnen (§§ 823 fg.), so ist die ganze Prämie zu bezahlen, wenn auch die Gefahr vorzeitig beendigt wird. Insbesondere ist bei Zeitversicherungen und Versicherungen zusammengesetzter Reisen ein Ristorno unzulässig, sobald die Gefahr zu laufen begonnen hat. Anm. 1.

Die Gefahr muß **für den Versicherer** zu laufen begonnen haben. § 897 findet daher keine Anwendung, wenn die Versicherung wegen Mangels des versicherten Interesses oder soweit sie wegen Überversicherung unwirksam ist, weil dann die Gefahr für den Versicherer nicht, resp. nicht für den Betrag der Überversicherung zu laufen begonnen hat. Anm. 2.

Der Grundsatz der Unteilbarkeit der Gefahr wird häufig durch Policenklauseln eingeschränkt z. B. durch die Klausel: „wenn das Schiff im Winterlager oder aus anderen Gründen (ausgenommen wegen einer dieser Versicherung zur Last fallenden Havarie) während aufeinanderfolgender 15 oder mehr Tage in einem Hafen unbeschäftigt still liegt und auf Grund voraufgegangener Kündigung die Versicherung während der Zeit des Stilliegens gänzlich aufgehört hat, so wird für den Zeitraum eines solchen Stilliegens der verhältnismäßige Teil der Stammprämie zurückvergütet". Auch finden sich Klauseln, durch welche ganz allgemein eine Rückgabe der Prämie für die Zeit bestimmt wird, in welcher das Risiko vorzeitig aufhört, z. B.: „Sofern der Dampfer verkauft worden oder aus irgend einem Grunde, ausgenommen wegen Totalverlustes, seine Fahrten einstellen sollte, steht es dem Versicherten frei, diese Versicherung ganz aufzuheben gegen pro rata-Prämienrückgabe für die nicht abgelaufene Zeit." Unter Totalverlust im Sinne dieser Klausel ist nur ein dem Versicherer zur Last fallender Totalverlust zu verstehen (HGZ. 1906 Nr. 24). Anm. 3.

§ 898.

(In der Fassung des Gesetzes vom 30. Mai 1908.)

Wenn der Versicherer zahlungsunfähig geworden ist, so ist der Versicherte befugt, nach seiner Wahl entweder von dem Vertrage zurückzutreten und die ganze Prämie zurückzufordern oder einzubehalten oder auf Kosten des Versicherers eine neue Versicherung zu nehmen. Dieses Recht steht ihm jedoch nicht zu, wenn ihm wegen der Erfüllung der Verpflichtungen des Versicherers genügende Sicherheit bestellt wird, bevor er von dem Vertrage zurückgetreten ist oder die neue Versicherung genommen hat.

Voigt § 160, Prot. S. 3612, 3617, 4449—4451.

§ 898 bestimmt, welche Rechte dem Versicherten zustehen, wenn der Versicherer zahlungsunfähig geworden ist; die Vorschriften gelten insbesondere, wenn der Konkurs über das Vermögen des Versicherers eröffnet ist (HGZ. 1902 Nr. 62 II, 1903 Nr. 17, Kirchberger in Goldschmidt's Zeitschrift Bd. 68 S. 162). In diesem Falle findet § 17 KO. keine Anwendung. Der Konkursverwalter hat daher nicht das Recht, zu bestimmen, ob er auf Erfüllung des Vertrages bestehen will oder nicht. Die Rechtslage entscheidet sich vielmehr ausschließlich nach § 898 (HGZ. aaO. a. M. HGZ. 1902 Nr. 62 I). Demnach hat der Versicherte nach seiner Wahl ein doppeltes Recht: Anm. 1.

1. er kann vom Vertrage zurücktreten und die ganze Prämie zurückfordern oder einbehalten;
2. er kann auf Kosten des Versicherers eine neue Versicherung nehmen.

§ 899. **Das Rücktrittsrecht insbesondere.**

Anm. 2. Der Versicherer kann von dem Vertrage, d. h. dem ganzen Vertrage zurücktreten; er kann also bei laufenden Verträgen nicht etwa für die Zukunft oder den noch nicht erledigten Teil des Vertrages allein zurücktreten. Entscheidet sich der Versicherte für den Rücktritt, so gilt der ganze Vertrag als nicht geschlossen und die Parteien haben einander analog den Bestimmungen des BGB. §§ 346—361 die empfangenen Leistungen zurückzugewähren. Insbesondere kann der Versicherte die Prämie, soweit sie bezahlt ist, zurückfordern, soweit sie nicht bezahlt ist, einbehalten. Im Falle einer Versicherung für fremde Rechnung ist der Versicherungsnehmer zur Rückforderung resp. Einbehaltung der Prämie berechtigt.

Anm. 3. **Das Recht des Versicherten, auf Kosten des Versicherers eine neue Versicherung zu nehmen (Deckungsversicherung).**

Nimmt der Versicherte eine neue Versicherung, so bleibt der ursprüngliche Vertrag bestehen. Der Konkursverwalter tritt in den Vertrag ein, er muß ihn so erfüllen, wie der Gemeinschuldner ihn zu erfüllen verpflichtet ist. Wenn der Versicherungsfall nach der Konkurseröffnung stattfindet, ist die Entschädigungsforderung des Versicherten eine Masseforderung (Kirchberger aaO. S. 165). Der Konkursverwalter hat Anspruch auf die Prämie, der Versicherte auf Ersatz der Kosten der Deckungsversicherung. Beide Ansprüche sind vor der Konkurseröffnung auf Grund des Vertrages entstanden und sind daher keine Masseforderungen resp. -schulden. Der Versicherte kann die Forderung auf Kostenerstattung gegen die Prämienforderung der Konkursmasse zur Aufrechnung bringen (HGZ. 1902 Nr. 62 II, 1903 Nr. 17, RG. 52 Nr. 102).

Anm. 4. Dem Versicherten steht das Wahlrecht nicht zu, wenn ihm wegen der Erfüllung der Verpflichtungen des Versicherers genügende Sicherheit geleistet wird. Die Sicherheit muß gestellt sein, bevor die Rücktrittserklärung erfolgt ist oder bevor die neue Versicherung genommen ist. Auf die Sicherheitsleistung finden BGB. §§ 232 fg. Anwendung. Genügend ist die Sicherheit nur dann, wenn sie den Versicherten für den Höchstbetrag des eventuell vom Versicherer zu bezahlenden Schadens deckt.

Anm. 5. **Konkurs des Rückversicherten.**

Wird über das Vermögen des Rückversicherten Konkurs eröffnet, so ist der Rückversicherer im Falle eines Schadens verpflichtet, seinen Verpflichtungen voll zu genügen ohne Rücksicht darauf, ob und inwieweit der Rückversicherte den Schaden bezahlt hat, insbesondere ohne Rücksicht auf die Konkursdividende. Denn die Verpflichtung des Rückversicherers entsteht in demselben Augenblick, in welchem die Verpflichtung des Rückversicherten entsteht, nicht erst mit der Erfüllung der Verbindlichkeit des letzteren (RG. 5 Nr. 31). Daran wird auch nichts durch die Vertragsbestimmung geändert, daß der Rückversicherer alle Schäden gegen Vorlage der Quittungen der Originalversicherten zu vergüten hat oder daß zur Einkassierung der Rückentschädigungen Vorlage dieser Quittungen genügt. Denn diese Bestimmung bedeutet nicht, daß die Vorlage der Quittung Bedingung der Zahlungsverpflichtung des Rückversicherers sein soll; sie erleichtert vielmehr den Geschäftsbetrieb des Rückversicherten und bindet den Rückversicherer an Abmachungen, welche der Rückversicherte im guten Glauben mit dem Hauptversicherten trifft (HGZ. 1903 Nr. 26 und 105, Kirchberger aaO. S. 223).

Anm. 6. Wenn der Konkursverwalter des Rückversicherten das Wahlrecht des Hauptversicherten durch Sicherheitsleistung ausschließt, so ist anzunehmen, daß der Rückversicherer zur Vorschußleistung verpflichtet ist, wenn die Sicherheitsleistung eine zweckentsprechende Maßregel ist (Kirchberger aaO. S. 223).

§ 899.

(In der Fassung des Gesetzes vom 30. Mai 1908.)

Wird die versicherte Sache von dem Versicherten veräußert, so tritt an Stelle des Veräußerers der Erwerber in die sich während der Dauer seines Eigentums aus dem Versicherungsverhältnis ergebenden Rechte und Pflichten des Versicherten ein. Für die Prämie haften der Veräußerer und der Erwerber als Gesamtschuldner. § 899.

Der Versicherer hat in Ansehung der durch das Versicherungsverhältnis gegen ihn begründeten Forderungen die Veräußerung erst dann gegen sich gelten zu lassen, wenn er von ihr Kenntnis erlangt; die Vorschriften der §§ 406 bis 408 des Bürgerlichen Gesetzbuchs finden entsprechende Anwendung.

Der Versicherer haftet nicht für die Gefahren, welche nicht eingetreten sein würden, wenn die Veräußerung unterblieben wäre.

Der Erwerber ist berechtigt, das Versicherungsverhältnis ohne Einhaltung einer Kündigungsfrist zu kündigen. Das Kündigungsrecht erlischt, wenn es nicht innerhalb eines Monats nach dem Erwerb ausgeübt wird; hatte der Erwerber von der Versicherung keine Kenntnis, so bleibt das Kündigungsrecht bis zum Ablauf eines Monats von dem Zeitpunkte an bestehen, in welchem der Erwerber von der Versicherung Kenntnis erlangt. Kündigt der Erwerber, so haftet er für die Prämie nicht.

Bei einer Zwangsversteigerung der versicherten Sache finden die Vorschriften der Abs. 1 bis 4 entsprechende Anwendung.

Von der Veräußerung der versicherten Sache ist die Abtretung der Entschädigungsansprüche (§ 891) wohl zu unterscheiden. Die Veräußerung der versicherten Sache hat kraft Gesetzes den Übergang der sich aus dem Versicherungsverhältnis während der Dauer des Eigentums des Erwerbers ergebenden Rechte und Pflichten auf den letzteren zur Folge. Diese Regelung entspricht dem praktischen Bedürfnis, denn an sich würde der Versicherte durch die Veräußerung sein Interesse verlieren und die Versicherung dadurch gegenstandslos werden. Anm. 1.

Voraussetzung des Übergangs ist eine Veräußerung d. h. die rechtsgeschäftliche Übertragung des Eigentums an der versicherten Sache. Da der Gegenstand der Seeversicherung ein Interesse ist, kommt es darauf an, ob das Eigentumsinteresse übertragen wird. Unter Eigentumsinteresse ist nicht nur das Eigentum im rechtlichen Sinne zu verstehen, sondern ein Interesse, wie es an sich, d. h. abgesehen von sonstigen auf die versicherte Sache sich beziehenden Rechtsverhältnissen der Eigentümer hat (RG. 13 Nr. 26; vgl. Anm. 4 zu § 779). Da durch die Veräußerung das versicherte Eigentumsinteresse übergehen muß, ist der Abschluß eines Kaufvertrages allein nicht eine Veräußerung (HGZ. 1893 Nr. 84). Auf den Erwerb der versicherten Sache durch Erbfolge findet § 899 keine Anwendung. Anm. 2.

Der Erwerber tritt an Stelle des Veräußerers in die sich während der Dauer seines Eigentums ergebenden Rechte des Versicherten ein, das bedeutet: Anm. 3.

1. er tritt in die Rechte des Versicherten ein, er übernimmt die Rechte so, wie sie in der Hand des Versicherten geartet waren, insbesondere also mit den Einreden behaftet, welche gegen den Versicherten begründet waren (HGZ. 1905 Nr. 53);
2. er tritt in die Rechte des Versicherten insoweit ein, als sie sich während der Dauer seines Eigentums aus dem Versicherungsverhältnis ergeben. Daraus ergibt sich, daß vor dem Übergange des Eigentums sich ergebende Rechte auf den Erwerber nicht mit übergehen; bezüglich dieser bedarf es einer besonderen Übertragung. Wann ergibt sich ein Recht aus dem Versicherungsverhältnis? Nach Gerhard, Anm. 8 zu § 69 VVG., kommt es auf den Zeitpunkt des Versicherungsfalles an. In diesem Zeitpunkt entsteht allerdings der Anspruch gegen der Versicherer. Im Sinne des § 899 kann dieser Zeitpunkt aber nicht der maßgebende sein. Sonst könnte die Folge eintreten, daß mit Bezug auf einen vor dem Übergange des Eigentums eintretenden Versicherungsfall nicht die Rechte, aber die Pflichten auf den Erwerber übergehen. Ist z. B. die versicherte Sache, ohne daß die Parteien es wissen, schon vor der Veräußerung beschädigt oder untergegangen, und wird der Unfall erst nachher

§ 899. bekannt, so würden nur die Pflichten (Anzeige des Unfalls, Maßregeln zur Verhinderung weiteren Schadens usw.) dem Erwerber obliegen, die Rechte aber bei dem Veräußerer verbleiben. Sich ergebende Rechte sind daher nicht gleichbedeutend mit „entstehende" Rechte. Der Sinn der Vorschrift kann nur sein, daß diejenigen Rechte auf den Erwerber übergehen, deren Grundlagen nach dem Übergange des Eigentums für die Parteien in die äußere Erscheinung treten.

Anm. 4. Der Erwerber tritt in die sich während der Dauer seines Eigentums aus dem Versicherungsverhältnis ergebenden Pflichten ein; er hat also insbesondere Unfälle, die ihm bekannt werden, dem Versicherer anzuzeigen, für die Rettung der versicherten Sache und für Abwendung weiterer Nachteile zu sorgen. Für die Prämie haften Veräußerer und Erwerber als Gesamtschuldner. Eine Haftung des Erwerbers für die Prämie tritt dann nicht ein, wenn nicht der Versicherungsnehmer, sondern der Versicherte, welcher die Prämie nicht schuldet, die versicherte Sache veräußert.

Anm. 5. **Verhältnis des Versicherers zum Erwerber.**

Der Versicherer braucht Forderungen des Erwerbers aus dem Versicherungsverhältnis erst dann gegen sich gelten zu lassen, wenn er von der Veräußerung Kenntnis erlangt hat. Hieraus folgt unter Anwendung der §§ 406—408 des BGB. folgendes:

Anm. 6. **Aufrechnung.**

Der Versicherer kann dem Erwerber gegenüber mit Forderungen gegen den Veräußerer aufrechnen. Die Aufrechnung ist jedoch ausgeschlossen:

a) wenn der Versicherer bei dem Erwerbe der Forderung gegen den Veräußerer von der Veräußerung Kenntnis hatte;

b) wenn die Forderung gegen den Veräußerer erst nach Erlangung der Kenntnis und später als die Forderung des Erwerbers aus dem Versicherungsverhältnis fällig geworden ist (BGB. § 406).

Anm. 7. **Leistungen des Versicherers an den Veräußerer sowie Rechtsgeschäfte zwischen beiden in Ansehung der Forderungen aus dem Versicherungsvertrage** muß der Erwerber, wenn sie vor der Veräußerung erfolgt sind, unbedingt gegen sich gelten lassen. Sind sie nach der Veräußerung erfolgt, so braucht der Erwerber sie nicht gegen sich gelten zu lassen, wenn er beweist, daß der Versicherer bei der Leistung oder der Vornahme des Rechtsgeschäfts die Veräußerung kannte (BGB. § 407 Abs. 1).

Anm. 8. **Ein rechtskräftiges Urteil** in einem Rechtsstreite, welcher vor der Veräußerung zwischen dem Versicherer und dem Veräußerer anhängig geworden ist, muß der Erwerber gegen sich gelten lassen. Das Gleiche gilt, wenn der Rechtsstreit nach der Veräußerung anhängig geworden ist, es sei denn, daß der Versicherer beim Eintritt der Rechtshängigkeit die Veräußerung kannte (BGB. § 407 Abs. 2).

Anm. 9. **Weiterveräußerung.**

Wird die versicherte Sache von dem Erwerber weiterveräußert, so tritt der zweite Erwerber in die sich während der Dauer seines Eigentums aus dem Versicherungsverhältnis ergebenden Rechte und Pflichten des ersten Erwerbers ein; das in den vorstehenden Anmerkungen Gesagte findet analoge Anwendung.

Anm. 10. **Mehrmalige Abtretung.**

Wird die versicherte Sache von dem Versicherten nochmals an einen Dritten veräußert, so muß der frühere Erwerber Leistungen des Versicherers an den Dritten, Rechtsgeschäfte mit ihm oder ein rechtskräftiges Urteil in einem zwischen dem Versicherer und dem Dritten anhängig gewordenen Rechtsstreit gegen sich gelten lassen, es sei denn, daß der Versicherer bei der Leistung, der Vornahme des Rechtsgeschäfts oder bei Eintritt der Rechtshängigkeit die Veräußerung an den früheren Erwerber kannte. Das Gleiche gilt, wenn die bereits veräußerte Sache durch gerichtlichen Beschluß einem Dritten überwiesen wird, oder wenn der Versicherte dem Dritten gegenüber anerkennt, daß die bereits veräußerte Sache kraft Gesetzes auf den Dritten übergegangen ist (BGB. § 408).

Änderung der Gefahr. **§ 900.**

Die Veräußerung kann Gefahren zur Folge haben, welche ohne sie nicht eingetreten wären, z. B. wenn die versicherte Sache in Kriegszeiten an einen Untertan der kriegführenden Mächte veräußert wird und der Veräußerer einer neutralen Macht angehört. Für solche Gefahren haftet der Versicherer nicht, weil er sie nicht übernommen hat. Anm. 11.

Kündigungsrecht des Erwerbers. Anm. 12.

Der Erwerber kann das Versicherungsverhältnis ohne Einhaltung einer Kündigungsfrist kündigen. Das Kündigungsrecht kann nur innerhalb eines Monats nach dem Erwerb, oder wenn der Erwerber von der Versicherung keine Kenntnis hatte, innerhalb eines Monats, nachdem der Erwerber von der Versicherung Kenntnis erlangt hat, ausgeübt werden. Kündigt der Erwerber, so haftet er für die Prämie nicht. Der Veräußerer bleibt alleiniger Schuldner der Prämie; ob er ristornieren kann, bestimmt sich nach den §§ 894—897. Selbstverständlich erlischt das Kündigungsrecht des Erwerbers, sobald er die versicherte Sache weiterveräußert.

Wird die versicherte Sache im Wege der Zwangsversteigerung veräußert, so finden die Vorschriften des § 899 entsprechende Anwendung. Anm. 13.

§ 900.

Die Vorschriften des § 899 gelten auch im Falle der Versicherung einer Schiffspart.

Ist das Schiff selbst versichert, so kommen sie nur zur Anwendung, wenn das Schiff während einer Reise veräußert wird. Der Anfang und das Ende der Reise bestimmen sich nach § 823. Ist das Schiff auf Zeit oder für mehrere Reisen (§ 757) versichert, so dauert die Versicherung im Falle der Veräußerung während einer Reise nur bis zur Entlöschung des Schiffes im nächsten Bestimmungshafen (§ 823).

Voigt § 162, Prot. S. 3654—3657, 4451—4454.

Die Vorschriften des § 899 über die Wirkung einer Veräußerung der versicherten Sache gelten, wenn es sich um die Versicherung eines Schiffes handelt, nur mit gewissen Einschränkungen; diese sind damit begründet, daß der Versicherer auf die Persönlichkeit des Reeders großes Gewicht legt und mit Rücksicht auf seine Zuverlässigkeit eine geringere Prämie bewilligt. Anm. 1.

Die Vorschriften des § 899 finden uneingeschränkt Anwendung, wenn es sich um die Versicherung einer Schiffspart handelt, weil in diesem Fall es dem Versicherer in der Regel nicht darauf ankommt, wem die Schiffspart gehört. Anm. 2.

Ist ein Schiff versichert, so ist die Persönlichkeit des Reeders dann nicht mehr von erheblicher Bedeutung, wenn der Versicherte das Schiff ausgerüstet und bemannt hat (Prot. S. 3654, 4453). Die Vorschriften des § 899 finden daher Anwendung, wenn das Schiff während einer Reise veräußert wird; Beginn und Ende der Reise bestimmen sich nach dem Anfang und dem Ende der Gefahr (§ 823). Anm. 3.

Wird das Schiff veräußert, bevor die Gefahr für den Versicherer zu laufen begonnen hat, so tritt der Erwerber nicht in den Versicherungsvertrag ein, wenn nicht der Versicherer damit einverstanden ist. Der Versicherungsvertrag ist wegen Mangels des versicherten Interesses unwirksam und kann gemäß § 895 storniert werden. Anm. 4.

Bei Cascoversicherungen auf Zeit oder für mehrere Reisen ist zu unterscheiden Anm. 5.

1. **Wird das Schiff während einer Reise veräußert,** so tritt zwar der Erwerber in die sich während der Dauer seines Eigentums aus dem Versicherungsverhältnis ergebenden Rechte und Pflichten des Versicherten ein; die Versicherung dauert aber nur bis zu dem Zeitpunkt, in welchem die Löschung der Ladung oder des Ballastes im nächsten Bestimmungshafen beendigt

§ 905. ist. Wird die Löschung ungebührlich verzögert, so dauert die Versicherung bis zu dem Zeitpunkt, in welchem die Löschung beendigt sein würde, falls ein solcher Verzug nicht stattgefunden hätte. Wird vor Beendigung der Löschung für eine neue Reise Ladung oder Ballast eingenommen, so dauert die Versicherung bis zu dem Zeitpunkt, in welchem mit der Einnahme der Ladung oder des Ballastes begonnen wird (§ 823).

2. Wird das Schiff in dem zwischen zwei Reisen liegenden Zeitraum veräußert, so findet § 899 keine Anwendung. Ein Ristorno ist nicht zulässig, da die Gefahr bereits begonnen hatte (§ 897).

3. In beiden Fällen gilt als Reise diejenige, zu welcher das Schiff von neuem ausgerüstet, oder welche auf Grund eines neuen Frachtvertrages oder nach vollständiger Löschung der Ladung angetreten wird (§ 757).

Elfter Abschnitt.

Verjährung.

§ 905.

Es verjähren in fünf Jahren die Forderungen des Versicherers und des Versicherten aus dem Versicherungsvertrage.

Die Verjährung beginnt mit dem Ablaufe des Jahres, in welchem die versicherte Reise beendigt ist, und bei der Versicherung auf Zeit mit dem Ablaufe des Tages, an welchem die Versicherungszeit endet. Sie beginnt, wenn das Schiff verschollen ist, mit dem Ablaufe des Tages, an welchem die Verschollenheitsfrist endet.

Voigt § 163; Prot. S. 2968, 3676—3681, 4211.

Anm. 1. Der fünfjährigen Verjährungsfrist unterliegen nur Ansprüche, die sich auf den Versicherungsvertrag gründen, also Ansprüche des Versicherten auf Bezahlung eines Schadens, des Versicherers auf Bezahlung der Prämie sowie auf Rückvergütung dessen, was auf Grund vorläufiger Schadensberechnung (§ 892) über die vertragsmäßige Verpflichtung hinaus gezahlt ist. Dagegen gehören nicht hierher Ansprüche des Versicherers gegen den Versicherten auf Grund einer ungerechtfertigten Bereicherung (HGZ. 1897 Nr. 7).

Anm 2. **Die Verjährung beginnt:**

1. **bei Reiseversicherungen** mit dem Ablauf des Jahres, in welchem die Reise beendigt ist. Das Ende der Reise bestimmt sich nach den für die Beendigung der Gefahr geltenden Vorschriften (§§ 823 fg.),
2. **bei Zeitversicherungen** mit dem Ablaufe des Tages, an welchem die Versicherungszeit endet,
3. **wenn das Schiff verschollen ist,** mit dem Ablaufe des Tages, an welchem die Verschollenheitsfrist endet (§§ 862, 863). Dies gilt für alle Ansprüche aus dem Versicherungsvertrage, nicht nur für diejenigen, welche auf die Verschollenheit gestützt werden (Prot. S. 3680).

Register.

(Die großen Zahlen bedeuten die Paragraphen, die kleinen die Anmerkungen.)

A.

G.

H.

J.

K.

U.

V.

Druck von A. Rietz & Sohn in Naumburg a. S.

Kolibri 360 GmbH
Ferdinand-Jühlke-Straße 7
99095 Erfurt, Deutschland
produktsicherheit@kolibri360.de